日本古代の地域社会と周縁

鈴木靖民編

吉川弘文館

はじめに——日本古代の地域社会と周縁

本論集は日本古代の地域史を研究するものである。吉備、出雲、武蔵、上野などの地域社会における人々（集団）、生産、交通など、統治組織の実態、成立、歴史的性格をめぐる七編、古代、中世初期並行の北海道、北東北、沖縄、奄美、南九州という日本列島周縁の社会や交流の様相を多角的に究明する八編が収められている。現在、日本でこの分野の歴史研究をリードする重鎮、精鋭による問題提起が繰り広げられている。

日本の中央の王権、国家の支配や交流の対象となる古代の列島各地の共同体、集団、社会のありようとその意義が学説史をふまえて、しかも各自の視角から自在に論じられる。ことに、国家の征服の対象地域、または国家の統治する範囲の外側にあって、中央とは生業、文化を異にした社会の独自の歴史過程と構造を有する南北の周縁地域の重要な特色が究明されており、看過しがたい。

諸論考は地域も時代も様々な状況を洞察するものであり、それぞれの社会、地域と密接な自然や環境などの偏差を考慮する必要がある。しかし歴史空間として琉球弧、北海道島を含む日本列島全体史という視座から眺めるなら、本論集により中央と地域の関係、地域同士の関係の他、中心と周辺、辺縁の関係、周縁の中心化などに抽象化した歴史構造（モデル）を構想できるかもしれず、一方では、国家の地方支配制度、地方政策史を超えた、列島を貫く普遍性とともに地域社会の内在性を意識した歴史像をも認識させる契機が内包されていると思われる。

第一部は列島各地の様々な事象を照射した多彩な古代地域社会史である。今津勝紀論文は、倭王権の時期の吉備の地域呼称、吉備臣以下の諸氏族の分布、分氏現象、和珥臣との関係、出雲との交流を述べるが、氏族の形成が欽明朝期以降の世襲王権の形成と対応して、王権への奉仕形態の再編と関連するとの予測を立てる。平石充論文は、出雲の玉生産、貢納が古墳時代から連続する共同体の伝統的生産と、律令支配体制により国家的に忌部氏の統括下に変化、再編されたものとが存在するとして、手工業生産面での社会的分業の特質に迫り、古代地域社会の共同体編成のなかに貢納品生産が組み込まれているという首長制の構造を示唆する。関和彦論文は、『出雲国風土記』神門郡条のアダカヤヌシタキキヒメの女神信仰を取り挙げ、地域神の威力に頼る女神の遷移、複数神の重層信仰を浮上させ、地域社会の祭祀、神話の創出を想定し、また戌、軍団という軍事施設との関わりにも目配りする。荒井秀規論文は、八世紀初めの辺要国としての越後の充実のための国境変更、朝集使の乗駅上京に伴う対象国の範囲拡大、諸国遠近制（近国・中国・遠国）とは別次元の乗駅遠近制、諸国遠近制と平安造都への動員負担、相摸の遠国化と東北経営との関係を論じ、元来中国の相摸と伊予が七世紀以前の倭王権の拠点であったと推測する。

平川南論文は、美濃、越後、下総、甲斐各国の栗原地名を手がかりに国家主導の国府周辺における渡来系集団による馬の計画的な飼育の実態を探り、また近江国野洲郡（評）の馬道首集団による琵琶湖水運と併せた馬の利用、出雲国出雲郡の馬道部集団の宍道湖、斐伊川と陸路を用いた輸送、讃岐国の馬飼育と運送にあたった借馬集団に論及し、飛鳥〜平安時代の社会における馬の運送集団の役割の重要性を明解に説く。平野卓治論文は、武蔵国都筑郡の郡家跡、横浜市長者原遺跡の発掘成果と隣接する郡・評・五十戸関連の遺跡、文字瓦、木簡により、四世紀後半以降の周辺の古墳群の様相から複数の首長たちのいろいろなネットワークが七世紀末に編成されて地域の権力体が作り上げられ、郡家は継続的な古墳の造営地にして交通の要衝に置かれたと推定する。川原秀夫論文は、上野国支配のための交通路について、東山道および武蔵路の駅路の廃止後の民間、軍事利用、国府を中心とした国司巡行のための郡間道の設定、渡船または船橋架設による河川交通と国府への輸送機能、駅路成立以前、古墳時代の倭王権と上毛野地域政権（豪族居館、ミヤケ）を結ぶ交通路を復原する。

第二部は古代日本の北と南の周縁に関する考察である。中田裕香論文は、九、十世紀、北海道石狩低地帯の擦文文化期の四遺跡の竪穴住居址のカマドで出土した須恵器壺が五所川原窯跡群の製品で、住居やカマドの廃棄に伴って行う同地独特の祭祀、儀礼に使われたことを示唆する。蓑島栄紀論文は、擦文文化期の北海道太平洋側・内陸部（胆振・日高〜道東間）の交通路と交易に関して、厚真・平取の調査例から山越えの内陸路を想定し、ついで十世紀ごろに石狩水系ともつながる太平洋沿岸と本州北部の八戸、陸奥湾、下北間の遠距離交易集団を銅鋺と五所川原産須恵器の共伴、祭祀遺構の分布により考え、日本海沿岸やコイル状鉄製品にみられる北方系文化と山岳信仰の複合的文化にも留意する。熊谷公男論文は、八世紀の出羽国司の一員の城司が統治する秋田城の城制は東北の城柵のなかでも孤立的な立地に起因する長期の特殊な直轄支配体制であり、九世紀初め郡制に転換したのは同城の大改修、払田柵（第二次雄勝城）、胆沢城、志波城造営に現れる北辺の城柵の再編策、支配強化策として捉えられるとする。樋口知志論文は、出羽山北の払田柵と大鳥井柵の継承関係の事例をふまえて陸奥の胆沢城と鳥海柵成立の関係を論じ、安倍氏の鳥海柵以前の奥六郡支配拠点を十世紀後半〜十一世紀の黒沢尻柵、信仰拠点を国見廃寺に求めうると、城柵の終末とその後の安倍、清原氏の館成立についての憶説を述べる。

池田榮史論文は、琉球国成立までの沖縄貝塚時代からグスク時代への推移を、日本の土師器が七〜十一世紀の奄美在地の兼久式土器の成立に影響を与え、兼久式土器が影響して沖縄のくびれ平底土器が成立し、十一世紀以降、産物調達、交易の目的で南島に移動した日本の集団により搬入されたカムィヤキや石鍋模倣のグスク土器が作られた。十二世紀末~十三世紀、元による宋の滅亡など東アジアの変動のなかで奄美、沖縄は中国南部地域との関係を強め、十四世紀には朝鮮半島、日本、中国を結ぶ交易路の要地となった影響で社会構造も変化し、明の冊封に対応して国家の体裁を整えていくと見通す。永山修一論文は、六八二~八〇五年の間、十六回と推定される隼人の朝貢の実態を検討して、六年相替の原則があるが、九世紀初めの停止まで最長八年の間隔で実施され、南九州居住者で上京朝貢するものを隼人と呼び、隼人司に属して行幸供奉や儀礼に役割を果たしたことにふれる。山里純一論文は、九九七年とそれ以前の年の南蛮人の大宰府管内襲撃事件は、奄美嶋人が九州と南島のヤコウガイなどの交易上のトラブルで九州の海民を襲ったが、高麗の交易集団が同調した可能性があり、喜界島城久遺跡群にあった大宰府の拠点の弱体化が想定されるとする。高梨修論文は、琉球弧の交易活動の視角から、キカイガシマ海域（薩南諸島）における九~十世紀のヤコウガイ大量出土遺跡、土師器、須恵器出土遺跡の分布、多褹嶋廃止後の南方への拠点移設、ヤコウガイの需要増加、十一~十二世紀の硫黄島、喜界島の大量の土師器、須恵器、滑石製石鍋、高級船載容器の出土、徳之島のカムィヤキの生産と奄美、沖縄、先島への波及、日宋貿易の硫黄交易、十三~十四世紀の中央政府の政治的支配と沖縄での大型グスク出現、貿易陶磁器の大量出土という展開過程を述べる。

本論集の地域社会および周縁の歴史に対する積極的な探究によって、多様な史実の掘り起こし、論点の提示がなされており、日本古代史研究の新展開を目の当たりにできる。一、二指摘すれば、平川、荒井、平野などの各論文では七世紀中葉に溯って東国を含む列島各地で評家や輸送集団のような行政拠点、交通路、交通管理の成立が論証されている。古代史の流れの中で律令制国家の成立を重視する定説的な観点に対して、いわば地域からの視線をもとに、それ以前の七世紀、倭王権と地域社会（首長）の関係がシステマテックに形成されて、すでに社会的統合を経た地域社会の具体像が描かれており、この時期の画期性の明確化が待たれる。また古代の陸奥、出羽の並行的展開、国府（城柵）の機能などの再考、加えて十世紀を転換期とする見解に対する論及などは、列島中央とも直結する北方社会の姿をあらためて浮上させ、地域史の再把握、さらには古代から中世への移行を見据えた研究の出現を促している。

列島周縁に基軸を置いた考察により、ドメステックな中央史観を超えて、日本の全体史を中央と地方（地域）、中央と周縁、地方と周縁の間の相互的な作用関係の点から見直すことができるであろう。周縁は境界領域でもあるが、北方の場合、蝦夷支配に現れる古代国家の本質と変容を知るだけでなく、多元性、多様性に富んだ歴史の中に中世社会にもつながる要素の萌芽やエネルギーを窺い、しかも広がりのある古代社会として捉える切り口をみることもできると思われる。南島の場合も、池田、高梨両論文は琉球列島の長期にわたる歴史を考古学と文献史学の知見を総括して、アジア規模で俯瞰する壮大な構想を明示する。この琉球国形成に至る琉球弧の古代中世の歩みは、アジアのなかでの日本古代として、あるいは日本古代のアジア（ユーラシア）関係史・交流史としてどのように位置づけるべきであろうか。

本論集にご寄稿いただいた方々に深謝するとともに、本論集で提起された課題への取り組みが、今後日本の古代中世社会への認識を刷新し、ひいては歴史像の変革を図る研究に寄与することを切に希望したい。

二〇一二年一月十日

鈴木靖民

目次

第一部　日本古代の地域社会

吉備をめぐる予備的考察

今津勝紀

はじめに

これまでの研究により、倭王権形成過程において吉備がなんらかの役割を果したことは明らかである。なかでも前方後円墳を典型とする祭式の成立にあたり、埴輪の起源がこの地域に発生した特殊壺型土器・特殊器台型土器に求められることが明らかにされたことは重要であり[1]、倭王権形成過程の初期の段階でこの地域が特別な意味をもったことが明瞭となった。また、古墳時代の中期に至り、列島中枢部以外では最大の前方後円墳が吉備に築造されるが、これなどもこの地域がこの段階で、倭王権において大きな位置を占めたことを示していよう。

こうした考古学的研究が中心となり、倭王権形成過程における吉備の役割に対する理解が深められてきたのだが、それに呼応して、古代史研究でも記紀にみえる吉備に関連する史料を読み解こうとする努力が重ねられてきた。この点に関して、たとえば、吉田晶は、吉備の氏族伝承を基礎に、古墳時代中葉にみられる吉備のまとまりを部族同盟として把握することを提唱し、吉備の反乱伝承の背景に、そうした同盟の頂点に位置する大首長と中小首長との対立を想定する。[2] また門脇禎二は、倭王権に収斂される以前の段階に地域王権・王国を措定し、なかでも語直・史戸などの部を統治組織の存在を示すものとみなして、この地域に吉備王国が存在したことを主張する。[3]

本稿でもこれらの先行研究に学びたいと考えるが、十分な論証が叶わない時代のことでもあり、多くが仮説的見通しにとどまっているといわざるをえない。今、全面的にこうした課題に答えることは不可能なのだが、吉備をめぐる予備的考察として、いくつかの論点にふれてみたいと思う。

一　地域呼称としてのキビ

まず、地名としてのキビについて確認しておきたい。というのも、地名としてのキビの由来について、古く谷川士清は「黍のよき国なるよしふるくいへり」(『和訓栞』)、同じく「吉備義未聞、以木国・粟国例之、当訓黍国也」(『日本書紀通証』)と述べ、本居宣長も「名は黍より出たるなるべし」(『古事記伝』五之巻)と断じているように、当地方に雑穀の黍が栽培されていたことに因むとの説が一般に広く信じられている。この説は、近年発刊された『岡山市の地名』(岡山市、一九八九年)などにも継承されているのだが、[4] 古代において、この地域で黍の栽培が卓越していたかというと、どうも疑わしい。『延喜式』では、黍は黍子としてみえるが、交易雑物として黍を貢納するのは参河国だけであり、備前・美作・備中・備後から黍を貢納していた痕跡はない。

また、丹生女王が大宰帥大伴旅人に贈った歌の一つに、

古人乃　令食有　吉備能酒　病者為便無　貫簀賜牟(古人の、たまへしめたる、吉備の酒、病まばすべなし、貫簀賜らむ)(『万葉集』五四四)

とあり、ここにみえる吉備酒を雑穀の黍を醸した酒に理解する向きもないではないが[5]、この場合は、文字通り吉備という地域呼称の冠された酒として解すべきであろう。『抱朴子』（内篇巻十六）・『呂氏春秋』（権勲篇）・『斉民要術』巻七に、黍酒がみえるように、中国大陸では、黍は古くから酒造りに利用されてきたと考えられるが、日本古代では吉備酒は薬料であった。養老賦役令貢献物条では「凡諸国貢献物者、皆尽二当土所出一。其金・銀・珠・玉（略）服食器用及諸珍異之類、皆准レ布為レ価、以二官物一市充、不レ得レ過二五十端一（下略）」と規定するが、このうち服食について、令義解には「謂、服食者、服読如服餌之服、如二吉備醅・耽羅脯之類一」とあり、服食の例として吉備醅・耽羅脯をあげている。同条集解穴説には「吉備酒是薬料」とあり、これが吉備醅（吉備酒）を示す。この場合、吉備酒（醅）は耽羅脯と並んで掲出されているのだが、耽羅はもとより耽羅国を表現するものであるから、この吉備も地域呼称として考えるべきであろう。服食とは、そうした、地域から王権に奉られる貢献物のことである。

地域呼称の吉備と雑穀の黍が無関係であることは、次の国語学的検証からも確かめられる。そもそも、古代では雑穀の黍は、

成棗　寸三二粟嗣　延田葛乃　後毛将相跡　葵花咲（梨棗、黍に粟嗣ぎ、延ふ田葛の、後も逢はむと、葵花咲く）（『万葉集』三八三四）

として詠まれているが、原文にあるように黍は「寸三（キミ）」と表現されていた。上代特殊仮名遣いの崩れがみえる『和名類聚抄』の段階では、「黄黍—岐比」とあるが、このほかの例では、正倉院文書続々修四十四帙六紙裏に「伎美」[6]、同じく続々修十八帙四紙裏の安都雄足牒に「岐美」[7]としてみえる。これらは、いずれも一貫してキミと発音された。これがなぜキビになるかというと、サミシイ＝サビシイ（淋しい）、サムイ＝サブイ（寒い）、キミがわるい＝キビがわるい（気味が悪い）などと同様に、Kimiの子音mがbに交替してKibiとなり、キビと発音されるよう

になったものである。古代に確認できる雑穀の黍の発音は本来、キミであった。

では、地名のキビはどうか。まず『日本書紀』・『古事記』には「吉備」とみえ、七世紀末の一次史料にも「吉備道中国」とあるように、「吉備」と表現されていた。(8) このほかに、『古事記』仁徳段に仁徳が吉備海部直の女、黒日売を詠んだ歌に、

夜麻賀多邇　麻祁流阿袁那母　岐備比登登　等母邇斯都米婆　多怒斯久母阿流迦（山県に、蒔ける菘菜も、吉備人と、共にし摘めば、楽しくもあるか）

とあり、この場合は「岐備」と表現されているが、地名のキビは、古代では一貫して「吉備」・「岐備」であり、ビは「備」によって表現されていた。

このように、少なくとも七世紀末から八世紀の同時代の仮名遣いを確認することが可能であるが、その音価を比較してみると、雑穀の黍に使われた「美」・「三」はいずれもミ甲音であるのに対し、地名のキビに使われた「備」はビ乙音である。列島の固有社会は音声言語の世界であるが、対象に応じてそれぞれの音が存在し、その音に応じて漢字が使い分けられていたのであり、音が異なれば、その表現するものは異なるということになる。すなわち、黍と吉備の音は同じではなかったのであり、地名のキビは黍と無関係ということになる。近世以来のキビ＝黍＝吉備説はあくまでも俗説に過ぎず、現在の学問水準では成立しない。では、この地域がなぜキビと呼ばれたのかという点については、結局のところ判らないのだが、この空間が特定の意味をもった段階で生じた地域呼称がキビであったことは間違いない。

二　吉備臣をめぐって

1　吉備臣と諸氏族

吉備なる世界を理解するために、さしあたり氏族の分布を検討してみよう。この点に関しては、すでに吉田晶により、美作・備前・備中の詳細な氏族・部の分布表が作成されており有益である。(9) ここでは、吉田の作成した分布表を基礎にして、その後に得られた知見とともに備後の事例を加えた氏族分布表を作成した。それが表1である。

まず、一瞥してうかがえることだが、これまでも指摘されているように、吉備の地域には濃厚に部が設定されていた。刑部・軽部・白髪部などのいわゆる名代をはじめとして、葛木部や丸部、宗我部、巨勢部といった中央氏族に関連する部、また秦部・漢部・忍海漢部など渡来系の集団に関連する部、また二万部・川人部など、にわかに意味を解しがたい吉備地域に固有の部までがみえる。このうち、備中国都宇郡・窪屋郡・賀夜郡に関しては、天平十一年備中国大税負死亡人帳が残されており、(10) この部分だけ著しく精度が高くなっているため、復元される集団の数が多くなっているが、それを差し引いても、基本的に備前では邑久・赤坂・上道・三野・津高・児島、備中では都宇・窪屋・賀夜・下道で多く検出されることは傾向として言えるだろう。ここが吉備の中枢部であった。

次に、姓を有する吉備の諸氏族に注目したい。記紀には吉備臣という表現がみえるが、吉備には臣・連・直・首などの姓をもつ氏族も多くみられる。なかでも臣の姓をもつ氏族が部と同様に、吉備の中枢部に多く分布する。一般に臣姓氏族は、地名を冠するものが多いのだが、この点は吉備でも同様で、のちの郡名につながる地名を冠する氏族、上道臣（備前国上道郡）・三野臣（同三野郡）・津臣（備中国都宇郡）・窪屋臣（同窪屋郡）・賀陽臣（同賀夜郡）・下道臣（同下道郡）・阿那臣（備後国安那郡）がみえる。このうち阿那臣については後述するが、これは和珥臣の同族とされ、吉備臣とは系統を異にする。しかし、和珥臣の同族ということが重要な意味をもつので、いささか詳しくふれることとしたい。上道臣・下道臣・三野臣・賀陽臣・下道臣には、笠臣を加えて、記紀に始祖伝承があるように、これらの氏族が吉備臣の関連氏族であった(11)。

ところで吉備臣についてだが、『書紀』孝霊二年二月条には「稚武彦命、是吉備臣之始祖也」とあるように、孝霊と倭国香媛（ハエイロネ）との間に、倭迹々日百襲姫・彦五十狭芹彦（亦名吉備津彦）・倭迹々稚屋姫命をなし、ハエイロドとの間に、彦狭島・稚武彦をなすのだが、これに対応する『古事記』孝霊段では、孝霊とオホヤマトクニアレヒメとの間にヒコイサセリヒコ（大吉備津彦）が生まれ、吉備上道臣の祖とされる。また孝霊とハヘイロドとの間にワカタケキビツヒコが生まれるのだが、これは吉備下道臣・笠臣祖とされている。そして、『書紀』応神二十二年九月庚寅条は、周知のごとく、御友別を祖とする次のような系譜を伝える。

- 浦凝別 ― 苑臣（苑県）
- 御友別
  - 稲速別 ― 下道臣（川島県）
  - 仲彦 ― 上道臣・香屋臣（上道県）
  - 弟彦 ― 三野臣（三野県）
- 鴨別 ― 笠臣（波区芸県）

『書紀』応神二十二年三月条にも「兄媛者、吉備臣祖御友別之妹也」とみえるように、御友別は吉備臣の祖として位置づけられていた(12)。

こうした吉備の氏族伝承については、これまでに論じ尽くされた観もあるが、さしあたり、ここでは、吉備臣とそ

表1　吉備の氏族分布

国	郡	氏　　族
美作	英田郡	財田直(『続紀』神護景雲2.12.乙丑)・巨勢部(郷)・壬生部(字)・白髪部(字)・土師部(字)・秦人部(城34-23)
	勝田郡	家部(『続紀』神護景雲3.6.壬戌)・石野連(『続紀』神護景雲3.6.壬戌)・田部(木研2-16)・賀茂部(郷)・鷹取部(郷)・白髪部(字)・綾部(字)・服部(城23-21)
	苫田郡	蝮臣(『文実』天安元.2.己丑)・綾部(郷)・賀茂部(郷)・日下部(字)・白髪部(字)・勝部(字)・服部(字)・矢矧部(字)・土師部(字)・田部(字)
	久米郡	家部(『大日古』4-227)・石野連(『続紀』神護景雲3.6.癸亥)・秦(『三実』貞観7.11.3)・倭文部(郷)・錦織部(郷)・弓削部(郷)・久米部(郷)
	大庭郡	白猪臣(『続紀』天平神護2.12.庚戌)
	真島郡	日下部(字)・建部(郷)
		坂合部(城宮7-12596)
備前	和気郡	矢田部(城6-6)・秦(『続紀』文武2.4.壬辰)・弓削部(字)
	磐梨郡	石生別(『文実』嘉祥3.8.丙辰)・母止理部(郷，物部か)・佐伯部(郷)・矢作部(字)・矢田部(字)
	藤野郡	藤野別(『続紀』天平神護元.3.甲辰)・別部・忍海部・財部・母止理部(以上，『続紀』神護景雲3.6.壬戌)
	邑久郡	土師部(郷)・服部(郷)・靭負部(郷)・石上部(郷)・須恵部(郷)・品治部(神)・秦造(『大日古』6-568)・秦部(『大日古』6-568)・秦勝(城15-12)・尾張部(郷)・宗我部(『大日古』25-126)・県使部(木研2-16)・海部(城38-24)・葛木部(城16-8)・大碎部(城19-24)・小長谷部(城19-24)・海宿禰(『平遺』補164)・大伯国造(本紀)・吉備海部直(『書紀』雄略7.是歳)
	赤坂郡	軽部(郷)・鳥取部(郷)・葛木部(郷)・家部(『続紀』神護景雲3.6.壬戌)・辛国君(藤宮2-657)・工部(郷)・倭文部(字)・母止理部(字)
	御野郡	伊福部(郷)・津島部(郷)・物部(藤宮2-811)・秦(城19-24)・日下部(城19-24)・倭文部(城19-24)・三野国造(本紀)・三野臣(『書紀』応神22.9.庚寅)
	津高郡	建部(郷)・賀茂部(郷)・久米部(字)・桉作部(『大日古』6-591)・漢部(『大日古』6-577)・蝮王部臣(『大日古』6-577)・書直(『大日古』6-577)・寺(『大日古』6-577)・薗臣(『大日古』6-592)・勝(『大日古』6-591)・三野臣(『大日古』6-591)
	児島郡	鴨直(城宮1-322)・賀茂部(郷)・牛守部(城宮1-321)・山守部(城宮1-321)・三家連(城宮1-323)・白猪部(城31-40)・日下部(城22-38)・間人連(城40-20)
	上道郡	宇治部(郷)・秦部(郷)・日下部(郷)・和仁部(城15-8)・秦人部(城31-30)・大部(城14-11)・若倭部(城22-37)・高矢部(城22-37)・秦勝(城31-40)・佐伯部(城31-30)・葛木(城34-12)・家人部(『書紀』雄略9.5)・山部(『三実』仁和元年.9.辛卯)・上道国造(本紀)・上道臣(『書紀』雄略7.是歳)・宍甘部(字)
		壬生・海部・壬生首・壬生部(『類三』天平3.6.24勅)
備中	都宇郡	建部(『大日古』2-247～，以下帳)・丸部(帳)・西漢人(帳)・津臣(帳)・秦人部(帳)・赤染部首(帳)・上道臣(帳)・服部首(帳)・史戸(帳)・白髪部(郷)・矢田部(字)

	窪屋郡	軽部(帳)・軽部首(帳)・下道臣(帳)・物部(帳)・美和首(帳)・泳人(帳)・神首(帳)・家部(帳)・神人部(帳)・刑部(帳)・下道朝臣(帳)・出雲部(帳)・邇麻部(帳)・白髪部(帳)・勝部(帳)・語直(帳)・私部(帳)・吉備窪屋臣(『書紀』雄略元. 3.是月)
	賀夜郡	服部(郷)・刑部(郷)・巨勢部(字)・忍海漢部(帳)・鳥取部(帳)・山守部(帳)・倭文部(帳)・中臣忌寸(帳)・弓削部連(帳)・物部(帳)・出雲部(帳)・建部臣(帳)・建部(帳)・壬生首(帳)・東漢人部(帳)・宗我部(里)・西漢人部(帳)・羅曳連(帳)・史戸(帳)・矢田部(帳)・川人部(帳)・鰐部(帳)・白髪部臣(帳)・犬甘部首(帳)・漆部(城宮 7 -11319)・葦首(城宮 7 -11320)・蝮王部(集成-221)・犬甘部(飛14-13)・香屋臣(『書紀』応神22. 9.庚寅)・薗臣(風)・下道朝臣(風)・加屋国造(本紀)
	下道郡	二万部(郷)・矢田部(郷)・白髪部(塼)・西漢人(『三実』貞観 5. 正.癸亥)・須恵部(字)・下道国造(本紀)・下道臣(『書紀』応神22. 9.庚寅)・薗臣(『書紀』応神22. 9.庚寅, 郷)
	浅口郡	犬養部(『続紀』霊亀 2. 8.癸亥)・阿曇部(城22-38)・海部(城22-38)・須恵部(字)・矢田部(字)・軽部(字)・間人部(郷)
	小田郡	日下部(郷)・小田臣(『類符』天暦 8. 7.23式部省符)・白髪部(霊上29)
	後月郡	県主(郷)
	哲多郡	額田部(郷)・白猪部(城宮 7-11528)
	英賀郡	呰部(郷)・刑部(郷)・丹比部(郷)・白髪部(字)
		海部首・生部首・笠朝臣(『類三』天平 3. 6.24勅)
備後	安那郡	阿那臣(孝昭段)・安那公(『続紀』天応元年 3.朔)・大坂臣(孝昭段)・矢田部(城14- 8)
	奴可郡	刑部(郷)
	沼隈郡	春部(郷)
	品治郡	吉備品遅部君(開化段)・服部(郷)・漢人部(城宮 7 -12839)
	葦田郡	網引公(『続紀』神護景雲 2. 2.壬辰)
	恵蘇郡	春部(郷)・刑部(郷)
	三谷郡	額田部(郷)・刑部(郷)・松部(郷)

※出典の郷は『和名類聚抄』, 帳は天平11年備中国大税負死亡人帳, 字は近世村で『岡山県の地名』(平凡社, 1988年)。城は『平城宮跡発掘調査出土木簡概報』, 城宮は『平城宮木簡』, 藤宮は『藤原宮木簡』, 飛は『飛鳥藤原宮発掘調査出土木簡概報』, 集成は『評制下荷札木簡集成』, 神は備前国神名帳(西大寺観音院所蔵)。木研は『木簡研究』, 本紀は国造本紀。

れに関連する諸氏族の関係について確認しておきたい[13]。というのは、よく吉備氏や吉備一族などと称され、自明のごとく扱われるが、必ずしもその実態は明確ではない。そのため慎重に考えてみる必要があるだろう。

吉備臣という表現は、右にみた始祖伝承以外に、『古事記』景行段に、景行（大帯日子淤斯呂和気）が「娶吉備臣等之祖、若建吉備津日子之女、名針間之伊那毘能大郎女」とあって、吉備臣なる表現がみえ、『書紀』神功摂政前紀三月朔条にも「吉備臣祖鴨別」がみえる。そして、『日本書紀』の雄略紀から顕宗紀にかけて、吉備臣山[14]・吉備臣弟君[15]・吉備臣小梨[16]・吉備臣尾代[17]・吉備臣[18]がみえ、欽明紀になると任那日本府吉備臣[19]・吉備臣[20]・日本吉備臣[21]などとみえるが、欽明五年を最後として吉備臣という表現がみえなくなる。『書紀』天武十三年十一月朔条では、大三輪君・大春日臣・阿倍臣・巨勢臣・膳臣・紀臣・波多臣をはじめとして、五二氏に朝臣の姓が賜姓されるのだが、そのさい、吉備に関連する氏族では下道臣と笠臣が朝臣を賜姓されるのに対して、そこに吉備臣はみえない。

この点について、門脇禎二は、吉備臣に関連する氏族が吉備上道臣・吉備下道臣・吉備窪屋臣などと吉備を冠して表現される場合のあることから、単に吉備臣とある場合は、吉備出身の中央化した氏族をさすと考える[22]。たしかに、『新撰姓氏録』（巻五、右京皇別下）には「吉備臣　稚武彦命孫御友別命之後也」とあるが、これは、『続日本紀』神護景雲三年（七六九）九月辛巳条で「河内国志紀郡人従七位下岡田毘登稲城等四人、賜㆓姓吉備臣㆒」とみえるものが相当する可能性があり、これ以外に八世紀以降の史料で吉備臣を確認することはできない。また、『書紀』雄略二十三年八月条では征新羅将軍吉備臣尾代が派遣されるが、その途次に、行きて吉備国に至り、家を過ぎるとあり、率いる蝦夷が反乱を起こした際には、その家よりでて蝦夷を討つとある。この場合、吉備臣尾代の家は吉備にあったと考えるのが普通であろう。もとより、吉備とヤマトの両方に拠点をもっているのが中央化した氏族ということでもあるから、これはなんら反証たりえないのだが、吉備に家があるという在地性も無視しえないだろう。

吉田晶は、吉備部なる部が存在したこと、欽明紀の吉備臣関係記事が百済本記によるものであることから、吉備臣が実在し、のちにそれが分氏して個別の氏族が成立したとする。(23) これが吉備臣をめぐる一般的な理解であろう。百済本記には、加不至費直（河内直(24)）・烏胡跛臣（的臣(25)）といったウジ名と姓が記録されていたのは確実であり、そこに、どのような表記であったかは不明だが、吉備臣とあったことは動かしがたい。孝霊紀で吉備臣とされるものが、孝霊段では吉備下道臣・笠臣とされており、また、吉備上道臣田狭の弟である弟君が吉備臣弟君と表現されることから考えて、欽明紀にみえる吉備臣と表現されるものの実体としては、吉備上道臣・下道臣・笠臣があたるのであろう。(26)

吉田は、吉備臣を構成する氏族のまとまりを部族同盟として把握するのだが、(27) このさい、部族同盟であったかどうかは措くとして、それを構成する氏族が同じく臣の姓をもち、同族とする伝承をもっていたことは重視されるべきであろう。ただし、「分氏」なる現象はもう少し慎重に表現する必要があるように思う。項を改めてこの点を検討してみたい。

2　古代氏族の「分氏」現象

吉備臣は、欽明紀までにみえる表現で、それ以降にはみえなくなり、吉備の小地域名を冠したウジ名に臣の姓をもつ氏がみえるようになるのだが、一見すると吉備臣が「分氏」したかの印象をうける。だが、この点については、これまでに明らかにされているように、ウジ名が五世紀末から六世紀にかけて成立すること、(28) こうしたウジ名により表現される氏族は、王権との関係で政治的に編成された組織にほかならないこと、(29) に注意しておきたい。日本古代の氏は、いうならば王権への奉仕の形態に規定されるものであった。

古代の氏族の実態が、王権への奉仕の形態により規定されるものであるとするならば、論理的には、吉備の個別の臣姓諸氏族が明確になることは、王権とそれに従属する集団の関係の変化を反映するものであった可能性があるだろう。吉備臣を構成していた個別の氏族が明確になることは、おそらく、列島中央部で欽明朝以降、世襲王権が形成されるのに対応して、地域の支配関係、王権への奉仕の体系が再編されることに関連すると考えるべきである。

この点で、このころ、『先代旧事本紀』国造本紀に、大伯国造・上道国造・三野国造・下道国造・加夜国造・笠臣国造・吉備中県国造・吉備穴国造・吉備品治国造がみえるように、国造が成立することは見逃せない。大伯国造には吉備海部直、上道国造には上道臣、三野国造には三野臣、下道国造には下道臣、賀陽国造には香屋臣、笠臣国造はそのまま笠臣が、吉備穴国造は阿那臣、品治国造は品治君が任じられたのであろう。私見では、国造とは共同体を人格的に体現する在地首長すなわち万能の地方官ではなく、その支配は個別的・地縁的なものであり[30]、王権を背景として、地域社会の兵士を動員する軍事指揮官を本質とすると考えるが[31]、これは、六世紀の朝鮮半島情勢に対応して、組織されたものであった。こうした奉仕関係の再編が「分氏」現象、すなわち個別の氏族が明確化する背景に存在したと考えられるのである。本稿では、「分氏」なる現象を以上のようなものとして捉えておきたいと思う。

実は、こうした吉備臣にみられる「分氏」現象に似通ったものは、同じく実体のあやふやな氏族である葛城氏・和珥氏の場合でも確認できる。

まず、葛城氏だが、『古事記』孝元段には、建内宿禰を祖とする七系列の氏族が列挙されており、その中に「葛城長江曽都毘古」を祖として、玉手臣、的臣、生江臣、阿芸那臣があげられている。ここに葛城とみえるものは、氏族名とは考えがたく、つとに指摘されているように、大和盆地西南部を表現する地域名としての葛城を意味する[32]。長江は、葛城の長柄と関連するのだろう。葛城地域の伝説上の人物、曽都毘古として、名だけが伝わるものであるが、古く井上光貞が指摘したように、実在の推定される人物である[33]。記紀の所伝によると、葛城からは開化・応神・仁徳・

履中・雄略に后妃がでたことになっており、葛城地域には宮も築かれたとされる。倭王権にとって古くから重要な地域であったことは間違いない。

葛城を冠する氏族は多くあるが、[34]『書紀』崇峻即位前紀七月条には「葛城臣烏那羅」がみえ、『伊予国風土記』逸文に引く温泉碑に「法興六年十月歳在丙辰我法王大王与恵慈法師及葛城臣」とあり、『上宮聖徳法王帝説』にも「葛木臣」がみえる。曽都毘古と葛城臣との直接の関係は厳密には不明であるが、葛城という広域の地名に臣の姓を有する氏族であり、曽都毘古や葦田宿禰[35]・玉田宿禰[36]と系譜上の関連を有していた可能性は高いであろう。このように、葛城臣と称される氏族は存在したのだが、これも吉備臣と同様、天武十三年の朝臣賜姓にあずかっておらず、朝臣を賜姓されたのは玉手臣であった。

玉手臣については、大和国葛上郡の玉手丘もしくは河内国安宿郡に玉手の地名が遺ることから、いずれとも決しがたいが、二上山をはさんで東西に近接して位置するので、このあたりに本拠があったのだろう。このほかに、葛城系の氏族では的臣があるが、すでにみたようにこれも百済本記に烏胡跛臣（的臣）とみえる。的臣もイクハという地名を冠する氏族であろうことを直木孝次郎が想定しているが、いずれにせよ大和川流域の氏族がさまざまな契機により曽都毘古との同族関係を作り上げ、こうした系譜に結実したものと考えられる。[37]葛城臣と表現されるものの実体や葛城地域の諸氏族の相互関係は、今ひとつはっきりしないが、「分氏」現象らしきものを想定することも可能である。

次に、和珥氏についてだが、まず『書紀』孝昭六十八年正月庚子条に、

立㆓日本足彦国押人尊㆒、為㆓皇太子㆒。年廿。天足彦国押人命、此和珥臣等始祖也。

とある。天足彦国押人命は、直前の『書紀』孝昭二十九年正月丙午条に、孝昭と世襲足媛の間に日本足彦国押人天皇（孝安）の兄として生まれたとあり、この部分に対応する『古事記』孝昭段の記述には、

兄天押帯日子命者、春日臣、大宅臣、粟田臣、小野臣、柿本臣、壱比韋臣、大坂臣、阿那臣、多紀臣、羽栗臣、知多臣、牟邪臣、都怒山臣、伊勢飯高君、壱師君、近淡海国造之祖也

とあって、和珥臣という名がみえないが、ここに上がった氏族が和珥臣同族と考えられている(38)。

和珥臣の名は、大和国添上郡和爾に因むもので、右にあがっている諸氏族も春日臣は大和国添上郡春日郷に、大宅臣も同じく添上郡大宅郷が根拠地であり、柿本臣もウジ名にちなむ柿本寺が存在し、壱比韋臣は櫟本町を本拠とした。粟田臣・小野臣は、山背国愛宕郡・宇治郡に広く分布するが、葛城が大和盆地西南部に勢力をもつのと対称的に、和珥臣の同族集団は、大和盆地の東北部から山背地方にかけて大きな勢力をもっていた。和珥臣は、后妃を多く出した葛城氏と同様に、開化・応神・反正・雄略・仁賢・継体・欽明・敏達の后妃をだしたとの伝承があり、同様の性格をもっていた。

和珥臣について注目したいのは、たとえば、春日和珥臣・春日小野臣・春日粟田臣のように、春日との複姓表現がみえるようになること、また、和珥臣出身の后妃の表現が、当初は、丸邇臣の祖某などと表現されていたのが、『古事記』欽明段では「娶春日之日爪臣之女、糠子郎女」とあるように春日氏と表現されるようになることで、欽明以降には和珥臣の表現がみえなくなる。そして、天武十三年の朝臣賜姓に際しても和珥臣の同族と考えられる大春日臣・大宅臣・小野臣・粟田臣・櫟井君・柿本臣はみえるが、和珥臣はみえない。岸俊男が指摘するところによれば、和珥臣の呼称は継体・欽明朝ごろに消え、和珥臣の本宗は春日臣を称するようになったとされる。このように、和珥臣の呼称が消滅し、それを構成していた同族諸氏が自立的に小地域名と臣の姓を冠するようになるのである。これは吉備臣の場合とまったく同様の「分氏」現象であろう。

和珥氏の場合もワニを冠する部である丸部（和尓部・鰐部）が認められるが、この点も吉備臣―吉備部の場合と同

様である。さらに言えば、和珥・葛城はもとより、吉備も含めて、后妃をだしたとの伝承をもつ。これらは、いずれも六世紀に氏族が明確になる以前からの古い集団なのであり、そうした段階にこうした枠組みが意味をもったのであろう。あえて曖昧なままとするのが、実態に即しているのかもしれない。

三　吉備臣・和珥臣と出雲

1　和珥臣と吉備

ところで、吉備臣と和珥臣には、「分氏」現象がみられるという類似性だけでなく、なんらかの関係の存在を示す痕跡が存在し、和珥臣は吉備地域とも密接な関係をもっていた。最後に、この問題を考えてみたい。

まず『古事記』景行段には「大帯日子淤斯呂和気天皇、坐纏向之日代宮、治天下也。此天皇、娶吉備臣等之祖、若建吉備津日子之女、名針間之伊那毘能大郎女」とあり、吉備臣等之祖とされる若建吉備津日子の女、針間之伊那毘能大郎女を后妃としたことがみえるが、『播磨国風土記』賀古郡条では、印南別嬢は、丸部臣らの祖である比古汝茅と吉備比売の子とされており、和珥臣は吉備臣と婚姻関係をもっていたことになる。もとよりその真偽は確かめようもないのだが、有力首長間の遠距離婚の事例は散見するところであり、ありえない話ではないだろう。

すでに述べたように、『古事記』孝昭段にみえる和珥臣の同族集団に阿那臣と大坂臣がみえたが、これらは吉備、なかでも備後を本拠とした氏族であった。『続日本紀』天応元年（七八一）三月庚申朔条には、安那公御室が采女としてみえ、『三代実録』貞観十四年（八七二）八月八日条には備後国安那郡人として安那豊吉売がみえる。そして、『先代旧事本紀』国造本紀には、吉備穴国造なるものがみえるが、これは「纏向日代朝御世。和邇臣同祖。彦訓服命孫八千足尼定賜国造」とされており、明確に和珥臣の同族とされている。残念ながら、臣姓をもつ阿那氏を『古事記』以外に確認することはできないが、安那公以外に阿那臣が存在した可能性は十分に考えうるだろう。ちなみに、大坂臣については、その本拠地を明らかにすることができないのだが、備後国安那郡には大坂郷がみえるので、ここが本拠であったろう。このように、和珥臣の同族とされる集団は吉備にも分布したのであり、これは和珥臣と吉備臣との「交流」を反映するものと考えられる。

こうした明確な和珥臣の同族集団ではないが、和珥臣に関連する氏族が吉備にはさらに存在した。吉備品遅君である。吉備品遅君は、針間阿宗君とともに『古事記』開化段に息長日子王を祖とする氏族としてみえ、『書紀』仁徳四十年二月条には、吉備品遅部雄鯽が播磨の佐伯直とともにみえる。『先代旧事本紀』国造本紀にも吉備品治国造として、「志賀高穴穂朝。多遅麻君同祖。岩角城命三世孫大船足尼定賜国造」があげられている。吉備の品治部（品遅部）を管掌した氏族であり、備前の西大寺観音院に伝わる備前国神名帳には邑久郡に品治神社がみえるので[39]、備前にも品治部は存在したと考えられるが、やはり本拠地は備後国品治郡が相当するだろう。『三代実録』貞観六年（八六四）十一月十日条には、備後国品治郡人として従八位上品治公宮雄がみえる。品治郡は備後国東部に位置し、現在の広島県福山市などが含まれる。

『古事記』開化段には、日子坐王と沙本之大闇見戸売・袁祁都比売・息長水依比売・山代之荏名津比売の間の子により構成される一大系譜群である日子坐王系譜が残されており[40]、この日子坐王の母が「丸邇臣之祖、日子国意祁都命之妹、意祁都比売命」であった。『書紀』開化六年正月甲寅条にも「妃和珥臣遠祖、姥津命之妹、姥津媛生彦坐王」とあり、開化と和珥臣出身の妃姥津媛の子が彦坐王であることは、帝紀において早い段階から固定していて動かない。

そして、日子坐王と山代之荏名津比売との間に生まれた大俣王の子である曙立王は、「伊勢之品遅部君・伊勢之佐那造之祖」としてみえ、彼は『古事記』垂仁段のホムチワケの物語にも登場し、そこでは出雲大神を奉斎することで、物言わぬ皇子ホムチワケは言語を獲得するのだが、その中で品治部を設置したとみえる。また日子坐王と袁祁都比売に系譜する息長宿禰王の子である息長日子王は、息長帯比売・虚空津比売の同母弟にあたり、「吉備品遅君・針間阿宗君之祖」とみえる。国造本紀では、吉備品治国造は多遅麻君（但馬君）と同祖にあるとされるが、同じく国造本紀では、但遅麻国造について「志賀高穴穂朝御世。竹野君同祖。彦坐王五世孫船穂足尼定賜国造」とあり、彦坐王に系譜するとされている。『古事記』開化段では、息長宿禰王が河俣稲依毘売との間になした大多牟坂王が「多遅摩国造之祖也」とされている。このように但馬国造・吉備品遅部君はいずれも日子坐王に系譜しており、和珥臣に関連する氏族であった。

和珥臣に関連する部である和爾部は、備前国上道郡と備中国都宇郡・賀夜郡といった吉備中枢部にも確認できるところで、和珥臣が吉備と密接な関係を有していたことはもはや疑いないのだが、こうした部ではなく、和珥臣に連なる氏族である阿那臣・大坂臣・品治部君が存在し、しかもそれが吉備西部の備後に集中することにはなんらかの意味があったのではないかと思う。この点は項を改めて検討してみたい。

2　出雲と吉備

阿那臣・大坂臣に関する史料は乏しく、その痕跡は見いだせないのだが、品治部君が支配したと考えられる品治部は考える鍵になりそうである。

『古事記』垂仁段によると、燃え盛る稲城のなかで生まれたホムチワケは、長じても言葉を発することがなかったが、ある日、高く飛び行く鵠の音を聞いて初めて言葉を発したので、山辺大鶙を派遣して鳥を追わせたところ、紀国・針間・稲羽・旦波・多遅麻・近淡海・三野・尾張・科野・高志へと越え、ついに和那美水門で捕えることができた。しかし、なお物言わぬ皇子に対して、曙立王らを遣わして、出雲大神を奉ったところ、ようやく言語を獲得した。その行く先々に鳥取部・鳥甘部・品遅部・大湯坐・若湯坐を設置した、とあり、品治部は垂仁の皇子ホムチワケの名代とされるが、その詳細は不明である。

表2　品治部の分布

大和	葛下郡	品治郷		『和名抄』
山背	愛宕郡	出雲郷	品遅部君	『大日古』1/372
伊勢			品遅部君	開化段
越前	坂井郡		品治部君広耳	『大日古』4/257
	江沼郡		品治部	『大日古』2/276
加賀	加賀郡		品治部	『木簡研究』28-161
越中	礪波郡		品治部	『平安遺文』204
但馬			品治部君	『大日古』2/61
因幡	邑美郡	品治郷		『和名抄』
出雲	楯縫郡		品治部首	『後紀』延暦20年6月丁巳条
	仁多郡		品治部	『出雲国風土記』
	出雲郡		品治部	『大日古』2/218ほか
	神門郡		品治部	『大日古』2/225ほか
播磨	賀茂郡	上鴨里	品遅部村	『播磨国風土記』
備前	邑久郡		品治神社	『備前国神名帳』
備後	品治郡	品治郷		『和名抄』ほか
	葦田郡		品治牧人	『霊異記』下27
安芸	山県郡	品治郷		『和名抄』
周防	玖珂郡		品治	『平安遺文』199

表2にまとめたように、品治部の分布は各地に認められるが、東は越中、西は周防までであり、おおよそ山辺大鶙の廻った範囲と重なっている。今のところ、東国と西海道には存在が確認できない(41)。そして、品治部が濃厚に分布するのが出雲であった。天平十一年の出雲国大税賑給歴名帳には、出雲郡出雲郷・杵築郷、神門郡朝山郷・日置郷・滑狭郷・多伎駅に品治部（凡治部）がみえ(42)、『日本後紀』逸文延暦二十年（八〇一）六月丁巳条にも楯縫郡人として品治部首真金を拾うことができる。出雲国大税賑給歴名帳は、出雲国西部に位置する出雲郡と神門郡の分しか残存しておらず、出雲一国の分布状況をここから推し量るのは危険だが、一国全体の状況がうかがえる『出雲国風土記』では、仁多郡条の末尾に主帳として「品治部」がみえるのみであるので、出雲東部には、ほとんど分布していなかったのであろう。

ちなみに、『出雲国風土記』には、物言わぬ皇子として有名な阿遅須枳高日子の物語が、仁多郡三沢郷条、神門郡高岸郷条にみえ、神門郡塩治郷条では阿遅須枳高日子の子が、楯縫郡神名樋山条には妃がみえる[43]。物言わぬ皇子のモチーフはホムチワケと共通であり、これらの舞台となったのが、仁多郡から神門郡にかけての斐伊川流域であり、出雲における品治部の分布と重なっており、なんらかの関連が想定できる。ただし、それがいかなるものであるのか、残念ながら、明確な答えを見いだすことができない。今後の課題とする。

もう一つ、この点を考える上で見逃せないのが、出雲における吉備部の存在である。吉備部は、『出雲国風土記』神門郡条の末尾に、神門郡の「主政外従八位下勲十二等吉備部臣」がみえる。また、天平十一年の出雲国大税賑給歴名帳では、神門郡日置郷と多伎郷に吉備部臣が、同じく神門郡古志郷に吉備部君が、そして神門郡朝山郷・日置郷・古志郷に吉備部がみえる。さらに、近年発掘された島根県出雲市東林木町の青木遺跡からは、それぞれ「吉備部細女」[44]・「吉備部忍手」[45]の名を記した二点の木簡が出土している。このほかに大宝二年の筑前国嶋郡川辺里戸籍に吉備部がみえるのと[46]、正倉院の丹裏文書として利用された年月日不詳「知識等銭収納注文」断簡に吉備部兄万呂なるものを確認できるが[47]、吉備部の分布が出雲のなかでもその西部に集中していることは疑いないだろう。関和彦の調査によると斐伊川流域の『出雲国風土記』に由来する神社には、吉備津彦をまつるものが今でも多く存在し[48]、出雲郷には笠朝臣吉備麻呂なるものまでがみられる[49]。

このように出雲西部に品治部と吉備部が集中的に分布することの意味をどのように理解すべきであろうか。出雲では、出雲臣が最大の勢力を誇ったと考えられるが、出雲臣の祖は「淤宇宿禰」（意宇宿禰）とされているように[50]、出雲臣の本来の根拠地は出雲東部の意宇地方にあった。そのため、出雲西部の斐伊川流域とその下流域にあたる出雲郡・神門郡に吉備の痕跡が濃厚であることはやはり一つの示唆を与えるであろう。『出雲国風土記』仁多郡条には、吉備から斐伊川上流に通じる阿志毘縁道がみえるが、(51)斐伊川をそのまま下るとそこが出雲郡・神門郡の地である。また、弥生時代中期後葉に、備後北部の山間部で発生した四隅突出型弥生墳丘墓が、山陰から北陸へと広がることがよく知られているように、備後北部からは、江の川を通じて石見に容易にぬけることができるし、『出雲国風土記』飯石郡条には備後国恵蘇にぬける荒鹿坂、三次郡に通じる三坂がみえるが、備後から出雲西部へは神門川・飯石川を下るルートが開かれていた。おそらく吉備の勢力はこれらのルートを辿って、出雲西部と接触していたものと考えられる。(52)

『書紀』崇神六十年七月己酉条には、吉備津彦と武渟河別を派遣して、出雲振根を誅殺したことがみえる。(53)吉備津彦と武渟河別は、『書紀』崇神十年九月甲午条に、大彦命・丹波道主命とともにみえる四道将軍とされるものである。『古事記』孝元段では、武渟河別は大彦の子とされ、阿倍臣の祖とされる。同じく開化段にあるように、丹波道主は日子坐王の子であり和珥臣に連なるものである。もとよりこうした伝承は、真偽を確かめようもないものなのだが、吉備というまとまりが意味をもった段階で、吉備の勢力が出雲西部と接触をもったことは事実であったろう。そして、そこには和珥臣も関与していたと考えられるのである。出雲国神門郡朝山郷には吉備部とならんで丸部も存在した。(54)

なお、出雲の吉備部とは反対に、備中国賀夜郡・窪屋郡には出雲部を認めることができる。(55)出雲部は、このほか、山背国愛宕郡出雲郷に出雲臣とともに認められるが、(56)山背国愛宕郡には、すでに述べたように、和珥氏の同族である粟田臣・小野臣の根拠地である粟田郷・小野郷が存在した。(57)出雲からの移住した集団については、同じく山背国に集住させられた大隅の隼人の役割が想起されるが、そうした可能性も考えておく必要があるだろう。(58)その関係を証明するのは困難であるが、これらが偶然であるとは考えがたいのである。

ともあれ、出雲における吉備部や品治部・和尓部の存在、吉備における出雲部や品治部・和尓部の存在は、少なくとも、そうしたまとまりが意味をもっていた段階に、地域間で「交流」があったことを示す痕跡であり、それがいつ、どのようなものであったかが問題であるが、本稿は予備的考察である。今は答えを急がずにおこう。

おわりに

とりとめのない憶測を羅列したにすぎないが、ひとまず稿を閉じたい。最後に、その後の吉備と出雲の関係について補足しておく。

吉備の部の分布をみて気づくことなのだが、備中北部の英賀郡と哲多郡、備後北部の奴可郡・恵蘇郡・三谿郡に刑部・額田部・丹比部を確認できる。もとより、これらの部は吉備の中枢部にも認められるが、これらはいずれも中国山地の山間部に存在した。実は、こうした部がもっとも濃厚に分布するのが出雲であった[59]。たとえば刑部の場合、神門郡と秋鹿郡に刑部臣が存在し、額田部の場合、意宇郡と大原郡に額田部臣、秋鹿郡に額田部首を確認できる。同様に、丹比部については島根・秋鹿・意宇・出雲・仁多郡に丹比部（蝮部）臣を確認できる。このように、臣や首のカバネをもつものが存在するのだが、これは額田部臣―額田部首―額田部の関係にあり、臣―首―部の管掌関係が存在したと考えられている[60]。出雲で最も有力な氏族は、出雲臣であるが、出雲臣を頂点として、擬制を含めた、同族関係にあるものが各種の部の管掌者に任ぜられた場合、額田部臣のように称したわけである。

備中や備後の中国山地側では、これらの部について、臣・首のカバネを帯びるものを確認できないので、このような臣―首―部の管掌関係の中心は出雲にあったと考えざるをえない。つまり、こうした集団の管掌関係は、のちの出雲国内で完結するのではなく、その周辺に広がっていたと考えるべきであろう。備中や備後北部の集団は、出雲の勢力となんらかの交渉をもっていたのであり、そうした歴史的前提があって、これらの部に編成されたものと考えられる。その時期は、六世紀以降と思われるが、吉備の北部には、出雲周縁部に組み込まれるものもあったのであり、地域間の関係はダイナミックに変動していたのである。

註

（1）近藤義郎・春成秀爾「埴輪の起源」（『考古学研究』一三―三、一九六七年）。
（2）吉田晶『日本古代国家成立史論』（東京大学出版会、一九七三年）。
（3）門脇禎二『吉備の古代史』（山陽放送、一九八八年）、同『邪馬台国と地域王国』（吉川弘文館、二〇〇八年）。
（4）柴田一「古代・中世の地名」（『岡山市の地名』岡山市、一九八九年）。
（5）永山卯三郎『岡山県通史』上編（岡山県、一九三〇年。復刻、岡山県通史刊行会、一九七六年）。
（6）『大日本古文書』一六―四八二（以下『大日古』）。
（7）『大日古』一五―三一三。このほかに『本草和名』にこの表現がみえる。
（8）「・吉備道中国加夜評・葦守里俵六□」（『飛鳥藤原京木簡』一―一〇七）、「吉備道中国浅口評神部」（『評制下荷札木簡集成』二二四）。
（9）吉田晶「吉備地方における国造制の成立」（『吉備古代史の展開』塙書房、一九九五年）。吉田は本書に収めるに際して、作り直した表を収めており、これが有益である。
（10）『大日古』二―二四七～二五二。
（11）こうした記紀にみえる吉備臣関連氏族のほかに、臣姓をもつ氏族には蝮王部臣・白猪臣・津臣・建部臣・白髪部臣を確認できるが、白猪臣は渡来系の白猪史に由来する可能性のあることから除外して考えると、いずれも津臣を除いて、蝮王部（丹比部）・建部・白髪部は名代に由来するものである。津臣は、後の備中国都宇郡にみられるように、津に由来するもので、おそらく吉備津に因んだ氏族であったろう。現地の地名に由来する臣姓氏族であり、三野臣・苑臣・香屋臣・窪屋臣などと同様に、これは吉備臣を構成する氏族であった可能性がある。
（12）このほかにも『古事記』景行段に吉備臣なる表現がみえ、『日本書紀』神功摂政前紀三月朔条にも「吉備臣祖鴨別」がみえる。

(13)『書紀』応神二十二年の吉備諸県の冊封記事の本旨は、兄媛の元を訪れた応神への御友別による饗応譚であるため、吉備臣関連氏族の関係について、御友別を中心として兄弟関係により表現したにすぎないのではないだろうか。この系譜の形式は、明らかに稲荷山古墳出土鉄剣銘にみえるオホヒコからヲワケ臣にいたる系譜と異なっており、これを吉備臣系譜の本来的なものと見なせるか慎重に検討したい。
(14)『書紀』雄略七年八月条。
(15)『書紀』雄略七年是歳条。
(16)『書紀』雄略八年二月条。
(17)『書紀』雄略二十三年八月条。
(18)『書紀』顕宗元年四月条。
(19)『書紀』欽明二年四月条。
(20)『書紀』欽明五年三月条。
(21)『書紀』欽明五年十一月条。
(22)門脇禎二『吉備の古代史』(前掲)。
(23)吉田晶「吉備氏伝承に関する基礎的考察」(『吉備古代史の展開』前掲)。
(24)『書紀』欽明二年七月条。
(25)『書紀』欽明五年三月条。
(26)なお山尾幸久『日本古代王権形成史論』(岩波書店、一九八三年、四一三頁)は、吉備臣は具体的に何氏かと問い、下道臣のこととする。山尾の説くように、吉備臣の実体が後の下道臣である場合もあったと考えられるが、固定されていたわけではないだろう。あくまでも中央側からの認識が吉備臣であったにすぎないのではないか。
(27)吉田晶『日本古代国家成立史論』(前掲)。
(28)平野邦雄『大化前代社会組織の研究』(吉川弘文館、一九六九年)。
(29)直木孝次郎「『氏』の構造について」(『日本古代の氏族と天皇』塙書房、一九六四年)。
(30)今津勝紀「既多寺大智度論と針間国造」(栄原永遠男・西山良平・吉川真司編『律令国家史論集』塙書房、二〇一〇年)。

(31)　新納泉・今津勝紀「瀬戸内海地域」(『列島の古代史1　古代史の舞台』岩波書店、二〇〇六年)。
(32)　平野邦雄『大化前代社会組織の研究』(前掲)、門脇禎二『葛城と古代国家』(教育社、一九八四年)。
(33)　井上光貞「帝紀からみた葛城氏」(『日本古代国家の研究』岩波書店、一九六五年)、今津勝紀「葛城襲津彦—五世紀前半の北東アジア史断章—」(『古代の人物　一　日出づる国の誕生』清文堂出版、二〇〇九年)。
(34)　のちの賜姓も含めて、例をあげると、葛木直(『三代実録』貞観五年九月十三日条)、葛木宿禰(『三代実録』元慶元年閏二月七日条)、葛木連(『続日本紀』天平十九年正月丙申条)、葛木毘登(『続日本紀』天平神護元年三月丁未条)、葛木忌寸(『平安遺文』八六)、などがある。
(35)　『書紀』履中元年七月壬子条、『古事記』履中段。
(36)　『書紀』允恭五年七月己丑条。なお、『書紀』雄略紀七年是歳条の分注では玉田宿禰は襲津彦の子とされる。
(37)　直木孝次郎「的氏の地位と系譜」(『日本古代の氏族と天皇』前掲)。
(38)　岸俊男「ワニ氏に関する基礎的考察」(『日本古代政治史研究』塙書房、一九六六年)。
(39)　『国書総目録』によれば、備前国神名帳は、岡山池田家・西大寺観音院・岡山県立図書館・岡山市立図書館・國學院大学附属図書館・宮内庁書陵部・愛知県西尾市立図書館岩瀬文庫・天理図書館・多和神社に伝わる。なお三橋健『国内神名帳の研究』(資料編・論考編、おうふう、一九九九年)も参照のこと。
(40)　この点については、今津勝紀「古代播磨の『息長』伝承をめぐって」(『日本史研究』五〇〇、二〇〇四年)で検討したので参照されたい。
(41)　ちなみに、品治部の分布が大和を中心として、さほど広くない範囲であるという分布のあり方は、和尓部の分布のあり方と同じであり、岸俊男が注意を喚起しているところである(岸俊男「ワニ氏に関する基礎的考察」前掲)。和尓部もほぼ同様の範囲に分布しており、おそらくこの分布は重なるのではないだろうか。関連を示唆しているものと思われる。
(42)　『大日古』二—二〇一～二四七。なお断簡配列は『正倉院文書目録』によった。
(43)　意宇郡賀茂神戸条には大神命の御子、阿遅須枳高日子命としてあり、「坐葛城賀茂社」とある。葛城の賀茂社とは、『延喜式』神名帳にみえる高鴨阿治須岐託彦根命神社、高鴨神社のことである。
(44)　『木簡研究』二六—一九七。

(45)『木簡研究』三〇―二一四。

(46)「吉備部岐多奈売」(『大日古』一―一一四)。

(47)『大日古』二五―九六。

(48)関和彦『出雲国風土記註論』(明石書房、二〇〇六年)。

(49)『大日古』二―二二一。

(50)『書紀』応神四十年正月是月条。

(51)今津勝紀「『出雲国風土記』にみえる阿志毘縁道をめぐって」(平成十四年度〜平成十七年度科学研究費補助金〈基盤研究(B)〉研究成果報告書『中山間地域における地域形成とその歴史的特性に関する総合研究―島根県石見地方の地域調査と鳥取県日野地方の被災史料救出保全活動の成果をもとに―』〈研究代表者:竹永三男〉二〇〇六年)。

(52)陰陽連絡路はいくつも考えられ、このほかに、備中の大崎廃寺で最初に作られた水切り瓦の形式が三次の寺町廃寺に伝わるのはよく知られたことであるが、こののち、水切り瓦は出雲西部へと伝播してゆく。さらに言えば、出雲市の西谷三号墳、四号墳は完成された巨大な四隅突出型の弥生墳丘墓だが、そこからは吉備で発生した特殊器台・特殊壺型土器が見つかっている。西谷三号墳は吉備で言えば楯築の墳丘墓とほぼ同時期であり、古墳時代に突入する直前の段階である。四隅突出型の墳丘墓自体が備後北部で弥生時代中期後葉に成立したもので、それが山陰から北陸へと広がっていったものであり、備後北部と出雲を結ぶルートは古くから開かれていた。

(53)出雲振根は出雲大神の神宝を献上した弟の飯入根を殺したことを咎められたのだが、この出雲大神は通説通り杵築大社とすべきであろう。

(54)「戸主刑部川内の戸口として「丸部角売」がみえる(『大日古』二―二二五)。

(55)なお備中国小田郡と後月郡の出部郷を出雲部と解する向きもあるが、この点は留保しておく。

(56)神亀三年山背国愛宕郡出雲郷雲上里計帳(『大日古』一―三三三〜三五二)、同雲下里計帳(『大日古』一―三五三〜三八〇)。このほかに、大宝二年筑前国嶋郡川辺里戸籍に「出雲部止乃豆売」(『大日古』一―一一〇)、天平神護二年九月十九日越前国足羽郡司解に「主政出雲部赤人」がみえる(『大日古』五―五四四)。

(57)岸俊男「山背国愛宕郡考」(『日本古代文物の研究』塙書房、一九八八年)。

(58) なお、門脇禎二『出雲の古代史』(日本放送出版協会、一九七六年)は、出雲臣の移住を六世紀末から七世紀初めとする。
(59) 今津勝紀「古代吉備地域の部の分布をめぐる若干の考察」(平成十七年～平成十九年度科学研究費補助金〈基盤研究(B)〉研究成果報告書『岡山市造山古墳測量調査概報』〈研究代表者：新納泉〉二〇〇八年)。
(60) 岸俊男「『額田部臣』と倭屯田」(『日本古代文物の研究』前掲)。

古代における地域社会と手工業生産
——出雲地域の玉生産を中心として——

平石　充

はじめに

古代の地域における手工業生産体制を検討したものとしては、まず第一に、石母田正氏の研究がある（石母田一九八八）。石母田氏は、日本古代社会における分業の未発達を述べ、部民制による手工業生産や国衙工房はともに農民に担われた貢納体制であるとする。

さらに重要な指摘は、手工業生産が身分編成的・カースト的になりつつも、共同体・手工業生産者が族長によって代表されている以上、村落によって農業生産が保証されているインドの「村落手工業者」とは異なる発展形態をとる、としている点である。この指摘は、家族・村落など自然発生的共同体から手工業者を分離しえるのが官営工房であるとの結論の途中にあり、やや不十分な記述であるが、地域の族長（首長）による共同体編成の中に貢納品生産が組み込まれて編成されること、と理解できる。またそこに祭祀が関連していることにも言及している（同書二五一頁）。このように、手工業生産は社会総体の運動として検討するべきで、具体的には地域における首長制の構造に依拠しており、そこに東アジアにおける日本古代社会の特質が現出するという枠組みが提示されている。本稿はこの石母田氏の理解を批判的に継承するものである。

以上のような理論的枠組みが存在する一方で、古代の地域社会における手工業生産の実像は、まずもって史料的制約によって検討が困難な状況にあるが、律令期の出雲国の玉生産は、『出雲国風土記』（以下『風土記』）ほかの文献史料、また考古学的にも捉えやすい手工業生産活動であるということができ、本稿ではこの出雲国の玉生産について検討する。

一　出雲地域の玉生産

文献からみた出雲の玉作については、浅香年木・寺村光晴・田中史生・菊地照夫氏等による研究がある（浅香一九七一、寺村一九八〇、菊地二〇〇一・二〇〇五、田中史二〇〇一a・二〇〇一b）。まず、浅香氏は出雲の玉生産について、もっとも長く活動が継続した玉作であるのにもかかわらず、玉作部との関係は薄く、忌部との関係が深いとする。そして、このことから「成熟した定型的な部民制に移行せず、一種過渡的な形態」をとると述べる。

次に、寺村氏の研究は考古学における玉作研究とあわせ、古代の文献にみえる玉作について概観したものである。論の主旨は、玉湯町での玉作は忌部氏によって統率されたもので、それは五世紀の中葉〜後半のことである、というものであるが、『風土記』に碧玉がみえない、玉作を行う神戸は神社に付属するものでなく、延喜式にみえる神戸とは倭名抄にみえる「名を欠く神戸」（一般には出雲神戸とされる）である、などの興味深い指摘を行っている（寺村一九

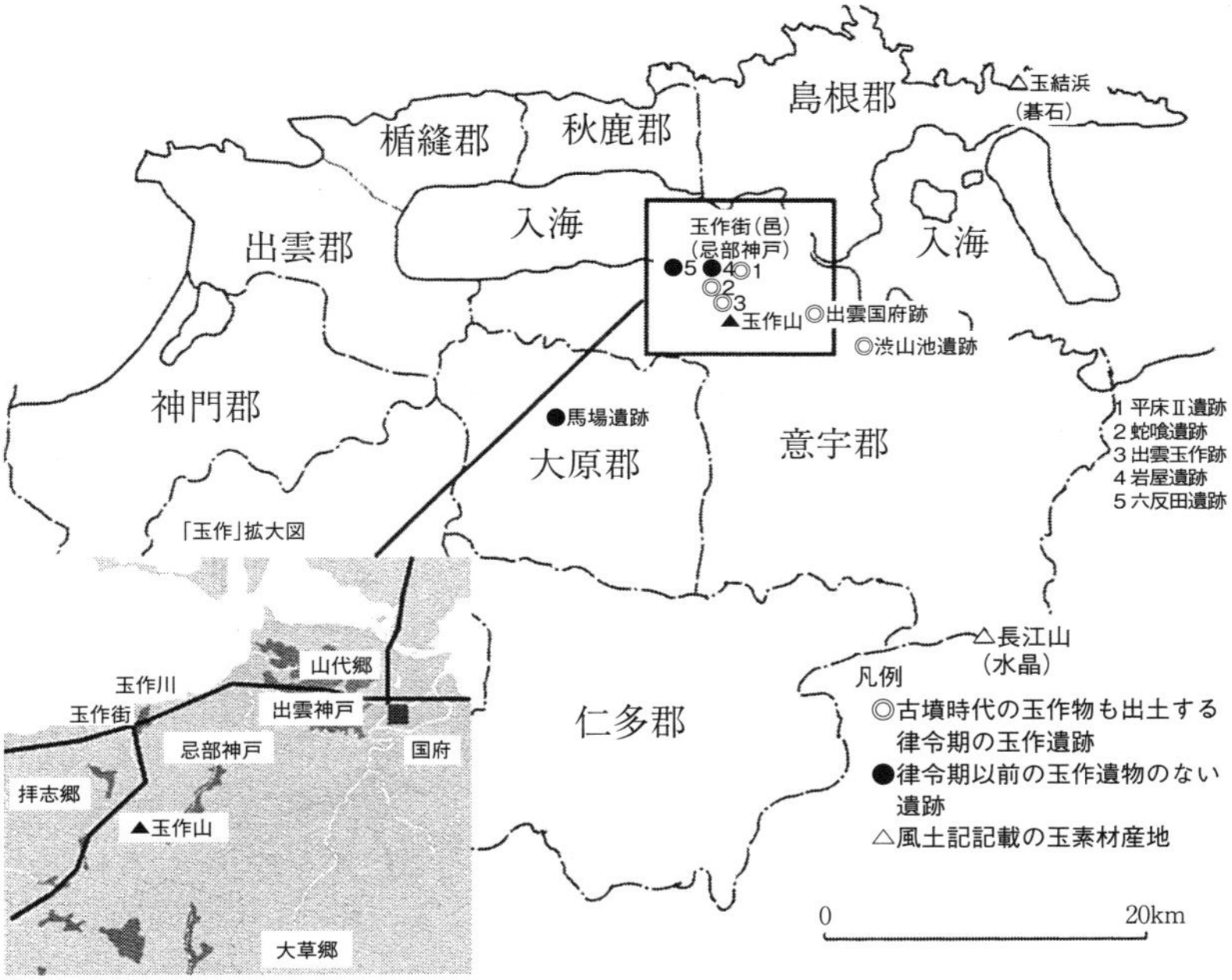

図１　『出雲国風土記』にみえる「玉作」地名・玉素材産地と律令期の玉作遺跡

八〇）。

田中史生氏は、文献にみえる玉作を整理し、大殿祭などで使用される毎年の貢納品が中心であること、『忌部神社神宮寺縁起』の伝承から貢納品は数珠をはじめとして仏教との関連が深いこと、また国際的な交易品となった可能性を指摘する（田中史二〇〇一b）。また、岩屋遺跡出土の玉類の分析から文献には登場しない多様な玉生産・流通があったことを推定する（田中史二〇〇一a）。

菊地照夫氏は、近年精力的に玉作の検討を進めており、出雲の玉作を掌握したのは地方忌部である、また『風土記』忌部神戸条の「御沐之忌玉作」は「御祈之忌玉作」で、天皇（大王）へ霊力を付与する性格を持つ、このような出雲の玉作の成立は、王権の中央工房である曽我遺跡での玉作が終了したあと、倭王権による汎列島的世界観の成立に伴って出雲に玉生産が移転されたもので、紀伊忌部との関係性（出雲では紀伊で産出する石材が砥石として利用されている）からみて、忌部氏が中心となっていた、とする（菊地二〇〇五・二〇〇七）。

本稿ではまず、八世紀以降の玉生産について再整理をしてみたい。

二　文献史料からみた出雲国の玉生産

出雲国における玉作に関しては以下の史料がある。

〔史料1〕『風土記』意宇郡忌部神戸条

忌部神戸、郡家正西二十一里二百六十歩。国造神吉詞奏参㆓向朝廷㆒時、御沐之忌玉作。故云㆓忌部㆒。即川辺出湯。出湯所㆑在㆓兼海陸㆒。仍男女老少、或道路駱駅、或海中沿㆑洲日集成㆑市、繽紛燕楽。一濯則形容端正、再浴則万病悉除。自㆑古至㆑今、無㆑不㆑得㆑験。故俗人曰㆓神湯㆒也。

〔史料2〕『風土記』意宇郡長江山条

長江山、郡家東南五十里。有㆓水精㆒。

〔史料3〕『風土記』意宇郡玉作山条

玉作山、郡家西南二十二里。有㆑社。

〔史料4〕『風土記』意宇郡玉作川条

玉作川、源出郡家正西一十九里阿志山、北流入㆓入海㆒。有㆓年魚㆒。

〔史料5〕『風土記』島根郡玉結浜条

玉結浜、広一百八十歩。有㆓碁石㆒。東辺有㆓唐砥㆒。又有㆓百姓之家㆒。

〔史料6〕『風土記』仁多郡

玉峰山、郡家東南一十里、古老伝云、山嶺在二玉上神一、故云二玉峰一。

〔史料7〕『風土記』巻末里程記載

正西道、自二十字街一西一十二里、至二野代橋一。長六丈、広一丈五尺。又西七里、至二玉作街一。即分為二二道一。一正西道、一正南道。

〔史料8〕『延喜式』巻三臨時祭 神寿詞条

玉六十八枚。赤水精八枚。白水精十六枚。青石玉四十四枚。（下略）

〔史料9〕『延喜式』巻三臨時祭 富岐玉条

凡出雲国所レ進御富岐玉六十連。三時大殿祭料三十六連。臨時二十四連。毎年十月以前令二意宇郡神戸玉作氏造備一。差レ使進上一。

〔史料10〕『古語拾遺』

又、令天富命率斎部諸氏、作種々神宝・鏡・玉・矛・楯・木綿・麻等。櫛明玉命之孫、造御祈玉、古語、美保伎玉。言祈禱。其裔、今在二出雲国一、毎レ年与二調物一共貢二進其玉一。

〔史料11〕出雲国計会帳（『大日本古文書』一巻五九七・五九八頁）

天平五年解弁官解文

八月

一、同月十九日進上水精玉壱伯伍拾顆事

一、同日進上真珠参拾顆上一十顆　中五顆　下一十五顆

一、同日進上水精玉壱佰顆事

右捌条附大帳使史生大初位上依網連意美麻呂進上

〔史料12〕　出雲国正税返却帳（大日方二〇〇八・『平安遺文』一一六一号）

主税寮解　申正税返却

出雲国延久弐年正税帳壱巻

（中略）

長保五年勘出穀頴弐拾漆万仟捌拾参束弐把五分壱毛玖リ

（中略）

蔵人所同四年八月一日御帳、進上水精佰丸料稲捌佰拾参束

左弁官長保二年宣旨六月廿一日進上水精弐佰丸稲八佰十三束

〔史料13〕『忌部神社神宮寺縁起』（藤岡一九七九）

同天皇梵宇斉衡三年姑洗註云三月事之上旬給レ受二文徳天皇並皇后慈覚大師灌頂一。花之仲呂於二延暦崇福両寺併諸院之僧侶三百名一読二新写大蔵経一、給レ禳二彩災疫一。当山護国院主円覚法印滞二在其当寺延暦寺一、列二災疫大散之大供養一。其後天皇奉レ献二慈覚大師経水精並出雲石珠数一。天皇給二深賞美一、令旨給二円覚法印一、於二出雲国一玉作之業停止不レ成給レ督二僧徒一。

1　玉作で利用する石材

『風土記』にみえる玉の素材とは、碁石・水晶である。次に史料5にみえる碁石とされる石についても単純に碁石

ではなく、玉としても認識されたことは玉結浜の名称（玉が生じる浜と解される）から確実だろう。一方、寺村氏の指摘があるように、『風土記』には碧玉についての記載はないし、貢納品にも碧玉と推定される玉類は少なく、史料8の神賀詞奏上にのみみられる。

2　出雲石について

ここで出雲石について言及しておく。出雲石（出雲石帯）は、近年袴帯生産の観点から注目されるようになった石材である(1)（平尾二〇〇二・田中広二〇〇三・米田二〇〇九b）。

〔史料14〕『延喜式』弾正台式

凡白玉腰帯、聴㆓三位以上及四位参議着用㆒、玳瑁・瑪瑙・斑犀・象牙・沙魚皮・紫檀五位已上通用、凡紀伊石帯隠文王者、及定摺石帯参議已上、刻㆓鏤金銀㆒帯及唐帯、五位以上並聴㆓着用㆒。紀伊石帯白晳者、六位已下不㆑得㆑用㆑之、凡烏犀帯、聴㆓六位以下着用㆒。但有㆓通天文㆒、不㆑在㆓聴限㆒。

〔史料15〕『西宮記』帯

白玉隠文、王者已下三位及以上用㆑之、親王雖㆓平生時㆒着㆓隠文㆒、烏犀帯、王者以下無位以上通用、（中略）、映玉、雖㆑有㆑文四位五位用㆑之、出雲石六位用㆑之、近代六位以上官著。（下略）

石帯の色については平尾氏が詳細な検討を行っており、六位以下の袴帯装飾具の色が銅製の段階・石製の段階共に一貫して「烏」と呼ばれる黒色であったと推定する（平尾二〇〇一）、史料14にみえるようにこの見解は正しい。次に史料15をみれば、出雲石は六位の石帯として使用されていることから、少なくとも出雲石帯が黒を指向した石帯であったことは間違いあるまい。一方、出雲国府跡からは、暗灰色の碧玉や黒色頁岩製の石製巡方・丸鞆の未製品が出土しており（米田二〇〇九b・島根県教委二〇〇八）、地方官衙における袴帯装飾品生産としてきわめてまれなものと評価されている（田中広二〇〇六）。国府周辺で生産された石帯は「出雲石帯」に含まれると考えられるので、やはり出雲石とは黒色系の碧玉や頁岩からなる黒色を指向した石材であった(2)。

「出雲石」「出雲石帯」が登場する史料は『忌部神社神宮寺縁起』を除き、十世紀代のものであるが（出雲国府跡出土品の年代は特定できない）、『風土記』の水晶・碁石記載とあわせれば、八〜十世紀まで一貫して水晶と黒色系の石材が史料で確認でき、また考古資料もそれと合致していることから、八世紀に生産されていた黒色石材が十世紀代に出雲石と呼ばれるようになったと考えるのがしぜんである。水晶（水精）と黒色系の石材（出雲石）が律令期の玉生産で使用された中心的素材であった。

3　素材の産地

玉素材の採集地については、従来、史料3にみえる玉作山（現在の花仙山を含む山塊）が注目されてきた。これは玉作山が古墳時代の玉生産地、碧玉・瑪瑙の産地であるからであった。しかし『風土記』では玉作山に素材産出の記載はなく、この「玉作」とは史料4の玉作川・史料7の玉作街と同様に地域名称としての玉作とみるべきであろう。このことは換言すると「玉作」という手工業生産の内容に起源を持つ地域呼称が八世紀には成立していたことを示している。

4　生産者集団

玉生産の場所を示すのは、史料1の忌部神戸条の忌玉作が唯一である。『風土記』編纂現在を記している史料1と対照的に、史料6にみえる玉上神の鎮座は「古老伝云」、すなわち伝承であり、玉峰山で八世紀段階の玉生産を読み取るのは不可能である。また、別稿で述べたように、忌玉作は玉作山・玉作川条ではなく、忌部神戸条にこれらの記載があることが重要であり、通説どおり、生産者は忌部神戸、すなわち神戸として編戸されていた存在と位置づけることができる（丹羽野・平石二〇一〇）。

5　玉類の形状

貢納品はその計量単位をみると、史料8神賀詞に関わる玉を除き「顆」ないし「丸」が使われており、丸い粒状の形状を呈していたことが想定される。また史料13は、十六世紀末に成立した史料で、その信憑性については慎重に判断しなければならないが（藤岡一九七九）、先述したように古代の史料にしかみられない出雲石の記載があることから一定の信憑性を持つと判断される。文意は慈覚大師が「水精並出雲石珠数」を献上し、そのことで出雲玉作の停止が取りやめとなった、の主旨と理解される。やはり丸い玉が想定される。

6　貢納体制

(1)　神賀詞奏上時の玉

『風土記』の史料1の記載から、神賀詞奏上時の玉が忌部神戸で製作された可能性は高い。そして、この玉類のみ「赤水精」「白水精」「青石玉」がみえ、これらは瑪瑙・水晶・碧玉を指していると考えられる（小林一九六四・加藤一九七九・田中史二〇〇一b）。先に述べたように、『風土記』には瑪瑙（赤水精）・碧玉（青石玉）の記載は存在しないわけであるが、神賀詞奏上が数十年に一度であるので、その生産はきわめてまれであったはずで、『風土記』に産地記載がないこととはそれほど矛盾しないだろう。八世紀にあっては瑪瑙・碧玉製の玉の生産・貢納は特殊なものであったのではないか。

古代の玉類の評価が窺える史料として、前掲史料12のほか、筑後国正税帳（『大日本古文書』二巻一四八・一四九頁）の玉の交易進上に関わる記述がある。

表1中の紺玉～緑玉までは、紺玉の色調などから考えて、考古学上のガラス製の玉類とみてよいだろう。これに対し赤勾玉・丸玉・竹玉・勾縹玉は数量も少なく、名称などから赤勾玉は瑪瑙製勾玉、丸玉は水晶製丸玉、竹玉は碧玉製管玉（寺村一九八〇）、勾縹玉は碧玉製勾玉といった古墳時代後期に出雲地域で生産されていたものと同類の玉類、本稿でいう古墳時代的玉を指すものと推測できる（図2参照）。古墳時代的玉は、その調達数がきわめて少ない点は興味深く、八世紀において勾玉類は玉の主体になりえなかったと考えられる。八世紀にはやはり瑪瑙・碧玉による玉生産はほとんど行われていなかったのであろう。一方、神賀詞奏上の記述に戻ると神賀詞奏上に用いられた玉類は、例外的に古墳時代的玉であった可能性が高い。なお、史料12の水精玉は時期が十一世紀初頭に下り、記載が正確でない可能性があるものの（大日方二〇〇七）、一丸の価格がきわめて高価であり（表1参照）、現在出雲地域で出土する平玉とは異なる、精緻に加工された球状の水晶などを想定する必要もあろう(3)。

神賀詞奏上に関して玉生産が行われたことは、出雲国造出雲臣による玉生産者集団の掌握が想定される（小倉一九九六）。しかし、その生産活動は玉生産全体のなかでは部分的な位置を占めているにすぎない。地域の首長による玉生産の掌握は、祭祀を通したものであったと考えられる。

表1　古代史料にみえる玉類の価格

		数量	直稲（束）	1点あたり直（束）	史料名	年代
1	白玉	113	71.11	0.629	筑後国正税帳	天平10年(738)
2	紺玉	701	41.18	0.059	筑後国正税帳	天平10年(738)
3	縹玉	933	47.78	0.051	筑後国正税帳	天平10年(738)
4	緑玉	42	3.14	0.075	筑後国正税帳	天平10年(738)
5	赤勾玉	7	16.8	2.400	筑後国正税帳	天平10年(738)
6	丸玉	1	0.14	0.140	筑後国正税帳	天平10年(738)
7	竹玉	2	0.34	0.170	筑後国正税帳	天平10年(738)
8	勾縹玉	1	1.8	1.800	筑後国正税帳	天平10年(738)
9	水精	200	813	4.065	出雲国正税返却帳	長保2年(1000)
10	水精	100	813	8.130	出雲国正税返却帳	長保5年(1003)

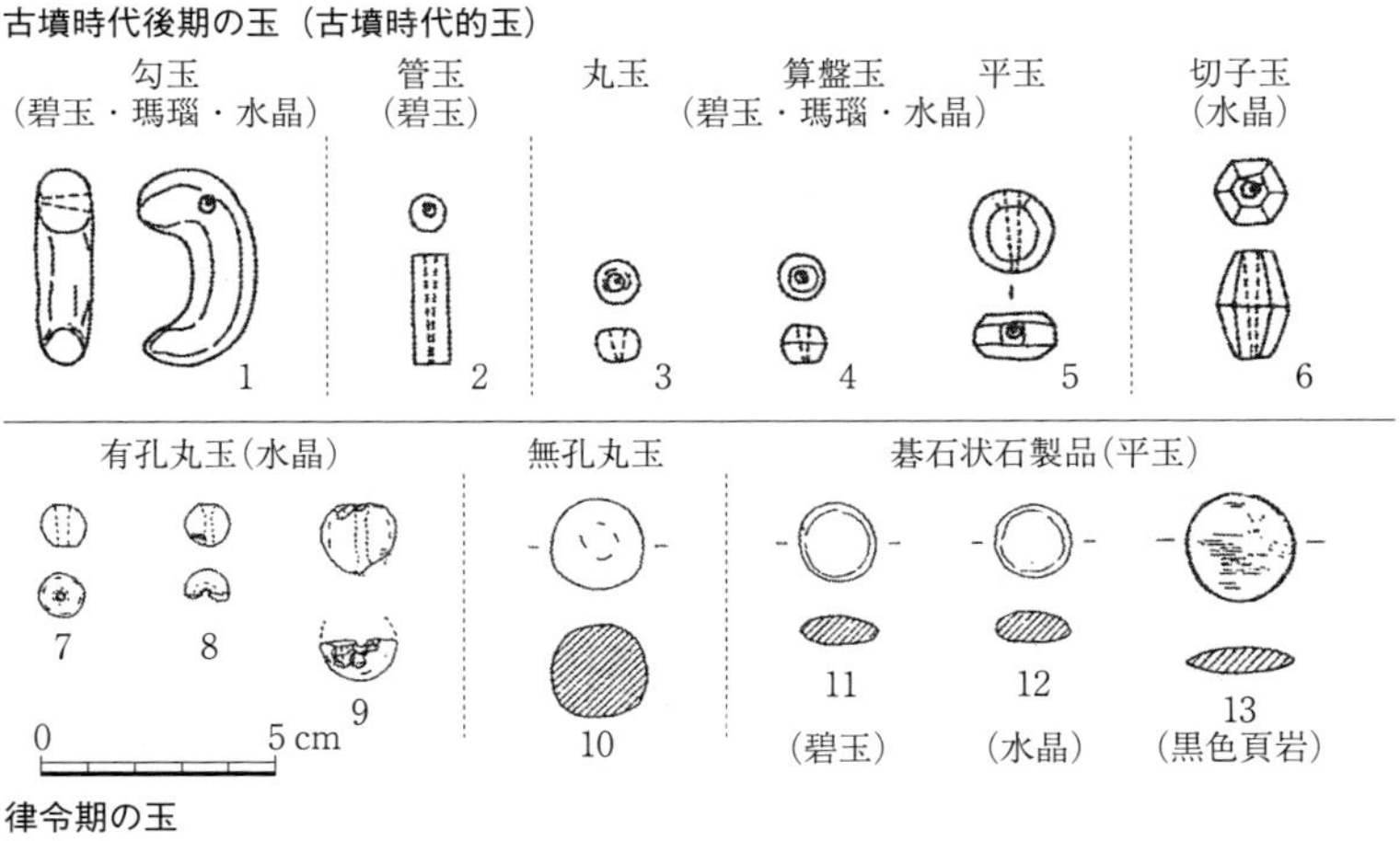

図2　古墳時代的な玉と律令期の玉（1〜5　岐阜県木山O–150号墳，6　同M–178号墳，7〜12　出雲国府跡，13　蛇喰遺跡。米田2009aより転載・加筆）

⑵　御富伎玉

これのみ「連」と表現されており、数珠つなぎ状況が想定され、また大殿祭祝詞では「御統玉」とみえることから勾玉を想定する考えもある（田中史二〇〇一b）。大殿祭自体が神話と深く関わる祭儀であることを念頭に置くと（菊地二〇〇一）、その道具立てが古体をとどめる可能性は否定できないが、神賀詞奏上にみえる「枚」で個々が表現される玉とは異なるものであろう。また、次に示すように⑶神戸の調の生産とも関連が深い。

御富伎玉の貢進は意宇郡神戸玉作氏、すなわち『風土記』にみえる忌部神戸によって行われ、[4]史料10によれば「毎年与調物共貢進其玉」、すなわち神戸としての調の貢進とは別に行われたとされる。ここにみえる「調」とは、『古語拾遺』の性格からみても出雲国内の一般調の貢納のことではなく、余剰分が神祇官に送られたとされる神戸の調を指すとみられる（小倉一九九五）。また、その時期については史料9では十月に遣使して進上とされているが、史料10では調と同時とされている。出雲国は中国で、調の貢進時期は十一月三十日であることを念頭に置くと（賦役令調庸物条）、両者はいっけん異なる状況を示しているようにも思われ、九世紀の調庸未進の拡大に伴い早期に確保されるようになった、との解釈もある（田中史二〇〇一b）。しかし、御富伎玉の供される三祭、すなわち月次祭と新嘗祭に伴う大殿祭の時期を考慮すれば、十一月実施の新嘗祭に伴う大殿祭にあわせて新しい玉が貢納される体制であったと理解できるだろう。調の国内での調達は八月に始まるので、御富伎玉の貢納は実質的に調物の生産と同時に進められたのであろうが、遣使による先行納入は、首長に対する貢納物の割き取りと先行納入、すなわち荷前的側面もあったことが推測される。

⑶　神戸の調

調物の実態を考える上では神戸の調を検討する必要がある。詳論は省くが、著名な『常陸国風土記』久慈郡大田郷条の長幡社の場合、調の生産と神社に奉る神調の生産は一体であり（大関一九九三）、忌部神戸が地方忌部として玉作氏を編成したものであることを念頭に置けば、やはり忌部神戸の調も玉類であったと考えるのが妥当である。

(4)　貢納制から外れた玉生産

出雲国計会帳（史料11）、史料12にみえる水精玉の貢進は、時期からみても(1)〜(3)から離れた生産と考えざるをえない、といえよう。また、史料11の例では進上の目的は不明であるが、真珠玉も同時に貢進されているところからみて、忌部の祭儀に関わるものでないことも明らかである。この貢進は大帳使に附けて進上されていることから朝集使貢献物（大宝令）に相当することは間違いなく、「以官物市充」とされるように（賦役令貢献物条・同集解古記からも国が交易して貢進していたことが窺える）、いわゆる国府を中心とした交易に水晶玉類が流通していたことも間違いがない。合計二五〇顆の進上を多いとみるか少ないとみるかは難しいが、調の生産体制と離れた時期にこれらの玉の入手が可能であった点を考えると、進上を実施しえた背景には(4)中央への貢納のための生産から離れた広汎な水晶玉生産があったことが推定可能である。

最後に『忌部神社神宮寺縁起』の記載は忌部神社神宮寺とそれに関わる忌部玉作地域の顕彰を目的としており、慈覚大師・文徳天皇との関連など個別事象を史実とすることはためらわれるが、やはり調の貢納そのものとは考えがたく、(4)の位相に位置する生産を示すものと推測される。(5)

三　考古学からみた律令期の玉作

ここで考古学からみた八世紀の玉生産について概観し、前に述べた文献史料との整合性について検討しておきたい。従来、出雲地域は古墳時代から律令期にかけて一貫して玉生産を行ってきた全国でも唯一の地域として捉えられおり（代表的な文献として勝部二〇〇六）、また出雲製の玉も先にみた文献史料類から中央に貢進されたと推測されてきた。しかし、現在は、玉作素材ならびに穿孔方法、玉類各種の消長が検討されるに及び、出雲地域において七世紀初頭までのいわゆる古墳時代的な玉作と（以下、古墳時代後期に出雲で製作された玉、および律令期に製作された同じ内容の玉類を古墳時代的玉とする。図2参照）、八世紀の玉作の間には製品の形態や製作技法に深い断絶があり、また七世紀中葉から後半にかけての確実な玉生産遺跡が確認されていないことも含め、時間的にも断絶しているとされる（大賀二〇〇九・米田二〇〇九ａｂ）。先行研究に若干補足し八世紀以降の玉の特徴を挙げれば、以下のようになる。

①　製品は水晶と頁岩（褐色泥岩）製の碁石状石製品を中心とし、若干の水晶製丸玉が加わる。このほか碧玉製品があるが色は緑色というより黒色を指向している。瑪瑙製品はない[6]。なお、この頁岩（黒色泥岩）の石材産地は、島根郡玉結浜が想定されている（片岡一九九九・米田二〇〇九ｂ）。

②　碁石状石製品・丸玉は形状からも古墳時代の丸玉などとは明確に分離でき、とくに多くに穿孔が認められない点が特徴的で、ほぼすべて穿孔が施される古

遺跡の性格	備　　考
火葬墓	未報告・詳細不明
火葬墓	
集落	生産遺跡の可能性あり
官衙・生産遺跡	
集落・祭祀遺跡	
寺院跡	
集落・墓	

表２　碁石状石製品・丸玉の出土遺跡

遺跡名	所在地	出土玉類
小久白墳墓群	安来市久白町	水晶玉
中山遺跡	安来市中山町	水晶丸玉（球状）
渋山池遺跡	東出雲町揖屋	碧玉碁石１・石英碁石１・頁岩碁石１
出雲国府跡	松江市大草町	水晶碁石１・丸玉
才ノ峠遺跡	松江市竹矢町	丸玉２
来美廃寺	松江市矢田町	水晶碁石１・水晶小片１
馬場遺跡	雲南市三刀屋町馬場	碧玉碁石１・水晶碁石12・頁岩碁石８・水晶丸玉１

※いずれも製品のみで，未製品は含まない。碁石は碁石状石製品の略である。

墳時代の玉とは機能・性格が異なると推測される。

③　穿孔は両面から行われており、古墳時代以来出雲での玉作を代表する片面穿孔技術が認められず、古墳時代からの技術的連続性はない。

④　現在のところ七世紀中葉から後半段階の確実な玉作遺跡は確認されていない。また、生産遺跡の分布については以下のようにまとめられる。

⑤　玉作関連遺物が出土する遺跡は東出雲町・雲南市にも一部みられるが、いずれも小規模なものであり、生産遺跡の中心は出雲国府ならびに花仙山の西麓、玉湯川の両岸である。

ここで前節までの文献史料からみた玉の生産と貢納を対比して考えるとき、製品の素材や、生産集団の所在、玉類の形態について文献史料の記載と考古学的知見は整合している、と考えてよいだろう。

次に律令期の玉の流通について考古資料からみると、たとえば碧玉製平玉（碁石状石製品）は都城周辺での出土は知られておらず、「各地から原材料を（近畿に）流入させ、それを加工・製作するという体制」が中心であったと想定されている（秋山二〇〇七）。出雲の玉が畿内に多く流入していたとの文献史料による通説に対しては、文献の伝える内容が特殊な玉の運京に関するものであるか、考古学上の分析対象となる伝世資料などが特殊な事例を反映している可能性などが示唆されている（秋山二〇〇七）。また、出雲国で製作されたと推定される平玉の出土事例は今のところ出雲国内遺跡のみで、墓と寺院・官衙が中心である（表2）。

このような玉の出土状況については以下のように理解可能である。まず、貢納の中心である(2)の御富伎玉は、毎年の貢進が示すように、宮中祭祀で一回のみ使用しその後廃棄される玉類である。一方、現在の近畿の出土資料・伝世資料は正倉院御物・寺院の鎮壇具（いわゆる七宝として珍重されたもの）・墓の副葬品で、総体として個人の装身具でなく祭祀に関わるという点では性格は同一であるが（秋山二〇〇七）、御富伎玉とは異なる長期にわたる使用を想定して製作されたものとみるべきである。私見では御富伎玉は都城に貢進されているが、やはり発見されていない、と考えたい。また、先に示したように、貢納に関わらない国内での広汎な玉の生産が想定されるので、これが出雲国内での出土に対応するものと考えられる。むしろ、出雲国に限定されることは、いわゆる国衙交易圏での流通を考えるべきであり、律令制による地方支配と無関係な生産を想定するべきではない。また、八世紀における文献からみた玉は上述のように水晶製品ないし頁岩・黒色を指向した碧玉製と考えられ、出雲国の玉とされる製品には黒色の石帯なども含まれている可能性を検討することも必要であろう。

四　律令期の出雲国における玉生産——国司による再編

本節では、出雲国における律令期の玉作について、その技術的基盤や製品の構成が古墳時代的玉とまったく異なっている、との評価について検討する。

玉素材産地の変遷

玉素材の産地については、考古学では玉結浜産と考えられる黒色頁岩で玉作が行われていることが確認されている（米田二〇〇九b）。水晶については長江山産の水晶が使用されたかどうか分析はなく、一方、確実に花仙山産とみられる碧玉もみられるが、これは基本的に黒色系石材の代用品として、緑色ではなく灰色などの碧玉が選択されたに過ぎない。『風土記』の玉素材産地は意宇郡でも東端国境に近い後の能義郡域の長江山、島根郡の玉結浜で、古墳時代的玉の伝統的な素材産地である玉作山（花仙山）ではないことは注意するべきである（図1）。長江山のある現安来市伯太町には、伯太首と呼ばれる首長が存在した模様で（『新撰姓氏録』未定雑姓和泉国）、平安期に入り優勢となったとされる地域である（関二〇〇四・平石二〇一〇）。近隣の二つの山国郷新造院の造立者もいずれも出雲臣ではなく蝮部臣・日置部氏であり、忌部神戸と同じ意宇郡内ではあるが、やはり出雲国造出雲臣本貫地ではなく、古墳時代的玉生産の原石供給を担った地域とはいいがたい。このように石材の供給元にも古墳時代的様相に対し変更が加えられ（玉結浜に関しては、黒色の石材が指向され、石材産地として開発された可能性もある）、意宇郡の中心域でなく、国内のほかの産地が選択されたところからみて、意宇郡司である出雲国造でなく、国司・国府主体で再編成されたと評価できる。

このことを考える上で示唆的なのは、和銅元年（七〇八）に国司として任命されている忌部宿禰子首（『続日本紀』和銅元年三月丙午条）の存在である。(7)

『出雲国風土記』忌部神戸条の記載内容は、郷記載が郷里制に基づいているので、(8)郷里制段階、天平期の内容と考えられるが、その忌部の名称の由来は「国造神吉詞奏参向朝廷時」（史料1）の玉生産にある。出雲国造による神賀詞奏上儀礼の起源、開始時期には諸説があり、本稿でよく論じるところではないが（詳細は武廣一九九二ほか参照）、神賀詞奏上が二月に実施されること、祝が上京すること、神賀詞での下賜物が祈年祭と類似することなどから祈年祭の整備と神賀詞奏上の整備の関連性が指摘されている（内田二〇〇六・荒井二〇〇八）。大宝二年（七〇二）は諸国国造の上京と大宝令制による祈年祭実施（二月十三日）、大祓の実施（三月十二日）、国造氏の制定（四月十三日、以上いずれも『続日本紀』）が行われているが、その最中の三月十一日に忌部子首を含む神祇官の官人と想定される人々が叙位され、忌部子首もこれら儀礼の整備に関わった。この大宝二年の祈年祭は国造の上京がみられるなど、神賀詞奏上とも類似性を持つ。そしてこののち忌部子首が出雲守に任じられ、大宝令制下で最初と考えられる霊亀二年（七一六）の神賀詞奏上まで国司であったと想定されるので、(9)すでに指摘のあるように、忌部子首が神賀詞奏上の整備に関わったことは間違いあるまい（門脇一九七六・大浦一九八六・瀧音二〇〇六）。

以上のことを勘案すれば、考古学で想定されている、古墳時代的玉生産と大きく異なる律令期の玉生産が開始されたことは、直接的には出雲国司としての忌部氏も関与した八世紀的な神賀詞奏上・祈年祭などの王権祭祀・儀礼整備との関連性をもって理解するべきである。もちろん、神賀詞奏は出雲国造による奏上儀礼であり、森氏が述べるような国造による国内祝の集約もあり（森一九九二）、国造の影響力も当然想定されるが、直接的な玉生産の変化については国司（国府）の関与を想定するべきであろう。

五　伝統的生産者集団の掌握

八世紀の玉生産について、古墳時代定な玉生産が断絶した後、まったく新たに別な技術が導入され系譜の異なる生産者集団が生産を開始したものであって、古墳時代から続く出雲玉作の系譜を持つ工人が律令制による新たな嗜好や需要を重んじて技術や製品などを変化させ生産を継続ないし再開させた可能性はない、とされる（米田二〇〇九ａ・ｂ）。米田氏の指摘について玉作の技術的な面では異論を差し挟む余地はない。(10)また、古墳時代からの連続性を示す証拠として挙げられてきた忌部神戸の設定についても直接的な契機は前節で述べたように八世紀初頭にある可能性もある。しかし、生産地・生産者集団からみた玉生産を考えると、一概に古墳時代から連続する要素が皆無とはいえないだろう。

八世紀の玉作遺跡の分布と、それらの遺跡における古墳時代の玉作の有無について図1で再確認していただきたい。これをみると、出雲玉作跡（宮垣地区）・蛇喰遺跡・平床Ⅱ遺跡などは古墳時代後期の玉作が行われた場所であり、出雲国府跡でも実態は不明ながら、古墳時代的玉が出土している。いうまでもなくこの地域は、古墳時代後期の玉生産の集約地であるが、先に述べたように、八世紀になって素材となる石材の調達などは従来の形態から大きく変わり、玉作山は石材の産地ではなく忌部神戸は素材調達上有利なわけではない。にもかかわらず、律令期の玉生産の場所には古墳時代的玉の生産地域が選定されたと考えざるをえない。

さらに、生産遺跡と生産者集団の関係性を考えるとき、八世紀における玉生産のもう一つの中心地である出雲国府には、対応する住民としての生産者集団が想定できないことは重要である。律令期の国府にはいうまでもなく対応する住民（＝共同体）が存在せず（岸一九八二・八木一九八六）、出雲国であれば山代郷・大草郷・出雲神戸などの一般的な郷が置かれているのみである。もちろん、いわゆる国府域における人口の集中、集住は各地で確認されているものの、国衙工房の労働力は、著名な弘仁十三年太政官符（『類聚三代格』巻六）が、雑徭の免除に対して国府構成員を維持するための食稲の支給上限を示したものであるように、国府が国内から徴発した雑徭・徭丁によるもので、在地の共同体から切り離され、生産拠点と手段を与えられた生産者集団である（石母田一九八八）。これに対し、八世紀に再編された出雲国の玉生産は、文献においても考古資料においても、かかる共同体から分離した生産者集団とは別に、忌部神戸という戸・神戸里に編成された生産者集団を必要とした。

なぜ、古墳時代の玉生産地が選ばれたのか。忌部神戸は、第二節で示したように、「玉作」という既存の地域に存在しており、おそらく対応する地縁的共同体、史料上は確認できないが「玉作邑」のようなものが八世紀段階以前にはすでに成立していたのであろう（『風土記』には「玉作街」が確認できる）。忌部氏との関連性は仮に八世紀に再編された政治的なものであったとしても、玉生産の再編に当たって八世紀以前の「玉作邑」が選択されており、文献古代史上古墳時代的玉の生産と律令期の玉生産の連続性は明らかである。むしろ、八世紀の玉生産に古墳時代的な玉生産からの技術的な連続性がないこと、忌部神戸が石材の産地でもないことを念頭に置けば、「玉作邑」に忌部神戸が設定されたことは、伝統技術の保持・生産上の条件を本質として設定されたのではなく、生産者集団の人的結合・労働力編成とその把握が最大の目的であったと推測可能である。生産の再編に当たり、在地の地縁共同体との一体性を有した生産者集団、労働力編成上の結合を利用することに意味があったのである。

以上、本節では、その生産地・生産者集団の検討から、大規模な再編があったとされる律令期の玉生産で、古墳時代的玉生産を基盤に成立したと思われる伝統的生産者集団の掌握も必要不可欠の要素であったことを示した。次節では、さらに本稿で「玉作邑」を形成していたとみる伝統的生産者集団（以後史料9より出雲玉作氏と仮称する）と部民制の関連性について述べることとしたい。

六　忌部・部民制と玉生産

律令期の史料にみえる出雲玉作氏は、部民制としてみたとき、どのように考えるべきであろうか。

忌部氏と出雲玉造氏との関係を比較的新しく形成されたものとみるものに、小倉氏の見解がある（小倉一九九六）。

小倉氏はまず『古語拾遺』において、ほかの地方忌部の祖について「〇〇国忌部祖也」と記載されているのにもかかわらず、出雲の忌部のみが「出雲国玉作祖也」とされている点（津田一九六二）、また、出雲玉作氏の祖神櫛明玉命は『日本書紀』では神代第九段一書第二、すなわち出雲国造・杵築大社創始の伝承を取り入れた一書にのみ登場することから、出雲玉作氏は本来出雲国造によって統率されていたとする。小倉氏の理解のうち、出雲国造による玉作氏掌握については首肯できるが、出雲地域の玉生産と忌部氏との関係一切を後出的とみるのはやはり難しいのではないだろうか。

その根拠は、すでに菊地氏が述べるように、古墳時代にあっても忌部氏との関係性が想定される考古資料が多数存在する点にある（菊地一九九五、菊地・山岡二〇〇七）。詳細は菊地氏・米田氏の論考を参照されたい（米田二〇〇九ａｂ）。さて、現存史料上、出雲国には忌部は分布しておらず、今のところ玉造部も確認できない。さらに、出雲地域では地方伴造統率者として〇〇部臣と称する郡司層が確認されるが、忌部臣・玉造部臣の両者ももちろん確認できず、やはり忌部臣・玉作臣とも存在せず、当然忌部・玉作部も存在しなかったのであろう。その結果が史料にみえる意宇郡神戸玉作氏（史料9）なのであろう。

このような生産者集団の存在形態については、すでに浅香年木氏が、出雲地域では玉造部の編成は行われず、地方の族長層を介して忌部に統率されており、部の編成にいたる過渡的状態、部の先行形態と評価している（浅香一九七一）。しかし、出雲地域以外も含めて、玉生産が玉祖・玉造連―玉作造―玉造部という部の編成を標準とし、忌部―玉造氏となる出雲地域を過渡的状態とみてよいのであろうか。ここで、忌部と玉作関係氏族の全体像について確認しておく。

忌部氏と玉作関係氏族は、いわゆる天の岩戸の神話の祭儀、『書紀』の国譲りに関連する氏族として位置づけられ

表 3—1　記紀の忌部・玉作氏族の系譜

記載場所	忌部・玉作についての系譜		
天の岩戸 『古事記』	鍛人天津麻羅		
	伊斯許理度売命	鏡を作る	
	玉祖命	御須麻流玉を作る	
	布刀玉命	幣帛を奉る	
天の岩戸 『書紀』第7段	本文		
	忌部遠祖太玉命	中臣連遠祖天児屋命と真坂樹に八坂瓊の五百箇御統を懸けて祈禱する。	
	第2の一書		
	鏡作遠祖天糠戸	鏡を作る	
	忌部遠祖太玉	幣帛を作る	
	玉作部遠祖豊玉	玉を作る	
	山雷者	真坂木八十玉籤をとる	
	野槌者	野薦八十玉籤をとる	
	第3の一書		
	鏡作遠祖天抜戸児石凝戸邊	八咫鏡を作る	
	玉作遠祖伊奘諾尊児天明玉	八坂瓊勾玉を作る	
	粟国忌部遠祖天日鷲	木綿を作る	
	忌部遠祖太玉命	幣を持ち，祈り啓す	
国譲り 『書紀』第9段	第1の一書 五部の神を配する	第2の一書	
		紀国忌部遠祖手置帆神	笠作りとする
	忌部遠祖太玉尊	彦狭知神	楯作りとする
	猿女上祖天鈿女命	天目一箇神	金作りとする
	鏡作上祖石凝姥命	櫛明玉神	玉作とする
	玉作部遠祖玉屋命	太玉命	全体統括

表3—2 『古語拾遺』にみえる忌部(斎部)・玉作氏族の系譜

場所	高皇産霊の御子神	天の岩戸	
忌部・玉作の系譜		太玉神	所部神を率い幣帛を作る
	天太玉命 斎部宿禰の祖	石凝姥神	鏡作りの遠祖，鏡を作る
	天日鷲命 阿波国忌部等の祖	長白羽神	青和幣を作る
	手置帆命 讃岐国忌部の祖	天日鷲神	木綿を作る
	櫛明玉命 出雲玉作祖	天羽槌男神	倭文の遠祖，布を織る
	天目一筒命 筑紫・伊勢両国忌部の祖	天棚機姫神	神衣を織る
		櫛明玉神	八坂瓊五百箇御統玉を作る
		手置帆神・彦狭知神	瑞殿を作り，あわせて笠と矛楯を作る
		天目一筒命	刀斧鉄鐸を作る

ており、その神統譜・氏族の祖先伝承は『書紀』『古事記』『古語拾遺』『新撰姓氏録』では、以下のように語られている（表3—1・2）。

これをみると、忌部氏の伝承である『古語拾遺』では一貫して玉作を行うのは櫛明玉命・神（アカルタマとする）であるが、記紀では玉祖命とする事例がみられることが注目される。この玉祖命は、天武十三年に宿禰に改姓する玉祖連と関係するとみるのが一般的である（佐伯一九八二）。

〔史料16〕『新撰姓氏録』右京神別上 玉祖宿禰条

玉祖宿禰、高御牟須比乃命十三世孫、大荒木命後。

〔史料17〕『新撰姓氏録』右京神別上 忌玉作条

忌玉作、高魂命孫天明玉命後、天津彦火瓊々杵命、降二幸於葦原中国時一、与二五氏神部一、陪二従皇孫一降来。是時造二作玉璧一以為二神幣一、故号二玉祖連一、亦号二玉作連一。

『新撰姓氏録』には右京神別・河内国神別氏族に玉祖宿禰、右京神別氏族に忌玉作がみられるが、史料にみえるように玉祖宿禰は大荒木命を始祖としており忌部氏系列の太玉命—アカルタマ系の系譜を持つ忌玉作氏との間には、系譜の共有は行われていない。なお、史料17においては忌玉作は玉祖連であるともされており、さらに忌玉作氏は

「天明玉命後」とされているから、玉祖連氏も忌部氏に掌握されていく方向性は持っていた。

以上、忌部氏による玉作掌握も、『古語拾遺』『新撰姓氏録』の編纂された九世紀にあっても、すべてにわたって系譜を共有する、族制的関係になりえていない。実際は、起源を異にして相互に連絡性の少ない地域毎の玉生産者集団が、中央忌部氏に統括されたのである。浅香氏によって過渡的形態・先駆的形態とされた、出雲地域における忌部―出雲玉作氏、それに併存して出雲国造―出雲玉作氏の統率関係も併存する形態が大化前代の倭王権による玉生産掌握の一般的形態とみるべきである。

結びにかえて

以上、出雲の玉生産について確認できたことは以下のとおりである。

A　律令期の玉生産は、水晶と黒色を指向する石材（碁石）の丸形の玉を中心とするもので、生産地は出雲神戸と出雲国府にほぼ集約されている。このような理解は考古学上のみならず文献史料からも想定でき、現在知られている玉生産に関連する史・資料は同一の生産活動に関連する資料と判断される。このことによって、文献史料・考古資料を相互に推論に利用することが可能である。

B　律令期の玉生産は、古墳時代的玉を貢納するきわめてまれな体制から、恒常的な祭祀用の玉生産、さらにそれを取り巻く、地域首長や国府交易圏と関連する生産までを含み込んでいる。総括すると王権祭祀に関わる現物貢納体制のための特殊な需要に基づく生産と、出雲国内外の広汎な需要に基づく生産の二重構造を呈していた。

出雲国造と玉作氏の関係については、神賀詞奏上という祭祀を通しての部分的掌握が想定される。

C　考古学からみた律令期の玉作は、古墳時代の玉作との間に断絶が大きい。文献史料からみても、八世紀初頭の出雲国司忌部子首のときに、律令期の神賀詞奏上儀礼の再編・祈年祭の開始、そして忌部神戸の設定などと同時に玉生産も忌部氏を中心に再編された可能性がある。

D　この再編の内容を考えると、石材選択（石材産地）・生産技術・製品の形態など、技術的側面では断絶が大きいものの、生産者集団については古墳時代以来の集団が再編されている。古墳時代の玉生産者集団はすでに「玉作邑」とでもいうべき一地域を形成していたことが『風土記』から窺えるが、玉生産の再編には技術の伝承よりも、地域の労働力編成・人的編成が重視されたことが想定される。

E　律令期の玉生産の起源はすべてを八世紀前半の出雲国司忌部氏による再編に求めることはできず、忌部氏と出雲地域の玉生産者集団＝出雲玉作氏との関係は大化前代に遡及しうる。ただし、忌部氏と玉生産者集団を再検討すれば、玉祖・玉作連―玉作造―玉造部のような浅香氏によって典型的とされた部民制は存在せず、個別の地域が忌部氏を中央伴造として統括されており、始祖を共有するという族制的結合も不十分であったと想定される。

古代出雲の玉生産をみると、そこには流通・交換を前提とした一定規模の生産活動の存在、祭祀を介した首長による部分的統括が認められ、また、地方の職業部とされてきた手工業生産者集団について従来「部の先駆的形態」「過渡的形態」とされてきた形態がむしろ主体的で、中央伴造による全国の共通の祖先をいただくという擬制的血縁関係の締結、すなわち族制的結合原理・編成も部分的なものであった。一方で、本稿で「玉造邑」と仮称した地域社会はすでに存在していた。また、八世紀の技術の再編に当たっては、技術と工人に乖離が認められ、生産者集団の再編成には必ずしも技術的要素の連続性がみられないが、再編される玉生産に従事すべき労働力編成は既存の地域社会における集団関係として形成されていた。忌部の地名起源説話（史料1）に国造の神吉詞が登場することからみると出雲国造出雲臣を頂点とする地域の首長権構造が玉生産の再編にも強い影響力を発揮したと想定される。

石母田氏は手工業生産の集約は国家権力を媒介としてのみ実現されると述べ、その代表的存在として国衙工房を挙げ「地方に分散し、土地と結びついている各種の手工業者をして上番せしめ、設備・要具・労働材料・食料等を支給することによって、作業場における一箇の結合労働たらしめる唯一の方法であった」（石母田一九八八・二五一頁）とした。しかし、本稿で述べたように、八世紀の玉生産の再編の結果は必ずしも国府付属の工房生産のみに集約されず、在来的な同業村を必要とした点は看過できず、また、出雲地域における同業村の生産が貢納や族長間の交易にのみ依拠したものではないことからみて、形成期の都市＝都城・国府以外の「地域」においても、七・八世紀において手工業生産・生産者集団の集約化は、国家的編成とは異なる位相で一定程度実現していたと評価すべきであろう。

以上のような地域における手工業生産の評価は、社会的分業と国家形成の問題、分裂する社会が古代日本でどのように統合されたのか、というより大きな問題に波及するが（平石二〇一〇a）、この問題については、今回触れることのできなかった、手工業生産者集団と地域の首長権構造の関係と併せ、まさにこれからの課題として、ひとまず擱筆したい。

註

（1）　このほか出雲石帯は『倭名類聚抄』にもみられる。

（2）　石帯自体の色調がどの程度分別認識されていたのかは不明で、史料14にみえるように白色かそれ以外程度の区別であった可能性もあり、出雲石が白以外の色調すべてを含んでいた可能性もある。なお、近代以降碧玉のことを出雲石とする文献が散見するが（浜田耕作編一九二七、増富・山崎・藤原一九八八）、古代の出雲石との関係は不明である。近世松江藩の産物を書き出した出雲国産物帳には石材の項に「火燧石　意宇郡玉造村に白色、あめ色両様御座候」と花仙山の石英・瑪瑙からなる火打ち石の記載はあるが（田籠二〇〇八）、出雲石・碧玉、ないしそれを示す石材は共にみられず、少なくとも碧玉＝

出雲石とする認識は近世には遡らないようである。

（3）何をもって高価とするかの判断は難しいが、やはり一つ一〇束近い玉が大量に生産され恒常的に貢納されたと考えるのは難しい。この一丸約八束の玉が御富伎玉六〇連と同じものだとして、仮に御富伎玉一連を五玉からなると見なすと、年間三〇〇〇個となる。御富伎玉の貢納は正税換算で年間二万四三九〇束分となるが、これは出雲国の正税出挙稲二六万束（『延喜式』）の一〇分の一に当たる規模である。調物の価格からみた規模については検討はあまりなされていないが、やはりきわめて高価とみるべきで、御富伎玉とは異なる玉であろう。なお、『今昔物語集』巻二十能登守依直心息国得財語り第四十六に、犀角を加工した腰帯具が都で一五〇〇・三〇〇〇石で売れたとの説話がみえるが（新日本古典文学大系本）、これは犀角であり価格は誇張であろう。

（4）これを『倭名類聚抄』にみえる神戸（＝『風土記』の出雲神戸）に当てる見解がある（寺村一九八〇）。この説は忌部神戸の消失が前提となっているのであるが、『古語拾遺』とほぼ同時期の新抄格勅符抄大同元年牒に忌部神の神戸出雲一〇戸がみえ、忌部神戸は九世紀初頭には存在しており、やはり通説どおり、『風土記』の忌部神戸とみるのが正しい。

（5）なお玉の形態について田中史生氏は御富伎玉が「連」と表記されることから平玉ではないとするが、実際には穿孔されていない球状を呈する玉が袋状のもので連ねられたものは古代にも普遍的に存在している（関根一九七四・秋山二〇〇七）。また、田中史生氏は岩屋遺跡出土の八世紀の玉作資料について碁石との関連を重視する。碁石は『風土記』にみえ文献上窺える唯一確実な平玉の機能であり、碁石が含まれている点は否定しないが、田中史生氏も述べるように平玉をすべて碁石と考えては、白に相当する水晶製の平玉が黒の平玉に対し量的に圧倒的に多いことが説明できない（田中史二〇〇一a）。発掘調査により確認されている平玉を含む八世紀の玉作と御富伎玉生産はやはり関連があるのであろう。

（6）八世紀の代表的な玉作遺跡とされる蛇喰遺跡では平玉の素材の比率は水晶：碧玉：黒色頁岩で六八％：一五％：一六％となる。同じく岩屋遺跡では石英・水晶：碧玉：黒色頁岩で七一・四％：一六・三％：一三・三％となる。未製品類の数量は必ずしも製品の数量と同義ではないとはいえ、大まかな傾向は水晶主体と理解してよい。

（7）『古語拾遺』にみえる各地の地方忌部の実質的な展開時期について、津田左右吉氏以来八世紀における勢力拡張を伝承に取り込んだとの理解がなされており（津田一九六二・上田一九六八）、とくに安房の忌部については「奈良朝のあまり早い時期ではなかったろう」とされる（津田前掲書四八二頁）。これに対して佐藤信氏は、七世紀木簡では房総のアワは「阿波」

と表記される点、また『古語拾遺』では総国の安房郡が登場し、これは古い伝承を伝える可能性があることを評価しつつ、国司としての忌部宿禰氏（忌部宿禰登里万里…安房国義倉帳継目裏書）の赴任、つまり八世紀代の忌部氏の活動も指摘されている（佐藤一九九七）。

（8）なお、木簡にみえる出雲国のサト名は、郡―里制段階と郷里制段階で大きく異なっており、郷里制施行の前後でサトの再編があった可能性がある（平石二〇一〇b）。

（9）史料上確認できる次の出雲国司補任は霊亀二年四月二十三日（『続日本紀』）である。

（10）なお、米田氏の指摘のうち（米田二〇〇九ab）、七世紀の後半にいったん玉作遺跡がみられなくなる、とする点については、出雲国府跡の玉作遺物の正確な年代が不明で（大舎原地区では主要な遺構の成立以前と考えられるので、八世紀前半以前）、出雲国府自体の明確な成立時期も不明なため（ただし、出雲国府成立が七世紀代に遡ることはほぼ確実である〈大橋二〇一〇〉）、本当に断絶したのか、どの程度の期間なのか（四半世紀なのか、一世紀近いのか）が明らかでない。まだ検討の余地があるといえる。なお、出雲国府跡では古墳時代的玉作の資料も出土しているが、明確な出土状況ではなく、その位置づけは定まっていない（島根県教委二〇〇三・〇八）。また、文献上出雲の玉生産を考えると、七世紀後半には成立していたとみられる神賀詞との関係も問題となる（武田一九五八）。主に成立が論じられるのは祝詞部分であって、玉の貢納儀礼が七世紀代に存在したことを示すものではないが、菊地氏が述べるように白鳥ほかの貢納も当初からあったとみるのがしぜんであり（菊地一九九五）、七世紀後半に玉作がまったく行われなかったとする点はまだ検討の余地がある。

参考文献

秋山浩三　二〇〇七「古代の玉類と玉作」『日本古代社会と物質文化』青木書店（初出、二〇〇四年）
浅香年木　一九七一『日本古代手工業史の研究』法政大学出版局
荒井秀規　二〇〇八「古代出雲の官社と班幣制度」（延喜式研究会・出雲古代史研究会合同大会報告レジュメ）
荒木敏夫　二〇〇六「日本古代の王権と分業―技術に関する覚え書き―」『日本古代王権の研究』吉川弘文館（初出一九九四年）
石母田正　一九八八「古代社会と物質文化―「部」の組織について―」（初出、一九五五年）・「日本古代における分業の問題」

（初出、一九六三年）、ともに『石母田正著作集2　古代社会論』岩波書店
出雲考古学研究会　一九八六『石棺式石室の研究』出雲考古学研究会
上田正昭　一九六八「部民制の展開」『日本古代国家論究』塙書房
内田律雄　二〇〇六「出雲の神社遺構と神祇制度」『古代の信仰と社会』六一書房
大賀克彦　二〇〇九「山陰系玉類の基礎的研究」『出雲玉作の特質に関する研究―古代出雲における玉作の研究Ⅲ―』島根県教育委員会
大浦元彦　一九八六「『出雲国造神賀詞』奏上儀礼の成立」『史苑』四五―二
大関邦男　一九九三「古代神社経済の構造」『国史学』一五一
大橋泰夫　二〇一〇「国府成立と出雲国の成立」『出雲国の形成と国府成立の研究―古代山陰地域の土器様相と領域性―』島根県教育委員会
小倉慈司　一九九五「神戸と律令神祇行政」『続日本紀研究』二九七
小倉慈司　一九九六「出雲国の神戸」『出雲古代史研究』六
大日方克己　二〇〇八「翻刻　出雲国正税返却帳」『「出雲国正税返却帳」を中心とした平安時代中期財政と公文勘会の研究』（平成十七年度～平成十九年度科学研究費補助金〈基盤研究(C)〉研究成果報告書）
片岡詩子　一九九九「蛇喰遺跡出土の玉について」『蛇喰遺跡』玉湯町教育委員会
加藤義成　一九七九「文献にみる玉作について―『出雲国風土記』を中心として―」『松江考古』二
門脇禎二　一九七六『出雲の古代史』ＮＨＫ出版
菊地照夫　一九九五「出雲国造神賀詞奏上儀礼の意義」『古代王権と交流7　出雲世界と古代の山陰』名著出版
菊地照夫　二〇〇一「出雲国忌部神戸をめぐる諸問題」『祭祀と国家の歴史学』塙書房
菊地照夫　二〇〇五「古代王権と出雲の玉」『玉文化研究』二
菊地照夫・山岡邦章　二〇〇七「島根県内玉作遺跡より出土する紅簾片岩製内磨き砥石の石材産地の検討」『古代文化研究』一五
岸俊男　一九八二「日本における『京』の成立」『東アジアにおける日本古代史講座6』学生社

岸俊男　一九八八　『額田部臣』と倭屯田」『日本古代文物の研究』塙書房（初出、一九八五年）
小林行雄　一九六四　「瑠璃始原」『続　古代の技術』塙書房
坂本和俊　一九八七　「東国における古式須恵器研究の課題」『東国における古式須恵器をめぐる諸問題』千曲川水系古文化研究所
佐藤信　一九九七　「古代安房国と木簡」『日本古代の宮都と木簡』吉川弘文館
島根県教育委員会　二〇〇三　『史跡出雲国府跡1』島根県教育委員会
島根県教育委員会　二〇〇八　『史跡出雲国府跡5』島根県教育委員会
関根真隆　一九七四　「帯類及び腰部装飾」『奈良朝服飾の研究』吉川弘文館
瀧音能之　二〇〇六　「出雲国造神賀詞奏上の起源とその背景」『古代出雲の社会と交流』おうふう（初出、二〇〇五年）
武田祐吉　一九五八　『古典文学大系　古事記・祝詞』岩波書店
武廣亮平　一九九二　「『出雲国造神賀詞』研究小史」『出雲古代史研究』二
武廣亮平　一九九五　「額田部臣と部民制」『古代王権と交流7　出雲世界と古代の山陰』名著出版
田籠博　二〇〇八　『出雲国産物帳』ワン・ライン
田辺昭三　一九八一　『須恵器大成』角川書店
田中史生　二〇〇一ａ　「岩屋遺跡の玉作について」『岩屋遺跡・平床Ⅱ遺跡』島根県教育委員会
田中史生　二〇〇一ｂ　「奈良・平安時代の出雲の玉作」『出雲古代史研究』一一
田中広明　二〇〇三　「腰帯が語る古代の官人社会」『地方豪族と古代の官人』柏書房
田中広明　二〇〇六　『国司の館』学生社
津田左右吉　一九六二　「古語拾遺の研究」『津田左右吉全集　第2巻　日本古典の研究　下』岩波書店（初出一九四七年）
寺村光晴　一九八〇　『古代玉作形成史の研究』吉川弘文館
丹羽野裕・平石充　二〇一〇　「出雲・大井窯跡群の様相と生産体制試論」『古代窯業の基礎研究—須恵器窯の技術と系譜—』真陽社
浜田耕作　一九二七　『出雲上代玉作遺物の研究』臨川書店

平石充・松尾充晶　二〇〇八「青木遺跡と地域社会」『国史学』一九四
平石充　二〇一〇ａ「共同研究をめぐる『領域』をめぐって」『出雲国の形成と国府成立の研究』島根県教育委員会
平石充　二〇一〇ｂ「山陰西部地域の豪族と国制の成立」（同右）
平尾政幸　二〇〇一「平安京の石製袴具とその生産」『研究紀要』七　京都市埋蔵文化財研究所
藤岡大拙　一九七九「忌部神社蔵古記録について」『山陰－地域の歴史的性格』雄山閣出版
増富寿之助・山崎一雄・藤原卓　一九八八「石製宝物の材質調査報告」『正倉院年報』一〇八
森公章　一九九二「出雲地域とヤマト王権」『新版　古代の日本④　中国・四国』角川書店
森田喜久男　二〇〇〇「朝酌郷の景観と生業」『出雲国風土記の研究Ⅱ　島根郡朝酌郷調査報告書』島根県教育委員会
八木充　一九八一「国造制の構造」『日本古代政治組織の研究』塙書房（初出、一九七五年）
八木充　一九八六「国府・国庁・国衙」『日本古代政治組織の研究』塙書房（初出、一九八五年）
吉村武彦　一九九三「倭国と大和王権」『岩波講座　日本通史　第2巻　古代1』岩波書店
米田克彦　二〇〇五「出雲における古墳時代玉生産の展開と独自性」『玉文化』二
米田克彦　二〇〇九ａ「穿孔技術から見た出雲玉作の特質と系譜」『出雲玉作の特質に関する研究』島根県教育委員会
米田克彦　二〇〇九ｂ「考古学からみた出雲玉作の系譜」『出雲古代史研究』一九
渡辺貞幸　一九八七「山代・大庭古墳群と5・6世紀の出雲」『山本清先生喜寿記念論集　山陰考古学の諸問題』山本清先生喜寿記念論文集刊行会

「阿陀加夜努志多伎吉比売」の周辺

——女神論序章——

関　和彦

はじめに

『出雲国風土記』には多くの神々が登場するが、今まで注目され、検討の対象になっていたのはほとんど男神であった。それは出雲神話、日本神話の全体、ひいては古代史の中枢に係わる大国主神・須佐之男という神々の偉大さがもたらした結果であり、そこに比重を置いた研究の流れなのであろう。しかし、改めて女神を中心に『出雲国風土記』を読み解くと、女神の果たす役割の重要性と異なる歴史像が浮かんでくるようである。

その女神は不思議にも『出雲国風土記』がいう「神門水海」周辺、とくに南岸地域に集中して伝承を残している。その中で広範囲に活動したと思われる神が「阿陀加夜努志多伎吉比売」である。「阿陀加夜努志多伎吉比売」はその神名の不思議さゆえにしばしば言及される女神であるが、皮肉なことにその神秘的な神名のゆえにほとんど検討されることなく今日に至っているのである。

本稿においては「阿陀加夜努志多伎吉比売」に焦点を合わせ、神と地域社会の係わりの一端を覗いてみたい。

一　『出雲国風土記』の情報——「阿陀加夜」

『出雲国風土記』神門郡条に「阿陀加夜努志多伎吉比売」の神名の一部「多伎」を冠する郷・駅が存在する。

多伎郷　郡家の南西のかた廿里なり。天の下造らしし大神の御子、阿陀加夜努志多伎吉比売命、坐す。故、多吉といふ。神亀三年、字を多伎と改む。

多伎駅　郡家の西南のかた十九里なり。名を説くこと、即ち、多伎郷の如し。

この女神が鎮座することにより「多伎郷」「多伎駅」、二つの行政区域の名称が決まったという。二つの行政体という点を勘案するとくにその二つの行政体そのものではなくその一帯、「多伎」地の産土神であったのであろう。同書の神門郡条の神社項にはその産土神「阿陀加夜努志多伎吉比売」が祭神と考えられる「在神祇官社」の「多吉社」が二社、そして「不在神祇官社」の「多支社」、また関係社として「在神祇官社」の「多支枳社」、「不在神祇官社」の「多支支社」を確認できる。また「不在神祇官社」として「加夜社」が注目される。

「阿陀加夜努志多伎吉比売」の神名の読みであるが、「あだかやぬしたききひめ」で間違いない。意宇郡条の神社項に「阿太加夜社」がみえるが「太」は「だ」と読むのが古書の主流であり、それも「あだかや」であろう。「あだかや」の意味であるが、「あだ」と「かや」に分けて考えるのが一般的である。確かに「加夜社」の存在はその正しさを物語っている。その「加夜」に関しては金達寿が『日本の中の朝鮮文化』の中で通音性から「伽耶」とし、古代出雲と朝鮮半島との関係を説き、その後、興味深い見解、注目すべき見解として取り上げられてきている(1)。しかし、その見解は通音性に基づくもので基本的検討もなく、結論が先にあるものであった。

「加夜（かや）」に関しては『出雲国風土記』島根郡条に「比加夜社」、『古事記』に「天津日高日子波限建鵜葺草葺（加夜）不合命」とみえる。『古事記』では明らかに「葺」の読みとして「加夜」の字を当てている。「かや」の地名・人名は数多く、『出雲国風土記』では秋鹿郡の「草野社」、飯石郡の「井草社」、『播磨国風土記』飾磨郡の「賀野里」「蚊屋」「加野」、『陸奥国風土記』逸文の「神石萱」「草野灰」などがあげられる。

「かや」の第一義は以上の事例からみて、すぐに「伽耶」とするべきではなく、「萱（茅・草）」として理解すべきであろう。「阿陀＋加夜」と同じ事例は「比＋加夜」、「井＋草」、「神石＋萱」、「鵜＋萱」にもみえる。

「加夜」から切り離された「阿陀（あだ）」に関してはほとんど不問の状態にあるが、比較的多い地名である。安達太良・吾田・安田・安多・阿田・阿多など類例が確認できる。

古い地名としては『播磨国風土記』託賀郡条に「阿多加野は、品太天皇、此の野にみ狩したまひしに、一つの猪、矢を負ひて、阿太岐しき。故、阿多加野といふ」とみえる「あだかの」である。地名起源の「阿多岐（あたき）」は動物が敵を追い払うために威嚇する行為、「うなる」ことである。柳田国男は「あだ」について「何となればアダには徒爾又は障礙の意味がある」としている。[2]「徒爾」と「障礙」には一見関連性がないようであるが、柳田の指摘は本質を突いているのであろう。

『常陸国風土記』香島郡条に「北は那賀と香島との堺なる阿多可奈の湖なり」とみえる。「阿多可奈」の湖は見方によっては「徒爾」であり、それにより那賀郡と香島郡は分断され、明らかに「障礙」と化すのである。

「阿陀加夜努志多伎吉比売」の名前は大きくみて、二つに分けることができる。「阿陀加夜努志」は『出雲国風土記』にもみえる「布都努志」の「努志」と同じであり、所有の主体、たとえば『播磨国風土記』託賀郡条にみえる

「道主日女」の「主」のことである。「〇〇＋主」は主の前者の土地、物の所有主体を表わす形式である。
「阿陀加夜＋努志・多伎吉比売」は「阿陀加夜」地域を領有する「多伎吉比売」ということになる。『出雲国風土記』編纂の天平五年（七三三）時点において「多伎吉比売」は神門郡多伎郷・駅に鎮座していたが、もともとは「阿陀加夜」主、すなわち「阿陀加夜」地域に本拠地を有していた神であったと思われる。

その「阿陀加夜」地域は可能性として意宇郡条にみえる前出の「阿太加夜社」周辺と考えられる。現在、「阿太加夜社」の後裔であろう阿太加夜神社は東出雲町大字出雲郷、国道九号線沿いに鎮座している。祭神は『神国島根』によれば「阿陀加夜奴志多岐喜比売命」となっている(3)。最新の『阿太加夜神社氏子青年部活動記録』に載せられている由緒略記でも同じである(4)。

阿太加夜神社については江戸初期に岸崎時照が『出雲国風土記抄』を著し、「古へは同郷今宮帳に在り。後蘆高宮に合はせ祭るか」としている。それによれば現在の阿太加夜神社は近世初期においては「蘆高宮」であって、阿太加夜神社は合祀されたものであり、旧社地は出雲郷の字「今宮帳」にあったということになる。

字「今宮」は現社地より南西一・五キロ、意宇川の北岸付近であり、小字「阿太」が確認される。周辺の小字には「姫津」が広がり、「蓮池」「古川」「出来須」などもみえ、かつての周辺の土地景観状況をうかがうことができる。注目すべきは小字「阿太」の北方に字「宮」が確認できることである。そこは阿太加夜神社の旧社地なのであろうか。

『出雲国風土記』は意宇川について言及し、「源は郡家の正南一十八里なる熊野山より出で、北に流れ、東に折れ流れて入り海に入る」とし、河川の流路の変遷について「北流」「東流」と正確に報告している。問題は「東に折れ流れて入り海に入る」意宇川であるが、現在は「北流」して「入海（中海）」に注いでおり、古代の「東流」して「入海」に注ぐ情景は先の「今宮」付近まで「入海」が湾入していたことを物語っているのであろう。

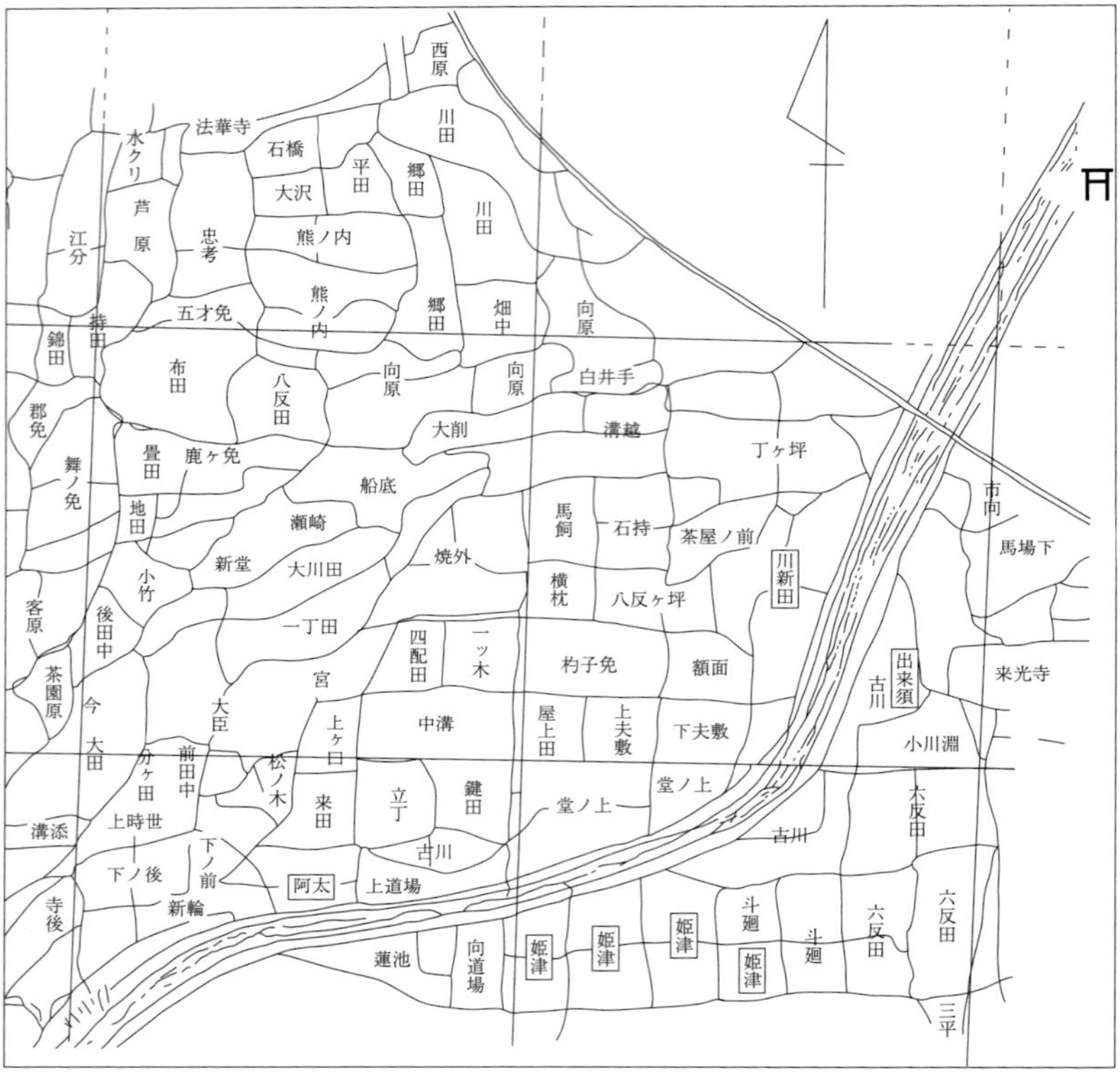

図1　阿太加夜神社旧社地想定図（川は意宇川，川岸北側に字「阿太」，その北側に「宮」が確認できる。右下に「姫津」の字が濃厚に分布，また「出来須」などの字も前代の地形を物語っており，かつて付近に河口があったことをうかがわせる。その付近で意宇川は「東流」し，「入海」に注いでいた。なお，右上の鳥居は現在の阿太加夜神社の鎮座地）

『万葉集』巻三にみえる出雲守門部王が出雲国府で詠ったと思われる「飫宇の海の　河原の千鳥　汝が鳴けば　我が佐保河の　思ほゆらく」は国府の近く夕方に鳴く千鳥の声を聞き、「入海」に注ぐ意宇川の河口付近の情景を思い浮かべて作った歌であろう。その付近に古代の「阿太加夜社」は鎮座していたのである。河口付近は「広く（あだ…徒爾・障礙）」、「かや（萱・茅・草）」が繁る入り江が広がり、そこはまさに「あだかや」の世界だったのである。

「阿陀加夜努志多伎吉比売」は国庁成立期には「阿太加夜」地域を本拠とする神として信仰されていたのである。「徒爾・障礙」、その二つの要素を柱として空間を有し、それをもって守護するという神威が期待されたのであろう。

二　「多伎吉比売」の「たき」

天平五年（七三三）の『出雲国風土記』神門郡多伎郷条によれば「阿陀加夜努志多伎吉比売」は本拠地と思われる「阿太加夜」から多伎地域に身を移していることがわかる。

神の移動に関して参考になるのは『出雲国風土記』意宇郡大草郷にみえる「青幡佐久佐日古」の動きである。

大草郷　郡家の南西のかた二里一百廿歩なり。須佐乎命の御子、青幡佐久佐日子命坐す。故、大草といふ。

この伝承では明らかに「青幡佐久佐日古」の鎮座地は大草郷とされている。

しかし隣郡の大原郡条の「高麻山」の条には「神須佐能袁命の御子、青幡佐草日子命、是の山の上に麻蒔き殖ほしたまひき。故、高麻山といふ。即ち、此の山の峯に坐せるは、其の御魂なり」とみえ、大草郷の「青幡佐久佐日古」が大原郡で活動し、そしてその御魂が「高麻山」に鎮座しているというのである。

これは神の移動ではなく神を信仰する人々がその神を「勧請」したと考えるべきなのであろう。神は複数の「神魂」を有しているのである。問題はその神を別の地域の人々が勧請したのか、その神を信仰していた人々が移動し、神を勧請したのかである。

注目すべきは「多伎吉比売」の名前そのものである。確かに郷名・駅名は「多伎吉比売」の「多伎」であるが、神亀三年（七二六）以前は「多吉」であったという。それは「多伎吉比売」の「伎」の一字飛ばしの「多○吉」である。なお、神社名をみると神祇官社「多吉社」がみえるが、「多伎社」はみえない。しかし自然地名として「多岐小川」がみえており、その源流は「多岐岐山」であり、その山は別に「多伎伎山」とも表現されている。また「多支枳社」がみえる。

「多吉」「多伎」「多岐」「多支」はすべて「たき」であり、当て字の相違であり、同一の意と考えていいのであろう。その「たき」の意については後で言及したい。

三　「多伎吉比売」の原郷・朝山郷加夜里

「阿陀加夜努志多伎吉比売」といえば今一つ気になる神社がある。『出雲国風土記』神門郡条の神社項にみえる先に言及した不在神祇官社の「加夜社」である。

その「加夜社」であるが、近世における変遷、そして論社もあるが、現在は出雲市稗原町に鎮座の市森神社がその後裔として想定できる。現在、同社の祭神はそれを誇るように「阿陀加夜努志多伎吉比売」である。

明治十八年（一八八五）の『皇国地誌』神門郡稗原村項には「市森神社社東西拾七間南北三拾間面積壱反七畝九歩村ノ北ニアリ阿陀加夜怒志多伎吉比売命、天照大御神ヲ祭ル」とみえる。(5)また大正八年（一九一九）に市森神社社掌の古瀬大江之助が村長葛城祐太郎に差し出した取調書によれば、「加夜の所在位置は、稗原上区全体にし、仏谷・角谷・市森・戸倉の内、杉尾谷の総称なり（略）加夜社の旧社地なる加夜床、或る陀加夜・加夜ヶ丸・加夜原等、加夜に因める地名、稗原上区に散在す」とし、さらに稗原地区の氏神の市森神社はかつて山間の「加夜床」にあって参拝はなはだ困難であり、社地替えを行い、社号を市守、そして市森と変え、現在に至ると報告している。

現在、古瀬が報告した「加夜」関係の地名は忘れ去られたが、幸いにも「加夜床」は稗原町の仏谷に屋号「加夜床（矢野家）」として確認でき、その家の裏山（高瀬山）が旧社地と想定される。なお、「加夜ヶ丸」の名は角谷に「茅ヶ丸」なる門名として残っている。

旧社地の「加夜床」の名が門名として人、家の力を通して現在まで伝えられたのは貴重である。その市森神社、「加夜社」の旧社地は風土記時代の「加夜」里の地域の広がりを暗示しているのであろう。そこは古瀬大江之助のいう「稗原上区」に当たると思われる。

「加夜社」の「加夜」であるが、実は『出雲国賑給歴名帳』に神門郡「朝山郷加夜里」としてその地名を残しており、『出雲国風土記』によればその朝山郷は「朝山郷　今も前に依りて用ゐる。里は二なり」とあり、郷里制の「小里」、「加夜里」など二里から構成されていたことがわかる。幸いに『出雲国賑給歴名帳』にはその朝山郷の「小里」二里の里名が明記されており、「加夜」と「稗原」であることがわかる。その「稗原里」の名を冠す「稗原上区」に「加夜里」にあった「加夜社」が鎮座しているとはいかなる事情なのであろうか。「稗原」の地名は残るが、「加夜」の地名は門名として残るが今は確認できない。

可能性として古代の「朝山」地域は北部「稗原」、南部「加夜」で構成されていたが、現在に至るまでに「加夜」の名は消え、「朝山」地域の北部が「朝山」、南部が「稗原」と呼ばれるようになるという大きな地名変動があったの

図 2　朝山郷一帯地図（右側河川が斐伊川，北の市街地が出雲市）

ではないか。

その「稗原」「加夜」地域、二里から構成されていた「朝山郷」に関して『出雲国風土記』神門郡条は次のような伝承を伝えている。

朝山郷　郡家の東南のかた五里五十六歩なり。神魂命の御子、真玉著玉之邑日女命、坐しき。その時、天の下造らしし大神、大穴持命、娶ひ給ひて、朝毎に通ひましき。故、朝山という。

『出雲国風土記』によれば朝山郷の拠点（朝山郷家）は神門郡家の「東南」「五里五十六歩」であり、神門郡家を古志本郷遺跡とするならば出雲市朝山町国道一八四号線と県道五一号線が分岐する朝山公会堂付近が想定される。そこは古代においても神門郡から飯石郡、大原郡への交通の重要な分岐点であったと思われる。

なお、『出雲国風土記』は朝山郷の伝承を彩るかのような記事を添えている。それは朝山六山、あるいは五山と呼ばれる山々の紹介記事である。

宇比多伎山　郡家の東南のかた五里五十六歩なり。大神の御屋なり。

稲積山　郡家の東南のかた五里七十六歩なり。大神の稲積なり。

陰山　郡家の東南のかた五里八十六歩なり。大神の御陰なり。

稲山　郡家の東南のかた五里一百一十六歩なり。東に樹林あり。三つの方は竝びに礒なり。大神の御稲種なり。

桙山　郡家の東南のかた五里二百五十六歩なり。南と西とは竝びに樹林あり。東と北とは並びに礒なり。大神の御桙なり。

冠山　郡家の東南のかた五里二百五十六歩なり。大神の御冠なり。

ここに「宇比多伎山」から「冠山」の六山の記事を載せたが、その所在地は「朝山郷家」とほとんど変わらず、郡家からの方角は同じ、そして距離は「五里五十六歩」から「五里二百五十六歩」までに限定されており、「六山」とまとめるに相応しい。しかし「宇比多伎山」だけはその山名が万葉仮名風であり、異色である。その点を踏まえると「宇比多伎山」と朝山五山と分けて紹介する方が適切かもしれない。

この一連の記事の中には朝山郷家と「宇比多伎山」、「梓山」と「冠山」とが明らかに同じ場所というように不正確な情報が込められており、写本の比較検討も必要であるが、より神話的に理解してそこに整合性を見出すことが必要なのかもしれない。それは、朝山六山はそれぞれ異なる山であり、その所在地は当然異なるが、神話的には同一と表現する古代びとの意識を見出す史料解釈の創出である。

「宇比多伎山」は「大神の御屋」とあるが、もともとは「天の下造らしし大神、大穴持命」が「朝毎に通ひま」した地元の女神「真玉著玉之邑日女命」の「御屋」と考えられる。当然、その「御屋」はその女神を奉祭していた地域の「真玉著玉」の「邑」の首長、すなわち朝山郷の村落首長の家、または郷家と場所は重なると意識されたのであろう。

また「梓山」「冠山」がまったく同一場所とされたのも「天の下造らしし大神、大穴持命」が冠を被り、梓を持つ姿を思えば同じ場所で不思議ではないのである。さらにこの六山の距離を通覧するとすべて最後の数字が「六」で終わっており、なにかこれらの山に「六」にこだわる意味があったのかもしれない。

古代の妻問婚を念頭におくとこの一連の山記事は、朝山地域が「大穴持命」の妻問い先の「御屋」の所在地であり、「陰」は魂鎮めであり定住を、そして「稲積」「稲種」は生産を、「梓」は戦いを、「冠」は地域統合を象徴しており、朝山郷域が大国主大神の始原的神話空間の一つであったことを物語っていると言えよう。

問題の「御屋」とされた「宇比多伎山」は現在朝山森林公園に指定され、広い頂上には朝山神社が鎮座し、神社の

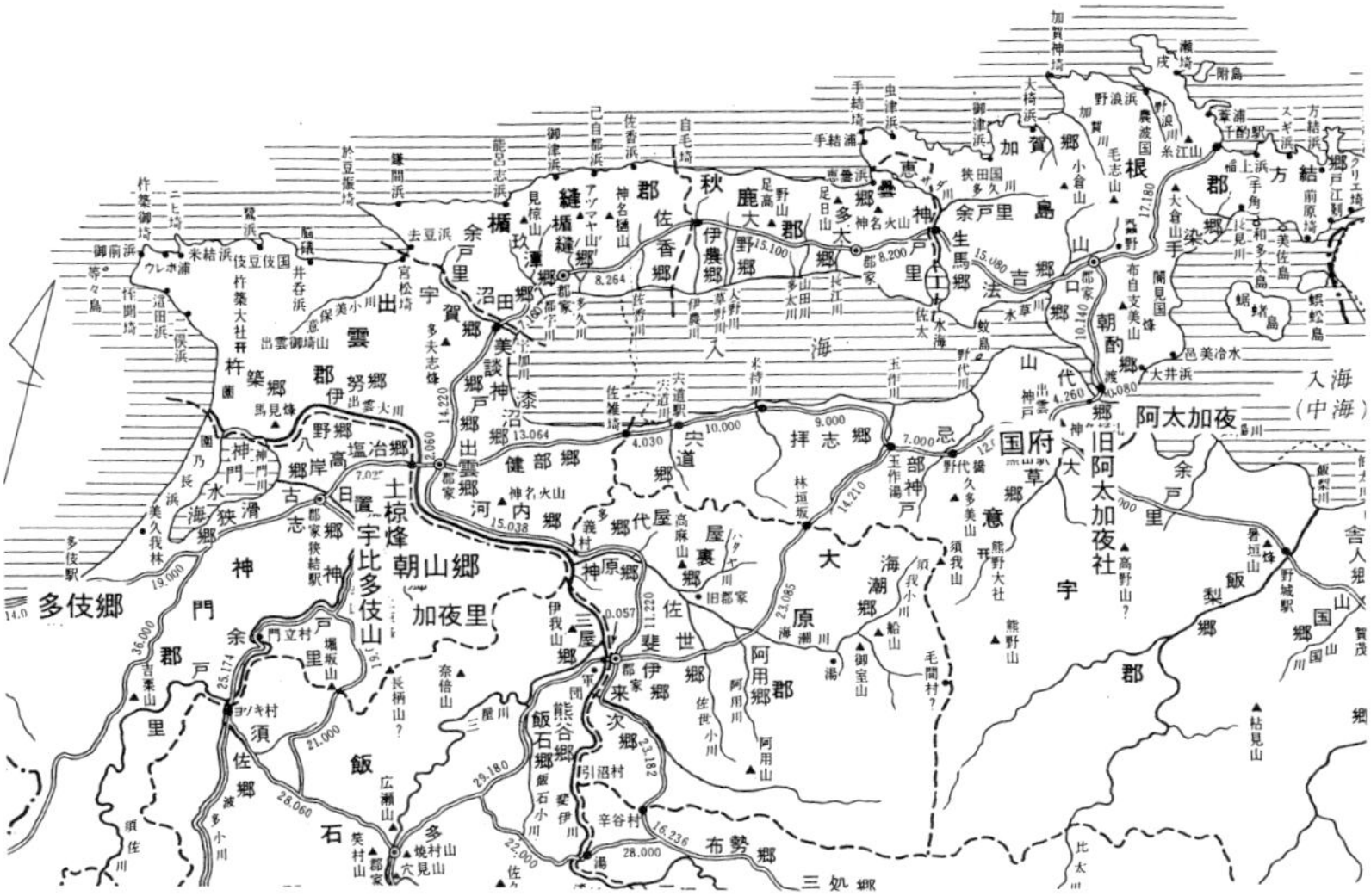

図3　「阿陀加夜努志多伎吉比売」関係地図（岩波風土記地図に加筆）

西手からは水田の水を集め「雲井滝（ういたき）」が一気に一筋に流れ落ちる。『出雲国風土記』神門郡条の神社記載には「浅山社」があり、朝山神社はその後裔と目されている。同社は江戸初期の『出雲国風土記抄』には「宇比多伎大明神」、中期の『雲陽誌』には「雲井滝明神」とみえている。明治に入り、『延喜式』式内社として「朝山神社」に社名を復している。現在、朝山神社では主祭神として真玉著玉之邑日女命、そして大己貴命（大穴持命・大国主神）、神魂命を相殿にという形で『出雲国風土記』神門郡朝山郷条の伝承にみえる三神を祭っている。

ここで注目したいのは「宇比多伎」山の「宇比多伎」である。万葉仮名風の山名であり、他の五山に比し、山名の意味が不明である。ただし、山の西端から落ちる滝を念頭におくと、「多伎」は近世の社名がいみじくも体現しているように「滝」なのであろう。問題はその「多伎」が「阿陀加夜努志多伎吉比売」の名前の一部を構成している事実であろう。

「阿陀加夜努志多伎吉比売」が鎮座していた加夜里の

「加夜社」、その加夜里が属する「朝山郷」、その朝山郷の中心的神社と考えられる「浅山社」が鎮座するのが「宇比多伎山」というのである。『出雲国風土記』によれば「阿陀加夜努志多伎吉比売」は大穴持命の御子であり、大穴持命が「娶ひ給ひて、朝毎に通ひま」した女神が「真玉著玉之邑日女命」であり、その「御屋」が「宇比多伎山」であるならば、「阿陀加夜努志多伎吉比売」は大国主神と「真玉著玉之邑日女命」の間に生まれた御子神と考えるのが自然であろう。

「阿陀加夜努志多伎吉比売」は「宇比多伎山」の御屋の女神「真玉著玉之邑日女命」のもとに妻問した大穴持命との間に生まれ、当初は朝山郷加夜里の「加夜社」に鎮座し、のちに意宇郡の国府東方の「阿太加夜」に移り、国府の守護、そして最終的には出雲、石見国の堺の「多伎」に勧請され、出雲国堺の守護を期待されたのではなかろうか。「多伎」の語源は「滝」であり、「阿陀加夜努志多伎吉比売」の誕生の地である「宇比多伎」に因む神名であった。

四　地域社会と神々

大穴持神の御子神「阿陀加夜努志多伎吉比売」、そして大穴持命の妾妻「真玉著玉之邑日女命」は『出雲国風土記』の世界では無関係を装っている。それは『出雲国風土記』の神話が大穴持神、須佐能袁命、神魂命という男神を中心に構成されている証である。しかし、「阿陀加夜努志多伎吉比売」の神名を一つの素材として検討していくと、両女神が親子の関係にあるという新たな知見が浮上してくるのである。

本論が注視した多伎郷伝承では神名しか判明しなかった女神、その女神の遷移という行動を追う中で新たな神話体系、そして地域社会での具体的祭祀形態を想定する糸口を見出すことができるのである。

朝山地域に生活していた人々に関しては『出雲国賑給歴名帳』が貴重な情報を提供している。朝山郷は二里から構成されており、賑給に与った人々の人数などが判明しているのである。稗原里で一〇郷戸、加夜里で一三郷戸であり、その数値はほぼ当時の家族のあり方を語っているとみてよいであろう。

朝山郷全体では二三郷戸になるが、若倭部が九戸、日置部が五戸、吉備部・神門臣が三戸、ほかに刑部・勝部がみられる。稗原・加夜里ともに若倭部の郷戸がそれぞれ最多であり、二つの里の氏族分布は同質であったと思われる。朝山地域の「社」である「浅山社」「加夜社」ともに社名が氏族名ではなく地名であることを勘案すると、氏族単位ではなく、地域ごとの奉祭であったことがわかる。「浅山社」は「朝山郷」に係わる社名、「加夜社」は「加夜里」であり、「朝山社」の方が広い地域で奉祭されていたのであろう。

具体的にいうならば「加夜里」の人々は「加夜社」、その祭神の「阿陀加夜努志多伎吉比売」を祭り、さらに「浅山社」、その祭神の「真玉著玉之邑日女命」をも重層的に祭っていたのである。この「加夜社」「浅山社」の事例について限定して述べるならば、『出雲国風土記』が「郷」という広範囲で祭られた「浅山社」を「在神祇官社」、下部の「里」において祭られた「加夜社」を「不在神祇官社」としているのはその実態を反映しているのであろう。

それはまた「浅山社」の祭神が母神の「真玉著玉之邑日女命」であり、「加夜社」が御子神の「阿陀加夜努志多伎吉比売」であるということとも符合しそうである。一般に『出雲国風土記』の各郡ごとに載せられている神社簿は社格順、『延喜式』の社名帳は参拝順との理解が定説化しているが、『出雲国風土記』については明確な説明がなされていないのが現状である。その点に関しては同様の分析方法を採用することにより明らかになるであろう。

先に問題として残した神の勧請、「別の地域の人々が勧請したのか、その神を信仰していた人々が移動し、神を勧請したのか」であるが、その糸口に関しても『出雲国賑給歴名帳』が情報を提供している。幸いに『出雲国賑給歴名帳』は多伎郷・多伎駅についても残っており、実に郷・駅合わせて三〇郷戸分の戸主の名を伝えているのである。

神奴部一三戸、伊福部九戸、吉備部六戸、ほかに日下部・神門臣が各一戸であり、朝山郷と一致する氏族は吉備部、神門臣だけであり、両郷を構成する主体氏族は異なっていることが判明する。「阿陀加夜努志多伎吉比売」の「朝山郷」から「多伎郷」への遷移は「阿太加夜」を介してであり、紆余曲折が想定されるが、神の勧請は奉祭氏族の移動によるものではなく、神威を期待する人々による勧請と考えた方が実態にあっていると思われる。

「阿陀加夜努志多伎吉比売」という女神に期待された神威はなんであったのであろうか。その点に関しては抽象的であるが柳田の「徒爾・障礙」が鍵を握っていると思われる。

「朝山郷」は論じてきたように重要史料、情報が最も集中する古代地方史を考察する上で貴重な地域である。『出雲国風土記』はさらに「朝山郷」に重要な国家施設があったことを示唆している。『出雲国風土記』は国家管理の軍事施設、軍団・烽・戍に関しては郡条ではなく一括して巻末に載せている。その中に「朝山郷」に係わるであろう施設として「土椋烽」がある。巻末記によれば「土椋烽　神門郡家の東南のかた一十四里」とされ、「朝山郷」家よりも一〇里余、すなわち五キロほど南方に位置していたという。「郡家」から「一十四里」、「烽」にしては余りにも山陰道から離れすぎておりその距離に疑問符が投げかけられる。現在校訂文として流布している「一十四里」であるが、倉野本・細川本のように「四里」とするのが正しいのであろう。

すでに「土椋烽」の所在地に関してはその「四里」を前提に拙著において言及ずみであり(6)、詳細はそれに譲るが、その所在地と考えられる唐墨山は先に「朝山郷」家と想定した朝山公会堂付近から北方、指呼の距離にあたっている。

また同じ巻末にみえる軍事施設である「戍」の一つ、「宅枳戍　神門郡家の西南のかた卅一里」にみえる「宅枳」は「たき」であり、「多伎」に通じる地名である。また巻末の軍団に目をやると「意宇軍団は即ち郡家に属けり」とあり、国府・郡家近郊の「阿太加夜」地域、「阿陀加夜努志多伎吉比売」の鎮座地に重なってくるのである。

柳田の「徒爾・障礙」という理解の具体的歴史像として「阿陀加夜努志多伎吉比売」の鎮座地、朝山郷は「土椋烽」、多伎郷は「宅枳戍」、「阿太加夜」は「意宇軍団」と防衛軍事施設を抱えているという事実が浮かんでくる。女神と軍事、その関係がどこから湧出してくるのかは今後の課題となろう。

おわりに

今まで意識されていないが、『出雲国風土記』における女神の位置は大変重要であり、女神なくして神話は成立しないのである。大穴持神・須佐能袁命・神魂命の関係は、朝山郷伝承では「真玉著玉之邑日女命」を介して大穴持神と神魂命、八野郷伝承では「八野若日女命」を介して大穴持神と須佐能袁命、滑狭郷伝承でも「和加須世理比売命」を介して大穴持神と須佐能袁命が結ばれている。

今回はその女神の重要性を意識して、「阿陀加夜努志多伎吉比売」を取り上げ、その周辺を逍遥してみた。断片的ながらいくつかの知見を抽出することができたのではなかろうか。ただし、「はじめに」で述べた「女神の果たす役割の重要性と異なる歴史像」は彼岸の彼方であるが、女神の微笑を求めながら今後の課題としたい。

註

（1）金達寿『日本の中の朝鮮文化8』（講談社、一九九一年）。
（2）柳田国男「地名考説」（『定本柳田国男集』第二十巻、筑摩書房、一九六二年）。
（3）島根県神社庁『神国島根』（一九八一年）。
（4）阿太加夜神社氏子青年部『阿太加夜神社氏子青年部活動記録』。

（5）『皇国地誌』（明治十八年〈一八八五年〉島根県立図書館蔵）。

（6）拙論「古代出雲国の烽」（『烽（とぶひ）の道』青木書店、一九九七年）。

公式令朝集使条と諸国遠近制

荒井秀規

はじめに

公式令の朝集使条は、養老令で七道の名を記す唯一の条文であり、七道制や駅馬制との関係でとりあげられることが多いが、本稿では、その道ごとの区分界と諸国遠近制（畿内より近国・中国・遠国の三級制）との関係を論じる。

凡朝集使、東海道坂東〈謂、駿河与㆓相摸㆒界坂也〉、東山道山東〈謂、信濃与㆓上野㆒界山也〉、北陸道神済以北〈謂、越中与㆓越後㆒界河也〉、山陰道出雲以北、山陽道安芸以西、南海道土左等国及西海道、皆乗㆓駅馬㆒。自余各乗㆓当国馬㆒〈謂、賃㆓乗民間㆒、准㆓折雑徭㆒。即以㆓一日馬力㆒、折㆓一日人徭㆒也〉。

『令義解』から朝集使条を掲げた。先ず確認しておきたいことは次の四点である。

①朝集使条は、十一月一日の考文の太政官申送に畿外朝集使の上京が遅れないように、駅馬を利用しての上京（乗駅上京）を道ごとの遠方国に認める規定であって、上京途次の駅馬利用の許可範囲を規定するものではない（帰国も同じ）。たとえば、北陸道で朝集使が都との往復に駅馬利用を許された「神済以北」とは、当初は越後国と佐渡国、後

に出羽国が加わる三国のことである（以下、国名の「国」を略す）。遠方国の朝集使が「神済」（または「坂東」・「山東」、出雲・安芸）までは駅馬を乗り継ぎ、そこから先は路次の「当国馬」に乗って上京する、という解釈がままあるが、失当である（第二節参照）。そもそも、朝集使に任国以外の雑徭の徴収権はない。

②朝集使条の集解は「坂東」を「謂、駿河与二相摸一界坂也。釈云、須流河与二桑花一界内」とする。「桑花」（『校訂令集解』頭注によれば井上頼圀旧蔵本＝神習文庫所蔵本は「乗花」）の遺称地はないが、いずれにせよ駿河・相摸国境の足柄坂以東の国を指す。また、「山東」を「謂、信濃与二上野一界山也。釈云、科野与二上毛野一界山」とするが、これは信濃・上野国境の碓日坂以東の国を指す。延喜玄蕃式沙弥沙弥尼条に（『延喜式』は延喜某式某条と記す）、外国の受戒は「東海道足柄坂以東、東山道信濃坂以東、並於下野国薬師寺」とある「信濃坂」も碓日坂である(1)。

③「出雲以北」について『日本思想大系　律令』（岩波書店、一九七六年）は、大宝令に「出雲以北」と明記されていたならば、集解の古記が「問、山陰道従二誰国一乗レ駅。答、従二出雲一在二乗限一」の問答をするはずはないので「大宝令には山陰道についての規定はなかった」と補注する。しかし、古記は「出雲以北」に出雲が含まれるか否かを問答しているのであって、大宝令文にも「出雲以北」の語はあった。「安芸以西」も同様である。

④「南海道土左等国」の「等」は、東海道の「坂東」以下「南海道土左」までのすべての国を指す。集解穴説が「於二南海道一只土佐国乗レ駅耳」と説くように、南海道で乗駅上京が許されるのは、令意としては土左のみである。

以上を踏まえて本稿では、1北陸道の「神済」、2乗駅上京制度の変遷と朝集使条の有効性、3朝集使条と諸国遠近制の関係、4相摸・伊予の遠国化、の四点を考える。

一　大宝令の「北陸道神済以北」

朝集使条は、朝集使が上京・帰国する際に駅馬を利用することができる国を規定する。したがって、『国史大辞典』第三巻（吉川弘文館、一九八三年）の「神済」項の「神済以北は、朝集使の駅馬乗用が許された」や、『日本歴史地名大系　富山県』（平凡社、一九九四年）の「神済」項の「神済以北は駅馬に乗るよう定められている」は適切な表記ではなく、『同　新潟県』（一九八六年）の「神済」項が「ここまでは北陸道の駅家があり、その駅馬を朝集使が使った。しかし神済以東親不知より先は、賃乗で里馬を雇わなければならない」とするのはまったくの誤りである。

さて、問題は「神済」の位置である。集解は「神済」を「謂、越中与二越後一界河也。釈云、高志道中与二道後一界」とする。その比定地は諸説あり、富山県の神通川とされた時期もあったが、米沢康氏が指摘したように越中・越後の境であれば新潟県糸魚川市の天険、親不知付近であり、その場合に「界の河」は新潟・富山県境の境川となる。[2]

ところが、米沢説ほか諸説が論じているのは養老令文の「神済」であって、大宝令文の「神済」ではない。後述するように養老朝集使条は施行時に空文なので、検討すべきは大宝朝集使条であり、その際には『続日本紀』（以下、『続紀』）大宝二年（七〇二）三月甲申条「分二越中国四郡一、属二越後国一」が考慮されねばならない。この四郡は頸城・古志・魚沼・蒲原郡で、[3] 日本海沿いに越中国新川郡より北、後の越後国沼垂郡より南の地である。すなわち、越中・越後国境は大宝令制定後にX蒲原・沼垂郡境（阿賀野川・信濃川下流域）からY新川・頸城郡境（親不知・境川）に西遷している。したがって、大宝令文が養老令文と同じ「北陸道神済以北」であるならば——その可能性は高いと考えるが——、大宝令の「神済」は義解が言う越中・越後国境ではなく、越中国内の一郡境（Y）に留まり、朝集使条が乗

図　高志の分割～大宝二年三月の越中・越後

駅上京許可の区分を他の道では国名（西日本三道）または国境（東海道・東山道）で指定するのに対して北陸道だけが郡境であること、大宝二年になって朝集使条に合わせるかのようにその郡境を国境に変更していることが懸案となる。(4) 朝集使条は乗駅上京の許可・不許可を国指定したものであるから、その可否の区分堺は国名を挙げるか、国境を示さねば意味はない。つまり、大宝令の「神済」が郡境であることはあり得ないと考える。

そこで、あらためて「神済」の集解「謂、越中与㆓越後㆒界河也。釈云、高志道中与㆓道後㆒界」を見れば、義解は大宝二年以後の越中・越後国境のY、令釈はそれ以前の高志道中と高志道後との境Xを「神済」と説明しているのではなかろうか。つまり私見は、大宝・養老令とも令文は「北陸道神済以北」で、その「神済」はXであり、北陸道も他と同じく国境をもって乗駅上京が区分されたと考える。次節で扱うように、乗駅上京の許可国は養老四～六年に拡大し、かつ朝集使以外にも許可される。かくして、大宝朝集使条は失効し、養老年間前半に編纂された養老令の同条も天平宝字元年（七五七）の養老令施行時点ではまったくの空文である。したがって、義解・令釈の解釈は、現行法の運用解釈ではなく、当時すでに地名として活きていない「神済」――この名は朝集使条および同条を引用する弘仁十年官符（後掲）以外に見えない――の単なる用語解説に過ぎなかった。天武朝後半に高志が分割されたとき、[5] Xが高志道中と高志道後の境界となったことが、当時編纂中の飛鳥浄御原令を経て大宝令の朝集使条に取り入れられたのであって、「神済」は令釈が「高志道中与二道後一界」とする大宝二年以前の国境Xであった。[6]

義解はそのことを当時の国名表記で記したに過ぎない。その場合に「越中与二越後一界」も実は大宝二年以前の国境Xのことであり、「界河」とは蒲原・沼垂郡境でもある信濃川と阿賀野川の大河二つの河口域を指し、「神済」の「神」とは弥彦神のことであろう。弥彦神社は延喜神名式では越後国蒲原郡の名神大社（のちに越後一宮）であるが、『万葉集』巻十六で「伊夜彦神」と歌われる二首は「越中国歌四首」のうちにある。これは蒲原郡以西が越中であった時期の歌であり、[7] 北陸道が弥彦山麓を通って沼垂郡の初期越後国府の越城（越後城。渟足柵の後身で沼垂城の前身）[8] へ向かうのに渡らねばならぬ大河の入り込んだ河口域が「神済」と呼ばれた所以である。蒲原の語源を「神原」とする説が想起され、また蒲原郡内とされる伊神駅の駅名が改めて注目される。[9]

以上のように「神済」をXとした上で、大宝二年三月に越中・越後国境がXからYへ変更された理由が改めて問題となる。すなわち、Y親不知・境川を国境として越中・越後は地勢的に纏められたのであるが、このことは大宝令に伴う諸国遠近制（第三節参照）で越中が中国、移管されたY～X間四郡を含む越後が遠国とされ、調庸物の京進時期が整備されたことを意味する。また、翌四月には、越後にも兵衛・采女の貢進が初めて命ぜられて（旧越中四郡は貢進継続。『続紀』大宝二年四月壬子条）、郡制の内実が図られた。大宝二年三月という時期は進行中の造籍を意識したものであろう。国境変更により越中が八郡から四郡へ半減するのに対して、越後は二郡から六郡へと国力が補充され、さらに和銅元年（七〇八）には北部に出羽郡を設けるに至るが、これは対蝦夷政策のなかで越後がクローズアップされていく過程にほかならない。なおも検討することは多いが(10)、以上の変化は辺要国としての越後を充実させるための国境変更つまりは国域拡大と、捉えておきたい。

二　乗駅上京制度の変遷

大宝朝集使条で朝集使の乗駅上京が認められるのは、東海道は相摸以東、東山道は上野以東、北陸道は越後・佐渡、山陰道は出雲以北、山陽道は安芸以西、南海道は土左、そして西海道諸国である（これらの国をA組とする）。これは、道ごとに都までの実際の路程（駅路・交通の便）に基づく区分で、自余の比較的都に近い国は、朝集使条の義解が「謂、賃乗㆓民間㆒、准㆓折雑徭㆒。即以㆓一日馬力㆒、折㆓一日人徭㆒也」、集解古記が「問、自余乗㆓当国馬㆒、未㆑知、誰馬未《乗カ》。答、百姓之馬。又問、百姓之馬、当㆓雑徭之分㆒不以。答、充㆓雑徭一人一日㆒相替耳」とするように雑徭として徴発した「当国（朝集使の任国）の馬」に乗って上京したが(11)、集解には「養老六年格云、自今以後、縁㆓公事㆒向㆑京国司、皆聴㆓乗駅㆒。伊賀・近江・丹波・紀伊等四国、不㆑在㆓給駅㆒之例」とあるので（選叙令在官身死条集解も同様）、朝集使に限らず国司が公事で上京する場合に駅馬ではなく「当国馬」に乗用する国は、養老六年（七二二）に伊賀など四国と畿内国に減少した。『続紀』養老六年八月丁卯条には次のように駅馬利用の可否が国名で列挙されている。

伊勢・志摩・尾張・参河・遠江・美濃・飛騨・若狭・越前・丹後・但馬・因幡・播磨・美作・備前・備中・淡路・阿波・讃岐等国司、先㆑是、奉使入㆑京、不㆑聴㆓乗駅㆒。至㆑是始聴㆑之。但伊賀・近江・丹波・紀伊四国不㆑在㆓茲限㆒。

なお、『類聚三代格』（以下、『三代格』）所収の養老六年八月二十九日官符には「伊賀・近江・丹波等三国不㆑在㆓給駅之例一」とあって不許可国に紀伊が見えないが、これは、『同』大同二年（八〇七）九月十六日官符で、平安遷都による行程延長を理由に紀伊にも四度使から貢調使を除く三使の乗駅上京が許可されたことを受けている[12]。よって、養老六年に畿外の朝集使（国司）は新たに伊勢〜讃岐の一九国（C組とする）に乗駅上京が認められたが、畿内周辺の伊賀・近江・丹波・紀伊の四国（D組とする）は従来通り許可されないということに齟齬はない。

問題は、大宝朝集使条で朝集使の乗駅上京が認められた諸国（A組）と養老六年官符で追加許可されたC組を比べると各道ごとにそこから漏れている国（B組とする）があることである。たとえば、東海道ではA組（相摸以東）とC組（遠江以西）の間の駿河・伊豆・甲斐三国であり、このほかB組の計九国は、いずれも各道でA組とC組の中間に位置するから[13]、C組以前つまりは養老六年以前に乗駅上京が許可されていたことになるが、それがいつかは史料に確たるものがない。

この点、柳雄太郎氏は[14]、大宝朝集使条を養老令と同文としたうえで、『三代格』の養老六年官符に「右一十九国、承前依レ令不レ聴レ乗レ駅。其国司等皆賷二食粮一、乗二当国馬一入京」、「自今以後、縁レ有二公事一向京国司皆聴乗駅」とあることから、大宝令にはC組一九国（およびD組）の「国司」の乗駅上京を認めなかった条文、つまりは一九国より遠い国（A・B組）にそれを認める条文が朝集使条とは別にあったと想定し、それを「（仮称）国司条」と名付けた。そして、乗駅上京において国司（A・B組許可）より朝集使（A組許可）の方が厳しいという不合理があったが、それを解消したのがC組以遠のすべての国に対して朝集使だけでなく公事で上京する全国司に乗駅上京を認めた養老六年官符であるとする。しかし、柳氏が「大宝令前代の朝集使は、国司とは別で、国司よりむしろ地位が低い」とするのは、いかがなものであろうか。また、「養老令において国司条が削除され、朝集使条のみが残され」たとするが、大宝令に国司条があったならば、それが失効するのは養老六年であるから、養老年間前半制定の養老令では同条を削除する理由はなく、柳説には従えない。

C組に先立ち、B組に朝集使の乗用駅馬が許可された時期は、永田英明氏がそれを『続紀』養老四年九月辛未条「諸国申官公文、始乗駅言上」に求め、「養老四年の制と養老六年格は、乗駅許可国の範囲と使者の種類を拡大した一連の措置として、連続的に捉えるべき」としたのを支持したい。(15)『続紀』の「始」は大宝令の改正を示すことがあるから、(16)この記事は大宝朝集使条を改正して朝集使の乗駅上京を拡大したものと位置づけられる。養老四年制に先立つ五月にB組の伊豆・駿河・伯耆三国に駅鈴が給付されているのは（『続紀』養老四年五月乙亥条）、考課令大弐条に目以上の任とされ、国守自らが務める例が多い朝集使用の駅鈴が新たに必要となって、追加給付されたのではなかろうか。

なお、永田氏は、養老四年制と養老六年格の適用範囲を朝集使に限らず、四度使から貢調使を除く三使すべてとするが、養老四年制の施行時期は九月辛未（二十二日）であるから、対象は十一月一日を入京期限とする朝集使であろう。つまり「諸国申官公文」とは朝集帳のことであって、それが税帳・大帳にまで拡大されたのが養老六年格なのである。

三　諸国遠近制と「乗駅遠近制」

賦役令調庸物条が調庸物の京進期限を「近国十月卅日、中国十一月卅日、遠国十二月卅日」、また仮寧令外官任訖条が任命後赴任までを「近国廿日、中国卅日、遠国四十日」とする基準の諸国遠近制は、調庸物条集解古記が引く民部省式（以下、「大宝遠近制」と呼ぶ）と延喜民部式上に載るもの（以下、「延喜式遠近制」と呼ぶ）の新旧二種がある。次に掲げる前者（旧）は大宝令の付属式と考えられるから、和銅五年（七一二）建国の出羽、同六年建国の丹後・美作、養老二年（七一八）建国の安房・能登、弘仁十四年（八二三）建国の加賀は見えない。また、「近国十七」とあるが「志摩」を脱し、「遠国十六」のなかで西海道諸国は「竺紫」に一括されている。国の記載順にも乱れがあるが、その考察は桑原正史氏の論に詳しい。(17)

古記云。問、遠近程若為。答、依二民部省式一。近国十七、伊我・伊勢・〔志摩〕・尾張・参河・丹波・因幡・備前・阿波・紀伊・讃岐・近江・三野・若狭・但馬・播磨・淡路国也。中国十四、遠江・伊豆・相摸・信野・越中・駿河・甲斐・斐太・越前・伯耆・出雲・備中・伊予・備後国也。遠国十六、上総・常陸・武蔵・下総・上野・下野・陸奥・佐渡・周房・石見・土左・越後・安芸・長門・隠岐・竺紫国也。

これを前節で抽出したA～D組の区分（以下、「乗駅遠近制」と呼ぶ）と照合すると、遠国はすべてA組であるが、逆にA組のなかでは乗駅上京可否の境界の国である相摸・出雲が中国である。この二国以外の中国はB・C組で、特にB組はすべて中国、またC組では畿内から一番遠い国が中国となっている道がある。そして、D組はすべてが近国である。また、新旧の遠近制を比較すると「大宝遠近制」で中国の相摸・伊予、近国の阿波・讃岐の四国が、「延喜式遠近制」ではそれぞれ遠国と中国に転じている。このことは次節で扱うとして、ここでは「延喜式遠近制」では他の坂東七国ともども遠国である相摸が、「大宝遠近制」では「坂東八国」（すべてA組）のなかで唯一中国であることに留意しておきたい。(18)

養老元年（七一七）九月、元正天皇が行幸先の近江で「山陰道伯耆以来、山陽道備後以来、南海道讃岐以来諸国司等」（『続紀』養老元年九月戊申条）、美濃で「東海道相摸以来、東山道信濃以来、北陸道越中以来諸国司等」（同月甲寅条）を集めて「土風歌」「風俗之雑伎」を奏上させた。東日本三道と山陽道は「大宝遠近制」の近国・中国のすべて

東山道			北陸道		
遠国	中国	近国	遠国	中国	近国
陸奥(伝) 下野(伝) 武蔵(伝)〈宝亀2東海道へ〉 上野(伝)			出羽(伝)〈和銅5建，後に東山道〉 佐渡(伝・遠流) 越後(伝)		
	信濃(伝)〈諏訪が中流〉			能登(伝)〈養老2建〉 越中(伝)	
	飛驒(伝)	美濃(食) 4		越前(食・近流) 4〈加賀4は未建〉	若狭(食) 4
		近江(不)			

山陽道			南海道		
遠国	中国	近国	遠国	中国	近国
長門(伝) 周防(伝) 安芸(伝・近流) 8			土左(伝・遠流) 8		
	備後(伝) 8			伊予(伝・中流) 8 ⇒遠国	
	備中(食) 8	備前(食) 6 美作(食) 6 〈和銅6建〉 播磨(不) 2			讃岐(伝) 6 ⇒中国 阿波(伝) ⇒中国 淡路(食)
					紀伊(不) 2 〈大同2→C組〉

の母体国から判定。伝は新任国司赴任に伝馬支給，食は食料支給，不は伝馬・食料とも不給。4・6・8は春

表１　乗駅上京制度と大宝遠近制（民部省式）

	東海道		
	遠国	中国	近国
大宝朝集使条 許可　Ａ組	常陸（伝・遠流） 下総（伝） 上総（伝） 安房（伝・遠流）〈養老２建〉	相撲（伝） ⇒遠国	
養老四年制 許可　Ｂ組９国		甲斐（伝） 伊豆（伝・遠流） 駿河（伝）	
養老六年格 許可　Ｃ組19国		遠江（伝）	参河（食）４ 尾張（食）４ 志摩（食） 伊勢（不）２
養老六年格 不許可　Ｄ組４国			伊賀（不）

	山陰道		
	遠国	中国	近国
大宝朝集使条 許可　Ａ組	隠伎（伝・遠流） 石見（伝）	出雲（伝）	
養老四年制 許可　Ｂ組９国		伯耆（伝）	
養老六年格 許可　Ｃ組19国			因幡（伝）６ 但馬（食）６ 丹後（食）４ 〈和銅６建〉
養老六年格 不許可　Ｄ組４国			丹波（不）２

※西海道はすべてＡ組で遠国。出羽・丹後・美作・安房・能登の遠近は分国前
米京進期限月。下線のある国は延暦24年に庸が免除された造都負担国。

の国を呼んでいて、東海道でＡ組であっても中国の相撲が招集されているのは合点がいくが、山陰道ではＡ組・中国の出雲が呼ばれず、また、南海道でも唯一の中国である伊予は呼ばれていない。伊予はＢ組であり、「延喜式遠近制」では遠国に転じているのでその先取り的処置とも言えるが、出雲の場合は、Ａ組のなかでともに例外的に中国である相撲が招集されているのであるから、ほかに要因がある。米沢氏はこれを「出雲が独自の儀礼を担っていたことに基

づく」とした。[19] 服属儀礼としての出雲国造の神賀詞奏上である。ただし、その儀礼があるゆえに出雲が外されているのではない。この年出雲が、前年の国造出雲臣果安の一度目の神賀詞奏上の後で（『続紀』霊亀二年二月丁巳条）、通常一〜二年後に行われる二度目の奏上を前に国を挙げての潔斎中であることにその理由を求めるべきであろう。

さて、「乗駅遠近制」の養老四年制の許可国（A組にB組を追加）と養老六年格の許可国（C組）との較差は、その後広く通用した。以下、C組とそれ以遠のB・A組との境界を「養老四年ライン」と呼ぶが、次に掲げる延喜主税式上禄運賃条の区分もそれに基づき、位禄は同ライン以遠で支給されている。本条は『新撰年中行事』に「貞主税式云」と引かれる『貞観式』のものであるから、[20] 九世紀前半以降の成立となる。

凡五位已上位禄給二諸国一者、東海道駿河以東、東山道信濃以東、北陸道能登以北、山陰道伯耆以西、給二運賃一。自余諸国及在国司者、不レ在二此限一。

また、国司赴任時の伝馬・食料の支給を定めた神亀三年（七二六）の太政官処分（『続紀』神亀三年八月乙亥条。以下、神亀三年制）[21] の不給六国、給食一二国、伝符（伝馬・食料）支給の三級でも不給・給食の計一八国は「養老四年ライン」より畿内より（D・C組）である。

太政官処分。新任国司向レ任之日、伊賀・伊勢・近江・丹波・播磨・紀伊等六国不レ給二食・馬一。志摩・尾張・若狭・美濃・参川・越前・丹後・但馬・美作・備前・備中・淡路等十二国並給レ食。自外諸国皆給二伝符一。但大宰府并部下諸国五位以上者、宜レ給二伝符一。自外随レ使駕レ船、縁路諸国、依レ例供給。史生亦准レ此焉。

さらに、『弘仁式』の民部式逸文による舂米運京国は「伊勢・近江・丹波・播磨・紀伊等国二月卅日以前、尾張・参河・美濃・若狭・越前・丹後四月卅日以前、但馬・因幡・美作・備前・讃岐六月卅日以前」（『三代格』貞観四年九月二十二日官符所引）で、やはり「養老四年ライン」より畿内側の国であるが（水田不足の伊賀・志摩・淡路・阿波を除く）、延喜民部式下舂米運京条になると新建国の加賀（四月三十日期限）のほか八月三十日を期限とする備中・備後・安芸・伊予・土左などB組・A組が追加されている。

一方、早くに失効した朝集使条ではあるが、その道ごとの区分だけはその後も活きている。損田の上申期限を九月末とする弘仁十年五月二十一日官符（『三代格』）は「但於二遠国一九月之損、定知不レ堪二限内言上一、宜東海道坂東、東山道山東、北陸道神済以北、山陰道出雲以北、山陽道安芸以西、南海道土左等国（以下略）」と朝集使を引いてA組の期限を延長している。ただし、この「遠国」は新旧二つの諸国遠近制の「遠国」と合致はしない。すなわち、「乗駅遠近制」は、貞観十三年（八七一）施行の『貞観式』まで諸国遠近制とは別の次元で畿内近国（D組）・周辺国（C組）と中間国（B）・遠方国（A組）を区分したが、その後『延喜式』制定までには形骸化したようである。以上に流刑の三流（『続紀』神亀元年三月庚申条）も加えれば表1となる。

四　諸国遠近制の変遷――相摸と伊予の遠国化

民部省式（大宝遠近制）と延喜民部式（延喜式遠近制）の諸国遠近制を比べれば、前者に出羽ほか新建国がないのは当然として、問題は前者で中国の相摸・伊予、近国の阿波・讃岐が、後者ではそれぞれ遠国と中国に転じていることの変更時期と理由である。桑原氏は、相摸は大宝朝集使条で遠国に準じているので、養老三年に遠国である武蔵国守が按察使として管轄した相摸もすでに遠国であったとする。また、南海道三国の変更は近国・中国・遠国の4対1対1の不均衡を2対2対2に調整したものであるが、養老二年の石城・石背の建国が東山道に2対2対6の不均衡を生み出したにもかかわらず調整された形跡がないので、それ以前の変更であるとする。しかし、朝集使条と諸国遠近制は一元化されず、また「乗駅遠近制」でB組の伊予は中国と想定されることはすでに述べたとおりである。

注目すべきは、『日本後紀』（以下『後紀』）延暦十一年（七九二）十月丁未条逸文の「停下相摸国献レ橘、伊予国献上瓜。以二路遠一也」（『類聚国史』・『日本紀略』）である。ここで相摸・伊予が「遠路」を理由に貢納免除されていることは、諸国でこの二国のみが中国から遠国へと転じていることに関連する。その変転は奈良時代初期のことではない(22)。

さて、南海道三国の遠近が変更された時期を示す史料が『続日本後紀』承和八年（八四一）三月庚子条である。讃岐など五国の調庸貢納期限が賦役令調庸物条より延長されていたのを旧に戻したのであるが、「讃岐国元十一月為レ期。依二天長七年十一月十七日符一、明年二月為レ期」とあって、讃岐は天長七年（八三〇）以前すでに十月末納期の近国から十一月末納期の中国に転じていることが判る。実は天長七年十一月十七日は、弘仁格式の施行日である（『後紀』同日条）。施行当日に讃岐の調庸貢納期限を中国の十一月末から翌年二月末に延長したのは、弘仁民部式に讃岐は中国と明文されていたが故の処置である。この場合に、伊予も讃岐同様に延長されていたが（『日本三代実録』仁和三年三月十一日条の貞観民部式逸文に明年二月末納期）、旧に復されなかった（延喜民部式上貢限条に明年二月末納期）。阿波・讃岐・伊予は南海道の連続する三国であるから、ことは中間の讃岐のみに留まらない。弘仁民部式に阿波・讃岐は中国、伊予は遠国と明文されていたのであろう。

このことに関連するのが、造都への動員分担（国充）である。すなわち、延暦十年（七九一）に平城京諸門を長岡宮へ運搬した八国（『続紀』延暦十年九月甲戌条）と、延暦十二年に平安京大内裏の門を新築した一三国には阿波・伊予が含まれていた（『拾芥抄』中・十九宮城部）。そして、延暦二十四年十二月七日、徳政相論による「軍事と造作」を停止した日に当年の庸を免除された造都負担の二一国は、東海道が伊賀・伊勢・尾張、東山道が近江・美濃、北陸道が若狭・越前・越中、山陰道が丹波・丹後・但馬・因幡、山陽道が播磨・美作・備前・備中・備後、そして南海道が紀伊・阿波・讃岐・伊予である（『後紀』同日〈壬寅〉条。志摩・飛驒・淡路が除かれているのは国力の低さによる）。造都には賦役令丁匠赴役条の集解古記が「先番役二近国一、次中国、次遠国」とするがごとき動員順があったが、二一国は「延喜式遠近制」で言うならば伊予のみ遠国で、他は近国または中国である。それは延暦十年と十二年の国充でも同様である。したがって、伊予は「延喜式遠近制」の遠国ではなく、「大宝遠近制」の中国として造都に動員されていたのである。

以上、伊予は、延暦十一年の長岡京の段階ですでに「路遠」な国と認識されてはいたが、造都には従前のまま中国として動員されていた。一方、延暦十八年に造都に役夫が徴発された一一国（伊賀・伊勢・尾張、近江・美濃、若狭、丹波・但馬、播磨・備前、紀伊。『後紀』延暦十八年十二月丁丑条）はすべて近国であるが、南海道は紀伊のみで、阿波・讃岐に及んでいないのは、両国が中国扱いされたからであろう。

このような南海道の遠近制の不安定が調整されたのが、「軍事と造作」が停止された翌年、大同元年（八〇六）三月以降の平城朝である。五月に六道に観察使が派遣され、六月には山陽道観察使の提言で山陽道の新任国司赴任は伝馬支給をやめて「准二西海道一、一従二海路一」へと転じた（『三代格』大同元年六月十一日官符）。神亀三年制（前掲）が延喜太政官式新任国司食伝条では給食一二国から備前・備中が外れて「（播磨・美作を除く）山陽道備前以西及（紀伊・淡路を除く）南海・（九州上陸までの）西海三道。並取二海路一。給レ食如レ法」へと改定されているのは、この変更によるものである。同条で南海道は紀伊が食料・伝馬不給、淡路が給食とされているのは神亀三年制のままであるが、阿波・讃岐・土左が海路とされているのも、この大同元年制に遡る[23]。ここに「大宝遠近制」で同じく近国であった紀伊・淡路と阿波・讃岐に都からの交通における較差が生じた。また、翌大同二年には先述したように平安遷都による路程延長を理由に紀伊国司の乗駅上京が認められ、都からの交通において紀伊は従来より一級遠くなり（D組→C組）、

表2　諸国遠近制と動員対象

	近　国	中　国	遠　国
東海道	造　都	造　都 相摸→	東　北
東山道	造　都	造　都	↑東　北 武蔵
北陸道	造　都	東北⇒造都	東　北　↑ 出羽
山陰道	造　都	造　都	
山陽道	造　都	造　都	
南海道	造　都 阿波・讃岐→	造　都 伊予→	
西海道			

さらに南海道の駅路も山城→大和→紀伊→淡路の内陸ルートから山城→和泉→紀伊→淡路の海浜ルートに変更されている（『後紀』弘仁二年八月丁丑条、三年四月丁未条）[24]。『弘仁式』で南海道の遠近制が変更された背景には、この駅路や「乗駅遠近制」の変遷があったが、それとともに大同三年（八〇八）に京進輸納物の麁悪や未進・違期を国ごとに調査した結果（『三代格』大同二年十二月二十九日官符、翌三年正月七日官符）、南海道の調庸物京進の困難さが認められたこともその要因である。南海道では、前述した讃岐・伊予の調庸貢納期限延長の前後に土左も延長が認められている[25]。

一方、相摸の遠国化はいつであろうか。参考となるのは『後紀』延暦十六年三月癸卯条の遠江・駿河・信濃・出雲の平安造都への雇夫進上である。東山道での信濃、山陰道での出雲は、その道の中国のなかで平安京より最も遠い国であり、したがって、東海道では中国のなかの最も遠い国の駿河までが造都に動員されたが、相摸は遠国扱いされたので動員が及ばなかったということになる。逆に、前年の『続紀』延暦十五年十一月戊申条は相摸など八国の民を陸奥国伊治城に遷す記事であるが、東山道で上野・下野・出羽の遠国三国、北陸道でも遠国の越後から民が徴発され、東海道では遠国の武蔵・上総・常陸三国のほか相摸からも徴発されているから、ここでも相摸は遠国扱いされているのである。このことは、平安京造営と東北経営への動員の関係を道ごとに整理するとよくわかる（表2）。すなわち、諸国遠近制の変更は諸国の動員体制の変更でもあった[26]。

征夷と関連して成立する東山道をも含む「坂東」の概念は、『続紀』神亀元年（七二四）四月癸卯条「坂東九国軍」

が初見であるが(27)、東海道の相摸以東四国のみを「坂東」とする大宝朝集使条は養老四〜六年に失効したので抵触しない。養老年間成立の『常陸国風土記』でも、冒頭に「我姫国」は「足柄岳坂以東」と一括されている。相摸が遠国に転じる淵源は、大宝朝集使条でA組の「坂東」であったことではなく、同条を改訂した養老四年制以後神亀元年までの間の対蝦夷政策としての「坂東八国」（陸奥を含めば九国、出羽も含めば一〇国）の成立に求められる。かくして、相摸は「坂東八国」の一国として遠国化していくのであるが、それが定着した契機は宝亀二年（七七一）に武蔵を東山道より東海道に編入し、東海道駅路を相摸→上総→下総から相摸→武蔵→下総→上総へと変更したことであろう（『続紀』宝亀二年十月己卯条）。『続紀』に載る太政官奏は、編入理由を武蔵南部の駅路が東海道駅路を兼用していることによる交通繁多の解消とするが、その原因には東北への交通量の増加があったので、武蔵の東海道編入は東北への主要ルートが東山道から東海道へと移ったことを意味し(28)、そのなかで相摸・武蔵に対東北政策として「坂東八国」の役割が求められ、宝亀五年から始まるいわゆる「対蝦夷三十八年戦争」に突入していく。

以上、中国の相摸・伊予が遠国扱い、近国の阿波・讃岐が中国扱いとなるのは、「軍事と造作」の国充の整理であったが、伊予が中国として造都を負担し、遠国となって解放されたのに対して、相摸は東北経営を担う「坂東八国」の性格を強くすることで中国から遠国へと転じた。この処遇の変動が弘仁民部式での遠近制の変更に至り、そして延喜民部式に取り入れられたのであるが、それは、南海道三国にとっては調庸物の貢進期限の延長という特典となった。相摸にもその期限延長はあった。しかし、徳政相論の「軍事」停止を受けて「坂東八国」が東北戦争から解放されるなかで(29)、相摸だけは完全解放とはならず、承和期までには陸奥鎮守府公廨の一部を相摸が負担するようになっている（延喜主税式上鎮守府公廨条）(30)。また、「坂東八国」からの兵士（鎮兵）派遣は徳政相論後に停止されたが(31)、「坂東八国」の鎮兵に関わる最後の史料は徳政相論と同年の『後紀』二十四年二月乙巳条の相摸国の鎮兵派遣に関する記事である。

こうしたことは、相撲が、従前より遠国である他の七国にまして、東北経営の拠点と位置付けられたことを示している。

むすびにかえて――中国としての相撲・伊予

諸国遠近制、「乗駅遠近制」、三流制の三者を比較すると、相撲がA組「坂東」であるのに中国（大宝遠近制）、その西隣りの伊豆が中国であるのに遠流、また中国の越前と遠国の安芸がともに近流であるなど一元化されていない。三流制は延喜兵部式では、遠流が伊豆（七七〇里）・安房（一一九〇里）・常陸（一五七五里）・佐渡（一三二五里）・隠岐（九一〇里）、土佐（一二二五里）、中流が諏訪を併せた信濃と伊予（ともに五六〇里）、近流が越前（三一五里）と安芸（四九〇里）と、都からの距離による区分であり、熊田亮介氏が言うようにそれが行程日数（延喜主計式の下向日数）と「馬日七十里」（公式令行程条）との掛合わせの算出値であるにせよ[32]、現実的な遠近である。また、「乗駅遠近制」はその逆で、諸国から都までの路程（距離・交通の便）に基づく、これもまた現実の遠近と言えよう。

では、諸国遠近制はどうであろうか。熊田氏は、道ごとに行程日数を基準に定められているとする。しかし、上総・下総・常陸三国がいずれも「上三十日、下十五日」であるように、主計式の上下日数は現実の旅程日数ではなく、榎英一氏が述べるように、調庸京進を主とする往来官人の食料支給の基準に過ぎない[33]。この点は、桑原氏が諸国遠近制を「畿内を国土の中心に位置づける律令政府の国土観」に関わるとしたのが妥当であろう。つまりは、畿内（ヤマト）から見た地方（四方国）の道ごとの観念的そして政治的な遠近であり、「軍事と造作」への国宛もそれに基づいた。このことを示唆するのが相撲と伊予の中国から遠国への転向である。

主計式による遠国相摸の上下日数は、西隣りの中国甲斐と同じ「上二十五日、下十三日」である。「延喜式遠近制」で同一道内の中国・遠国または近国・中国の隣接する二国で、上下日数が同じなのはこの二国だけであるから、相摸の遠国化の理由は上下日数とは別にある。桑原氏は「行程日数によって、一旦、中国に分類された」相摸は、畿内の人々の相摸に対する「疎隔感」によって遠国へと変更されたとする。しかし、大宝朝集使条に相摸は他の「坂東八国」と同じA組であるから、畿内からの「疎隔感」で言えばむしろ初めから遠国の方が相応しく、そうであるのに何故、中国とされたのかが問われねばならない。

さて、相摸が中国であった背景には、相摸がヤマト王権の東国経営の拠点であったことがある。それは、天平七年「相摸国封戸租交易帳」や同十九年の法隆寺資財帳ほかに見る一国全体で四割を超える封戸点定率の高さ、足柄評の東海道駅路を境とする大和の添評・葛城評・磯城評と同様な機械的上下分割にその一端を窺うことができる。[34]また、記紀のヤマトタケル説話で東国勢力に対するヤマト王権の勝利の舞台として描かれる分量は、他地域より相摸（相武）が圧倒的に多い。ヤマト王権下、相摸には東国の代表的立場が求められ、『常陸国風土記』でも東国は相摸足柄坂を念頭に設定されている。そこで語られる東国総領の拠点も相摸にあったのではなかろうか。徳政相論後に「坂東八国」のなかでひとり相摸だけが東北経営に動員されるのも、こうした大化前代からの相摸の性格の延長線上にある。

一方、伊予は大宝朝集使条で乗駅上京適用外のB組であり、三流制でもA組の土左が遠流であるのに対して信濃と同じ里程でともに中流であることは、土左が遠国、伊予が中国として整合的である。しかし、伊予は元正の行幸先での招集に中国でありながら除外され、養老四年制のB組のなかで唯一のちに遠国に転じている。相摸同様に早くより遠国である傾向が潜在する。それにもかかわらず、伊予が初め中国であった背景には、相摸同様に七世紀以来のヤマト王権との親密性がある。『書紀』『伊予国風土記』に舒明・斉明天皇ほかの大王家の温泉行幸がたびたび載り、愛媛県松山市の久米官衙遺跡群で「石湯行宮」跡と推定される建物跡が発掘されている。[35]『古事記』の国生み神話で「伊予」は四国全体を指す名称であり、伊予総領も同遺跡群を拠点としたと考えられている。また、法隆寺庄園も一四ヵ所が所在した（前掲資財帳）。

このようなヤマト王権以来の中央との結び付きが「大宝遠近制」で相摸・伊予を中国とした。すなわち、相摸と伊予はヤマトからの現実の路程（距離、交通の便）からみればもとより遠国であるが、政治的な意味において中国と観念されたのである。これに対し、朝集使条が東日本の三道を「坂東」「山東」と「神済」で区切ったのは、都と地方間の実際の路程と令制国成立以前からの在地の伝統的境界を重視したからである。古くより足柄坂は駿河・相摸の境、碓日坂は信濃・上野の境であり、天武朝後期には両坂が令制国の国境に定められた。同様に「神済」も高志道中と高志道後の境の信濃川・阿賀野川の河口域であった。

ただし留意すべきは、伝統的境界はあくまでも足柄坂・碓日坂、信濃川・阿賀野川河口などの自然地形であって、「坂東」「山東」「神済」というヤマトからみた呼称ではないことである。それゆえ、バンドウと言えば、朝集使条の「坂東」ではなく「坂東八国」の「坂東」となり、また「山東」と「神済」はついぞ後世に伝わることがなかったのである。[36]

註

（1）　嘉祥元年十一月三日官符（『三代格』）に下野薬師寺で受戒する範囲は「坂東十国」（坂東八国と陸奥・出羽）とあって信濃を含まないので、玄蕃式沙弥沙弥尼条の「信濃坂」は美濃・信濃国境の御坂（峠）ではない。

（2）　米沢康「神済考」・「神済をめぐる史的環境」（『北陸古代の政治と社会』法政大学出版局、一九八九年、初出は一九七一・七〇年）。「済」を佐渡への海路とみて、もともとは親不知付近の海が「神済」と呼ばれたとする。

（3）　米沢康「大宝二年の越中国分割をめぐって」（前掲『北陸古代の政治と社会』、初出は一九八〇年）。

（4）鈴木景二「越中国成立前後の諸問題」（『古代の越中』高志書院、二〇〇九年）は、「神済」を親不知付近とする立場から、天武朝の「国域設定が、日本海航路からの観点に基づいており、地域社会の陸上交通路の現状と認識のあいだにズレがあった」ので大宝二年に改定したとする。

（5）高志の分割を直接示す史料はないが、天武十二〜十四年の諸国国境画定時（『日本書紀』天武十二年十二月丙寅条・十三年十月辛巳条・十四年十月己丑条）の分割と考える。鐘江宏之「「国」制の成立」（『日本律令制論集　上』吉川弘文館、一九九三年）、荒井秀規「領域区画としての国・評（郡）・里（郷）の成立」（『古代地方行政単位の成立と在地社会』奈良国立文化財研究所、二〇〇九年）参照。なお、飛鳥京跡から「高志国利波評」と「高志国新川評」の五〇戸制木簡、藤原宮跡から「高志前」と「道」が記された木簡が出土し、「越」ならぬ「高志国」の分割が判明した（小林昌二『高志の城柵』高志書院、二〇〇五年）。

（6）浅香年木「古代の「北陸道」と海運」（『古代地域史の研究』法政大学出版局、一九七八年、初出は一九七一年）が「神済」が旧越中・越後国境である可能性を指摘している。

（7）国文学分野に関連論考が多いが、文献史学では近時、鈴木景二「立山の雪、弥彦の歌」（『風土の万葉集』笠間書院、二〇一一年）が天武十二〜十四年の高志の分割から、大宝二年国境変更の間に中央政府に採録されたとしている。

（8）渟足柵→越（後）城→沼垂城の変遷および蒲原郡・沼垂郡諸郷の比定は、小林前掲註(5)著書および『日本古代史地名事典』（雄山閣、二〇〇七年）の同氏執筆の「越後国」「越（高志）」に従う。

（9）浅井勝利「古代北陸道越後佐渡路に関する諸問題」（『新潟県立歴史博物館紀要』一一、二〇一〇年）が説くように伊神駅の比定地は定説がない。阿賀野川河口域を「神済」とする立場からも検討の余地はある。

（10）相沢央「律令国家の蝦夷政策と古代越後国」（『歴史評論』六四三、二〇〇三年）、新潟県立歴史博物館『越後佐渡の古代ロマン』（二〇〇四年、展示図録）所収の諸論考など参照。

（11）「当国馬」について、賦役令雑徭条集解が引く「和銅五年五月十六日格云。国司、不乗駅伝而向下者、長官馬七疋・判官以下五疋・史生二疋。（中略）。以上諸条。並是充雑徭耳」が関わるとする理解（永田註(15)・森註(23)論考、市大樹「伊勢国計会帳からみた律令国家の交通体系」〈『三重県史研究』一六、二〇〇一年〉がある。また、「向下」は上京を含まないとする説（松原弘宣「地方官の交通と伝馬制」〈『日本古代の交通と情報伝達』汲古書院、二〇〇九年、初出は二〇〇二年〉

がある。
(12) 吉田孝「墾田永年私財法の基礎的研究」(『律令国家と古代の社会』岩波書店、一九八三年)が、『三代格』の養老六年官符は紀伊を削除した『弘仁格』のものと指摘する。
(13) 新日本古典文学大系『続日本紀』養老六年八月丁夘条補注はB組を伊豆・甲斐・能登を除く六国とするが、三国を加えるべきである。また、紀伊国朝集使の駅馬乗用を認めた史料は失われているとするが、本文引用の大同二年官符が当たる。
(14) 柳雄太郎「駅制から見た朝集使と国司」(『続日本紀研究』二二〇、一九八二年)。
(15) 永田英明「駅制運用の展開と変質」(『古代駅伝馬制度の研究』吉川弘文館、二〇〇四年、初出は一九九六年)。
(16) 西本昌弘「近年における畿内制研究の動向」(『日本古代儀礼成立史の研究』塙書房、一九九七年)。
(17) 桑原正史「古記所引『民部省式』における諸国遠近に関する覚書」(『新潟史学』二七、一九九一年)。国順は原史料の双行千鳥型配列を一行書きに直した際に錯誤があったとする。以下、桑原氏の論はこれによる。
(18) 前田紫穂美「律令制下における朝集使と文書の逓送」(『皇學館論叢』三四―六、二〇〇一年)も本稿同様に朝集使条と諸国遠近制の比較を行うが、以下の点で相違がある。「大宝遠近制」を考慮していないこと、B組を伊豆・甲斐を除く七国とすること、B組の乗駅上京許可を朝集使条の「運用」とすること、『続紀』養老四年九月辛未条を諸国解文の駅制による逓送制の創始とすること、である。これらへの批判は、本文で私見を示すことで替える。
(19) 米沢康「越中国をめぐる二、三の問題」(前掲『北陸古代の政治と社会』、初出は一九八〇年)。
(20) 西本昌弘編『新撰年中行事』一二六頁(八木書店、二〇一〇年)。『年中行事秘抄』にも貞観式として引かれている。
(21) 黒髪和裕「律令制下における国司の往来について」(『国学院雑誌』八一の二、一九八〇年)参照。
(22) 天平七年閏十一月十日「相摸国封戸租交易帳」は「運調使」により京進されているから、違期や閏年の例外でなければ、このときに相摸は遠国で調庸物の貢納期限は十二月末であった可能性がある。また、賦役令封戸条集解古記は封戸田租を「運舂米国者米送、遠国者販売軽貨送給耳」とするから、交易帳作成そのものが相摸が「遠国」であることを示唆する。しかし、『弘仁式』の民部式逸文(『三代格』貞観四年九月二十二日官符)の舂米運京国には東海道で中国の遠江・駿河が含まれていないから、古記が「運舂米国」と対比する「遠国」には中国も含まれる。この「遠国」は単に遠方の国の意であって、諸国遠近制のそれではない。また、遠近制に変更があれば荷札木簡や調庸布の月日記載も変化が生じるはずであるが、当該国（相摸・阿波・讃岐・伊予）の出土荷札木簡や伝来調庸布に遠近制の変化は窺われない。

(23) 式制への変更については、森哲也「律令国家と海上交通」（『九州史学』一一〇、一九九四年）、前掲註(11)松原論考および『訳注　日本史料　延喜式』中（集英社、二〇〇七年）の太政官式17条補注（大隅清陽・虎尾達哉担当分）参照。

(24) 以下、駅路の変遷は木下良『事典　日本古代の道と駅』（吉川弘文館、二〇〇九年）による。なお、南海道は、延暦十六年に四国周回駅路を廃して、伊予東部から四国山脈を横断南下して土左へと通じる新路が開かれている（『日本紀略』延暦十五年二月二十五日条・『後紀』延暦十六年正月二十七日条）。

(25) 承和八年三月に讃岐の調庸貢納期限が明年二月から中国の十一月に戻されたのち、八月に土左の納期が正月に定められているのは（『続日本後紀』承和八年八月庚申条）、二月からの短縮であろう。土左はその後『貞観式』では再び明年二月納期とされている（民部式上貢限条、『日本三代実録』仁和三年三月十一日条）。

(26) 北陸道の東北動員は、天平宝字三年には「坂東八国幷越前・能登・〔越中脱カ〕・越後等四国」（『続紀』天平宝字三年九月庚寅条）の浮浪人が雄勝柵戸とされたが、宝亀十一年に糒の備蓄を命ぜられたのは「坂東諸国及能登・越中・越後」（『続紀』宝亀十一年五月丁丑条）で、中国でも越前は外れ、以後は越中も造都負担に転じ、遠国の越後だけが残る。

(27) 奥野中彦「古代東北の軍制について」・「軍事負担よりみた古代東北と当国」（『日本古代・中世の国家軍制』上、岩田書院、二〇一一年、初出は一九七六・八九年）、前沢和之「古代坂東の基礎的考察」（『ぐんま史料研究』一三、一九九九年）、川尻秋生「坂東の成立」（『古代東国史の基礎的研究』塙書房、二〇〇三年、初出は一九九九年）など、参照。

(28) 佐々木虔一「古代東国の交通路」（『古代東国社会と交通』校倉書房、一九九五年、初出は一九九〇年）。

(29) 熊谷公男「平安初期における征夷の終焉と蝦夷支配の変質」（『東北文化研究所紀要』二四、一九九二年）。

(30) 虎尾俊哉「延喜稲数量の誤り」（『古代東北と律令法』吉川弘文館、一九九五年、初出は一九五三年）。

(31) 鈴木拓也「九世紀陸奥国の軍制と支配構造」（『古代東北の支配構造』吉川弘文館、一九九八年）。

(32) 熊田亮介「京より一千三百二十五里」（『新潟歴史教育論考』五、一九八五年）・「流刑と『三分』法」（『中世の地域社会と交流』吉川弘文館、一九九四年）。

(33) 榎英一「延喜式諸国日数行程考」（『立命館文学』六〇五、二〇〇八年）。

(34) 荒井秀規「神奈川古代史素描」（『考古論叢　神奈河』七、神奈川県考古学会、一九八八年）。

(35) 松原弘宣「久米官衙遺跡群の研究」(『古代瀬戸内の地域社会』同成社、二〇〇八年)。

(36) 本稿脱稿後に刊行の岡田利文「伊予国和気郡からの瓜」(『ソーシアル・リサーチ』三六、二〇一一年)、市大樹『すべての道は平城京へ』(吉川弘文館、二〇一一年) は関連すること多く、参照されたい。

古代社会と馬

――東国国府と栗原郷、「馬道」集団――

平川　南

はじめに

古代の馬に関する研究は、従来、駅伝馬制および軍団制の騎馬に集中していたといえる。(1)古代の駅馬は役人の公務のための乗り継ぎ用に各駅に置かれた馬である。令制の牧は、騎乗用の馬の供給拡大を目的として設置されたものであり、牧で生産された馬のうち乗用に適するものはまず軍団に配属するが、中央へ貢上されるものも多かったとされている。(2)

本稿では、貢馬や駅伝馬制そして軍団制の騎馬などの従来の研究とは視点を変え、地域社会の中での馬について、国府における馬の飼育と、各国内における輸送手段としての馬のあり方の二つの側面から考察を試みたい。

一　東国国府と栗原郷

朝廷の馬の飼育を担当する技能者である馬飼部の分布などをみると、大和・河内・摂津といった大和王権の周辺地域で、まず馬の育成がはかられたようである(3)。一方、馬の普及が畿内よりはやや遅れて始まった東国では、六世紀末以降、東日本の馬具出土量が西日本を凌駕し、大生産地としての地位を確立したものと考えられる。さらに平城京内の長屋王家から出土した木簡からは、その家政機関の一つである馬司に甲斐・信濃・上野三国の舎人が勤務していたことがわかる。この三国は、いずれものちに御牧の置かれる国である。このことはけっして偶然の一致ではなく、八世紀前半のこの時点からこれらの国々が優秀な馬の産地であったと考えられる(4)。最も多く官牧が集中していた地域は、本州中央高地東部と関東西半部とである。

延喜式の牧には、御牧（勅旨牧）・諸国牧および近都牧の別がある。御牧は左右馬寮の直轄に属するもので、甲斐・武蔵・信濃および上野の四ヵ国に置かれ、計三二ヵ所に及んだ。諸国牧は兵部省の所轄に属し、諸国の国司が管理していた。近都牧は左右馬寮の所轄で、摂津・近江・丹波および播磨など都に近いところに六牧置かれた。

牧の立地については、安田初雄氏の研究(5)にもとづき、主要な三条件をあげておきたい。

(a)川畔・三角州を利用した牧

牧は多く川畔や島に設けられた。川畔に拡がる氾濫原は、水辺に近く、氾濫が反復して地味が肥沃であるから、草生がよいなど、放牧地には適している。なおかつこの氾濫が耕作の障害になって、開発が他よりおくれ、川畔に広い草地が所在した。これらは牧開設に甚だ好都合な条件であった。島では牛馬の走失を防ぐ、ませ垣（山野で自由に飼育する場合には、周囲の耕作地を守るために、設置するもの）がいらなかった。都近くにおいても淀川の川畔では、木津川との合流点付近から川口にいたるまで、その左右両岸に多数の牧があった。

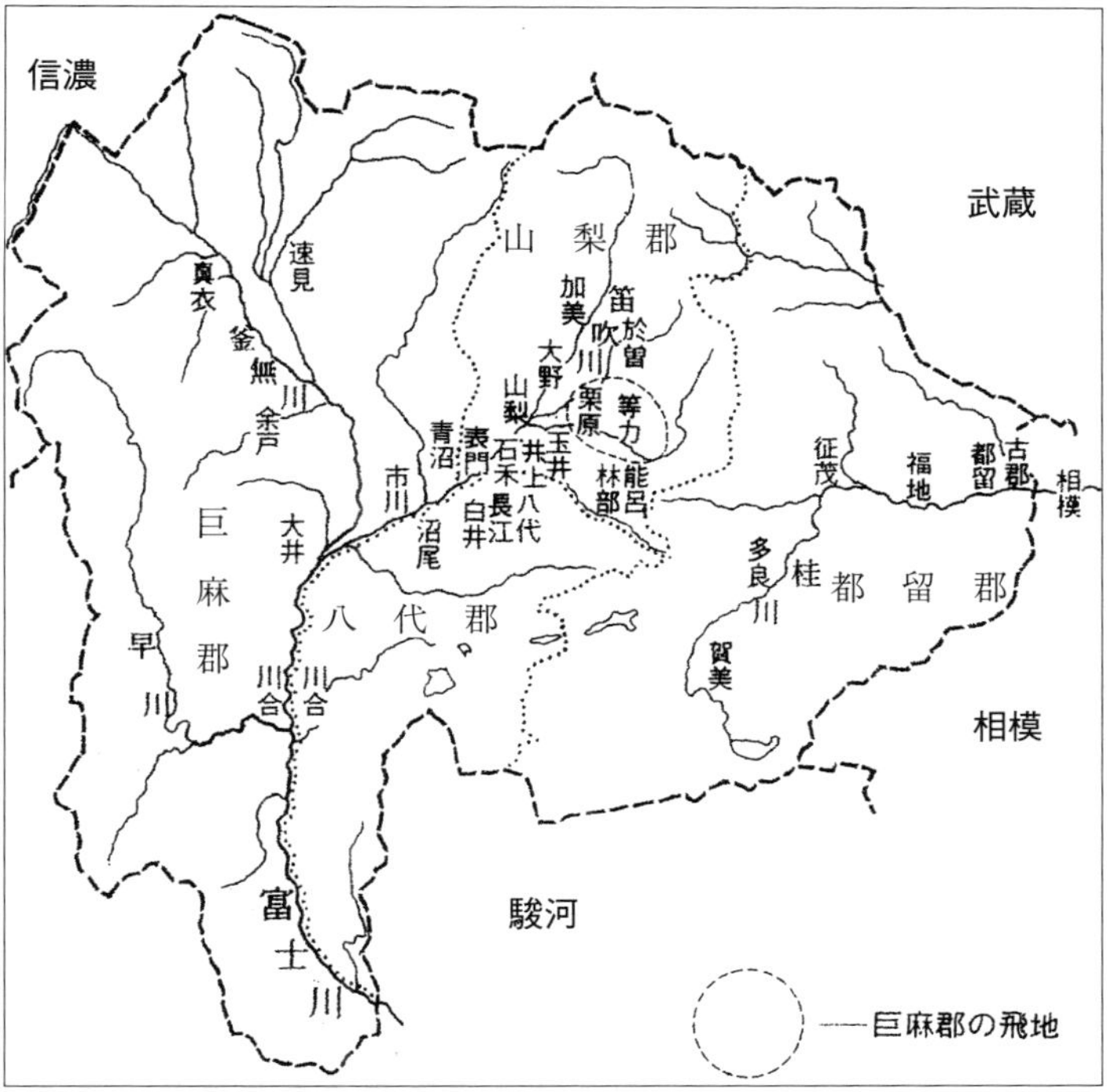

図1　甲斐国の郡郷配置推定図（『山梨県史』通史編1・原始・古代）

(b)火山麓を利用した牧

火山の裾野にも火山扇状地がしばしば拡がっていて、そこは一般の扇状地と諸種の条件が酷似している。信濃の山鹿・塩原両牧は八ヶ岳の西麓に、上野の有馬嶋牧は榛名山の東麓に、沼尾牧は赤城山西麓に、駿河の岡野牧は愛鷹山の東南麓に、肥後の浪良牧は阿蘇山の北麓に、日向の野波野牧は韓国岳の北麓に所在した。これらの火山麓では余り浸蝕されていないものも、浸蝕されて平坦面がいくつかに切断されているものもあるが、大方扇状地状の緩斜面が、少なくも一部には残っており、また水の便も割合によい。

(c)低い台地を利用した牧

下総の長州・高津・大結、上総の負野、

常陸の信太などの諸牧は、いずれも低い台地上に設けられた。浅い頭部侵食谷底には、小川が流れ一部に湿地もある。台地の面の開田が容易でないのは扇状地の扇央部と同様である。そこが空閑地になっていて、牧の開設に際し注目されたのは当然である。

ところで、地方行政の中心である国府は行政・軍事および経済活動などを円滑に運用するため、あらゆる交通・流通体系の結節点に設置する必要があった。また地方社会とくに古代東国においては、行政・軍事両面から国府に多くの馬を備えておく必要があったと考えられる。その馬を飼育・調教する牧（諸国牧）の立地・規模も、東国の代表的御牧のように、山麓の緩斜面の広大な牧ではなく、川畔に拡がる氾濫原や低い台地などを利用した牧であったであろう。

1　甲斐国「栗原郷」「等力郷」

『和名類聚抄』（「元和古活字本」）によれば、甲斐国巨麻郡に「栗原郷」「等力郷」の二郷が存在する。

山梨郡
於曽　能呂　林戸波也之　井上井乃倍
玉井多万乃井已上五郷為山梨東郡　石禾伊佐波　表門宇波止　山梨也万奈之　加美　大野於保乃已上五郷為山梨西郡

巨麻郡
等力止々呂木　速見倍見　栗原久利波良　青沼安乎奴万
真衣万木乃国用真木野字　大井於保井　市川以知加波
川合加波比　余戸

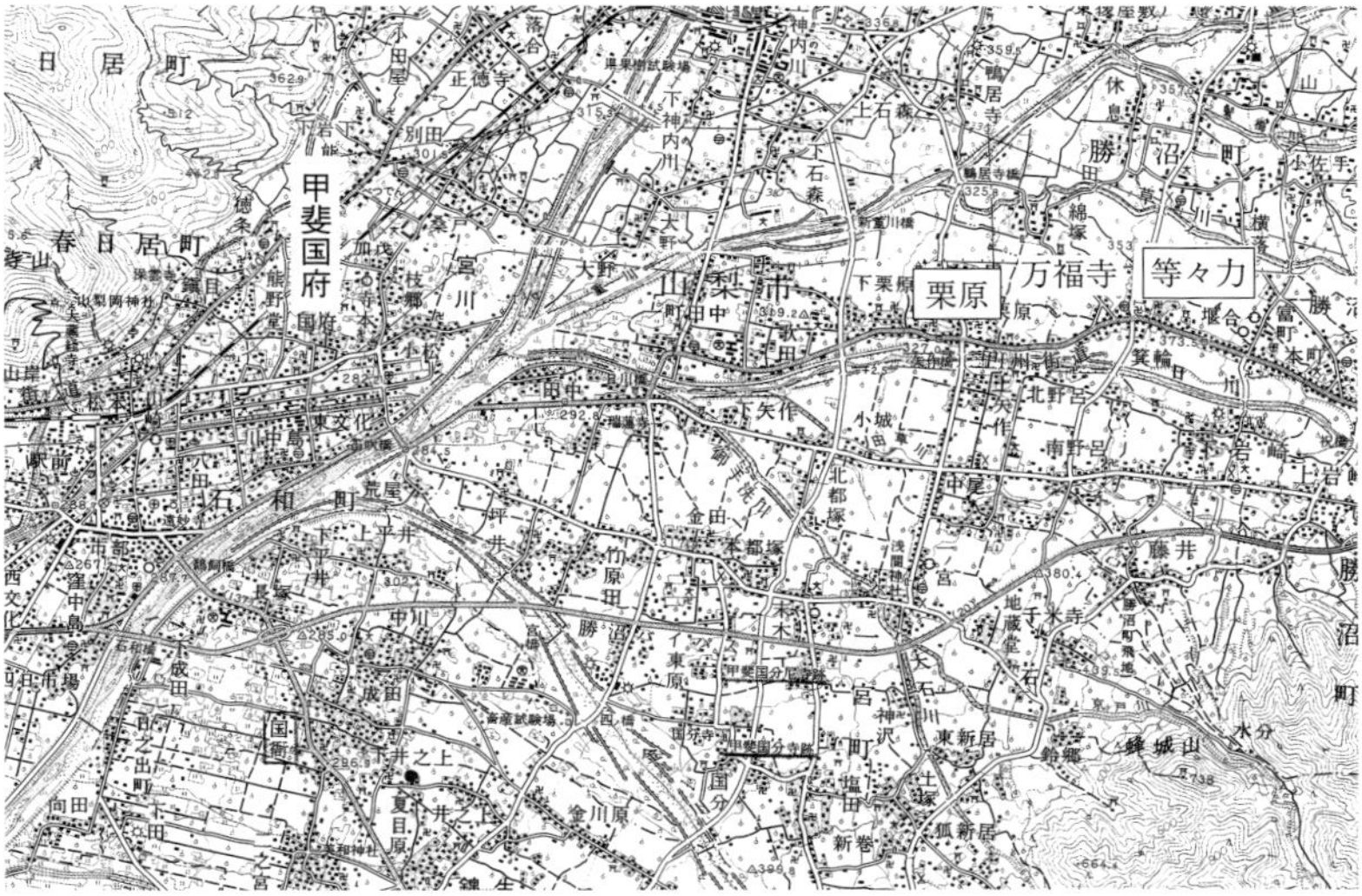

図２　甲斐国府と栗原・等々力

栗原郷の遺称地として山梨市上栗原・下栗原があり、等力郷の遺称地とされる甲州市勝沼町等々力も東に隣接する。しかし、両郷の遺称地は巨麻郡とはあまりに隔絶した位置にあるため、この矛盾を解決するため古くから諸説が論じられてきた。『山梨県史』[6]は、以下のとおり諸説を整理している。

何らかの特殊事情により、郡成立の当初から巨麻郡の飛び地として山梨郡に設定されたという説。[7]巨麻郡の成立には、自然的環境よりも人為的・政治的環境が大きく左右したのではないかという指摘は首肯できるものの、ではいったいなぜ、他郡への飛び地という変則的な郷配置が生じたのかについては十分に説明しきれていない。しかし、遺称地が厳として山梨郡内に存在する以上、飛び地であった可能性も否定できない。近年発掘調査された韮崎市藤井町の宮ノ前遺跡は、奈良・平安時代の大集落跡であった。同遺跡の所在する藤井平一帯は安定的な農業生産地域であり、その北に対面する台地上に同市穂坂町を中心として「延喜式」中の左右馬寮の直轄に属する御牧の一つ、穂坂牧を比定しうるならば、台下の御牧経営集団の拠点集落、および台上の穂坂牧の放牧施設というセット関係でとらえられる。穂坂牧の牧馬には「栗」の焼印を押すと定められていることから、藤井平一帯が栗原郷であり、穂坂牧の実質的な運営も栗原郷の住人によって担われていたとみる説が出されている。

また「等力郷」についても、『山梨県史』では次のように整理している。

等力郷は勝沼町等々力を遺称地とするが、古代の巨麻郡とは隔絶した位置にあり、さらに西に隣接する山梨市上栗原・下栗原が巨麻郡栗原郷の遺称地とみなせることから、両郷の比定地について古くから諸説が論じられてきた。現在のところ等力郷を栗原郷とともに巨麻郡成立当初から、同郡の飛び地として山梨郡内に設定された特殊な郷とみなす説が有力である。

しかし、全国的にみても、古代日本の行政支配において飛び地の例はない。したがってこの飛び地説は根本的に検討する必要があろう。

そこで、古代東国における「栗原郷」に注目してみたい。

2　下総国栗原郷

房総半島の入り口にあたる下総国の国府が置かれた葛飾郡（現千葉県市川市）でも栗原郷（現船橋市）は国府近くに置かれている。「栗原」の現地名は船橋市小栗原町に遺る。この比定地一帯は、船橋市南西部に位置し、東京湾に向かって南北に延びる舌状台地と台地南部には砂丘列が形成されている。台地の標高は約一六〜二〇㍍である。この舌状台地上には本郷台遺跡・印内台遺跡・海神台西遺跡・夏見台遺跡などの古墳時代からの主要な古代の遺跡が東西に並んで分布する。(8)

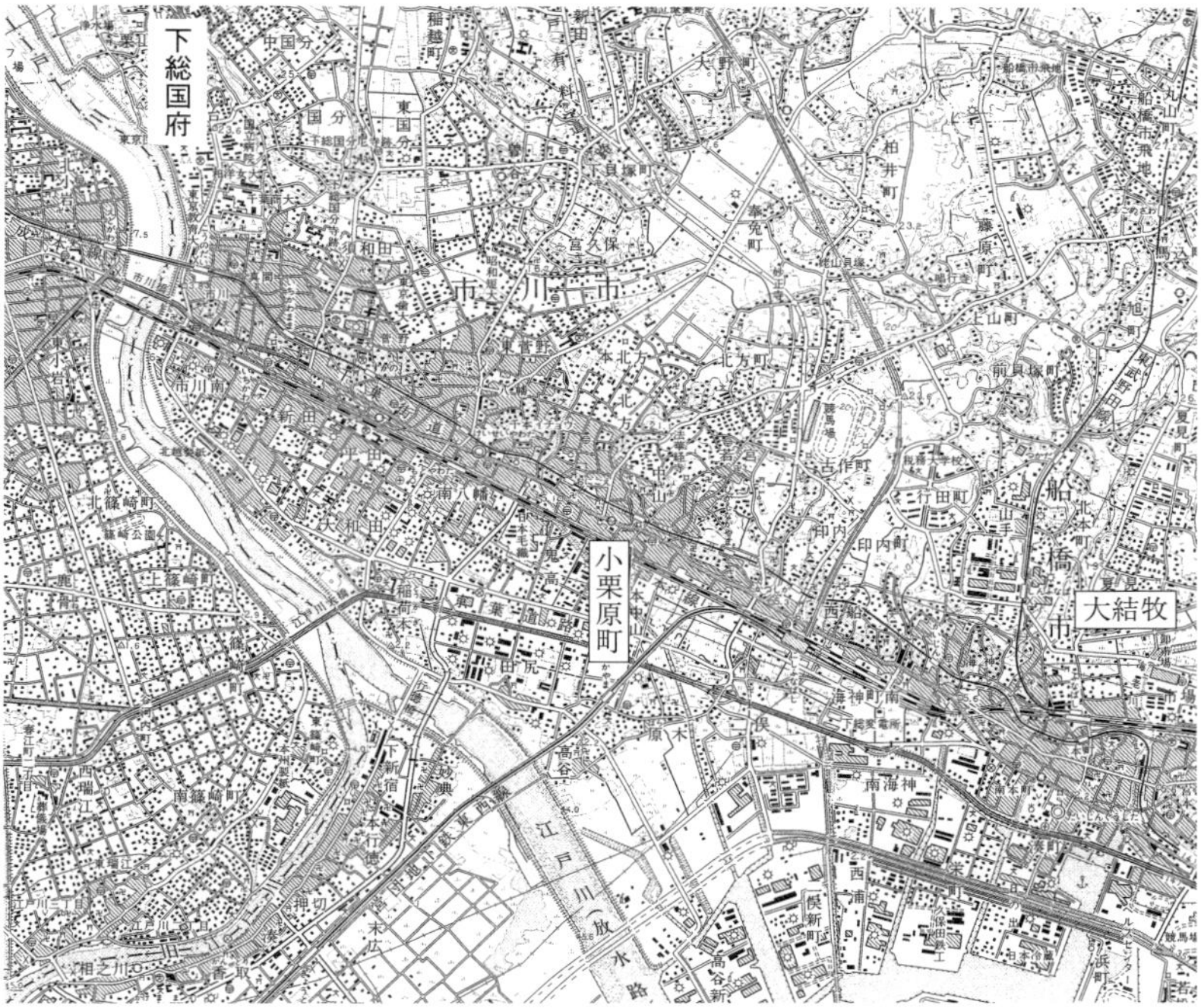

図3　下総国府と栗原郷

本郷台遺跡の所在する旧葛飾町本郷は、〝栗原本郷〟とも呼ばれ、『和名類聚抄』に記載の「下総国葛飾郡栗原郷」に比定され、古くから下総国府から上総・安房両国府に至る道筋にあたり、交通の要衝地とされている。これまでの発掘調査では、奈良時代から平安時代を中心とする官衙的様相を示す掘立柱建物跡二七棟以上をはじめ、竪穴住居跡七〇軒、道路跡七地点、火葬墓五基、馬葬墓一基、製鉄工房跡、方形竪穴状遺構などが検出された。竪穴住居跡のほとんどは八世紀後半から九世紀末に比定される。

本郷台遺跡と谷を隔てた東側台地には、印内台遺跡があり、下総国府推定地から東へ約六・〇キロの距離にあり、本郷台遺跡とともに栗原郷に属するとされている。これまで検出された遺構は、竪穴住居跡約三〇〇軒（時期の確認できるものは、古墳時代後期約四〇軒、奈良時代約一〇〇軒、平安時代約九〇軒）、奈良・平安時代の掘立柱建物跡、鍛冶関連遺構、側溝をもつ道路跡、馬葬壙等がある。なかでも、馬葬壙は、道路跡の肩部を掘り込んで、胎児をともなった牝馬の脚を内側に折り畳んだ状態で埋葬していた。このように道路跡およびそのほかの溝の覆土中から馬骨が多く検出されている。印内台遺跡の集落は、七世紀初頭に形成されはじめ、七世紀後半に発展し、八・九世紀にはその隆盛を迎える。今までの調査で六八万平方㍍に及ぶ広範囲の遺跡が台地上に確認されている。船橋市内でもこれほど広大な面積を有する同時期の集落は、今のところ存在しない。古代の栗原郷が馬と深く関連し、諸生産の集中と人々の集住した様相が十分に想起される。

この栗原郷の想定地のすぐ東の台地上には、『延喜式』兵部省、諸国牧条に記載されている大結牧推定地がある。すなわち、『延喜式』神名上の下総国に葛飾郡意富比神社があり、伊勢神宮の大祓馬などに下総国牧馬を充てることから、大結は意富比を修める意と考え、のちの船橋御厨と関連させて、船橋市夏見付近に比定する説（『大日本地理志料』『大日本地名辞書』）がある。(9) このことから、甲斐国の穂坂牧と栗原郷との関連と同様、下総国栗原郷も牧に関係すると考えられるであろう。なお、国府所在郡ではないが、下総国最大規模の一八郷を有する迊瑳郡の栗原郷については、比定地も定まっておらず、現段階では不明とせざるをえない。

葛餝郡（『和名類聚抄』元和古活字本）
　鹿毛　八島　新居　桑原　栗原
　豊島　余戸　駅家
迊瑳郡
　野田　長尾　辛川　千俣　山上
　幡間　石室　迊瑳　須加　大田

日部　玉作　田部　珠浦　原
栗原　茨城　中村

3　美濃国栗原郷

古代の都から東への軍事的出入り口にあたる美濃国不破郡には、不破関が設置された。また不破郡に国府も置かれ、栗原郷はその国府近くに所在している。

不破郡（『和名類聚抄』元和古活字本）
山本　栗原　有宝　野上　新居
表佐　丈部　藍川　荒崎　三桑
高家　真野　駅家

この美濃国の栗原の地は朝鮮半島と深くかかわることが、『続日本紀』天応元年（七八一）七月癸酉条の記述から明白である。

右京人正六位上柴原勝子公言、子公等之先祖伊賀都臣、是中臣遠祖天御中主命廿世之孫、意美佐夜麻之子也。伊賀都臣、神功皇后御世、使㆓於百済㆒、便娶㆓彼土女㆒、生㆓二男㆒。名曰㆓大本臣・小本臣㆒。遥尋㆓本系㆒、帰㆓於聖朝㆒。時賜㆓美濃国不破郡柴原地㆒以居焉。厥後、因㆑居命㆑氏。遂柴原勝姓、伏乞、蒙㆓賜中臣栗原連㆒。於㆑是、子公等男女十八人依㆑請改賜㆑之。

柴原勝子公の奏言によると、子公らの先祖伊賀都臣は、中臣の遠祖天御中主命の二十世の孫、意美佐夜麻の子である。伊賀都臣は、神功皇后のとき、百済に使して彼の地で結婚し、二人の男子を生んだ。その二人の男が日本に帰朝

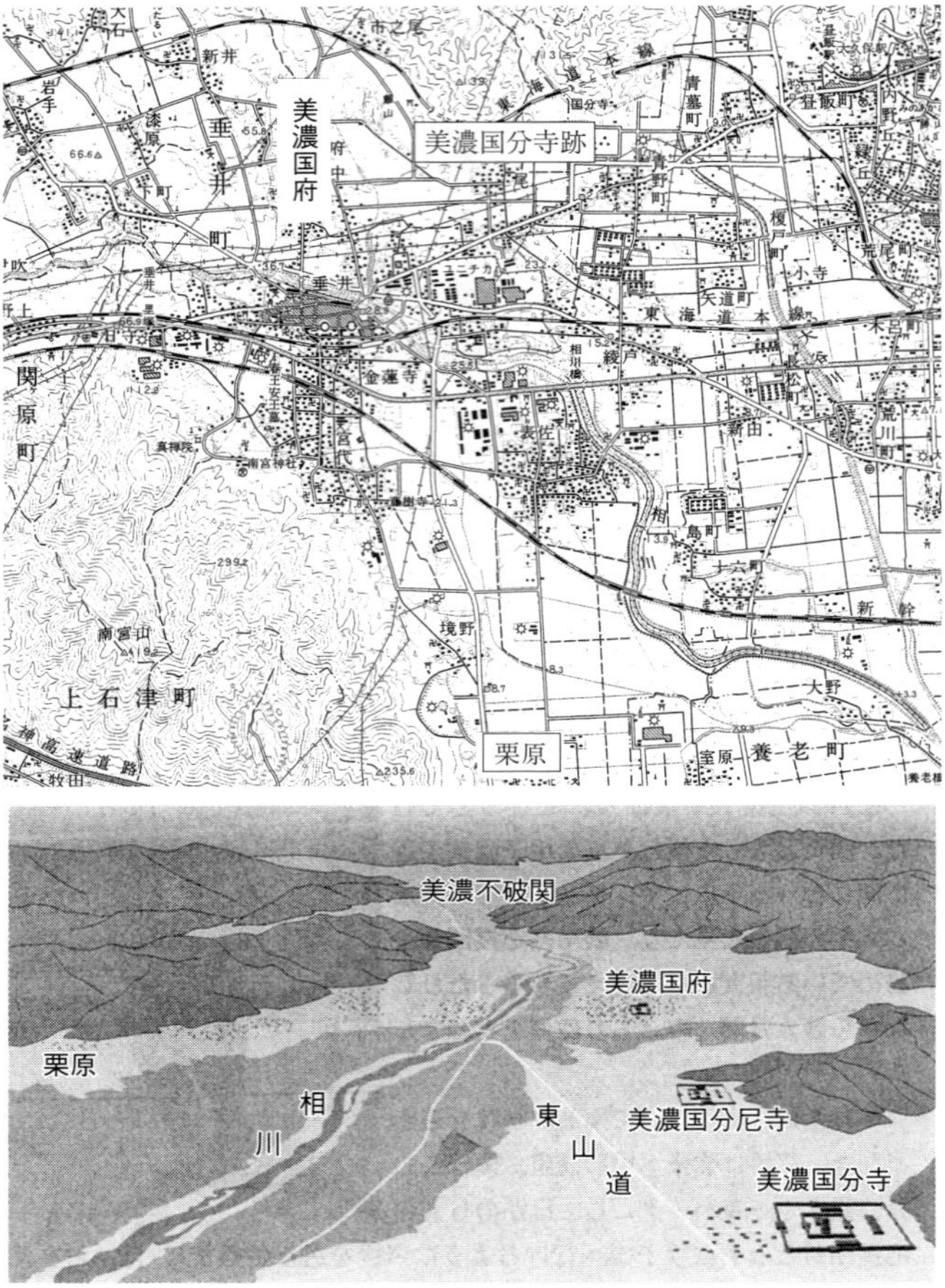

図4　美濃国府と栗原郷

し、美濃国不破郡柴原の地に遷地され、「柴原勝」をウジ名とした。今、遠祖のウジ名「中臣」栗原連に改姓を願い認められた。

この栗原と渡来人との関係について、『古事記』雄略段には、雄略朝に渡来した呉人が安置された地を「呉原」と称したという記載がある。『日本書紀』雄略紀十四年正月戊寅条によると、呉国へ遣わされた身狭村主青と檜隈民使博徳らは、呉国の使者とともに手末の才伎、漢織・呉織および衣縫の兄媛・弟媛らを連れて帰国、呉人を「檜隈野」に安置して「呉原」と名付けたとも見える。

さらには、『延喜式』神名上の大和国高市郡五四座の一つに「呉津孫神社」があり、当地に鎮座する。また当地には呉原寺が建立され、栗原寺・竹林寺とも称された。この呉原寺（栗原寺）は日本における法相宗の祖とされる道照が遺命により、初めて火葬に付せられた地とされている。

『続日本紀』文武天皇四年（七〇〇）三月己未条

道照和尚物化。（略）時年七十有二。弟子等奉二遺教一。火二葬於栗原一。天下火葬従此而始也。

以上の史料からも「栗原」は「呉原」に由来し、渡来人と密接に関わることは明らかであろう。

ところで、『続日本紀』天応元年の記事で、岩波書店・新日本古典文学大系『続日本紀』の「柴原」の註では、底本等「柴原」とあるが、「栗原」の誤りであろう。「栗原」は美濃国不破郡栗原郷（現岐阜県不破郡垂井町栗原）。と指摘している。しかし、「柴原」と「栗原」の関係はきわめて微妙なものであり、簡単に「柴原」は「栗原」の誤記とはいえないであろう。まず、正倉院文書からみてみたい。

○天平勝宝三年十月　千部法華経奉請寺家帳（『大日本古文書』三、540～542頁部分引用）

十四日奉請百部第六櫃十部七櫃五十部八櫃卅部　受使下部興志神人上柴原益君　検充鴨筆

以十月廿一日如数返納了　収呉原生人

十七日奉請廿部第八櫃十部九櫃十部　使下部興子柴原益君　検充呉原生人廿六日如数返納了　筆

十九日奉請卅部第九櫃　使下部興子神人上　検充呉原生人　如員返納了筆

廿一日奉請五十部第九櫃十部 十櫃卌部　使下部興子 神人上　検充呉原生人如数返納了

廿六日奉請廿部第十櫃十部 第十一櫃十部　使下部興子 柴原益国　検充賀茂筆如員納了

編纂された歴史書『続日本紀』ではなく、当時の正倉院文書中に東大寺の請経使である「柴原益君」「柴原益国」(同一人か)がみえ、「柴原」姓の人物が八世紀半ばに実在していることが確認される。

つづいて、『続日本紀』にみえる「栗原」「柴原」関係の三つの記事が複雑である。

『続日本紀』宝亀元年(七七〇)十一月戊寅条

正六位上国栖小国栖・无位栗原勝乙女並授㆓外従五位下㆒。

同書・宝亀二年(七七一)五月戊子条

外従五位下柴原勝乙妹女・勲十等柴原勝浄足賜㆓姓宿禰㆒。並止㆓其身㆒。

同書・宝亀八年(七七七)六月丙午条

授㆓外従五位下栗原宿禰弟妹従五位下㆒。

无位栗原勝乙女→外従五位下(授位)→外従五位下柴原勝乙妹女→宿禰(賜姓)→外従五位下栗原宿禰弟妹という同一人物に関わる変遷と理解できるであろう。

「栗原」と「柴原」の関係については、以下で引き続き検討を加えていきたい。

4　越後国栗原郷

北陸道の最北に位置し、蝦夷(北狄)と対峙していた越後国は、国府が頸城郡に設置された。その頸城郡に栗原郷があり、やはり国府に近接している。

頸城郡（『和名類聚抄』元和古活字本）

沼川《奴乃加波》　都宇　栗原《久里波良》　原木《阿良木》
板倉《以多久良》　高津《多加都》　物部　五公《以木美》
夷守《比奈毛里》　佐味《佐美》

栗原郷は現在の新潟県妙高市大字栗原の地に想定されている。「栗原」と「柴原」の関連を考える上で、従来、ほとんど取り上げられることのなかった資料が、その栗原の地に所在する栗原遺跡から出土している。その資料は、筆者

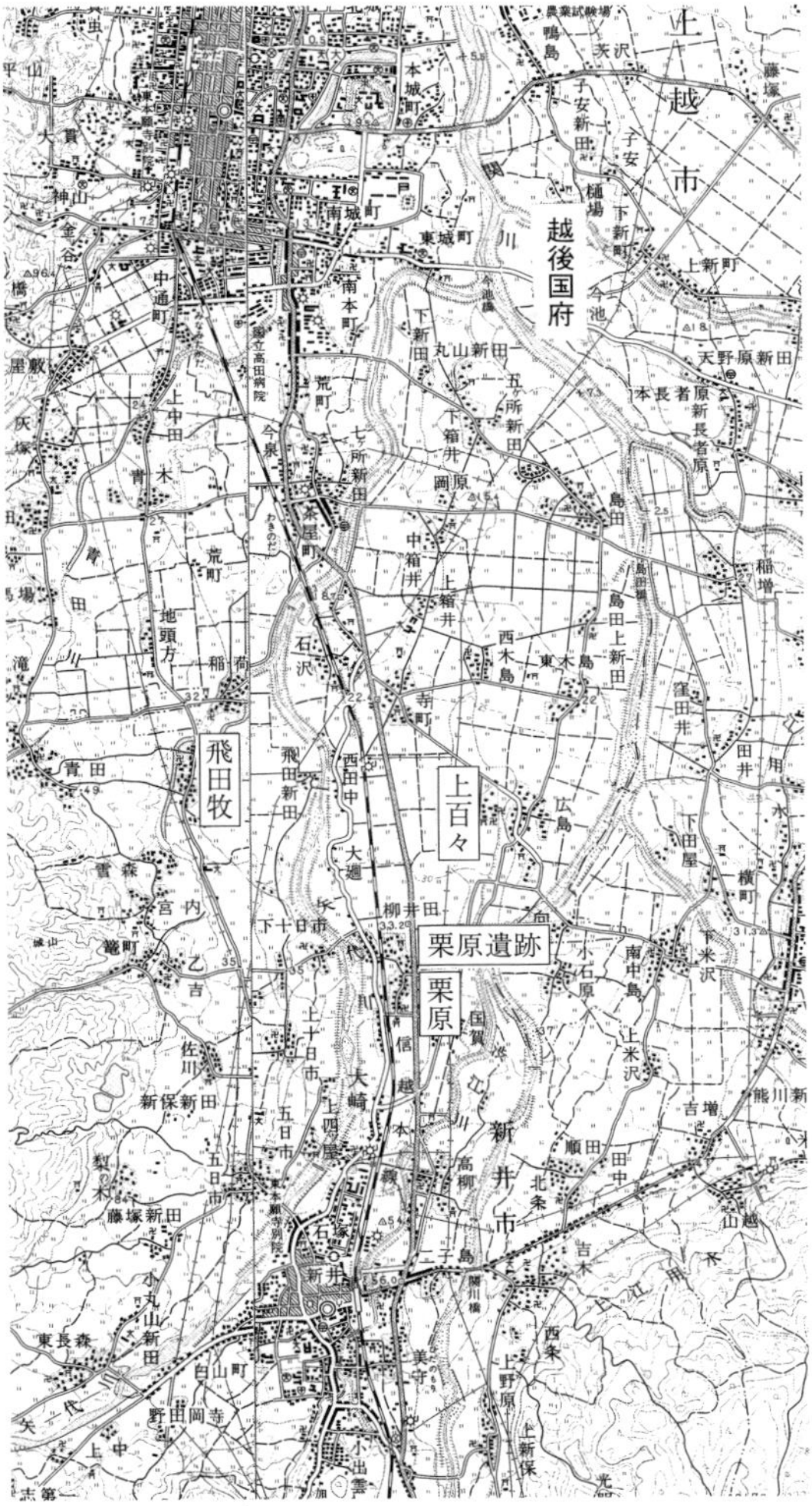

図5　越後国府と栗原郷

が解読した「柴原偕伎日」と墨書された八世紀前半の須恵器である。(10)

最近、栗原遺跡出土の墨書土器「柴原偕伎日」について、桑原正史氏が新たな見解を発表している。本論に関わる部分について、要約しておきたい。(11)

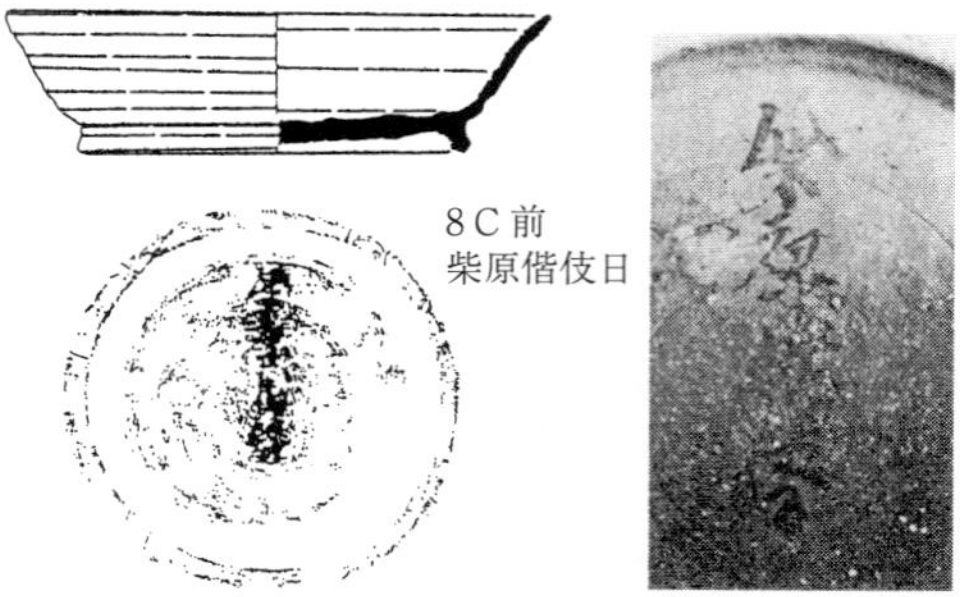

図6　栗原遺跡出土墨書土器「柴原偕伎日」（新潟県教育委員会・新井市教育委員会『栗原遺跡第4次・第5次発掘調査概報』1982年）

多賀城跡出土の漆紙文書「此治城」という表記についての、平川南の指摘から「此」と「栗」の字訓は音価が近く、訓表記では「此」と「栗」は互換可能であったこと、(12)また、『隅田八幡宮人物画像鏡銘』にみえる「意柴沙加宮」という表記についての沖森卓也の指摘(13)から主に渡来系氏族のなかに「此」を増画して「柴」として用いる場合があったことは間違いないであろう。したがって、谷森氏旧蔵本に「栗原」と混用された「柴原」、及び、妙高市栗原遺跡から出土した墨書土器にみられる「柴原偕伎日」の「柴原」は、いずれも「コレハラ」もしくは「クリハラ」を「此原」と表記する際に「此」を増画して「柴」としたものであった可能性が高い。つまり、これらの表記にみられる「柴」は、たまたま字形が一致する「柴（サイ、しば）」ではなく、「此」の増画文字であったと考えられるのである。したがって、「柴原偕伎日」の「柴原」も「しばはら」ではなく、「これはら」もしくは「くりはら」などとよむべきであろう。

この桑原氏の指摘によれば、「柴原」も「栗原」もともに「これはら」もしくは「くりはら」とよむことになるが、正倉院文書の「柴原」表記および正史『続日本紀』で「柴原」「栗原」と別表記している点に若干問題を残しているとみておきたい。

その後、中世には文永四年（一二六七）と推定される九月七日付、親鸞の妻・恵信尼消息の表書に「若狭殿申させ給へ　筑前　とびたのまきより」とあり、恵信尼が飛田牧にいたことがわかる。その飛田牧は「栗原郷」の北西の板倉町坂井小字飛田（現上越市枝倉区坂井）をその遺称地とする説があるが、牧村上牧《まきむらかみまき》や清里村馬屋《まや》などにも牧地名が多い。[14] したがって、越後国栗原郷も牧に関係を有するとみることができるであろう。

5　陸奥国栗原郡

『続日本紀』神護景雲元年（七六七）十一月乙巳条（通説では、この条は『続日本紀』の錯簡として、同三年六月九日乙巳条におく）に、

　置二陸奥国栗原郡一。本是伊治城也。

という記載があり、陸奥国には、「栗原郡」が設置されている。

この「栗原郡」と深く関連する貴重な漆紙文書が、宮城県多賀城跡から出土している。[15]

一〇二号文書

・　此治城

・（漆面）

□撰點

□（勢カ）朝臣□□（自署）

「此治城」は一応、固有名詞としては承認されるであろう。その場合、東北の城柵名として、新たな知見とするか、

図７　「此治城」漆紙文書（裏焼き）（多賀城跡，宮城県多賀城跡調査研究所提供）

文献上に見える城柵名のいずれかに該当するかが問題である。

まず、「此治城」そのものの読みが問題である。「此」は音「シ」、訓「コレ」という読みである。したがって、音読であれば「シジ」となり、訓読では「コレハル（リ）」となる。文献には『続日本紀』神護景雲元年（七六七）十月辛卯条に伊治城造営のことがみえる。この「伊治城」はその後、延暦十五年（七九六）まで、しばしば文献上に散見する。さきの神護景雲元年十一月乙巳条の記載から伊治城と栗原郡の関連が強いことは明らかである。さらに、同宝亀十一年（七八〇）三月丁亥条には、

　陸奥国上治郡大領外従五位下伊治公呰麻呂反。率二徒衆一殺二按察使参議従四位下紀朝臣広純於伊治城一。（下略）（傍点は筆者）

とある。この「上治郡」は『公卿補任』では「（宝亀十一年）三月廿四日丁亥陸奥伊治郡大領外従五位下伊治公呰麿及徒衆殺按察使広純於伊治城」（傍点は筆者）と記している。

伊治城は一般的には音読で「イジ」とされているが、この読みは『和名類聚抄』などには記載がなく、はっきりした根拠はない。これを訓読すれば、「コレハル（リ）」となり、「此治」（コレハル〈リ〉）と一致するのである。さらに、『続日本紀』宝亀十一年条の「上治郡」も、これまでの伊治との関連だけでは解決できなかった疑問点である。「伊治」と「此治」をコレハリとすると、あるいは「上治」は「此」と「上」との混同から生じたものかもしれないという推測も浮かび上がってくる。また、神護景雲元年十一月乙巳条の伊治と栗原の関連も、音読の「イジ」と『和名類

聚抄』の「久利波良（クリハラ）」ではなんら結びつきは考えられないが、両者を訓読し、「コレハル」と「クリハラ（ル）」とした場合はきわめて似かよった読みとなってくるのである。

なお、この一〇二号漆紙文書は同一土壙から宝亀十一年（七八〇）十一月の具注暦断簡が共伴出土していることから、それに近い時期のものと考えることができる。その場合、伊治城は神護景雲元年（七六七）の創建から、延暦十五年（七九六）までの間、文献上に散見するので、八世紀後半の時期をこの文書に与えるのならば、「此治城」と「伊治城」を関連づけた上記の考察はその妥当性を高めることになるのである。

陸奥国栗原郡は、国府とは関係しないが、八世紀後半において、最前線の城柵としての伊治城（此治城）を基盤にした建郡である。(16) 最前線の城柵として、軍事的必要から牧を設置し、馬を飼育し、数多くの馬を常備していた可能性も想定しうるであろう。

小　結――栗原・等力と馬

以上の事例から、東国の栗原郷は国府の近くに設置され、牧の設定や渡来人と深く関わる地であったと考えられる。甲斐国においても、「栗原」は当初国府所在郷である山梨郡内に存在しており、渡来系の人々が中心となって馬の飼育・調教を行ったのではないか。そして馬の飼育・調教と馬具生産も一体的に行っていたと考えられる。

鎌倉時代の僧一遍上人の伝記絵巻である「一遍聖絵」には、信濃の善光寺に至る犀川流域に牛馬の放牧の様子が描かれており、周囲を川に囲まれた中州という地形的条件が牛馬の飼育の適地であったことがわかる。越後国頸城郡の栗原郷想定地も、ほぼ同様の地理的条件下にあり、関川の分流渋江川と矢代川に挟まれた地であり、中世の飛田牧も矢代川の西に位置している。山梨郡内にある栗原、等力の地も重川と日川に挟まれた中州利用の絶好な放牧地であっ

図８　犀川流域が描かれた「一遍聖絵」（乱流する川の周囲に田や畑，中州には放牧された牛，牧の柵も見える）（清浄光寺・歓喜光寺所蔵）

たと十分に想定できる。

そして甲斐国北部に新たに巨麻郡が設置されるさいに、甲斐国に居住していた渡来人たちが建郡に関与し、おそらくは国府の置かれた山梨郡内栗原、等力の渡来系の人々の一部が巨麻郡に移住し、栗原、等力郷が設置されたのではないか。

この渡来人を核とする建郡方式は、古代東国において類例を確認することができる。武蔵国高麗郡の建郡方式は次のようである。

『続日本紀』霊亀二年（七一六）五月辛卯（十六日）条

以二駿河・甲斐・相模・上総・下総・常陸・下野七国高麗人千七百九十九人一、遷二于武蔵国一、置二高麗郡一焉。

七一六年五月、駿河など七ヵ国の高麗人《こまびと》を、武蔵国に移して高麗《こま》郡を置いた。『和名類聚抄』によると、武蔵国高麗郡は、「高麗郷」と「上総郷」の二郷で構成されている。駿河など七国の高麗人に加えて上総国から一郷をなす多くの人々が移住させられたことを示している。

また、上野国多胡郡の建郡は、著名な多胡碑および『続日本紀』の記載に次のようにある。

多胡碑文

上野国片岡郡緑野郡甘良郡幷三郡内三百戸郡成給羊成多胡郡

『続日本紀』和銅四年（七一一）三月辛亥（六日）条

割二上野国甘良郡織裳・韓級・矢田・大家、緑野郡武美、片岡郡山等六郷一、別置二多胡郡一。

ところが、『和名類聚抄』（元和古活字本）によると、多胡郡内の郷は、以下のとおりである。

多胡郡　山宗（也末奈）　織裳（於利毛）　辛科（加良之奈）　大家
武美　俘囚　八田

甘良・緑野・片岡三郡から割いた六郷に加えて、東北地方からの俘囚を移住させているのである。

以上の二例を参照すれば、甲斐国巨麻郡は高麗人などの渡来人に加えて、国府所在郡の山梨郡内栗原・等力の地から渡来系の人々の一部を移住させ、二郷を形成したと考えられる。それが高麗《こま》＝巨麻の郡名の由来とみられる。しかも、甲斐国巨麻郡は武蔵国高麗郡のように郡家所在郷「高麗郷」も存在せず、むしろ先進地ともいえる山梨郡から移住させた「栗原郷」に指導的役割を課したと考えられる。近年の考古学研究では、栗原郷想定地を含む一帯に巨麻郡家を比定する説が有力となっている。[17]

ところで、『日本紀略』延暦二十一年（八〇二）正月戊辰条によると、征夷大将軍坂上田村麻呂は、その軍事的拠点として胆沢城を造営し、胆沢城の周辺に、甲斐国をはじめ、駿河・相模・武蔵・上総・常陸・信濃・上野・下野などの国から四〇〇〇人を強制的に移住させている。『和名類聚抄』には、江刺郡・胆沢郡に甲斐郷、信濃郷、下野郷、上総郷などがあったことが記載されている。しかし現在、岩手県南部には甲斐などの東国の国名が地名としてまったく遺っていない。同様に、武蔵国高麗郡上総郷のあった現在の埼玉県高麗市にも、「上総」という地名は存在しない。

こうした例からも明らかなように、古代国家が強制的に実施した移住政策は、国家の崩壊とともに移住先の地名もいち早く消えるのが一般的であろう。巨麻郡の栗原郷・等力郷が移住先では地名が同一表記では遺らず、本拠地と考えられる古代山梨郡域にその地名を遺しているのもその一例であるといえよう。

なお、巨麻郡栗原郷は、すでに八世紀代に設置されていたことが正倉院文書の甲斐国司解により確認できる。

○甲斐国司解（正集十八、大日本古文書四、523〜524頁）

甲斐国司解　申貢上逃走仕丁替事

坤宮官廝丁巨麻郡栗原郷漢人部千代（年卅二　左手於疵）

右、同郷漢人部町代之替。

以前、被㆓仁部省去九月卅日符㆒偁、逃走仕丁如㆑件、国宜承知、更点㆓其替㆒、毎㆑司別㆑紙、保良離宮早速貢上者、謹依㆓符旨㆒、点㆓定替丁㆒、貢上如件。仍録㆓事状㆒、附㆓都留郡散仕矢作部宮麻呂㆒申上。謹解。

天平宝字五年十二月廿三日従七位上行目小治田朝臣（朝集使）

正六位上行員外目桑原村主「足床」（自署）

従五位下行守山口忌寸「佐美麻呂」（自署）

漢人部の場合、御野国戸籍などに数多くみられるように渡来人と断定すべきではないが、渡来系集団に連なるとみてよいであろう。

『政事要略』（巻二十三年中行事）によると、

（八月）十七日牽㆓甲斐穂坂御馬㆒事（左。栗字。）　卅。今廿。

とある。山口英男氏は、『政事要略』にみえる焼印の大半が「官」であることから、御牧は、従来から存在する令制本来の牧を転入させることによって設定されたとした。「官」字以外の焼印を持つ御牧のうち、巨麻郡の穂坂牧（推定地・韮崎市穂坂）の馬の焼印は「栗」を左髀に押すことと定められ、この「栗」の文字が、これまでは巨麻郡栗原郷を指すとみられていた。[18]

ところが一九九八年に、京都御所東山御文庫に所蔵されていた『年中行事』と題する上・下二冊から成る儀式書が、『新撰年中行事』そのものであることが発見されたのである。[19]新発見の『新撰年中行事』には、次のように記載されていた。

『新撰年中行事』　下 秋　八月

（中略）

十七日牽二甲斐国穂坂御馬一事

式卅疋、年来廿疋。元卅疋。栗字。

『新撰年中行事』には、穂坂牧の焼印の文字は「栗」ではなく、「粟」とする。この点について、すでに佐藤健太郎氏が次のように解釈を加えている。[20]

武蔵国秩父牧の焼印の文字である「朱」は、秩父牧が勅旨牧に転入される以前に、秩父牧を領した朱雀院の「朱」を用いたものと考えられる。穂坂牧の焼印の文字は「粟」であり、「粟」を用いる院としては、「粟田院」があげられる。したがって穂坂牧は、牧として成立した当初には粟田院領の牧であったが、粟田院が円覚寺に転じるなどの変化を経たのちに宇多上皇に領されることになったという。

この佐藤氏の論考は焼印の文字を院との関連で鮮明に説明されている。ただ、この考察について焼印という資料を改めて問い直す必要がないだろうか。焼印はあくまでもそのものの所属を特定するためのものである。佐藤説が成り立つためには、転入以前に領有していた院の名称の一字を勅旨牧（御牧）に転入した後もあえて使用する意義の説明

図９　山梨県南アルプス市百々遺跡と周辺地形

が必要であろう。馬の焼印は本来、現在の所有を特定するために馬そのものに捺すのである。御牧であれば、基本的には「官」を捺す。私的性格の強い既存牧すなわち佐藤氏が指摘するような朱雀院、松本院、粟田院などが領有した牧から勅旨牧に転入したならば、馬の焼印は現在の所属（勅旨牧）に関わる文字が用いられると理解することが一般的ではないだろうか。加えて、「栗」と「粟」の字形は類似している。

小論では『政事要略』に記載する焼印「栗」字をもって、巨麻郡栗原郷を指すとする見解と、佐藤氏の『新撰年中行事』の「粟」字をもって粟田院とする見解のいずれかに断定することは現段階では保留しておくこととする。

いずれにしても既述のように、東国の軍事的枢要な国府内に置かれた栗原郷が馬の飼育・調教に深く関わった点を一応立証できると判断した。

一方の「等力」は「とどろき」と読み、本来「轟」と書き、足音や馬蹄の音などが荒々しく鳴り響くことを指す。「轟」という漢字は中国の馬に引かせた戦車に由来するが、古代日本の辞書（『類聚名義抄』）では「驫」と書き、「とどろく（き）」と読ませていた。「驫」は、牧を駆けまわる馬蹄の音を指したと理解できる。この点からも「等力

（驫）」も馬の飼育に深く関わった地名であるといえよう。そして巨麻郡新設に際して移住した「栗原」「等力」の人々の本拠地が、現在も古代の山梨郡域内で「栗原」「等々力」と隣接して遺称地となっているのはとても興味深い。

　巨麻郡内に等力の活動の足跡を求めるとすれば、古くは、大井郷の北側、南アルプス市の旧白根町から旧八田村付近にあて、旧白根町百々をその遺称地とみなす説（『甲斐国志』の一説、『大日本地名辞書』など）が唱えられてきた。近年では、南アルプス市八田の百々遺跡《どうどう》が、甲府盆地西部の巨摩山地から流れ出す御勅使川《みだいがわ》によって形成された扇状地上に立地しており注目される。[21]遺跡は御勅使川扇状地の扇央部、標高三三五〜三四〇㍍の地点に南北約八四〇㍍にわたって拡がる。近年発掘調査によって古代の牛馬の骨がウマ四五、ウシ三七、ウマウシ不明が六、牛馬類のみで合計八八個体分も出土し、のちの「八田御牧」[22]にもつながるだけに注目される。「百百（々）」は「どど」「どうどう」と読み、馬の足音などがとどろき響く音を表し、「轟」「驫」と同義である。御勅使川の川音のとどろきではなく、牧を駆ける馬蹄の音に由来する「轟」＝「驫」＝「百百（々）」すなわち「等力」ではないか。先に述べた越後国府の地・新潟県妙高市の「栗原」北方近くにも「百々」（妙高市上百々《かみどうどう》）の地名があることも注目できるであろう。

　古代には東国の信濃国、甲斐国、武蔵国、上野国の山麓に設定された御牧や諸国牧などの大規模な牧で馬の飼育をし、そこから都へ貢進された馬は、一部は都近くの摂津国、河内国などの台地上、または平野部に設定された小規模な牧（近都牧）で調教され、都の儀式などで使用され

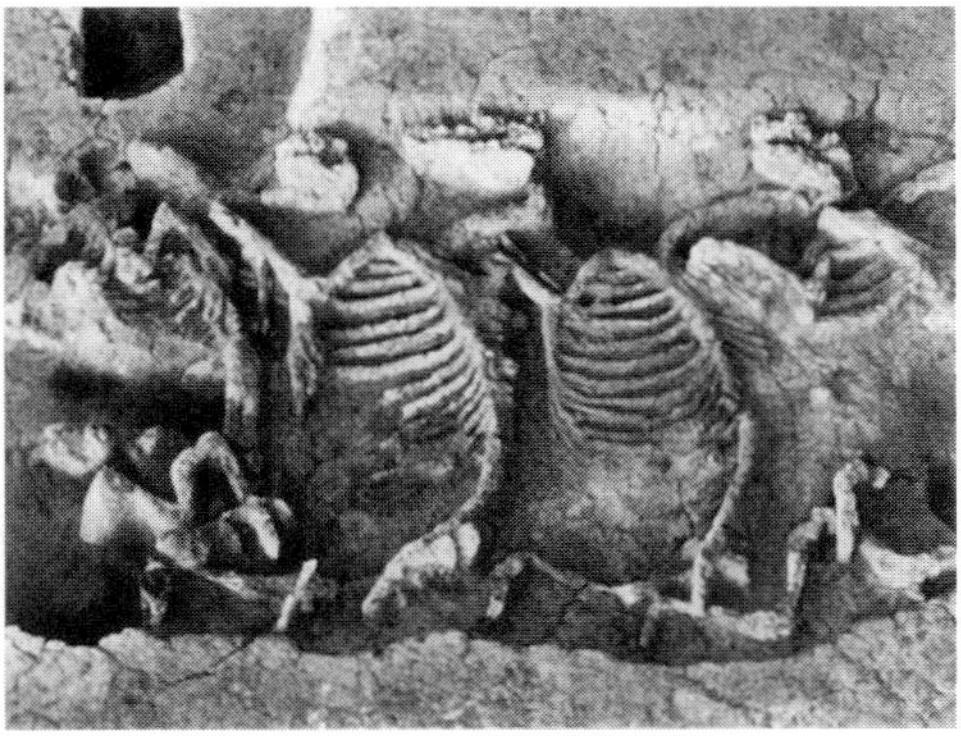

図10　土坑から出土した馬の骨４体（南アルプス市百々遺跡。山梨県教育委員会提供）

たと考えられる。たとえば、『延喜式』左右馬寮、繫飼条・祭馬条によれば、二月祈年祭の祭馬一一疋は、「諸国所貢繫飼馬」をあてる定めであった。この諸国から貢上した繫飼馬は十月以前に貢進され、近都牧で放牧されて二月の祈年祭にもってきて祭馬にあてるのであるから、長期間、放牧していたことが知れる。一般の官私の牧が多くはこの方法を採用したのであろう。(23)

この近都牧の方式が東国の一国内でも実践され、国府の近辺には栗原郷が設置され、馬の飼育・調教にたけた渡来系の人々が活躍したのであろう。東国国府のうち、東の軍事的出入口にある美濃国不破郡、北の蝦夷と対峙していた越後国の頸城郡、房総半島の入口にあたる下総国葛飾郡、そして東海道と東山道を結節する甲斐国山梨郡(24)（のちに巨麻郡）に栗原郷が計画的に設置されたと理解してよいのではないか。渡来人は馬の飼育・調教だけではなく文書行政、土木技術に優れ、製鉄、窯業生産、養蚕などの先進文化の担い手でもあった。国府は地方都市として各種の生産機構を集中させ、大量消費と流通に対処した。古代国家は、軍事的基盤である東国の国府近辺に馬の飼育・調教を含めて渡来系技術者集団を政策的に遷置したのであろう。

二　「馬道」集団

中世から近世にかけて馬の背に荷物を乗せて運搬した運送業者が「馬借《ばしやく》」である。馬借は越前国敦賀、近江国大津・坂本、山城国淀・木津など、水陸交通の接点や街道沿いの地を拠点とし、船で運ばれてきた物資を京都や奈良へ搬入した。

こうした馬による運送集団の活動はいつごろから始まっていたのであろうか。

1　近江国の「馬道」集団

まず、琵琶湖と東山道の交わる地を舞台にみてみると、滋賀県の琵琶湖の南東部、野洲市西河原遺跡群一帯が注目

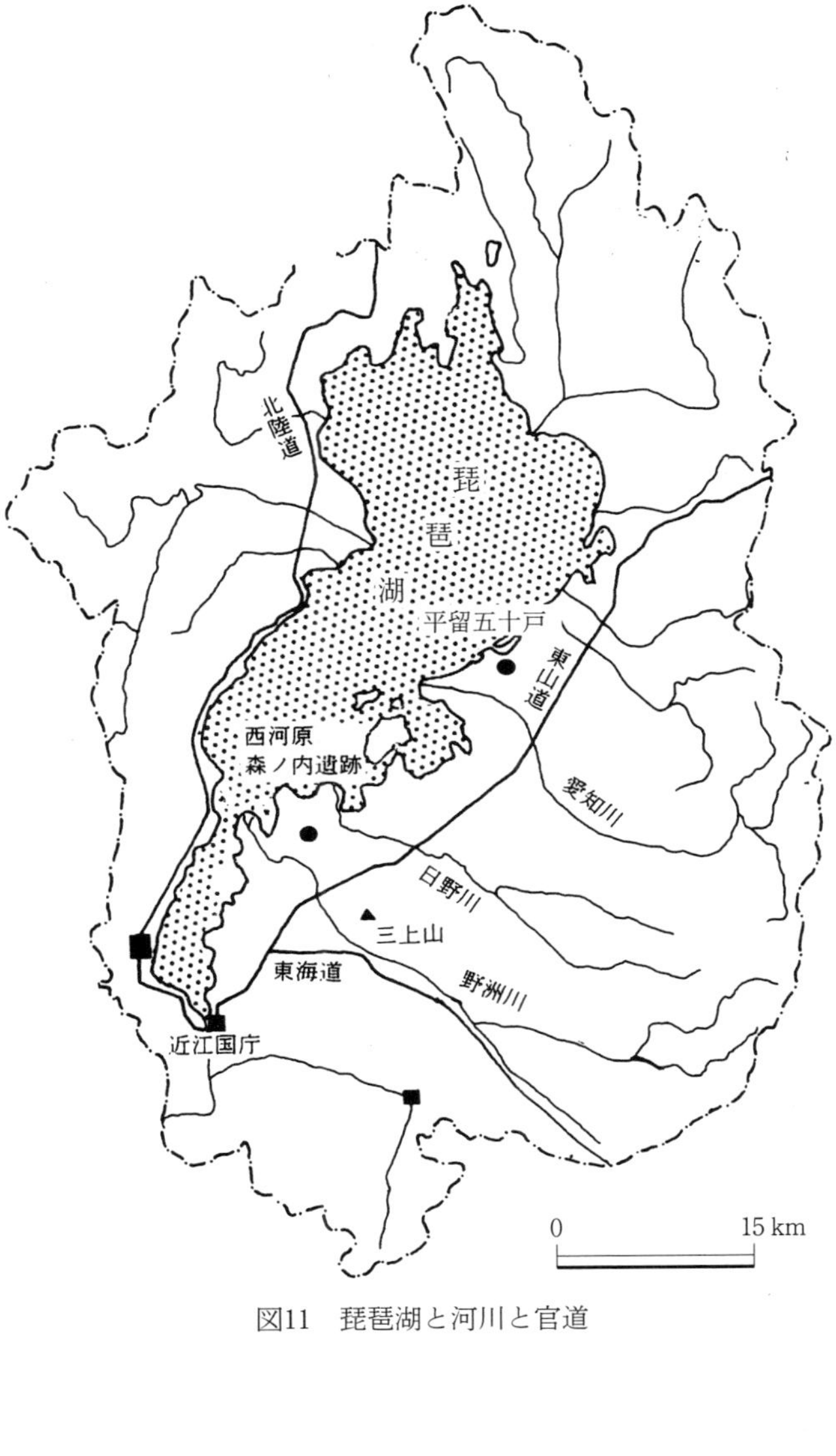

図11　琵琶湖と河川と官道

される。[25]

西河原遺跡群の地は琵琶湖東岸から三キロほど内陸に入った湖東平野の中部、野洲川と日野川とに挟まれた沖積低地である。西河原遺跡を中心にその周辺には、「丙子年」（天武五年〈六七六〉）の文書木簡が出土した湯ノ部遺跡が南〇・八キロに、官衙遺跡群や天武朝の和文体木簡が出土した西河原森ノ内遺跡が北〇・五キロに存在している。西河原遺跡では、飛鳥時代～平安時代前期の掘立柱建物八棟以上とその西端に木簡四点が出土した溝一条を検出した。この溝跡は、西河原森ノ内遺跡や湯ノ部遺跡で発見された、条里型地割以前の旧地割の一部にあたるものと考えられる。

西河原遺跡一号木簡

・「郡司符馬道里長令

・「女丁　　又来□女□
　　　　□□〔来又カ〕道□□

（一四五）×三四×五　〇一九

野洲郡から管内の馬道里の里長に女丁の差遣を下達した文書（郡符）と考えられるものである。下半部を折損しているのと裏面の墨付が薄いため、事書きの詳細な内容や発給者の位置、年月日などは明らかでない。木簡の年代は、「里長」の記載から、大宝元年（七〇一）～霊亀三年（七一七）の間と考えられる。また、郡符木簡の宛所「馬道里長」に関連するものが、隣接する西河原森ノ内遺跡出土の木簡に見える。

西河原森ノ内遺跡一号木簡

・「　　戸主[　　　　]　馬道□〔首カ〕□□　□□臣馬麻呂
　□□郡馬道郷□□里　戸主□□□□　馬道首□□

戸主三寸造得哉　□
戸主大友主寸□□　□」
・「戸主　石辺君玉足（刻線）戸主　大友行□□（刻線）戸主□□□□□〔戸主カ〕□□□□□□年廿正丁
戸主　三宅連唯麻呂　戸主　佐多直鳥　戸主黄文□　□年卅正丁
戸主　登美史東人　戸主　石木主寸□呂　戸主□　同戸　人足年卅二正丁
戸主　馬道首少広　戸主　郡主寸得足　□□□　□□□」
五二〇×六四×八　〇一一

馬道郷内には「戸主石辺君玉足」「戸主馬道首少広」など石辺・馬道姓の者が居住していたことがわかる。平城宮跡（南面東門〈壬生門〉跡付近）出土の木簡にも次のようなものがある。

「＜益珠郡馬道郷石辺玉足　（一三二）×一七×三　〇三三（『木簡研究』三号）

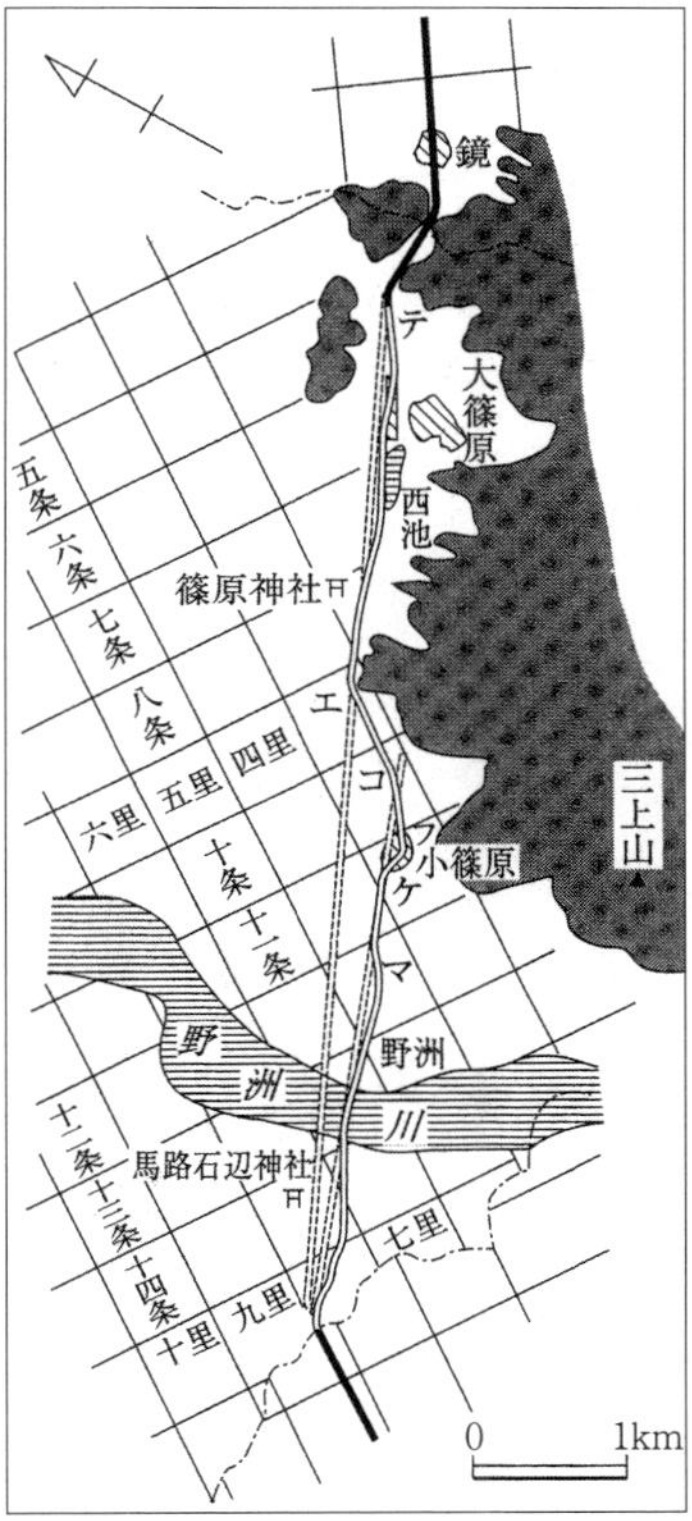

図12　東山道の野洲郡区間（足利健亮『日本古代地理研究』大明堂，1985年）

「益珠郡」は野洲郡のことであり、次に馬道郷の位置が問題となるであろう。この野洲の馬道首および石辺君に関係があるのが、『延喜式』神名下の近江国野洲郡「馬路石辺神社」である。現在、馬路石辺神社は守山市吉身町にある。奈良時代の「馬道郷」は旧守山村に比定され、『守山市史』は古い東山道と関連するかという。古代の幹線道路である東山道は、守山市の市街地から野洲町の成橋（大篠原の小字名）あたりまで一直線の計画道路であったという。馬路石辺神社は東山道に面しており、社地はおそらく古代以来のものであろう。

ところで野洲郡家跡も、この東山道に沿った野洲市大字小篠原の和田・小篠原遺跡が候補地とされていたが、最近、約一キロ四方にわたる西河原遺跡群が野洲郡家もしくは評家としての役割を担っていたという見解が示されている[26]。なお、山尾幸久氏は西河原遺跡周辺の歴史的役割について、次のように述べている[27]。氏によれば、七世紀前半の葦浦のミヤケは、その主体が甲賀の山林であり、「葦浦」とは、野洲川の流路の一つである境川河口付近にあった広大な湾入地のこととみられ、国家の港湾施設であることにちがいない。石山寺の造営関係文書によると、「葦浦」のことと思われる「夜須湖（やすのみなと）」は「甲賀山」および「三雲川津」と一体の機能を果たしているという。

西河原遺跡がこうした葦浦のミヤケのあとをうけ、「夜須湖」などと一連の野洲川河口に位置し、琵琶湖の水上交通と東山道などの陸上交通などを結ぶ重要な拠点としての役割を果たしたとみてよいであろう。さらに西河原森ノ内遺跡出土木簡のなかでも和文体としてきわめて著名な木簡を馬による輸送資料として取り上げておきたい。

西河原森ノ内遺跡二号木簡

（表）椋直伝之我持往稲者馬不得故我者反来之故是汝卜ァ

（裏）自舟人率而可行也　其稲在処者衣知評平留五十戸旦波博士家　　四一〇×三五×二　〇一一

〈読み下し文〉

椋直伝ふ。我が持ち往し稲は、馬を得ざるが故に、我は反り来る。故是に汝卜部、自ら舟人を率いて行くべし。

其の稲の在り処は、衣知の評平留五十戸の旦波博士の家。

本来、琵琶湖の北東、「衣知評平留五十戸（里）」（現彦根市）地方から馬の背に稲を乗せて東山道を南下し、物資集積地の野洲評（郡）に運ぶ予定であったが、馬を調達できなかったので、琵琶湖を舟で運ぶこととしたというのである。

日本最大の湖である琵琶湖を擁した近江国は、列島の東の国々の出入り口であり、北陸道・東山道・東海道のすべてが湖の周囲を走っていた。野洲川河口と東山道の結節点に「馬道里（郷）」がある。「馬道里」の地には、式内社「馬路石辺神社」が現在も古代東山道沿いに鎮座している。「馬道」も「馬路」も〝うまみち〟と読む。西河原遺跡木簡群からは、この「馬道里」には「馬道首」とウジ名を呼称する人々が数多く住んでいたことがわかった。

図13　古代野洲郡内郷名比定（野洲町『野洲町史』第1巻通史編1，1987年）

この琵琶湖の水運と馬による官道の陸送が恒常的に運用されていたことは、次にあげる説話の中にもうかがい知ることができる。

『日本霊異記』閻羅王の使の鬼、召さるる人の賂を得て免す縁　第二十四（中巻）

楢磐嶋は、諾楽の左京の六条五坊の人なり。大安寺の西の里に居住す。聖武天皇のみ世に、其の大安寺の修多羅分の銭三十貫を借りて、越前の都魯鹿の津に往きて、交易して運び超し、船に載せ家に持ち来たる時に、忽然に病を得、船を留め、単独家に来むと思ひ、馬を借りて乗り来たる。近江の高嶋の郡の磯鹿の辛前に至りて、瞻みれば、三人追ひ来る。後る

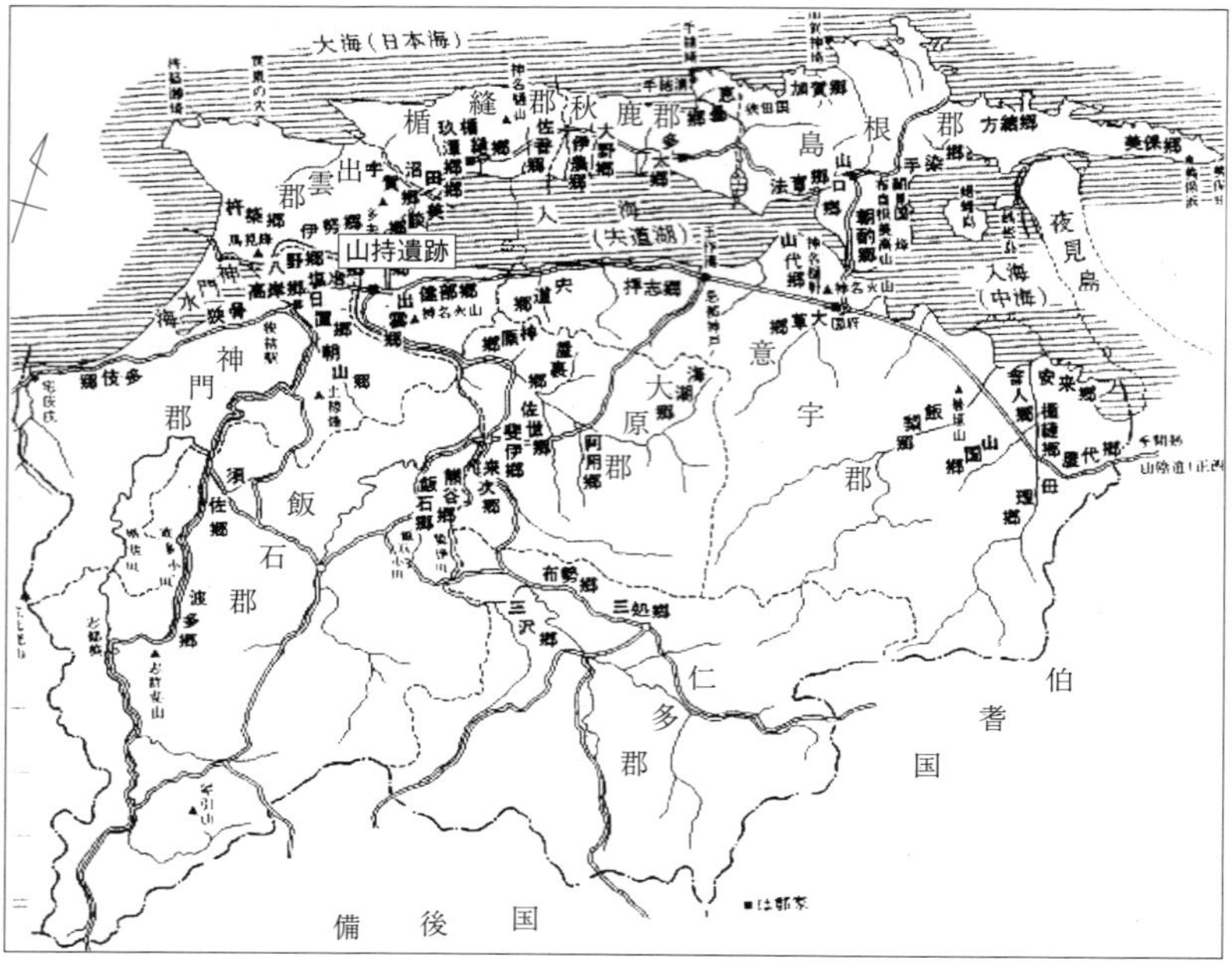

図14　山持遺跡と古代出雲国

る程一町許なり。山代の宇治橋に至る時に、近く追ひ附き、共に副ひ往く。磐嶋問ふ「何に往く人か」といふ。答へ言ひて曰はく「閻羅王の闕の、楢磐嶋を召しに往く使なり」といふ。（後略）

大安寺は、仏教儀式の費用を調達する方法として、修多羅分の銭を周辺住民に貸し与えた。楢磐嶋という人物は、銭三〇貫を借りて、遠路、越前の「都魯鹿（敦賀）」の津まで赴いた。おそらく、大量の魚介類や塩などを買い付け、内陸の大和国で高い価格で売って利益を得ようとしたのであろう。大量の荷物の輸送は、「船に載せ」たが、病のために船を留め、「単独家に来むと思ひ、馬を借りて乗り来たる」とある。西河原森ノ内遺跡の和文体木簡や『日本霊異記』などの資料から、官人や都市民による物資輸送において、琵琶湖の水運と馬の利用が密接に連動して運用されていたことがわかる。

2　出雲国の「馬道」集団

しかし、この琵琶湖畔の「馬道」資料のみではその意義を十分に明らかにすることはできなかったが、二〇〇六年、島根県出雲市山持《ざんもち》遺跡の発掘調査で木簡が出土し、古代の馬による運送集団の実態がみえてきた。山持遺跡の位置と環境について報告書は次のように概括している(28)。

山持遺跡は出雲平野の北端、出雲市西林木町に所在する。出雲平野は斐伊川・神戸川の二大河川により形成された沖積平野であり、南から北へ徐々に標高が高くなり、急峻な断層山脈であり北山山系に至っている。すなわち、当遺跡の位置する北山東南麓は出雲平野で最も標高の低い場所の一つであり、斐伊川や北山山系から流れ出る中小河川の影響を不断に受け続けた地域であった。天平五年に編纂された『出雲国風土記』では当遺跡周辺は出雲郡伊努郷に相当する。『風土記』には、国引きを行った意美豆努命の子である赤衾伊努意保須美比古佐委気能命の社が郷内にあることが郷名の由来として記載されている。赤衾伊努意保須美比古佐委気能命は「意保須美」＝「大洲見」から沖積地守護の神と想定されており、当地が古来より水との戦いを強いられてきた地域であることを雄弁に物語る記述と言えよう。

奈良時代の出雲平野は斐伊川を境に西の神門郡と東の出雲郡に二分される。近年の発掘調査の進展により、神門郡家には出雲市古志本郷遺跡が、出雲郡家の関連施設には斐川町後谷遺跡がそれぞれ比定されているが、その他に神門郡内では天神遺跡、三田谷Ⅰ遺跡、子山遺跡が官衙関連遺跡である可能性が指摘されている。当遺跡は出雲郡伊努郷に所在するが、多量の墨書土器・木簡の出土した青木遺跡を出雲郡家の出先機関的機能を備える遺跡とする見方もある。山持遺跡においても、六区とされる地域ではいくつかの墨書土器のほか、吉祥天や人物像を描いた板絵や木簡が出土し注目されるところである。

〔木簡の釈文〕

(1)　・「部領倉長殿　安□　倉益　馬道ア殿

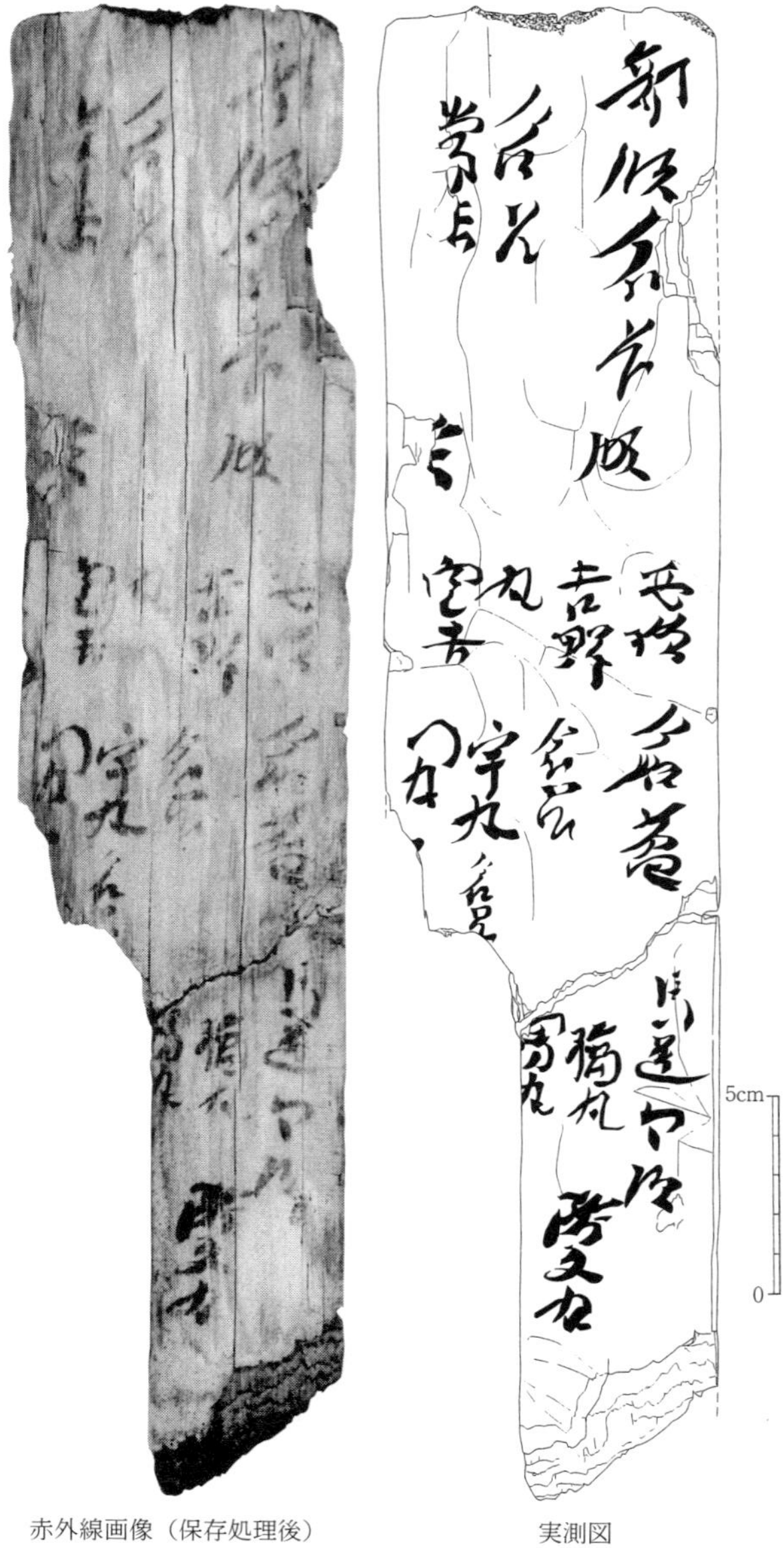

赤外線画像（保存処理後）　　実測図

図15　島根県出雲市山持遺跡出土木簡１号木簡オモテ面（島根県埋蔵文化財センター『山持遺跡 Vol. 5（6区）』2009年）

吉野　倉長　　福丸　□又丸

倉兄　　丸　　宇丸倉長　男丸

常吉□　定吉　門丸□

・「□　　　□□〔丸カ〕□□

□　　　　□

□常　□

右の報告書の釈文を再検討し、一部訂正を加え、列記される人名を二集団に分けた構成は次の通りである。

〔部領「倉長殿」と「馬道ア殿」の二集団〕

（表）

「部領倉長殿　安□　倉益

吉野　倉□

倉兄　丸　宇丸倉兄×

常吉　定吉　門丸□

馬道ア殿

福丸　□又丸

男丸

（三八一）×八二×九　〇一九　（裏）の釈文は略す。

山持遺跡木簡は、部領（運搬責任者）の「倉長殿」「馬道ア（部）殿」（木簡の記載者が責任者二名を「殿」と敬称している）の二名がそれぞれ数名を引き連れて、おそらく米を運送してきたときの人夫を列記した帳簿であろう。「倉長」は米倉の管理責任者であり、「馬道部」は、近江国の野洲川と東山道の結節点に居住している「馬道首」集団と同じ職務を担う者であろう。なお、倉長に率いられている人の名のうちに「倉兄」「倉益」「倉□」は、倉の収納・搬出など倉に関わる世襲的集団を想定させよう。

山持遺跡は、入海（宍道湖）・出雲大川（斐伊川）と官道の結節点に位置し、近江国同様水陸交通の要衝付近における馬による輸送集団の存在がうかがわれる。

3　讃岐国の「借馬」集団

讃岐国戸籍断簡（『大日本古文書』一、317・318頁）

女物部借馬連真成女、	年弐拾壱、	中女
女物部借馬連家刀自女、	年拾伍、	小女
女物部借馬連真刀自女、	年拾壱、	小女
女物部借馬連飯依女、	年玖、	小女
女物部借馬連小依女、	年陸、	小女
女物部借馬連玉依女、	年参、	黄女
弟物部借馬連子弥佐乎、	年肆拾伍、	丁男
男物部借馬連成主、	年捌、	小男
男物部借馬連成人、	年伍、	小男

松原弘宣氏は、この「讃岐国戸籍」断簡（讃岐国計帳とみるべきとする）の「物部借馬連」について、次のように考察している。(29)

① 『続日本紀』和銅六年五月甲戌条にみえる物部乱ら二六人は、庚寅年籍で「飼丁」とされ、その時以降に草壁皇子宮（東宮組織）の飼丁《かうよぼろ》と誤認されたが、和銅六年（七一三）になって良民とされたことを示している。飼丁と

誤認されたのは、彼らが馬の飼養にかかわっていた集団であったためと考えられる。

②『大日本古文書』一巻の三一七・三一八頁に養老五年（七二一）類載の讃岐国戸籍として九名の物部借馬連氏を記す断簡は、岸俊男氏が指摘されているように[30]、天平宝字元年（七五七）から宝亀四年（七七三）までの讃岐国の計帳とみるべきであろう。そして、同断簡にみえる物部借馬連は物部と借馬の複姓である。また、借馬は「かしうま」「しゃくば」と読み、馬の飼養や馬を使った運送にあたっていたことを示すと考えられる。讃岐国の物部氏は寒川郡を中心にして大内・三木郡に分布しているが、同断簡は寒川郡の計帳と考えられるのである。

③寒川郡に物部借馬連氏が分布し、馬の飼養だけでなく運送業にあたっていたのではないかとの推測は次の諸点よりも想定可能である。イ)令規定と実態の両方からみて、古代の官吏の交通や物資運送に多くの民間馬が使用されていたこと。ロ)『日本書紀』大化二年三月甲申条にみえる馬の飼養集団が存在していた参河・尾張国は、陸上交通から海上交通への移行地点であった。同じように、讃岐国寒川郡も、古くから海上交通と陸上交通の接点であった。すなわち、かかる点からして、寒川郡に物部借馬連氏という馬の飼養と馬による運送を担う集団が分布していたと考えることができるのである。

以上のように、寒川郡の物部氏→物部借馬連氏は、馬を飼育し、四国に上陸した人々に馬を貸し、四国から海上交通に移る人々の馬を預っていた氏族であったと考えられるのである。

先に掲げた『日本霊異記』（中巻第二十四）には「船に載せ家に持ち来たる時に、忽然に病を得、船を留め、単独家に来むと思ひ、馬を借りて乗り来たる」とある。「馬を借りて」という行為こそが、水陸交通の結節点に馬が常備されて、対価を支払えば利用できたことを端的にものがたっている。おそらく松原氏が考察されたように、南海道沿いに「借馬」を専業とする集団がウジ名「物部借馬連」を称していたのではないか。中世以降の「馬借」の名称に直接的に連なる「物部借馬連」の存在に改めて注目する必要があろう。

「馬道部」も「馬道首」もその名の通り、水陸交通の要所で水上から荷揚げした荷物を馬の背に乗せて官道を運送した集団であろう。馬を飼育する集団を「馬飼《うまかい》（部）」と称したのに対し、水陸交通の交わる要所に馬の飼育も含め、馬を常備し、運搬を専業とする集団が「馬道」・「借馬」と名乗ったのである。古代社会において、すでに中世・近世の「馬借」の前身のような運送集団が活動していたのではないか。

註

（1）最近発表された、望月悠佑「律令国家における駄馬」（『続日本紀研究』三七二、二〇〇八年）は、運送用の「駄馬」に関する専論として新たな研究展開を示すものの一つといえよう。

（2）山口英男「農耕生活と馬の飼育」（『新版　古代の日本　第八巻　関東』角川書店、一九九二年）。

（3）佐伯有清「馬の伝承と馬飼の成立」（『日本古代文化の探求・馬』社会思想社、一九七四年）。

（4）群馬県『群馬県史　通史編』二（一九九一年）。

（5）安田初雄「古代における日本の放牧に関する歴史地理的考察」（『馬の文化叢書　第二巻　古代――馬と日本史1』一九九五年）。

（6）山梨県『山梨県史　通史編1　原始・古代』（二〇〇四年）。

（7）磯貝正義「郡の成立―甲斐国巨麻郡の場合―」（『郡司及び采女制度の研究』吉川弘文館、一九七八年）。

（8）千葉県『千葉県の歴史　資料編考古3（奈良・平安時代）』「本郷台遺跡・印内台遺跡」（道上文・栗原薫子執筆、一九九八年）。

（9）『角川日本地名大辞典一二　千葉県』（一九八四年）。

（10）新潟県教育委員会・新井市教育委員会『栗原遺跡第4次・第5次発掘調査概報』（一九八二年）。

（11）桑原正史「柴原偕伎日の表記とヨミについて――栗原遺跡出土の墨書土器の人名」（『新潟史学』第六五号、二〇一一年）。

（12）宮城県多賀城跡調査研究所『多賀城漆紙文書』（一九七九年）所収。

(13) 沖森卓也「漢字の伝承と受容」(『日本古代の文字と表記』所収、吉川弘文館　二〇〇九年)。
(14) 上越市『上越市史　通史編1 自然・原始・古代』(二〇〇四年)。
(15) 註(12)報告書。
(16) 『類聚国史』延暦十一年(七九二)正月丙寅条によると、斯波村夷胆沢公阿奴志己等が王化に帰せんとしても、伊治城の所在地周辺〝伊治村〟俘に遮げられるために達しえないとしている。このことからも、伊治城が鎮守府(胆沢城)と国府(多賀城)の中間の要衝の地であったことを示していると理解できるであろう。
(17) 山梨県『山梨県史　通史編1 原始・古代』(二〇〇四年)によると、七世紀後半操業された天狗沢瓦窯跡のある敷島町から双葉町、および韮崎市宮ノ前遺跡にまたがる穂坂路沿線の赤坂台付近に巨麻郡家があった可能性を指摘したいという。
(18) 註(6)に同じ。
(19) 西本昌弘「東山御文庫所蔵の二冊本『年中行事』について—伝存していた藤原行成の『新撰年中行事』—」(『史学雑誌』第一〇七編第二号、一九九八年)。
(20) 佐藤健太郎「駒牽の貢上数と焼印に関する一考察—『新撰年中行事』の記載を中心に—」(『史泉』第一〇二号、二〇〇五年)。
(21) 山梨県教育委員会『百々遺跡3・5』(二〇〇四年)。
(22) 八田御牧は現八田村付近にあったとされる。現櫛形町高尾の穂見神社が所蔵する天福元年(一二三三)十二月十五日銘の御正体に「甲斐国八田御牧北鷹尾」とある。北鷹尾が穂見神社所在地を意味するとすれば、その北東部に続く現白根町から現八田村にかけての釜無川右岸一帯に広がる広大な牧だったことになろう(『日本歴史地名大系　第一九巻　山梨県の地名』平凡社、一九九五年)。
(23) 安田氏前註(5)論文。
(24) 拙稿「古代日本の交通と甲斐国」(山梨県立博物館調査・研究報告2『古代の交易と道　研究報告書』、二〇〇八年)。
(25) 『第36回企画展・滋賀県文化財保護協会調査成果展　古代地方木簡の世紀—文字資料からみた古代の近江—』(二〇〇八年)。
(26) 註(25)に同じ。

(27)　山尾幸久「森ノ内遺跡出土の木簡をめぐって」(『木簡研究』第一二号、一九九〇年)。
(28)　島根県教育庁埋蔵文化財調査センター『山持遺跡Vol.5（6区）』(二〇〇九年)。
(29)　松原弘宣『古代の地方豪族』(吉川弘文館、一九八八年)。
(30)　岸俊男「現存古代籍帳一覧表」(『日本古代籍帳の研究』所収、一九七三年)。

地域社会における評・郡成立の前提

──武蔵国都筑郡を事例として──

平野卓治

はじめに

日本の古代国家の地域支配システムの根幹は国郡制支配である。律令国家の国郡制支配の特質に関して、大町健氏は、石母田正氏が提起した在地首長制論(1)をふまえ、次のような指摘をされている(2)。人民把握の諸機能が集中した国は人民支配の基本的な領域区画であり、国の境界は人為的に設定されたものである。一方、郡は共同体的関係を媒介として、一定の人的関係において人民を組織する側面を第一義的性格とし、郡の領域は人民の区分に付随したものである。国郡制支配は、このような国と郡という性格の異なる領域を重層化し、総体として領域的人民支配のための行政区画として機能するという構造と特質を有していた。

国郡制において、国司の職掌は具体的項目を列挙して規定されているのに対し、郡司の職掌規定は非常に抽象的である。これは、行政的機能が国司に集中していたのに対し、郡司の機能は、国の機能の前提として、在地の共同体的諸関係を総括するものとして規定されていたことによる。こうした機能を担う郡司は、基盤の異なる複数の在地首長を編成したものであり、その在地首長の支配は、下位の村落クラスの首長の共同体的支配を前提に、それを組織・編成した二次的関係であった。このような特質をもつ郡司制に先行する評制は、国造制の再編成を前提にし、複数の在地首長を評という機構に編成することによって成立した。

こうした大町氏の指摘をふまえるならば、郡とそれに先行する評が成立する前提には、郡・評に編成される地域社会において、基盤の異なる複数の在地首長の存在が確認できることになる。ここでの課題は、具体的な地域社会において郡・評の成立の様相、その前提の状況を検討することである。検討対象の具体的な地域社会としては、武蔵国都筑郡をとりあげる。武蔵国都筑郡をフィールドとして選択するのは、関係する文献資料はほとんど残されていないが、発掘調査により郡家とその先行施設が明らかになっており、またその前提となる郡域内の古墳や横穴墓に関する調査が蓄積されてきているからである。

一　武蔵国都筑郡とその前身

1　都筑郡の郷（里）

武蔵国都筑郡は、現在の横浜市北西部、横浜市港北区・青葉区・都筑区・緑区を中核として川崎市の一部、東京都町田市の一部に及ぶ地域である。北は橘樹郡、東は久良郡、西は多磨郡に隣接し、南は相模国鎌倉郡と高座郡に接する。郡の範囲は近世の都筑郡とほぼ同じとみられ、東端の高田地区は橘樹郡、南の星川地区は久良郡に属していたと考えられる。

まず、古代の都筑郡を構成する郷（里）をみていく。

都筑郡を構成する郷に関して、『和名類聚抄』では余戸・店屋・駅家・立野・針斫・高幡・幡屋郷が知られる。店屋郷は『延喜式』兵部省諸国駅伝馬条にみえる「店屋駅」の所在郷と推定される。駅家郷はこの郷と同一のものか、その注記と考えられる。(3) 東京都町田市鶴間に町谷の地名があり、店屋を「マチヤ」と訓みこの周辺に比定される。(4) 立野郷は、武蔵国分寺跡出土の文字瓦に「都立」「立」のヘラ書きをもつものがあり、(5) 前者は都筑郡立野郷、後者は立野郷を示している。八世紀に遡ることが確認できる郷であるが、具体的な比定地は未詳である。針斫郷は、現存地名との共通性から横浜市緑区西八朔町・北八朔町に比定される。武蔵国分寺跡出土の文字瓦にも「針」のヘラ書きがみられる。高幡・幡屋郷の比定地に関しては、いくつかの説が出されているが、地名のこじつけによるものなどが多く、具体的な比定地は未詳である。

都筑郡を構成する郷を現在の地域の中に比定することは、地名の残存形態からは難しい。こうしたなか、久世辰男氏は、都筑郡内に位置するとみられる奈良・平安時代の集落遺跡や横穴墓など遺跡の分布をふまえ、郷の比定を考察されている。(6) 遺跡の分布をふまえると、都筑郡内は①恩田川ブロック（恩田川中流域～下流右岸、奈良・恩田・長津田・三保地域）、②谷本川下流ブロック（八朔・小山・青砥・川和地域）、③鶴見川中流ブロック（鶴見川の恩田川合流点から下流、佐江戸・池辺・折本・大熊・本郷・中山地域）、④帷子川ブロック（旭区域）、⑤谷本川中流（都筑郡衙）ブロック（荏田・市ヶ尾・石川・谷本地域）、⑥早淵川ブロック（山田・茅ヶ崎・勝田・新吉田・新羽地域）の六つのグループに分けられ（図1参照）、①恩田川ブロックが店屋郷、②谷本川下流ブロックが針斫郷、③鶴見川中流ブロックは、「村落内寺院」をもち「立」の墨書土器片が出土している藪根不動原遺跡など(7)の存在から、立野郷、④帷子川ブロックが余戸に比定できるという。さらに郡符の回覧ルートの想定から⑤谷本川中流（都筑郡衙）ブロックを高幡郷（郡家所在郷）、⑥早

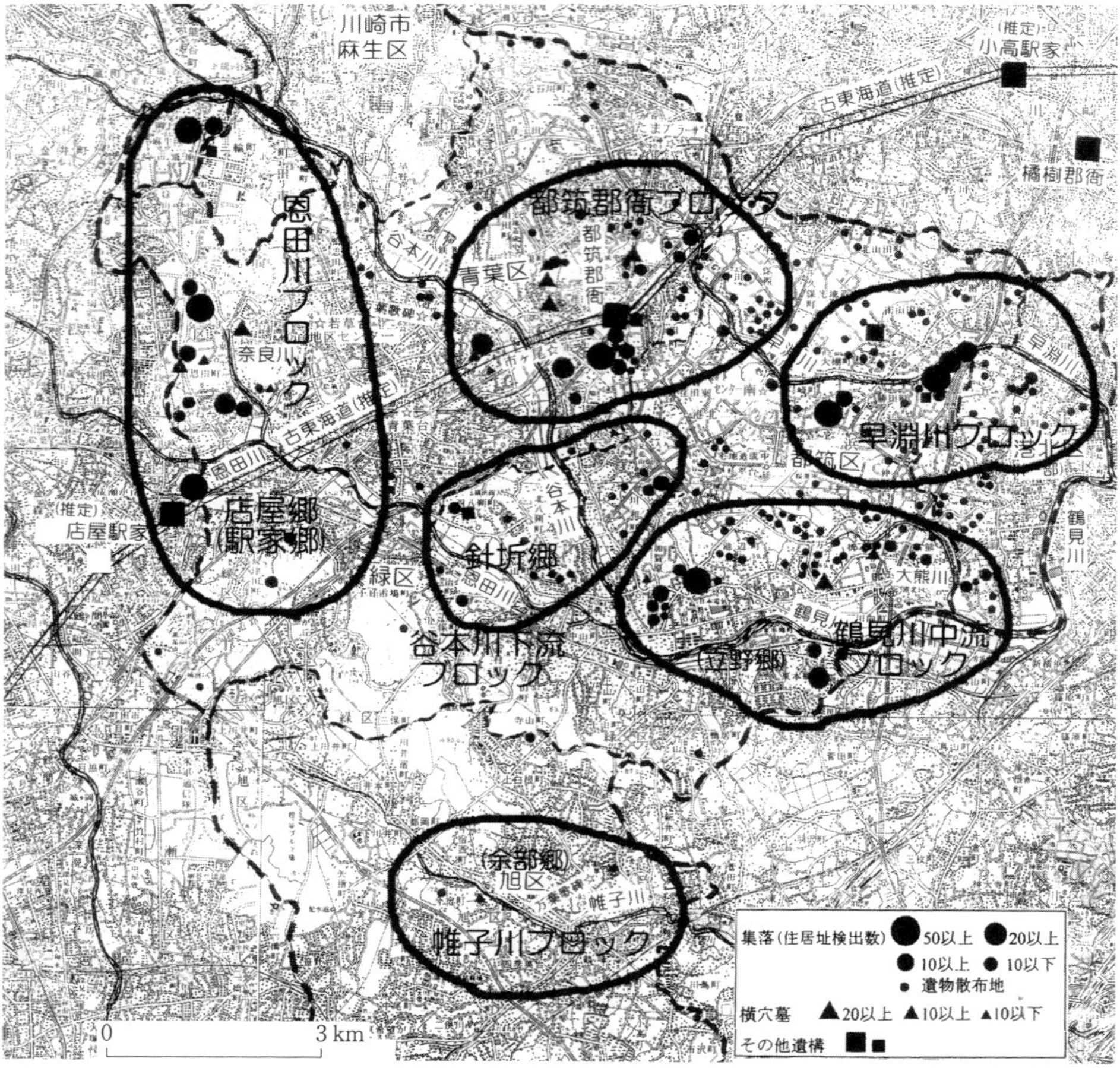

図1　都筑郡域の古代遺跡の分布(飛鳥・奈良・平安時代)〈久世辰男氏作図〉

渕川ブロックを幡屋郷と推定できるとされている。

郷の比定に関しては、今後は、このような方法による成果をふまえながら、出土文字資料の発見をふまえて検証していく作業が必要であろう。

2 都筑郡の郡家

『和名類聚抄』段階で六（七）郷を管する都筑郡は下郡であり（「戸令」定郡条）、郡司は大領一人、少領一人、主帳一人の三人である（「職員令」下郡条）が、郡司に補任された人物、氏族名は不明である。(8) しかし、都筑郡の支配の拠点となる郡家に関しては、比定される遺跡が発掘調査されている。横浜市青葉区荏田西に所在する長者原遺跡がそれである。

長者原遺跡は、多摩川と境川の間に広がる下末吉台地が多摩丘陵の南端と接する付近であり、谷本川と早渕川に挟まれた地域に位置する。台地は中小河川によって樹枝状に開析されており、遺跡は東西約一七〇㍍、南北約三九〇㍍の範囲の北に向かって突出する比高一〇～二〇㍍の二つの舌状台地上に立地している。長者原は旧荏田村の「長者丸」（『新編武蔵風土記稿』）に由来し、長者伝説をもった地名である。発掘調査は一九七九年（昭和五十四）から一九八一年に実施され、次のような成果をあげている。(9)

東側の丘陵の中央部では、七世紀代の長大な建物をL字型に配置したものから八世紀代の正殿と脇殿を品字型に配置したものへ変遷する大型の掘立柱建物が検出されている。この部分は「郡庁」に当たるとみられる。その南には数回の建て替えを行った掘立柱建物が展開し、給食施設である「厨」と宿泊施設でもある「館」に相当すると考えられる。

一方、西側の台地では東・南を画する幅二㍍の溝が検出され、その区画内で六×三～三×三間の総柱建物を主体とした数多くの掘立柱建物と四棟の礎石立建物がみつかっている。総柱建物は二列に整然と配置されていることが確認でき、この部分は、倉庫群である「正倉」とみられる。

遺物には、硯（円面硯）の破片、「都」の字を記した須恵器の坏、畿内産土師器、灰釉陶器や緑釉陶器の破片などがあり、これらは一般集落ではなく官衙遺跡に共通するものである。

長者原遺跡は、遺構の状況や遺物から、武蔵国都筑郡家の遺跡とみられる。都筑郡家は二つの舌状台地を巧みに利用し、「郡庁」「正倉」「厨」「館」といった郡家に必要な施設を配置して構成されていたといえよう。

3　都筑郡・郡家の前身

都筑郡家の遺跡である長者原遺跡の廃絶時期は十世紀初頭とみられているが、注目されるのはその成立時期である。長者原遺跡では、東側の丘陵の中央部の北側において、七世紀末ごろには桁行一五間×梁行二間の東西棟、桁行七間×梁行二間の南北棟という長大な掘立柱建物がL字型に配置され、八世紀代には正殿と脇殿による品字型の建物配置へと変遷している。これは郡に先行する評の段階の中心的な施設から郡家の郡庁への変化とみられる。また西側の丘陵では、七世紀後半の竪穴建物と重複関係をもち、それ以前とみられる布堀の三間×三間の総柱掘立柱建物がまず建てられ、七世紀末ごろからは総柱建物が整然と配置されていく。この地区には、溝などによる大がかりな区画は設けられていないが、評の段階から正倉が置かれたと考えられる。七世紀後半代の遺物には、畿内産の土師器やそれを模倣した土師器があることも注目される。

このような長者原遺跡の発掘成果からは、都筑郡家に先行する都筑評の「評家」（以下、評の役所を「評家」とよぶこととする）が郡家と同じ場所に存在したことが確認される。[10]これは、都筑郡の前身である都筑評が存在したことを示唆する。しかし、残念ながらそれを立証する文字資料は現在のところ発見されていない。都筑評の存在を考える上で注目されるのは、次の二つの出土文字資料である。

一つは、影向寺遺跡から出土した「无射志國荏原評×」とヘラ書きされた文字瓦である。

影向寺は、川崎市宮前区野川に所在し、多摩丘陵の東端部、末長丘陵の先端部の標高四一～四三㍍に位置している。古代では、都筑郡に隣接する武蔵国橘樹郡に所在することになる。寺の縁起では天平十二年（七四〇）の創建と伝えるが、出土する瓦や塔心礎とされる影向石からそれ以前の寺院とみられてきた。境内と周辺地域の調査により、三時期にわたる建物が確認され、寺の創建以前に大きな建物が存在した可能性があることが明らかになっている。[11]影向寺のある台地では、縄文時代から平安時代に大きな集落が営まれるが、境内地では七世紀には集落がみられなくなり、寺の北方へ広がる傾向がみられ、影向寺の創建と関わる変化と考えられている。また影向石の周辺の発掘では、石の下に版築の基礎があり、創建期とみられる瓦が補強に使われていたことから、石は心礎と判明し、塔は創建期に遅れて建立されたと推測されている。影向寺の東に位置する千年伊勢山台遺跡では、七世紀末から九世紀前半まで二時期に大別される整然と配列された総柱の掘立柱建物跡や規則的に並べられた掘立柱建物跡が発見されており、橘樹郡の郡家とそれに先行する「評家」の正倉域に関連する施設とみられている。[12]

文字瓦は、現在の薬師堂の西側に東西に設定されたトレンチの第一号掘立柱建物跡の掘り方の底面から出土している。[13]他にも掘り方の底面に柱受けとして使用された平瓦が出土しており、これらは凸面に格子文叩き目を施した一群と叩き目を完全にナデ消す一群が認められるが、両者の凹面には小札痕と織目の密な布目痕などの類似した痕跡を残し、側面・端面の化粧に統一性、胎土や焼成の高い共通性などの諸特徴を共有することから一つの工房の製品の可能性が考えられている。「无射志國荏原評×」とヘラ書きされた平瓦破片は残存長三一㌢、残存幅二三・一㌢、厚さ二・一㌢をはかる。文字はヘラあるいは先端の尖った棒状の工具によって、焼成前に記されている。「評」の文字下部はのちに欠損しており、下に文字が続いているのかは不明である。

この文字瓦からは次の二点が推定される。一つは、「評」の表記があることから、寺院は少なくとも七世紀後半には建立されていたとみられる点である。橘樹郡家・「評家」に関連する遺構が東の千年伊勢山台遺跡で検出されており、影向寺は「評家」に密接に関係する寺院と推定される。もう一つは、「荏原評」と隣接する評の名が記されていることから、影向寺の造営・運営は一つの評で完結していなかった点である。「荏原評」は武蔵国荏原郡（現在の世田谷区・大田区の地域に該当）の前身であり、多摩川を挟んで橘樹郡に隣接する。また、八世紀代の軒平瓦には「都」とヘラ書きしたものがあり、都筑郡もその運営に関与していたことが知られる。おそらく都筑郡の前身である都筑評も荏原評と同様に影向寺に関与していたと推測されよう(14)。

こうした点をふまえれば、「无射志國荏原評」の瓦銘の存在から、七世紀後半には都筑評は成立していたと考えて問題はないであろう(15)。

二つ目は、奈良県明日香村の石神遺跡から出土した「諸岡五十戸」と記された木簡（以下、「諸岡五十戸」木簡）である(16)。石神遺跡は、飛鳥寺の西北に位置し、奈良文化財研究所により継続的に発掘調査が行われている。遺構は大きく三時期に区分されている。A期（七世紀前半から中ごろ）は石敷きの広場や東西に大規模な建物群が展開する区画などがあり、北側に倉庫群が並ぶ。『日本書紀』には、斉明天皇の時代、「飛鳥寺の西」に須弥山を立て、蝦夷・隼人・粛慎などを招いて饗宴・祭儀を行ったことがみえ、遺構はこの饗宴の場に当たるとみられている。次のB期（七世紀後半）では、南北塀で区画された多数の空間内に建物が配置され、役所の様相を示す。C期（七世紀末）は方形の区画が作られ、その内部に建物・井戸が点在する。(17)「諸岡五十戸」木簡は、石神遺跡第一四次調査において、阿倍山田道（横大路）に近い調査区で、C期の南北溝の堆積土より出土した木簡群の一点である。

木簡の法量は長さ一二六ミリ、幅二一ミリ、厚さ三ミリで、短冊形の〇一一型式。上下の両端は丸みを帯びており、下部は縦に三つに割れているが、全体の形は本来の形態とみられる。釈文は「諸岡五十戸□□〔田皮カ〕□」である。(18) 形状からは付札（荷札）とは判断することができず、五十戸の下の文字は物品名か人名の可能性があるが、不明である。(19) 年紀の記載はないが、出土状況から七世紀後半ごろのものと推定される。

この「諸岡五十戸」は、現在知られる古代の資料からすると、武蔵国久良郡諸岡里（郷）の前身とみられる。(20) 武蔵国分寺跡出土の文字瓦には「諸岡郷」の銘をもつものが存在する。(21)

近年、「五十戸」と記された七世紀代の木簡の数が増加し、七世紀代における国郡里制の成立過程、仕丁の活動や資養、収取制度などの検討が行われている。「五十戸」から「里」への変更時期に関しては、天武朝末年から持統朝初年にかけての過渡期を経て「五十戸」から「里」へと変化していき、その背景には、天武天皇十二年（六八三）～十四年の国境画定事業との関連、天武天皇十年（六八一）に編纂が開始され、持統天皇三年（六八九）に施行された飛鳥浄御原令との関連が想定されること、飛鳥浄御原令の施行以後は「里」の表記に統一されることが指摘されている。(22)
また、現在のところ、「五十戸」と記された最古の木簡は、大化五年（六四九）から天智天皇三年（六六四）の間に使われた冠位名を記す木簡が一緒に出土した飛鳥京跡出土の「白髪ア五十戸」木簡であるが、乙丑年＝天智天皇四年（六六五）の年紀をもつ「乙丑年十二月三野国ム下評／大山五十戸造ム下ア知ツ／従人田ア児安」という非部名の「五十戸」を記す木簡が発見されたことなどから、非部名の「五十戸」の多くは天武天皇四年（六七五）の部曲廃止の詔以前に遡って存在した可能性が高く、孝徳朝に全国立評が実施されたさい、それに連動して「五十戸」編成もされたとみてよいと考えられることが指摘されている。(23)「諸岡五十戸」の表記は、非部名の「五十戸」であり、「里」表記がとられていないことから、その編成は天武天皇四年以前に遡る可能性も考えられ、それは立評まで遡る可能性もあろう。久良郡は、『日本書紀』安閑天皇元年是歳条にみえる武蔵国造の地位争いの後に設置された「倉樔（樹）屯倉」＝久良屯倉を核として評が置かれ、郡へと転換したと推定される。(24)屯倉が設置されたことにより、他の地域より先行して「戸」の編成が進められた可能性も考えられるが、(25)他地域の「五十戸」木簡の様相からみて、屯倉が設置されたという点を過大に評価する必要はないであろう。少なくとも、七世紀後半には久良評において「五十戸」編成が行われ、課役の賦課などが実施されていたといえよう。このことは、隣接する後の都筑郡域・都筑評においても同様の状況であったことを推測させる。

直接的な資料ではないが、このような都筑郡に隣接する地域における「評」の存在、「五十戸」編成の存在をふまえるならば、遅くとも七世紀の後半には、都筑評が成立しており、評制下において人々の「五十戸」編成が進められていたといえよう。先にみた長者原遺跡の七世紀代の遺構・遺物の存在は、それらを裏付けるものということができる。

二　武蔵国都筑郡・評成立の前提

これまで武蔵国都筑郡の郷構成、郡家の様相をみるとともに、前身の都筑評と「評家」の存在、そこにおける「五十戸」編成の可能性についてみてきた。

大町健氏は、郡司は基盤の異なる複数の在地首長を編成したものであり、郡・郡司制に先行する評制は複数の在地首長を評という機構に編成することによって成立したと指摘されている。[26]この大町氏の指摘をふまえ、ここでは都筑郡域をフィールドとし、古墳群の調査・分析の成果をふまえ、都筑評が成立する前提を考えてみたい。

1　都筑郡域における古墳群の展開

都筑郡の郡域内における古墳群の分布をみると、谷本川中流域の(1)市ヶ尾古墳群、谷本川上流域の(2)王禅寺古墳群、恩田川流域の(3)新治古墳群、早渕川の中流域の(4)荏田古墳群、その下流の大熊川下流域および鶴見川北岸にかけての(5)新羽・大熊古墳群、鶴見川南岸の(6)鴨居古墳群と、郡域内を流れる河川流域を中心に六つの古墳群がみられる（図2・編年表参照）。以下、これまでの調査・研究の成果によって、それぞれの古墳群の概要をみていく。[27]

(1)　市ヶ尾古墳群

市ヶ尾古墳群は、谷本川中流域左岸にある稲荷前古墳群と朝光寺原古墳群から構成される。

稲荷前古墳群（横浜市青葉区大場町）は、鶴見川本流の谷本川により形成された氾濫原に突き出た、大場谷と黒須田谷に挟まれた丘陵に位置する。一九六七年（昭和四十二）から翌年にかけて発掘調査が行われ、前方後円墳二基、前方後方墳一基、円墳四基、方墳三基と九基の横穴墓が確認された。最古の一六号墳（前方後方墳）に次ぐのは全長三二㍍をはかる前方後円墳の六号墳で、前方部先端がバチ形に開く。削り出しにより墳形を整え、浅い周溝がめぐるが、主体部は不明である。墳形から四世紀前半代の造営とみられている。続く一号墳は全長四六㍍の前方後円墳で、周溝が北と西にめぐる。後円部にある主体部は長さ約七㍍の粘土槨で、ここから管玉・丸玉が発見された。墳形と遺物から五世紀初頭の築造とされている。三号墳は径約二〇㍍の円墳で、主体部は木棺直葬。五号墳は径一一・四㍍の円墳

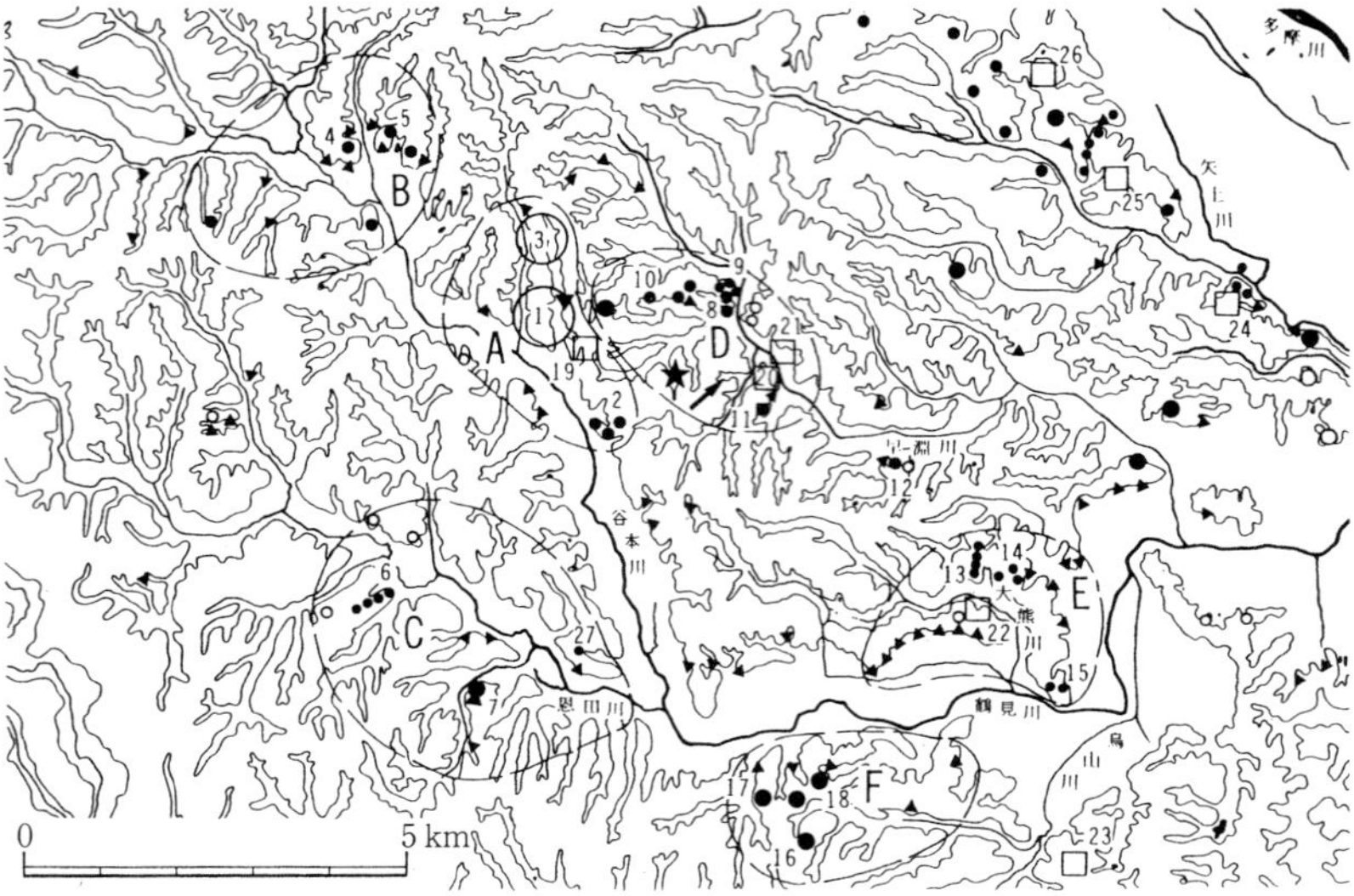

図２　鶴見川中・上流域（都筑郡域）の古墳群（A　市ヶ尾古墳群，B　王禅寺古墳群，C　新治古墳群，D　荏田古墳群，E　新羽・大熊古墳群，F　鴨居古墳群，1　稲荷前古墳群，2　朝光寺原古墳群，3　大場第２地区古墳群　4　亀井古墳群，5　下麻生古墳群，6　北門古墳群，7　三保杉沢古墳，8　虚空蔵山古墳，9　観福寺北古墳群，10　赤田谷古墳群，11　矢崎山古墳，12　綱崎山古墳群，13　上の山古墳群，14　新羽第13古墳群，15　新羽南古墳群，16　鴨居原古墳群，17　松葉古墳群，18　殿谷古墳，19　鹿ヶ谷遺跡，20　柚木台・矢崎山遺跡，21　台坂遺跡，22　折本西原遺跡，23　三枚町遺跡，24　神庭遺跡，25　影向寺遺跡，26　末長遺跡，27　西八朔遺跡，★　長者原遺跡〈推定都筑郡家〉，→　ごかん谷。註(27)『C18横穴・矢崎山古墳』より）

で、砂岩の箱形石棺の主体部をもつ。両者は六世紀代の築造とみられている。一三号墳は径一六㍍の円墳で、砂岩切石の横穴式石室をもつ。一四号墳は一辺約一〇㍍の方墳で、砂岩の箱形石棺の主体部から青銅製耳飾が発見された。これらの築造は六世紀末〜七世紀前半とみられている。一五・一七号墳は方墳であるが、詳細は不明である。

稲荷前古墳群は、四世紀〜七世紀にかけて連続して造営された古墳群であるが、五世紀半ばから六世紀にかけては古墳がみられず、この間は朝光寺原古墳群の被葬者が当該地域の首長となっていたとみられる。

朝光寺原古墳群（横浜市青葉区市ヶ尾町）は、谷本川北岸の標高二〇〜

三〇㍍の台地縁辺部に位置する三基の円墳から構成される。一九六七年（昭和四十二）に発掘調査が行われた。一号墳は径約三七㍍で、墳丘の頂部にある主体部は、長さ四・三㍍、幅七五㌢の割竹形木棺の直葬で、豊富な副葬品をもっていた。遺体の頭部の上方には三角板鋲留短甲と眉庇付冑、両側には鉄剣六振・鉄刀三振・鉄鉾一本、足元には鉄鏃四束が置かれ、頭部付近には玉類が散乱していた。二号墳は径二三㍍で、幅六・五㍍の周溝がめぐる。主体部は割竹形木棺の直葬で、鉄刀、鉄鏃、馬具（轡金具）が副葬されていた。三号墳は径約二〇㍍、高さ二・五㍍で、幅二・五㍍の周溝がめぐり、主体部は盗掘のため不明であったが、鉄地金銅張の剣菱形杏葉、轡金具などの馬具、鉄刀、鉄鏃などが発見されている。遺物から一号墳は五世紀後半、二号墳はそれに次ぎ、三号墳は六世紀前後に築造されたとみられる。豊富な武器・武具の副葬品は、被葬者が倭王権に武人的性格をもって奉仕した首長であることを物語っている。

(2)　王禅寺古墳群

王禅寺古墳群は、谷本川上流の寺家・王禅寺・下麻生に形成された小規模な古墳群である。下麻生に所在する下麻生古墳群（川崎市麻生区字花島）で二基の古墳が一九九二年（平成四）に調査された。主体部は、いずれも泥岩切石の両袖型の横穴式石室（一号墳の玄室は長さ二四四㌢、幅二二〇㌢、二号墳は長さ一九五㌢、幅二〇〇㌢）で床面に河原石が敷き詰められていた。一号墳では、玄室内から大刀・鉄鏃・耳環、入口部手前から土師器の坏が発見されている。遺物から七世紀前半代の築造とみられている。周囲には花島横穴墓、早野横穴墓群などの数群の横穴墓群が所在する。(28)

(3)　新治古墳群

新治古墳群は、恩田川流域に形成された古墳群で、三保杉沢古墳と横穴墓群、北門古墳群があり、他に二、三の古墳が存在したとみられる。六世紀後半以降に相次いで築造されたと考えられる。

三保杉沢古墳（横浜市緑区三保町）は、恩田川支流の梅田川の中流の右岸に展開する、標高六五㍍の南北に細長い丘陵の上に位置する。一九七八年（昭和五十三）に発掘調査が行われた。古墳は全長二八㍍、後円部の径約一七・五㍍、前方部の幅約一一・五㍍の前方後円墳で、墳丘は自然地形を利用して築かれている。周溝は後円部の北側にのみ確認された。主体部は、後円部の中央から西側にかけて掘られた墓壙に、泥岩の切石を積んだ無袖型式の横穴式石室が設けられていた。石室は長さ二・一㍍の玄室と三・二㍍の羨道からなり、床面には扁平な石が敷かれていた。石室には太刀、鍔、鉄鏃、留金具などの副葬品があり、墳丘からは土師器の坏、須恵器の𤭯・甕、東側のくびれ部からは人・馬などの形象埴輪片・円筒埴輪が検出された。石室の構造や遺物から六世紀末から七世紀初頭に造営されたものとみら

一部鈴木重信氏のご教示により変更）

新羽・大熊古墳群	鴨居古墳群
新羽南古墳	
上の山４号墳	
上の山３号墳	
上の山２号墳	
折本西原遺跡	
円形周溝群	
上の山１号墳	
（新羽第13古墳）	鴨居原古墳
	（柳下邸内古墳）
	松葉古墳
	殿谷古墳
（横穴墓）	
	（横穴墓）

編年表　鶴見川中・上流域（都筑郡域）の古墳群（『C18横穴・矢崎山古墳』より，

年代＼古墳群	市ヶ尾古墳群	王禅寺古墳群	新治古墳群	荏田古墳群
	稲荷前6・16号墳			虚空蔵山古墳
400				
				観福寺裏古墳
	稲荷前1号墳			
450				（観福寺北古墳群）
	朝光寺原1号墳			
	寺下遺跡2号墳		西八朔遺跡1号墳	
	朝光寺原2号墳			
	稲荷前5号墳			（赤田4号墳）
500				矢崎山古墳
	朝光寺原3号墳			
	稲荷前3号墳			
	（大場第2地区古墳群）			
550				
	稲荷前14号墳			
			三保杉沢古墳	
	（大場第2地区古墳群）			
			北門1～4号墳	赤田2号墳
600	稲荷前13号墳	（＋）		
				赤田1号墳
		下麻生1・2号墳		（老馬・鍛冶山遺跡円形周溝）
		亀井古墳群		赤田3号墳
	（横穴墓）	（＋）	（横穴墓）	
650				
		（横穴墓）		（横穴墓）

れている。(29)

北門古墳群（緑区十日市場町）は、恩田川南岸の沖積地に突き出る標高三八㍍の台地縁辺にそって四基以上の古墳が展開する。二〇〇四年（平成十六）に発掘調査が行われ、四基の円墳で、三基で石室が確認された。一号墳の墳丘は、残存高が二・三㍍、直径は一六㍍、周溝の外縁の径は約一九㍍をはかる。主体部は泥岩切石積みの無袖型の横穴式石室。墳丘の裾や周溝内から九体以上の人物埴輪や器財埴輪をふくむ多くの埴輪が出土し、本来は四〇〜六〇本の埴輪が樹立されていたと想定される。石室の構造や埴輪から、六世紀末から七世紀前半にかけての築造とみられる。二号墳の墳丘の径は約八㍍で、主体部は無袖型の横穴式石室。五号墳の墳丘は径約一二㍍で、主体部は両袖の横穴式石室。四号墳は周溝の一部が確認されている。(30)

注目されるのは、一号墳の埴輪である。埴輪は、胎土と製作技法が共通することから、埼玉県鴻巣市の生出塚埴輪窯で製作されたものであることが判明している。生出塚埴輪窯で六世紀中ごろから後半に製作された埴輪は、埼玉古墳群をはじめとして、荒川や多摩川流域、千葉県市原市の山倉一号墳など東京湾沿岸の古墳にも供給されている。北門一号墳の被葬者もこうした埴輪をめぐる需要と供給のネットワークの中に組み込まれた首長であったとみられる。(31)

(4)　茌田古墳群

茌田古墳群は、早渕川の上流部に形成された古墳群で、右岸の丘陵上には前期から中期を主体とする虚空蔵山古墳・観福寺裏古墳・観福寺北古墳などが営まれ、これらの背後に位置する赤田谷戸をめぐる丘陵には後期の赤田古墳群が造営されている。古墳群のはじまりは、四世紀後半に造られた虚空蔵山古墳とみられる。六世紀前半代に矢崎山古墳、半ばごろには観福寺北古墳が造られ、それに後出するのが泥岩切石を使用した横穴式石室をもつ赤田二・一・

三号墳である。現状では、この間に半世紀ほどの空白期間が生じている。なお、都筑郡家に比定される長者原遺跡はこの古墳群の地域内、赤田古墳群の中に位置している。

矢崎山古墳（横浜市都筑区荏田町矢崎）は、早渕川へ向かって南からのびる標高三〇〜四〇㍍の台地の東南部に張り出した東向きの斜面地に位置する。一九七七年（昭和五十二）と翌年に発掘調査が行われ、一三基の横穴墓とともに発見された。古墳は径二二㍍、遺存高二・五㍍の円墳で、幅二㍍の周溝がめぐる。墳丘頂部の主体部は、二段の掘り方を設けて、泥岩の切石を使用した二×一・六㍍の石室を造り上げている。床面には河原石を敷き、天井石から掘り方の上部までを厚い粘土で覆っており、「箱式石棺状竪穴式石槨」とよばれる構造である。盗掘のために遺物は少なく、わずかに鉄刀片・鉄鏃・鉄金具・銅環が発見された。遺物や構造から六世紀前半に造営されたとみられる。(32)

赤田古墳群（青葉区荏田）は、多摩丘陵の南端部にあたり、早渕川の右岸に東西方向にのびる谷戸（赤田谷戸）に展開する丘陵に位置する。一九八六年（昭和六十一）〜八九年に四基の円墳と四二基の横穴墓群が発掘調査された。四基の円墳のうち、三基は泥岩切石の横穴式石室をもち、出土遺物から、五世紀末ごろ造営の四号をはじめに、二号・一号・三号の順に築造されたとみられる。(33)

一号墳は、径約二〇㍍、遺存高二・五㍍の円墳で、自然地形を利用して周囲を削り、中心部のみ土盛りして古墳の形を整えている。幅一・五〜二・五㍍の周溝は主体部の前方は掘り残されている。中心から南方に向けて泥岩切石を用いた両袖型の横穴式石室が構築され、石室の長さは五・九㍍、玄室の長さは二・五㍍、奥壁の幅は一・五㍍で、最大幅は一・八㍍。床には玄室・羨道の区別なく河原石が敷かれていた。石室内からは耳環、丸玉、小玉などの装身具、大刀、多量の鉄鏃などの武器と刀装具、刀子、銅鋺、須恵器の提瓶などが副葬品として検出され、墳丘からは頂部で須恵器の大甕と提瓶片、周溝からは横瓶が発見されている。七世紀初頭ごろの造営とみられる。

二号墳は、径約二〇㍍、遺存高二・八㍍の円墳で、自然地形を利用して中心部を土盛りして墳形を整えている。周溝は北側と南西部にわずかに確認されている。中心から南方に向けて泥岩切石を用いた両袖型の横穴式石室が構築され、石室の長さは五・二㍍、玄室の長さは三・三㍍、奥壁の幅は一・六五㍍で、最大幅は一・八㍍をはかる。床には河原石が敷き詰められていた。石室内には耳環、勾玉・切子玉・管玉・丸玉・小玉など多様な種類の玉類、大刀、多量の鉄鏃などの武器と刀装具、鈴釧、須恵器の坏・䏓などが副葬品として置かれ、墳丘からは須恵器の提瓶と甕の破片、周溝から土師器の坏が検出された。二号墳は六世紀後半の造営とみられる。

三号墳は、径約二〇㍍、遺存高二・五㍍の円墳で、丘陵斜面の微高地を利用して造られている。周溝は北側と南西部にわずかに確認された。主体部は、中心から南方に向けて泥岩切石を用いた両袖型の横穴式石室が構築され、石室の長さは六・二㍍、玄室の長さは二・三㍍、奥壁の幅は一・七五㍍で、最大幅は一・九五㍍をはかる。石室内からは切子玉・管玉・棗玉・丸玉・小玉など各種の玉類、大刀、鉄鏃などの武器と刀装具、須恵器の提瓶などが発見され、周溝から土師器の坏の破片が検出されている。三号墳は七世紀中葉の築造とみられている。

赤田一〜三号墳は、いずれも泥岩切石を用いた横穴式石室をもち、玉類などの豊富な装飾品や武器・武具を副葬品としてもつ一方で、埴輪は樹立されないという共通した特徴をもっている点は注意される。

(5)　新羽・大熊古墳群

新羽・大熊古墳群は、大熊川の下流域で、大熊川と鶴見川本流に挟まれた台地上に散在する。大熊川左岸の南側に張り出す台地上に上の山古墳群、小谷を隔てた対岸に新羽第一三遺跡内の小規模古墳群がある。大熊川の対岸には折本西原遺跡の円形周溝墓群、その南東の台地上の先端部には新羽南古墳が所在する。

上の山古墳群は、鶴見川の支流である大熊川によって形成された大熊谷戸の支谷に面する舌状台地の上に位置する。(34)一九八八年（昭和六十三）～八九年に発掘調査が行われ、いずれも尾根を削り出して墳丘を造った三基の円墳と一基の方墳が発見された。

二号墳は径一九・四㍍をはかり、幅一・六～二・四㍍の周溝がめぐる。墳丘の南西端に墓壙が発見されているが、主体部は遺存していない。二号墳は径一五・六㍍で、幅一・三～二・三㍍の周溝がめぐる。埋葬施設は確認されていないが、周溝内から坏・小型無頸壺などの土器が発見された。三号墳は同張隅円方墳ともいうべき形態で、一辺九・五㍍をはかる。幅一・一～一・八㍍の周溝があるが、東・西側は明確に検出されていない。周溝内からは土師器の坩・坏が発見されている。主体部は墳丘中央部にあり、箱形木棺の直葬で、鉄刀・鉄剣各一点が副葬されており、それらは剣身を直接布で包んだ形で副葬されたとみられている。四号墳は径一三・五㍍をはかり、幅〇・九～二・五㍍の周溝がめぐるが、南東部は陸橋部となっている。周溝からは埴輪と土師器の坏・壺の破片が検出された。主体部は墳丘中央部にあり、粘土槨で割竹形木棺が置かれ、鉄鏃・刀子が副葬品として発見された。古墳群は五世紀後半から六世紀初頭に造営されたもので、配置や遺物から丘陵先端の四号から三号・二号・一号の順に造営されたとみられる。

(6) 鴨居古墳群

鴨居古墳群は、鶴見川本流の南岸の鴨居町周辺の小規模な古墳群である。殿谷古墳、鴨居原古墳、柳下邸内古墳、松葉古墳などが知られ、失われた古墳も数基あったとみられる。

鴨居原古墳（横浜市緑区鴨居町）は、(35)下末吉台地と多摩丘陵の接線付近、西からのびてくる多摩丘陵の東端、標高七〇㍍前後の丘陵上に位置する。一九九〇年（平成二）に発掘調査が行われた。墳丘や盛土は残っていなかったが、外径二三㍍、内径一八・五㍍、幅一・八〜三・二㍍のほぼ円形に近い周溝が検出された。周溝は北西部で七㍍にわたってとぎれ、この内側に主体部が位置している。主体部はシルト岩切石による箱形石棺であり、長軸は一八一㌢、短軸は四八㌢、側板の高さ四八㌢をはかる。内部からは人骨とそれに接する形で銅釧二点が出土した。銅釧は外径約七四㍉で、断面の形状は六角形で、外縁にタガネによる刻み目が施されている。六世紀中葉に造営されたものとみられている。

殿谷古墳（緑区鴨居町）は、[36]中流域にあたる鶴見川と鳥山川に挟まれた東西にのびる台地の西端部に位置する。鴨居原古墳の北約六〇〇㍍の台地上にあたる。一九八五年（昭和六十）に発掘調査が行われた。古墳全体は削られており、墳丘と主体部の大半は失われている。幅〇・八〜二・四㍍の周溝が主体部の北側で四分の一周ほど検出されたが、全周には存在していなかったとみられている。周溝から、古墳は径一八〜二〇㍍程度の円墳と推定される。主体部は泥岩切石積みの横穴式石室で、石室の長さは四㍍、玄室の長さは三・一五㍍、奥壁の幅は一・三七㍍。玄室からは鍔の破片、直刀の破片、刀子、一括の鉄鏃などの鉄製品が発見された。横穴式石室の築造企画や遺物から、築造は六世紀末から七世紀初頭とみられている。

2　都筑評成立の前提

以上、都筑郡域内の古墳群の様相をみてきたが、都筑郡域総体としてその動向をみると、次のような特徴点が指摘できよう。

都筑郡域内で、四世紀後半から継続的に古墳が築造されているのが⑴市ヶ尾古墳群、⑷荏田古墳群、⑸新羽・大熊古墳群である。なかでも⑴市ヶ尾古墳群の朝光寺原一号墳には大量の武器・武具が副葬されており、五世紀中後半期では、矢上川下流域に位置し、同笵の二面の鼉龍鏡などをもつ日吉矢上古墳（位置は隣接する橘樹郡域とみられる）とともに、その被葬者は倭王権と密接な関係をもった首長であったと推測される。当該期にはこの地域を代表する首長といえよう。

六世紀中葉から後半ごろからは(2)王禅寺古墳群、(3)新治古墳群、(6)鴨居古墳群が造営されはじめる。また(4)荏田古墳群では泥岩切石の横穴式石室をもつ円墳が造られている。これらの古墳群ではこの時期に横穴式石室が導入されていくが、古墳群の動向の中で埴輪の有無と副葬品のあり方に注意したい。すなわち、(3)新治古墳群では三保杉沢古墳、北門古墳群では埴輪が樹立されている。とくに北門古墳群では生出塚埴輪窯で製作されたものが使用されており、この古墳群の首長が生出塚埴輪窯をめぐる埴輪の需要と供給のネットワークに組み込まれている点は重要である。これに対して、他の古墳群では埴輪は検出されていない。なかでも(4)荏田古墳群では泥岩切石の横穴式石室が導入されているが、埴輪は導入されておらず、多様な種類の玉類、大刀、多量の鉄鏃などの武器と刀装具などの副葬品が特徴的となっている。このことは、(4)荏田古墳群は(3)新治古墳群とは異なり埴輪のネットワークには参画しておらず、別の首長間ネットワークに参画していたことを示唆していよう。この点、赤田一号墳からは銅鋺が出土している点も注意される。銅鋺は銅瓶とともに仏教に伴って日本へもたらされた仏具の一つで、六世紀前半の古墳に副葬されはじめ、六世紀後半から七世紀前半に量が増加し、さまざまな形態も出現する。横穴墓からの出土もみられるが、高崎市の観音塚古墳や木更津市の金鈴塚古墳を代表として関東地方に類例が多い点が特徴となっている。銅鋺は仏教を受容した王権中枢からもたらされる新たな文物であり、それを入手した首長は王権中枢からの文物を受け入れることができる政治的関係やネットワークをもっていたとみられる(37)。この点をふまえるならば、(4)荏田古墳群の首長は(3)新治古墳群の首長とは基盤を異にし、参画するネットワークを異にする首長であったということができよう。おそらく、都筑郡域内の古墳群を形成する首長は、泥岩切石の横穴式石室の導入などの共通性をもちながらも、それぞれは基盤を異にする集団の首長として存在していたと推測することが可能であろう。

七世紀に入ると、それぞれの古墳群の地域では、古墳を引き継ぐ形で横穴墓が造られていく。また、熊谷横穴墓群（横浜市青葉区奈良町）のように、これまでに古墳を造らなかった地域でも横穴墓群がみられる。こうした状況から、七世紀半ばには、それまでの古墳群の系譜を引いて横穴墓を造る集団を中心に、都筑郡域内には複数の集団が存在していたことが推測できる。まさに、都筑評が成立する前提には、基盤やネットワークを異にする複数の集団とその首長が存在していたのである。言い換えれば、評は、こうした複数の集団とその首長を編成し、これまでとは異なった新しい秩序、新たな地域の権力体（行政機構）を作り上げたということができよう。この背景には、これまでの集団の首長に代表されていた秩序が、そのままでは維持することが困難となった状況が存在したことが想定される(38)。

それでは、地域内の複数の集団・首長が編成された評の中心施設（評の役所・「評家」）、それを引き継ぐ都筑郡家の場所は、どのように選定されたと考えられるだろうか。

古代の役所は、有力な地域首長の本拠地、すなわち古墳が継続的に造られた地域に設置される形態（本拠地型）、古墳や集落の集中地から離れた場所に置かれる形態（非本拠地型）に大きく分けられている(39)。都筑郡の場合、評の役所と郡家が置かれた場所（長者原遺跡）は、古くから継続的に古墳が造られた(4)荏田古墳群に位置し、(1)市ヶ尾古墳群に隣接している。この点を重視すれば、本拠地型の設置ということができる。両古墳群の系譜を引く集団の首長は、評の役人・郡司の一員となった可能性は高いであろう。

しかし、地域内の複数の集団・首長を編成して作られた行政機構の中心施設の設置という点からは、他の要因も考えられよう。都筑郡の場合、郡家とそれに先行する「評家」が置かれた場所（長者原遺跡）は現在の国道二四六号線に沿った位置である。『延喜式』兵部省諸国駅伝馬条にみえる「店屋駅」「小高駅」はこの道に沿って位置しており、国道二四六号線は平安時代には東海道となっていたとみられる。[40] おそらく平安時代初頭の交通網の再編成以前、八世紀には郡家と郡家、郡家と国府を結ぶ地域の道として機能していたと推測される。また、沿線には古墳が多く分布することから、この道は古墳時代からの地域の交通路として機能していたと考えられる。一方、「評家」が置かれた場所は、谷本川・鶴見川・早渕川を利用した河川交通によって郡域内の各集団を結びつけることが可能な地点ということができる。この場所は、まさに陸上交通と河川交通とが交差する交通の要衝であり、これが複数の集団・首長を編成して作られた行政機構の中心施設が置かれた大きな要因であったということができよう。

おわりに

武蔵国都筑郡をフィールドとし、地域社会における郡・評が成立する前提状況をみてきた。不十分な検討ではあるが、都筑郡の前身である都筑評が成立する前提には、基盤を異にする複数の集団・首長が存在しており、評はそれらを編成して作り上げられた新しい秩序をもつ行政機構であるということができよう。

評の成立に関しては、国造のクニがいかに分割・再編されたかに関して、具体的な地域を対象として検討が進められている。[41] ここでは逆に、評が成立する前提状況をどのように把握できるのかを検討することを課題とした。国造のクニの分割・再編という点では、都筑評は武蔵国造のクニを分割・再編することによって成立したが、それがどのような形で実現されたのかは課題として残されている。その場合、都筑郡に隣接する久良郡・橘樹郡は、いずれも屯倉が設定された地域であり、屯倉の設定が武蔵国造のクニの分割・再編と評の成立にどのように関連していたのかが課題となろう。都筑評の成立と久良郡・橘樹郡域に設置されていた屯倉との関係も課題である。

また、都筑郡域内における首長の秩序構造、郡司クラスの在地首長や村落レベルの首長の動向も問題である。これに関しては、集落遺跡や横穴墓の消長などの検討からアプローチすることが可能であろう。残された多くの問題は、今後の検討課題としたい。

註

(1) 石母田正『日本の古代国家』(岩波書店、一九七一年)。

(2) 大町健『日本古代の国家と在地首長制』(校倉書房、一九八六年)。

(3) 『和名類聚抄』の高山寺本では、駅名を駅名部に所載し、郡郷部には駅家郷や余戸郷は載せないのが通例であるが、高山寺本では「店屋郷」「駅家郷」がともにみえないので、「駅家」は「店屋郷」の注記であった可能性が高い。

(4) 郷の比定地に関しては、『角川日本地名大辞典　14神奈川』(角川書店、一九八四年)、『日本歴史地名大系　第一四巻　神奈川県の地名』(平凡社、一九九四年)、緑区史編集委員会『緑区史　通史編』(横浜市緑区、一九九三年)などを参照。

(5) 武蔵国分寺跡出土の主な郡・郷名などの文字瓦に関しては、有吉重蔵「遺瓦からみた武蔵国分寺」(『国分寺市史』上巻第四章第四節、一九八六年)など参照。

(6) 久世辰男「古代の「郷」をきわめる―武蔵国都筑郡を例に―」(『慶雲』第四号、二〇〇八年)。『慶雲』は、横浜市歴史博物館における「古代史料講読講座」のOBを中心に結成された「横浜古代史料を読む会」の会報である。

(7) 藪根不動原遺跡の「村落内寺院」に関しては藪根不動原遺跡調査団『横浜市都筑区　藪根不動原遺跡発掘調査報告書』(二〇〇七年)、「立」の墨書土器に関しては横浜市埋蔵文化財調査委員会『藪根不動原遺跡発掘調査報告書―市立都田西小学校建設に伴う埋蔵文化財調査報告書―』(一九八一年)を参照。

(8) 武蔵国都筑郡に関わる人名や氏族名で知られるのは、現在のところ、『万葉集』巻二十に防人として歌が所載される「服部於田」とその妻「服部呰女」のみである(四四二一・四四二二番)。今後の出土文字資料の発見を待ちたい。また、隣接する久良郡では現在のところ知られない。橘樹郡に関しては、正倉院に調庸布が残存しており、その墨書銘に「橘樹郡橘樹郷刑部直国当調庸布壱端」、「主当」として「郡司領外従七位下刑部直名虫」とみえる(松下順正『正倉院宝物銘文集成』

〈吉川弘文館、一九八〇年〉は、郡司のウジナ部分を「□□」とするが、赤外線写真を見る限り「刑部」と読み取れる)。これから郡領に刑部氏が任じられていたことが知られる。百姓としては、防人の「物部真根」と妻の「椋椅部弟女」の歌が『万葉集』にみえ(四四一九・四四二〇番)、『続日本紀』神護景雲二年(七六八)六月癸巳条には「橘樹郡人飛鳥部吉志五百国」という渡来系の氏族名をもつ人物がみえる。

(9) 長者原遺跡の発掘成果に関しては、水野順敏「神奈川県長者原遺跡」(条里制・古代都市研究会編『日本古代の郡衙遺跡』雄山閣、二〇〇九年)参照。

(10) 「評家」が造営・運営されるには、地域的な事情で時間差があったようで、評家が全国的に整備されるのは七世紀の第4四半期とみられている。長者原遺跡の場合、西側の台地で七世紀中葉ごろとみられる総柱建物跡が検出されている点は注意される。七世紀半ばごろに造営された「評家」関連遺跡としては、東日本では他に熊野遺跡(埼玉県深谷市)、御殿前遺跡(東京都北区)などが知られる。

(11) 影向寺と周辺地域に関する発掘調査に関しては、「影向寺址・影向寺境内遺跡(1)~(5)・影向寺周辺遺跡(A)~(C)・影向寺裏貝塚」(『川崎市史 資料編1』、一九八八年)、村田文夫『川崎・たちばなの古代史―寺院・郡衙・古墳から探る―』(有隣堂、二〇一〇年)などを参照。

(12) 千年伊勢山台遺跡に関しては、川崎市教育委員会『武蔵国橘樹郡衙推定地 千年伊勢山台遺跡―第1~8次発掘調査報告書―』(二〇〇五年)、河合英夫「神奈川県千年伊勢山台遺跡」(前掲『日本古代の郡衙遺跡』)参照。

千年伊勢山台遺跡は川崎市高津区千年伊勢山台に所在し、多摩丘陵の東側に広がる下末吉台地の北東端部、標高四〇~四二㍍の台地上に位置する。一九九六年(平成八)に千年伊勢山台北遺跡で整然と並ぶ総柱の掘立柱建物群(柱間三間×三間の倉庫群)が発見されて以後、一九九九年から八次にわたる調査が行われた。この調査で総柱の掘立柱建物二一棟、側柱の掘立柱建物二〇棟、区画の溝や塀などが発見されている。七世紀末から九世紀前半までの遺構は二時期に大別されている。Ⅰ期(八世紀前半まで)は建物の主軸が西に約六〇度傾き、中央に三棟の建物を品字型に置き、その西に四棟の側柱建物が妻列をそろえて平行に配置される。Ⅱ期(八世紀前半以降。Ⅱ期は三小期に区分される)は、建物の主軸が南北となり、東西にきれいに配され、東側にも建物群が広がる。九世紀前半には建物群は小型化し、分散する。遺跡は武蔵国橘樹郡の郡家(「評家」)の正倉に相当し、郡庁・厨・館などの施設は西に位置する影向寺との間に所在したとみられている。

(13) 文字瓦に関しては、竹石健二・原廣志「影向寺境内出土の「无射志国荏原評」銘瓦について」(『川崎市文化財調査集録』三七、二〇〇二年)、村田文夫『川崎・たちばなの古代史―寺院・郡衙・古墳から探る―』(前掲)参照。

(14) 橘樹郡に所在する影向寺は、このように隣接する荏原郡・都筑郡と密接に関連して運営された寺院であることが判明し、単に一つの評・郡で完結しない寺院である。その性格をどのように把握するのかは、七世紀後半以降の地域社会における寺院の役割をふまえて検討する必要があるが、今後の課題としたい。なお村田文夫『川崎・たちばなの古代史―寺院・郡衙・古墳から探る―』(前掲)参照。

(15) 出土文字資料で知られる武蔵国の評としては、飛鳥京跡出土の「无耶志國仲評中里布奈大贄一斗五升」と記された木簡(飛鳥京跡第一三一次調査出土、法量は長さ二四八ミリ×幅(二〇)ミリ×厚さ四ミリ、型式は〇三二型式)があり、那珂郡の前身である仲評が知られる。

また、武蔵国の表記に関しては、他に藤原宮跡出土の木簡に「无耶志國薬烏□」(藤原宮跡第五八―一次調査SD一四〇〇出土、法量は長さ一六二ミリ×幅一七ミリ×厚さ四ミリ、型式は〇三二型式)、「无耶志國薬桔梗卅斤」(藤原宮跡第五八―一次調査SD一四〇〇出土、法量は長さ一八九ミリ×幅一八ミリ×厚さ三ミリ、型式は〇三二型式)があり、『先代旧事本紀』巻十の「国造本紀」には「无邪志国造」がみえる。「武蔵」の漢字二字に固定される以前には、「无射志」「无耶志」「无邪志」などの表記が用いられていたことが知られる。武蔵国府は東京都府中市に所在したが、武蔵国府の成立に関して深澤靖幸氏は、国府を形成する集落の諸様相から七世紀末~八世紀初頭に成立したと判断でき、さらに府中の地域拠点としての地位は七世紀中葉には確立していたとみるべきであるとされている(「古代武蔵国府の成立」『府中市郷土の森博物館紀要』第二三号、二〇一〇年)。

評の成立に関してはさまざまな議論があるが、立評については、鎌田元一氏が提起された大化五年の全国的立評に従う(鎌田元一「評の成立と国造」『日本史研究』一七六、一九七七年。のちに同氏『律令公民制の研究』塙書房、二〇〇一年所収)。評の令制郡への展開に関しても多くの議論があるが、立評された評を統括する地域拠点(国府)の設置は七世紀中葉に遡る可能性が高いであろう。市大樹氏は、七世紀の木簡の検討を通して、「孝徳期に全国立評が実現されたとすれば、評を複数組み合わせることで国をつくることは可能であるので、この時期の国の成立はありえるのではないか」という見通しを示している(市大樹「飛鳥藤原出土の評制下荷札木簡」『飛鳥藤原木簡の研究』第八章、塙書房、二〇一〇年)。また吉川真司氏は「〈国―評―五十戸〉による公民支配は、大化五年を制度的出発点とし、孝徳朝の末年まで整備が続けられた」と指摘している（吉川真司『飛鳥の都　シリーズ日本古代史③』岩波書店、二〇一一年）。武蔵国の成立と評との関係は、多くの問題をふくんでおり、その検討は今後の課題である。

(16) 奈良文化財研究所『飛鳥・藤原宮発掘調査出土木簡概報』十六（二〇〇二年）、木簡学会『木簡研究』第二四号（二〇〇二年）など。

(17) 石神遺跡の発掘成果に関しては、市大樹「石神遺跡北方域の性格と木簡」（前掲『飛鳥藤原木簡の研究』第二章）に的確な整理がなされている。

(18) 前掲『飛鳥・藤原宮発掘調査出土木簡概報』十六。

(19) 「諸岡五十戸」木簡をめぐる問題に関しては、鈴木靖民「奈良県石神遺跡出土の「諸岡五十戸」木簡」（『神奈川地域史研究』第二一号、二〇〇三年）、横浜市歴史博物館『「諸岡五十戸」木簡と横浜―大宝律令以前の支配システムを探る―』（二〇〇六年）参照。

(20) 現在、知られる古代の史資料では、「諸岡五十戸」に該当するのは武蔵国久良郡諸岡郷のみである。『和名類聚抄』では武蔵国久良郡に鮎浦・大井・服田・星川・郡家・諸岡・洲名・良崎（椅）郷が存在したことが知られる。他の地域に「諸岡」の郷（里）名が存在し、のちに消滅した可能性もあるが、七世紀の「五十戸」名の多くは、『和名類聚抄』以降まで受け継がれ、地名として根強い生命力が看取されることが指摘されており（市大樹「飛鳥藤原出土の評制下荷札木簡」前掲『飛鳥藤原木簡の研究』第八章）、「諸岡五十戸」も久良郡諸岡郷（里）へと継承されたと考えてよいであろう。

古代の武蔵国久良郡諸岡郷（里）の範囲は、横浜市港北区の菊名・大豆戸・太尾・師岡・樽・綱島東・綱島西・綱島台・大曽根各町、鶴見区獅子ヶ谷・北寺尾・東寺尾・馬場・駒岡・上末吉・下末吉・鶴見・生麦各町、神奈川区西寺尾・神之木・入江・大口仲各町と、広範な地域に比定されるが、その中心は港北区師岡町・鶴見区駒岡町周辺とみられる。

(21) 註(5)参照。

(22) 市大樹「飛鳥藤原出土の評制下荷札木簡」（前掲『飛鳥藤原木簡の研究』第八章）。

(23) 市大樹「飛鳥藤原出土の評制下荷札木簡」（前掲『飛鳥藤原木簡の研究』第八章）。吉川真司氏は、〈国―評―五十戸〉による公民支配は大化改新を契機に整備されていくことを指摘している（前掲『飛鳥の都』）。

（24）久良郡は、武蔵国造の地位争いの後に設置された倉樔（樹）屯倉＝久良屯倉を核として、評が置かれ、郡へと転換したとみられる。諸岡郷地域には、大刀・釵など多様な器財埴輪をもつ駒岡堂の前古墳、一九〇八年（明治四十一）の発掘調査により人物埴輪・鉄刀・須恵器などの遺物が発見され、人々の関心を引いた瓢箪山古墳と横穴墓をはじめ、兜塚古墳、綱島古墳などがあり、六世紀には地域の有力首長が存在したことが判明する。彼らは屯倉の経営に関与し、その後裔は、評の成立、五十戸編成に主導的な役割を果たしたと推測される（前掲『「諸岡五十戸」木簡と横浜』）。いわゆる「武蔵国造の乱」に関しては、甘粕健「古墳からみた武蔵国造の反乱」（『前方後円墳の研究』同成社、二〇〇四年。初出は一九七〇年）、鈴木靖民「南武蔵と大和王権」（『川崎市史　通史編1』第五章第一節、一九九三年）、平野卓治「武蔵国造の乱と屯倉」（㈶横浜市ふるさと歴史財団編『横浜　歴史と文化』有隣堂、二〇〇九年）などを参照。

（25）人々を「戸」に編成し、個々に籍帳に付して固定することにより集団を掌握する支配方式の先行形態は、六世紀代の吉備白猪屯倉の経営など、文字に精通した渡来系の人々が関与した「屯倉」の経営にみることができる。

（26）註（2）。

（27）都筑郡域内における古墳群に関しては、鈴木重信「まとめ　C.築造時期と鶴見川中・上流域における位置づけ」（㈶横浜市ふるさと歴史財団・横浜市教育委員会『港北ニュータウン地域内埋蔵文化財調査報告XX　C18横穴・矢崎山古墳』一九九六年）による。以下の古墳群に関する記述の多くは、この鈴木氏の研究に依拠している。また、編年表は同「まとめ」に掲載されたものを鈴木氏のご教示に従って修正したものである。なお、甘粕健「稲荷前古墳群をめぐる諸問題」・「市ヶ尾横穴群の歴史的性格」（前掲『前方後円墳の研究』）も参照。

（28）北原實徳「川崎市下麻生古墳群」（神奈川県考古学会『第18回神奈川県遺跡調査・研究発表会発表要旨』一九九四年）、川崎市市民ミュージアム『古墳の出現とその展開』（二〇〇六年）。

（29）日本窯業史研究所『日本窯業史研究所報告第9冊　神奈川県横浜市三保杉沢遺跡群』（一九七九年）。

（30）盤古堂『横浜市緑区　北門古墳群I』（二〇〇七年）。

（31）生出塚埴輪窯の埴輪生産体制・供給関係に関しては、山崎武「生出塚埴輪窯の生産と供給について」（市原市文化財センター『市原市山倉古墳群』二〇〇四年）、城倉正祥「北武蔵の埴輪生産と地域社会」（『埴輪生産と地域社会』第三章、学生社、二〇〇九年）、高田大輔『東日本最大級の埴輪工房・生出塚埴輪窯』（シリーズ「遺跡を学ぶ」073、新泉社、二〇一〇年）など参照。

(32) 註(27)『C18横穴・矢崎山古墳』。

(33) 日本窯業史研究所『日本窯業史研究所報告第34冊　横浜市緑区赤田の古墳』（一九九〇年）。

(34) ㈶横浜市ふるさと歴史財団『港北ニュータウン地域内埋蔵文化財調査報告XIII　上の山遺跡』（一九九二年）。

(35) 横浜市埋蔵文化財センター『鴨居原遺跡発掘調査報告書』（一九九一年）。

(36) 横浜市埋蔵文化財調査会『緑区鴨居町　殿谷遺跡発掘調査報告――鴨居中学校第二方面校建設に伴う埋蔵文化財調査報告』（一九八六年）。

(37) 川崎市市民ミュージアム『古墳の出現とその展開』（二〇〇六年）など参照。

(38) 大町健氏註(2)は、郡司クラスの在地首長の下位に位置する村落クラスの首長（村落首長）の共同体的支配は、貢納、労働力徴発、出挙などが村落首長の私的収奪・私富追求の手段となっており、共同体成員との矛盾を激化させていたことを指摘している。

(39) 山中敏史「古代地方官衙の成立と展開」（『古代地方官衙遺跡の研究』第三章、塙書房、一九九四年）。

(40) 木下良「総説「神奈川の古代道」」（藤沢市教育委員会『神奈川の古代道』一九九七年）。

(41) 白石太一郎「常陸の後期・終末期古墳と風土記建評記事」（『古墳と古墳群の研究』塙書房、一九九四年）、清野陽一「常陸国の古墳分布と郡領域」（奈良文化財研究所『古代地方行政単位の成立と在地社会』二〇〇九年）、大川原竜一「印波国造と評の成立」（吉村武彦・山路直充編『房総と古代王権』高志書院、二〇〇九年）、田尾誠敏「師長国造領の分割と地域拠点の成立―考古学からみた在地支配と首長層の動向―」（『小田原市郷土館研究報告』四七、二〇一一年）など。

古代上野国の国内交通路に関する一考察

川原秀夫

はじめに

古代の交通に関する研究は、考古学の分野で道路遺構が認識されるようになったため、近年、急速に進展が見られている分野である。群馬県においても例外ではなく、とくに東山道駅路に関する発掘例が増加したことで、古代交通に関する研究は深まりを見せたと言える。しかし、主要な路線は確定してきたと言えるが、その反面、そこからさまざまな問題点が派生しており多くの課題が生まれている。また、駅路は国家が設定した幹線道路であり、それとは別に、国内にはさまざまな形で交通路が存在したはずである。発掘でも各地域で道路遺構が検出されているし、上野国の場合、国内を大きな河川が分断しており、こうした河川をどのように利用したかという問題点も残されている。

本論では東山道駅路に関する近年の議論を整理し、その問題点に対し方向性を示すとともに、国内交通の問題について、考えうる範囲で推定を行いたい。なお、駅制を含めた交通制度に関しては伝馬制をめぐり議論が分かれるが、(1)駅制と伝馬制、伝制の三重構造とする馬場基氏の説が妥当であろう。(2)ただ本論では、交通制度ではなく、国司による国内支配を行うためにどのようなルートが想定できるかという観点で、国府と郡家、郡家相互を結ぶルートを主に検討することを目的とするので、「伝馬路」「伝路」という呼称を避け、国府と郡家、郡家間を結ぶルートを「郡間道」と仮に呼称する。

一　東山道駅路とそのルート

上野国の駅路に関する研究の現状と問題点を以下に記す。図1は駅路と郡間道の概念図である。上野国を通過する東山道駅路は、二〇〇一年に群馬県立歴史博物館が東山道の図録を作成し、研究の現状を示したが、最新のものとしては、古代交通研究会の『日本古代道路事典』、木下良氏の『事典　日本古代の道と駅』が現段階の研究を集成している。(3)以下の記述のうちことわりがない箇所はこれらの書籍によっている。なお上野国における東山道駅路は三段階を経ていると考えられるので、本論では初期駅路である牛堀・矢ノ原ルートを「初期東山道駅路」、その後の駅路を「中期東山道駅路」、九世紀後半以降の国府ルートを「後期東山道駅路」と仮称したい。（　）内の記号は、図1の記号である。

初期東山道駅路（A）は、七世紀後半から八世紀前半まで続いた幅一二㍍の直線道である。信濃からのルートは碓氷峠（a）か入山峠（b）かで議論が分かれていたが、(4)古墳時代からの祭祀遺物を出土する入山峠は令制下に入ると祭祀遺物が途絶えること、坂本駅家の位置が地名から現在の坂本付近だと考えられること、近世の中山道も碓氷峠を通過していることなどから碓氷峠が東山道駅路のルートとしてほぼ確定している。ただし入山峠の方が通行しやすく、近世においても中山道の碓氷峠より入山峠を利用する者が多かったことから、古代でも同様に入山峠も利用されてい

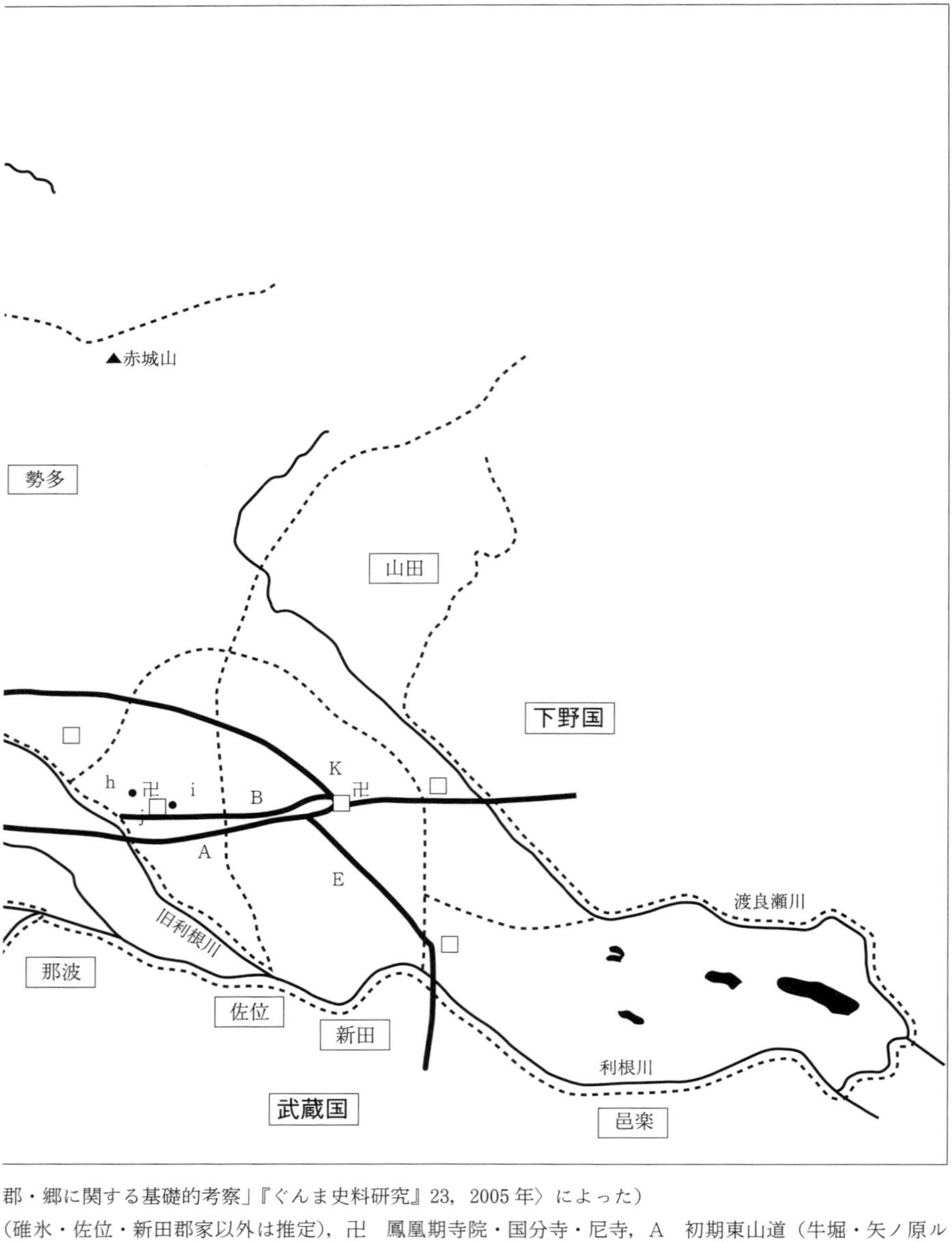

郡・郷に関する基礎的考察」『ぐんま史料研究』23，2005年〉によった）

（碓氷・佐位・新田郡家以外は推定），卍　鳳凰期寺院・国分寺・尼寺，A　初期東山道（牛堀・矢ノ原ル
武蔵路，F　碓氷川北岸ルート，a　碓氷峠，b　入山峠，c　人見ルート，d　貫前神社，e　佐野の舟橋，
天良七堂遺跡（新田郡家），l　新野脇屋遺跡群，①　鎌倉街道・下仁田街道，②　鎌倉街道，③　沼田街

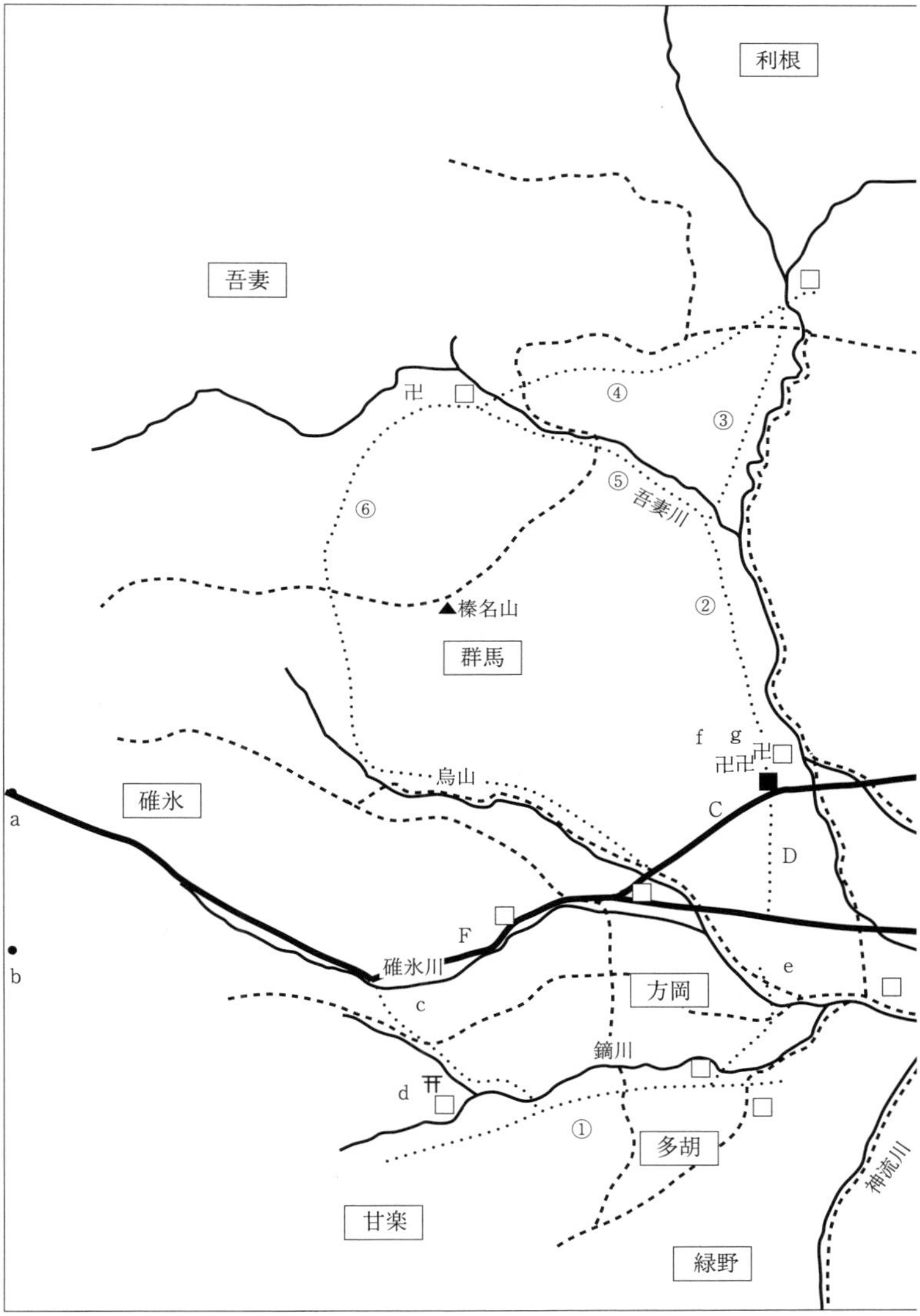

図1　駅路変遷と郡間道概念図（郡界は拙稿〈「古代上野国の国府及び
凡例：破線　郡界，点線　郡間道など国内の道線，実線　駅路線，■　国府，□　郡家
ート），B　中期東山道（下新田ルート），C　後期東山道（国府ルート），D　日高道，E
f　国分寺，g　国分尼寺，h　南久保遺跡，i　大道西遺跡，j　三軒屋遺跡（佐位郡家），k
道西通り，④　真田道，⑤　日陰道，⑥　信州街道。

たと考えてもよいように思われる。碓氷峠から烏川まで東山道駅路の発掘例はないが中山道と同じく碓氷川北岸を通過したと思われる。烏川から東は高崎情報団地遺跡（高崎市）、砂町遺跡（玉村町）、牛堀・矢ノ原遺跡（太田市）、八ヶ入遺跡・鹿島浦遺跡・大道西遺跡・大道東遺跡（太田市）などを経て下野国へ向かったと考えられる。このルートは国府から離れた南部地域を通過するため、国府へは「日高道」と称する連絡路を利用したと考えられている（D）(5)。

駅路の成立について関口功一氏は碓氷峠を越える交通路が開設困難であることから、上野国部分における東山道駅路は開通が遅れ、武蔵路が利用されていたと推測する(6)。関口氏は八世紀後半における石上部氏の上毛野坂本公への改姓、檜前部氏の上毛野佐位公への改姓が坂本、佐位の駅家開設に関わる改姓であるとみて、この時期を東山道駅路開通の時期と判断する。だが、石上部氏の上毛野坂本公姓への最初の改姓は大宝元年であり、改姓理由が駅路開設に関連するのであるなら駅路は八世紀には開通していたことになる。また、駅路網は天智朝ごろから開設が始まっていたと考えられ(7)、信濃〜上野ルートという蝦夷地への重要ルートの開設が一世紀近く遅れたと考えることはできない。また、高島英之氏は、成立期の東山道駅路の性格を都と陸奥を結ぶために造られた官道であったととらえ、そのため上野では国府を離れた牛堀・矢ノ原ルートになったとする(8)。このルート近辺は古墳時代において上毛野地域と倭王権が交流するルートであり、古墳時代の主要ルートがそのまま駅路となったとみるべきだろう。

初期東山道駅路の廃絶時期に関しては従来、牛堀・矢ノ原遺跡で道路を切断する水路に関わる祭祀に使われたと思われる土器の編年により八世紀後半とされていた。しかし、太田市の大同東遺跡では道路上に竪穴住居跡が複数見つかり、初期東山道駅路の存続年代が七世紀第3四半期から八世紀第1四半期であることが確認された(9)。この初期東山道駅路は後世、片側の側溝が新田堀とされたり、牛堀・矢ノ原遺跡では八世紀後半になると北側溝が水路に利用され、道の一部が南部へ導水するための水路により切断されるなど再利用されるようになる。森田悌氏は水路の上に橋をかけることも可能だとして牛堀～矢ノ原ルートが平安時代まで継続したとするが[10]、砂町遺跡は九世紀には水田となっており[11]、この説はなりたたない。早くに初期東山道駅路が廃絶した理由に関しては、初期東山道駅路が国府から遠いことより推測すれば、国府造営に伴い、駅路を国府に近い位置に移したためである可能性が想定できる。そうであれば、国府と駅路を結ぶと考えられていた「日高道」は条里に沿う南北道の一つに過ぎなくなる。近年、国府造営が八世紀をさかのぼる例が下総国などで報告されているため、軽々に論じることはできないが、この問題の解決は上野国府の発掘を待たなければならない。

早くに廃絶したと考えられる初期東山道駅路のルートだが、古代から中世にかけて民間において広く利用されたルートである可能性も指摘できる。まず平安時代にこのルートの近辺には、那波郡に火雷神社と倭文神社が、佐位郡に大国神社が官社として認定される[12]。上野国には一二社しか官社が存在しないのだから、この数は多いと言わなければならない。また、なんらかの官衙か有力者の館と推測される玉村町の一万田遺跡[13]も駅路廃絶後の九世紀が最盛期である。中世においては、久保田順一氏がこの牛堀・矢ノ原ルートの後継となる中世のルートを「上野大道」と仮称し、中世武士団が利用した要路ととらえている[14]。公式な駅路としては外され、牛堀・矢ノ原ルートがそのまま利用されたわけではないが、この付近を通るルートは国内の道としてはその後も利用された有力なルートだったのである。

八世紀第2四半期以降から九世紀前半までの中期東山道駅路（B）について、拙稿や木下良氏は従来、「伝路」であると推測されていた下新田ルートを駅路と推定した[15]。下新田ルートは八・九世紀の遺物が出土するだけで成立年代を確定する資料は出土していないが、幅が一一㍍あり、硬化面や波板状土坑が検出され、長期間利用されたことは疑いない。このルートは新田町で方位をやや北西方向に変えており[16]、この延長線上には佐位郡家である三間屋遺跡が想定できる。このルートについては利根川以西のルートが現段階では不明である。

国府ルートと通称される後期東山道駅路（C）は、九世紀後半から十二世紀以降まで続いたとされる幅四・五〜七㍍の道である。片岡郡から西、碓氷峠に至るルートは、両側を丘陵にはさまれた碓氷川の北部段丘上しか通過可能なルートはないので、初期、中期、後期で同じ道が利用されたと考えられる。後期東山道駅路は国府の西側では、寺ノ内遺跡、熊野堂遺跡（高崎市）、福島飛地遺跡、萱谷遺跡（高崎市、旧群馬町）などを経て国府に向かい国府域のすぐ南側を通過すると考えられている。これが国府ルートである。国府から東部分は発掘が進んでおらず、実態はわからない。通称「あづま道」がそのラインだと考えられていたが、発掘の成果により、あづま道は天仁元年（一一〇九）の浅間山噴火の後の道だとされた。伊勢崎市の田部井大根谷戸遺跡ではあづま道に近い位置に堀状の道路遺構が検出されており、[17]本遺構が後期東山道である可能性が高い。さらに太田市道原遺跡では平安時代の幅七・五㍍から五・五㍍に変更される側溝を伴った直線道が検出された。[18]木下良氏はこれを東山道駅路とするが、渡良瀬川に平行するような道であり、後期東山駅路と判断するにはまだ早すぎるだろう。

二　武蔵道について

武蔵国は当初東山道に属していた。東山道駅路は新田駅から武蔵国に至る支路が武蔵国に向かっており、官符などは上野国から武蔵国を経て下野国に至る規定だった。この武蔵国に至る路線を通称「武蔵路」（E）という。武蔵国は『続日本紀』宝亀二年十月己卯（二十七日）条で東海道に編成替えされる。

太政官奏、武蔵国雖レ属二山道一、兼承二海道一、公使繁多、祗供難レ堪、其東山駅路、従二上野国新田駅一、達二下野国足利駅一、此便道也、而枉従二上野国邑楽郡一経二五ヶ駅一、到二武蔵国一、事畢去日、又取二同道一、向二下野国一、今東海道者、従二相模国夷参駅一、達二下総国一、其間四駅、往還便近、而去レ此就レ彼損害極多、臣等商量、改二東山道一、属二東海道一、公私得所、人馬有レ息、奏可。

天平六年度「尾張国正税帳」[19]には上野国の父馬や陸奥国より進上する御馬が尾張国を、天平十年度「駿河国正税帳」には下野国造薬師寺司や病で下野国那須湯へ湯治に向かう官人が駿河国を通過する例が知られるし、『万葉集』からは上野国に向かう国司田口益人が駿河国を通過した例が知られる。[20]これらの例から公・私を問わず都と関東北部との往来に際し、武蔵路から東海道を経て都に至ったことが推測され、[21]東山道より武蔵路を経て東海道を都へ向かうルートに利便性を感じていたものと思われる。『別聚符宣抄』に見える延喜十四年六月十三日の官符は「方今可レ赴二山道一諸国司等申二請枉道官符一」とあり、山道へ赴くのに枉道通過を申請する国司に対し、枉道通過を停止するよう命じる。彼ら諸国司の通過による駅の疲弊を申し出たのは駿河国であることから、山道（東山道）の国司が通過した枉道とは武蔵路であるものと思われる。武蔵路は駅路として廃止されたのち、十世紀まで使用されていたことが史料から知られる。これらのことを考えれば、武蔵路は駅路成立以前からの文化伝播ルートであった可能性がある。

武蔵路の路線については木本雅康氏が新田駅家と推測される入谷遺跡付近から南東に斜行し、太田市の古戸で利根川をわたり直線的に南へ降り、所沢市の東ノ上遺跡を経て武蔵国府に至るルートを想定しており、この説がほぼ通説化している。上野国では太田市の新野脇谷遺跡群（1）で武蔵路が検出された。その路線はおおよそ木本氏のルートに沿うようである。[22]

宝亀二年官奏の「五ヶ駅」が駅名か五つの駅を指すかで議論があるが、[23]現在では五つの駅とする説が有力であり、木本氏がそれぞれの位置を推定している。だが、埼玉県吉見町で検出された側溝を伴った七世紀末から九世紀後半まで使用された八〜一〇㍍の幅を持つ西吉見遺跡を中心とした一連の道路遺構は[24]木本説のルートと異なり、群馬県の

「上五箇」「下五箇」方面に向かっている。木下良氏はこのルートを古河へ向かう武蔵路とは別の道と推測するが(25)、上野の「上五箇」「下五箇」は近世では「五ヶ」とも書かれたことなども勘案すれば、こちらの方が邑楽郡を経るという言葉にもふさわしく、武蔵路のルートはまだ確定したとは言えないものと思われる。

初期東山道駅路の廃止が八世紀前半とすれば、武蔵路はそれ以後九世紀後半まで利用された中期東山道駅路にも接合したものと思われる。なお武蔵国を東海道に移すということは武蔵路の道路としての廃絶を意味するのではない。先記したように道としては以後も公私共に利用されている。また、東ノ上遺跡は武蔵路廃止以後、側溝の改修はされていないが、道として利用された痕跡がある(26)。したがって、駅路としての廃止は、駅家が置かれず、郡家による恒常的な道の整備がなされなくなったという意味なのであり、武蔵路が駅路から外されて以後も、太田から利根川を越え下野国に至るルートは民間道として利用されていたとみてよいだろう。中世においても重視された太田市の古戸の渡しがその渡河点だった可能性が高い(27)。また、武蔵路の上野国部分に関しては、利根川を越えた邑楽郡の郡家推定地付近で足利に向かうラインを想定する研究者が多い。柏瀬順一氏のように宝亀二年以前の正規ルートを新田駅〜武蔵国〜足利駅とし、便道を新田駅〜足利駅とみるため(28)こうしたルートを想定するのである。最近の木下良氏の見解もそのラインを踏襲している(29)。しかし、宝亀二年の太政官奏が「同じき道を取り」とする以上、武蔵国に向かうこと自体が枉道なのであり、武蔵国を経ないことが便道だと考えるべきで、同じ道を通り新田駅に戻って足利駅に向かったとみるべきである。民間道としてそのような道は存在したかもしれないが、駅路としては想定すべきではない(30)。また、路線について「邑楽郡を経る」とあるが、現在想定されている路線では上野国部分における武蔵路の大半が新田郡であり、邑楽郡は新田郡との境界線近くの一部を横切るだけであるため、邑楽郡を経るとする意味が不明確となっている。この点については、路線に近い大泉町古氷近辺が邑楽郡家である可能性が高いことから物資集積地である郡家を経る(31)

ことを指している可能性が高いと思われるが確定できない。

武蔵路廃止の理由については諸説ある。佐々木虔一氏は対東北抗争長期化に伴う負担増とし[32]、山路直充氏は佐々木氏と同様な視点を持ちつつ、道鏡政権下の武蔵・上総両国を重視した結果であるとする[33]。関口功一氏は武蔵路を按察使の道と推測し、武蔵路廃止を按察使の廃止と関連させてとらえる[34]。中村光一氏は光仁朝における令外の官廃止に見られる放漫政治に対する改善の一環とみる[35]。武蔵路は先述したように路線として重要な道であり、対東北経略の進行途上で軍事上重要な路線の変更はありえないと思われる。また広域行政区として按察使が利用したことは想定すべきであろうが、宝亀二年の官奏が行政上の繁多を理由としてあげている以上、按察使の廃止が理由になるとは考えられない。中村氏が指摘するように官奏の内容通り、官符逓送などによる通常業務の繁多に対する武蔵国の東海道移管に武蔵路廃止の原因を求めるべきであり、駅路から外れても軍事利用はその後も行われたと考えるべきだろう。

三　「郡間道」の可能性

国府は群馬郡に属し、群馬郡は上野国の中央にある。したがって郡間道は国府を中心として放射状に伸びるものと考えられる。『和名類聚抄』『延喜式』は郡の配列を碓氷・片岡・甘楽・多胡・緑野・那波・群馬・吾妻・利根・勢多・佐位・新田・山田・邑楽とする。この上野国の郡の配列には規則性があり、地域単位でグルーピングされていると考えられる。郡間道路もそれにしたがって区分されたとみてよいだろう。平川南氏は一国を道前と道後に分割して考える[36]。国府所在郡である群馬郡がその中心であるとすると、この区分は旧利根川が現広瀬川であることから利根川・吾妻川を境に前後を区切る分類であるといえる。道前はさらに1碓氷・片岡郡ルート（碓氷川沿い）、2甘楽・多胡・緑野・那波郡ルート（鏑川沿い）に分けられ、道後は3吾妻・利根郡ルート（利根川・吾妻川沿い）、4勢多郡以東ルートに分けられる。郡間道はこれらの郡を国府からグループ単位でつなぐ道として設定されたと考えられる。ただ、放射状に伸びるこれらのルートは国司巡行を考えた場合、各ルートに行くたびに国司は国府へ戻らなければならなくなる。「天平十年度駿河国正税帳」を一例として示そう。

春夏正税出挙国司（掾一口　史生一口　従三口）七郡別二度各三日食為単弐百壱拾日（掾卌二口　史生卌二口　従百廿六口）

責計帳手実国司（掾一口　目一口　史生一口　従五口）七郡別三日食為単壱百陸拾捌日（掾廿一口　目廿一口　史生廿一口　従一百五口）

すなわち国司巡行は国司が一斉に同じ事項に関して各郡への巡行を行うのではなく、特定の国司が一つの巡行を担当し、全郡の巡行を行うという方法を取るのである。『万葉集』巻十七にみえる大伴家持の越中国における春の出挙の巡行をみると、礪波郡、婦負郡、新川郡、能登郡、鳳至郡、珠洲郡と、羽咋郡以外の全郡で和歌を作っており、個々の国司が特定の巡行を全郡に関して行うことが確認される(37)。

国司の利便性を考えれば、国司が国府に戻らずに巡行するためには、1と2、1と3をつなぐルートが想定されるべきであろう。以下、各ルートについて推測したい。文章中（　）内の記号は、図1の記号を意味する。

1　碓氷・片岡郡ルート

碓氷川の河岸段丘上を駅路が通過するため、郡間道路を別に設定する地形的余裕はなく、駅路が郡間道路を兼ねたと考えられるが、勢多郡以東ルートでは郡間道と思われる遺構が検出されており郡間道が別に存在した可能性もある。

碓氷川沿いの郡と鏑川沿いの郡をつなぐルートとして人見大谷津遺跡を始めとする道路遺構が想定できる(38)（人見ルートと仮称する。c）。このルートは碓氷川方面から斜行して台地にあがり、両側に側溝を持つ、幅約九・五㍍の道で人見大谷津遺跡、人見向原遺跡、人見枝谷津遺跡を合わせて二キロほどの直線道となる道路遺構で、このまま直進すれば鏑川沿いにある平安時代には一宮となる貫前神社（d）にほぼ接続するルートとなる。甘楽郡家は貫前神社に近い位置に想定されるので、国司はこのルートを使い、鏑川沿岸にある甘楽郡家に向かったものと思われる。人見ルートは八世紀後半には台地上が牧になるため、道路遺構としては廃絶する。この人見ルートは北西から南東に向かうため、碓氷郡家に想定される安中市の植松・地尻遺跡(39)から甘楽郡家へ向かうには不便な道といえる。そのため早くに利用されなくなったのではないだろうか。その後は、未検出だが、碓氷郡家から貫前神社へ北東から南西に向かうルートが開発されたのではないだろうか。

2　甘楽・多胡・緑野・那波郡ルート

国府からは那波郡、緑野郡、（多胡郡）、甘楽郡を通過するルートが想定される。そのルートは国府を南下し、那波郡家を経て、佐味郷で烏川を渡り、緑野郡家に至るルートである。このルートに関連すると思われる遺構として藤岡市上栗須寺前遺跡の道路遺構がある。この遺構は八〜九世紀前半、幅五・五メートルの東西に走る道である(40)。また、上栗須寺前遺跡から五〇〇メートルほど南を東西に走る道として中大塚遺跡の道路遺構がある(41)。道路上の遺物に宋銭があり、古代まで遡る可能性がある。双方の道の関連はわからない。また、佐野舟橋は後述するように多胡郡から国府へ向かうルートとして設定された可能性がある。

緑野郡家からは西進し、多胡郡家、甘楽郡家を経るルートが想定できる。甘楽郡家へは後に記す神田の渡しを渡河して向かう。神田の渡しを渡らず、下仁田へ向かい信濃に入るルートも想定される。これは平安時代初期の『叡山大師伝』などから最澄が緑野寺へ向かうのに利用したと考えられるルートで南佐久郡臼田町から田口峠を越え、南牧川を経て、下仁田町、富岡市、吉井町を通るルートが一志茂樹氏により推定されている。[42] この道は鎌倉街道、下仁田街道（①）[43]として中・近世にまで利用されている路線である。

3　吾妻・利根郡ルート

吾妻郡・利根郡へ向かうルートについて検討したい。五世紀後半以降、榛名山東麓に韓式土器や積石塚などの渡来人系遺跡が分布する状況や吾妻郡にある白鳳期寺院の金井廃寺の存在を考えると、古墳時代から榛名山東麓を北上するルートがあったと想定される。推定されるルートは、三国街道か鎌倉街道に連なる道であろう。高崎市大八木町の雨壺遺跡では、三国街道から東へ五㍍のところに九世紀後半に遡る幅一～二㍍の南北道が見つかっている。[44] 後期東山道の南側であり、利根方面まで北上するルートとなるのかどうかは現状では確定できない。三国街道[45]は国府から離れているので、この段階で三国街道の前段階にあたる道を利用したとの想定は難しく、国府や六世紀～七世紀の上野において突出した古墳のある総社古墳群に近い鎌倉街道（②）を利用したと考えるべきだろう。[46]

このルートが吾妻川との分岐点から利根郡へ向かうルートは確定できないが、渡来系遺物が昭和村に分布しているので利根川右岸を利用したと考えられ、沼田街道西通り（③）[47]を利用した可能性がある。吾妻郡へは、利根郡家から現在の国道一四五号線に沿う真田道（④）を通り吾妻川沿いに出て吾妻郡家へ向かったと想定しておく。このルートは難路である利根川流域を戻り、吾妻川流域に沿って吾妻郡へ行くより通行しやすいからである。ただし、国府から直に吾妻郡へ行く場合は、白鳳期寺院である寺井廃寺が吾妻川南部にあり、郡家がその近辺にあると想定すれば、吾妻川を渡らず、日陰道（⑤）を通ったと想定すべきだろう。[48]

国司巡行を考えたとき、碓氷川ルートへ向かうためには、吾妻郡から国府に戻るより、利便性のある、信州街道

⑥[49]の大戸から烏川沿いに抜け碓氷川ルートに行く道を想定するべきである。[50]石上部から改姓した上毛野坂本君は碓氷郡と吾妻郡に在住しており、[51]両地域を結ぶルートは信州街道しか想定できない。また、大戸宿は中世から存在しておりこのルートが古くから利用されていたことを推測させる。国司はこのルートを通り、吾妻郡家と片岡郡家の間を行き来したのだろう。

吾妻郡、利根郡からは陸奥へ向かう会津街道、越へ向かう三国街道、信濃へ向かう信州街道の前身となる道が古代から存在した可能性がある。これらの道は本論の主題ではないので指摘にとどめたい。

4　勢多郡以東ルート

勢多郡以東の郡間道として、佐位郡家である三軒屋遺跡（j）の正倉群東部から新田郡家である天良七堂遺跡（k）に向かうと想定される道路遺構が、伊勢崎市の大道西遺跡（i）で検出された。[52]この道は構築時の幅が約七㍍の版築により形成された道で水田地帯を横断している。また、三軒屋遺跡から西へは伊勢崎市の南久保遺跡（h）から両側溝を持った幅六㍍の道が検出されている。[53]勢多郡家が不明であるので確定できないが、勢多郡家へ向かう郡間道である可能性もある。木下良氏は駅路とほぼ並行する伝路の可能性として駿河、伊予、肥前、筑後をあげており、[54]これらのルートもそうした一例になるのかもしれない。

以上、郡間道について想定してきた。国司が国内巡行を行うさいに、どこの郡から巡行を始めたのかは不明だが、最短で郡家を巡るコースを推察するなら、利根郡を北上し、吾妻郡家を経た後、信州街道を南下し、片岡、碓氷郡家を経て、人見ルートを通り鏑川沿いの甘楽郡家に行き、東進して、那波郡から一旦国府に戻り、その後、東毛諸郡を巡ったと考えるのが妥当なルートであろう。

四　上野国における河川交通

大河川が国内を寸断する上野国の場合、東山道駅路や郡間道が大河川を横断する場合に渡河点が必要となる。舘野和己氏は河川をはさんで隣り合う国に同一名の郷がある場合や同一国内の異なった郡に同一名の郷がある場合は、渡河点が想定できるとする。[55] 同様のケースを上野国で検証したい。

甘楽郡に湍下郷と湍上郷がある。この比定地は、図2で見るように湍下郷が富岡市の瀬下（現在の富岡）、湍上郷が富岡市の高瀬（現在の上高瀬・中高瀬・下高瀬）である。この両郷は湍下郷が鏑川の北、湍上郷が鏑川の南と鏑川の両岸にある。近世まで両地域は神田の渡しで渡河を行っている。この神田の渡しの両岸の小字名は共に神田である。古代を想定すれば、もともと「湍」と呼ばれていた地域が郡郷制施行に伴い、湍下郷と湍上郷に分かれたのであり、その渡河点が神田の

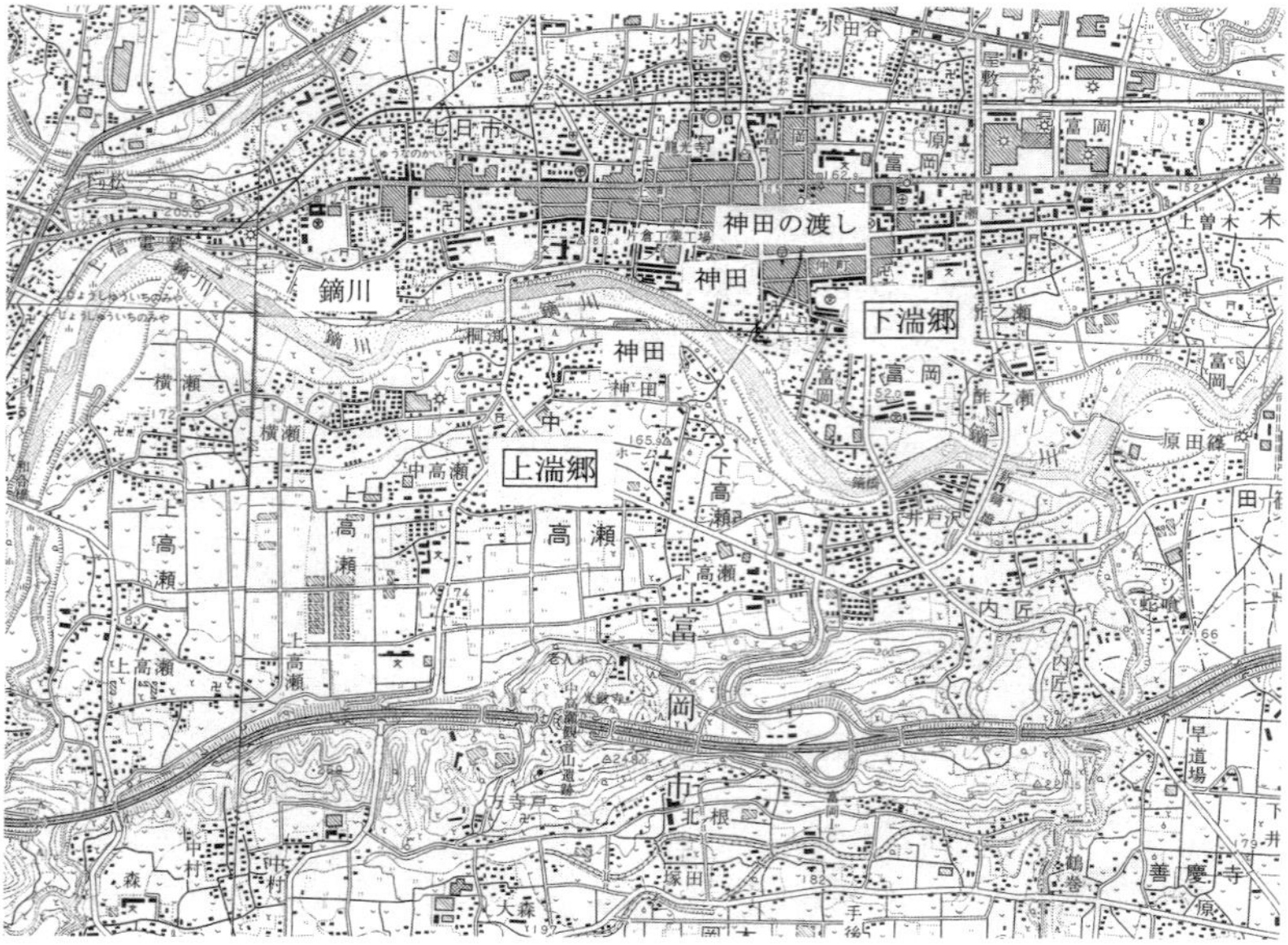

図2　甘楽郡，下湍郷と上湍郷

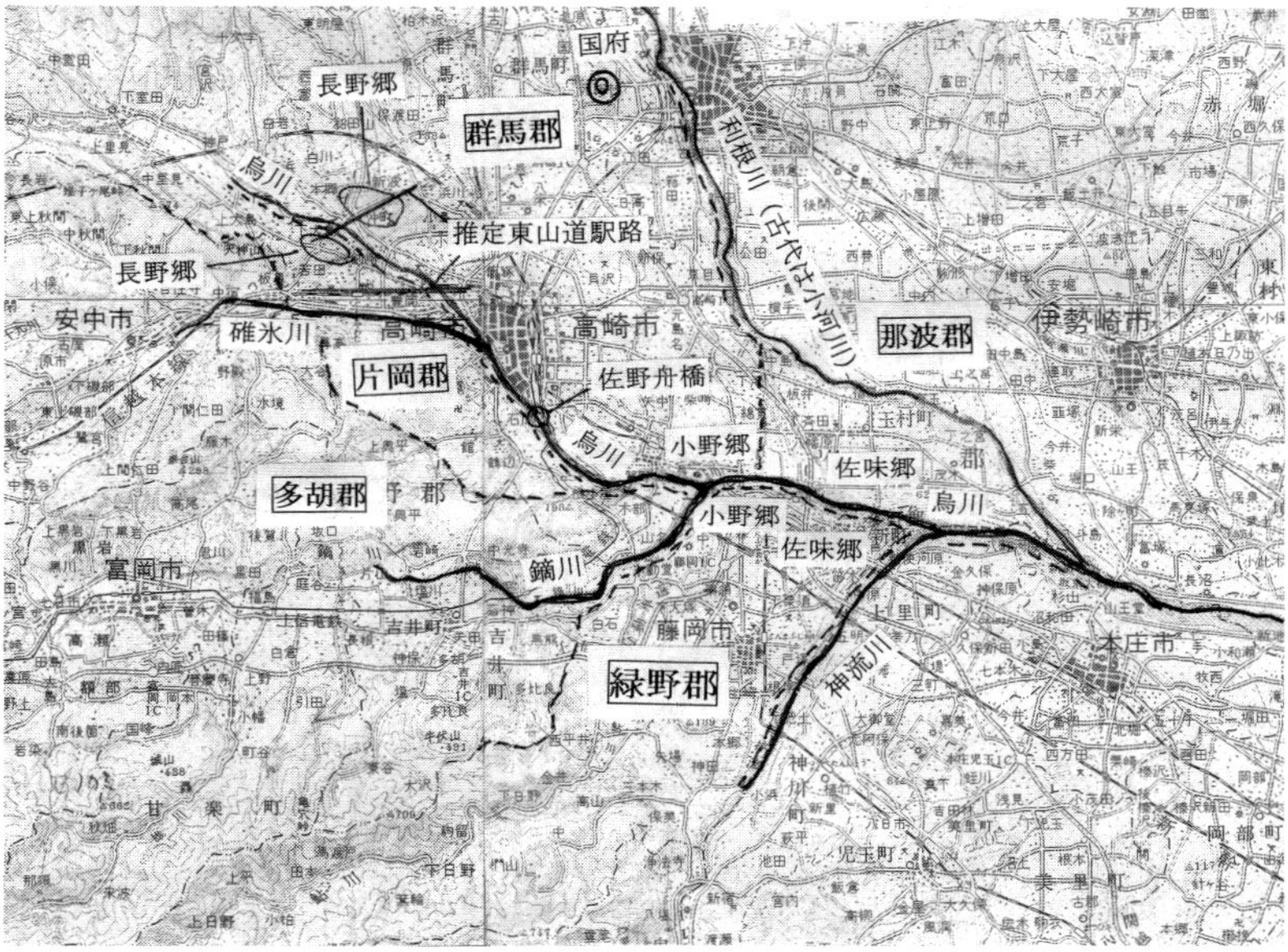

図３　烏川の渡河点（点線は郡界）

渡しだったと考えられる。令制下で上下は都に近い方が上となるが、この場合、後述するように人見ルートが古墳時代からヤマト王権と上毛野を結ぶルートであったとすると湍下郷が都に近い郷となる。甘楽郡のこの地域は、地図上で見ると湍上郷が上流に長く延びているため、上流に近い郷を湍上、下流に近い郷を湍下としたと考えるべきだろう。群馬郡と勢多郡を結ぶ利根川の渡河点の一つに「大渡」がある。「大渡」は利根川の両岸の地名を共に近世以来「大渡」とする。すべての渡河点でこうした地名の同一性がみられる訳ではない。おそらく、交通路としての利用頻度が高い場合にこのような同一性が生じるのであろうが、地名が異なるケースの方が多く、どのような条件がそろえば、地名の同一性が生じるのかはわからない。少なくとも、河川の両岸の地名が同一である場合、そこに渡河点を想定するのは誤りではないだろう。

　甘楽郡のケースは同一郡内における同一地名が渡河点を示すケースであるが、図3に見るように烏川流域には烏川をはさんだ郡の間に同一地名が見える。このケースもまた渡河点と考えるべきではないだろうか。以下に示そう。図3でその位置を提示する。

群馬郡の長野郷と片岡郡の長野郷
群馬郡の小野郷と緑野郡の小野郷
緑野郡の佐味郷と那波郡の佐味郷

このケースは郡境を川と考えなければ、前述の想定は否定される。郡域を示した過去の研究も同一地名が二つに分かれたと考え、郡境を烏川左岸上に設定するものが多い(56)。しかし、拙稿で論じたように、平地上に郡境を想定できるような地形上の根拠はなく、上野国の場合、河川を郡境の基本的なパターンと考えてよいように思われる(57)。したがってこれらの郷はいずれも渡河点を示すと考えられる。長野郷の渡河点は群馬郡と片岡郡を結び、小野郷の渡河点は群馬郡と緑野郡を結び、佐味郷は緑野郡と那波郡を結ぶ渡河点であるのだろう。

以上から烏川では渡河点が地名として残るほど長く、頻繁な交流があったと考えるべきであろう。したがってこれらの地域では古墳時代から同地域で盛んに交流が行なわれたことを示すのではないだろうか。これは右島和夫氏が指摘する西・中毛の一体性(58)を物語るものであるといえる。これらのうち東山道駅路は長野郷付近を烏川の渡河点とした可能性がある。

また、『万葉集』には後に記すような佐野の舟橋を詠み込んだ和歌が見える。佐野は群馬郡を中心としたミヤケの名称であり、現在の下佐野町近辺が比定される。長野郷と小野郷の中間地域が想定されるので、群馬郡から多胡郡に向かうルート上に設けられた橋で、他の渡河点のように地名として残っていないことから、片岡郡から山名郷が多胡郡に割かれた後、国府から多胡郡に至る便道として置かれた新しい渡河点ではないだろうか。

古代の利根川には川をはさんだ両岸に同一地名はない。利根川は暴れ川であり、川幅の広い利根川は頻繁に渡河できる状況にはなく、烏川流域ほどの親密な交流はなかったのだと考えられる。ただ、地域を支配する有力首長として上毛野君氏が群馬郡と勢多郡に、檜前君氏が那波郡と佐位郡におり、彼らが両地域の交流の中心となり、西・中毛の一体性を担ったのではないだろうか。(59) 利根川の場合、武蔵路においても渡河点（おそらく古戸地域と考えられる）が形成されただろう。これらの渡河点では市が形成された可能性もある。

上野国では数多くの川が地域を分断する。河川を渡河するためにどのような方法が用いられたのだろうか。利根川は近世においても架橋が困難とされた川であり、安政五年に前橋市の大渡に万代橋が架けられたが、万代橋は文久三年には暴風により流失し、翌元治元年に再建されたが、それも四年後の慶応三年に流失している。これ以前にも上流の津久田村（渋川市赤城）でも架橋されたが、こうした近世の架橋は両岸から刎木を持ち送る技法が開発されたからで、古代において利根川で架橋を想定するのは困難であろう。

このような架橋困難な川の渡河方法を示す史料がある。『類聚三代格』承和二年六月二十九日官符である。

応下造二浮橋布施屋一并置中渡船上事

一　浮橋二処

駿河国富士河　　相模国鮎河

右二河流水甚速。渡船多レ難、往還人馬損没不レ少、仍造二件橋一。

一　加二増渡船十六艘一

尾張美濃両国堺墨俣河四艘元二艘、今加二二艘一尾張国草津渡三艘元一艘、今加二二艘一参河国飽海矢作両河各四艘元各二艘、今加二各二艘一遠江駿河両国堺大井河四艘元二艘、今加二二艘一駿河国阿倍河三艘元一艘、今加二二艘一下総国太日河四艘元二艘、今加二二艘一武蔵国石瀬河三艘元一艘、今加二二艘一武

蔵国下総両国等堺住田河四艘元二艘、今加㆓二艘㆒
右河等崖岸広遠不㆑得㆑造㆑橋、仍増㆓件船㆒。
一　布施屋二処
右造㆓立美濃尾張両国堺墨俣河左右辺㆒
以前被㆓従二位行大納言兼皇太子傅藤原朝臣三守宣㆒偁。奉㆑勅、如㆑聞、件等河東海東山両道之要路也。或渡船少㆑数。或橋梁不㆑備因㆑茲貢調擔夫等来㆓集河辺㆒、累㆑日経㆑旬不㆑得㆓渡達㆒、彼此相争常事㆓闘乱㆒、身命破害官物流失、宣㆘下㆓知諸国㆒、預大安寺僧伝灯住位僧忠一依㆑件令㆓修造㆒、講読師国司相共検校㆖、但渡船者以㆓正税㆒買㆓備之㆒、浮橋幷布施屋料以㆓救急稲㆒充㆑之、一作之後、講読師国司、以㆓同色稲㆒相続修理、不㆑得㆑令㆓損失㆒。

すなわち、橋を架けられない川には渡船が置かれ、渡船では川の流れが速く渡河が困難であるところでは舟橋（浮橋）が架けられたのである。舟橋は船を並べて繋げて橋とする方法で、増水時には一方の岸を繋ぐ綱を解き放し、川の流れをかわす橋である。先に記したように『万葉集』三四二〇には佐野の舟橋が「上毛野　佐野の舟橋　取り放し親は離くれど　吾は離るがへ」と詠まれている。川の両岸にいて親が認めていない恋人同士の仲は、舟橋を取り放して交際を拒もうとも拒むことはできないといった意味であろう。舟橋の構造をよく示した歌である。これらに加え、交通量の多い川の両岸に布施屋が設置されたことも知られる。これらの設置には救急稲が用いられている。上野国には一二万束の救急料稲が設置されている。[60]信濃国、下野国の救急稲が八万束であるので、その額は多いと言える。したがって上野国の河川を横断する主要な方法は舟橋か渡船であっただろう。利根川の渡船は近世でも盛んであり、[61]また、利根川の舟橋は明治から大正にかけての写真が玉村町などに残されている。

河川交通に関しては河川の流れを利用した交通も想定される。利根川やその支流は近世には江戸に向かう物流の中心であった。古代においても武蔵路を利用して都に向かう人が多かったことを考えれば、利根川を利用した物資の流通があったことを想定するのは困難ではないだろう。中村光一氏は蝦夷地への物資や兵士・柵戸の移動が利根川を利用して行われた可能性を指摘している(62)。同様に調・庸・贄といった物資の武蔵路での水上輸送も想定できよう。上野国の国府が国の南部中央にあるので、北部の郡や西部の郡が河川を用い、国府に物資を移送した可能性も想定できるだろう。北部の場合、吾妻川は近世末期に通船が認められており物資の輸送手段として河川交通が行われた可能性が指摘できる。だが、利根郡の場合、吾妻川との合流点以北は近世においても急流で筏流ししか行われていないため(63)、河川を利用した物資の輸送を想定するのは難しいだろう。西部では碓氷郡が碓氷川を利用した可能性、甘楽郡が鏑川を利用した可能性は考えるべきである。また、吾妻郡が烏川を利用して国府へ物資を移送した可能性も考慮すべきだろう。国府から染谷川を通じ現利根川を経由し(64)、東海道に至る輸送ルートを想定する必要もあるだろう。推定国府域には閑泉樋遺跡から幅五㍍、深さ一・二㍍の大溝、元総社明神遺跡から幅七㍍、深さ一・二㍍の大溝が見つかっており、水上輸送に利用された可能性もある。国府に津があれば、そこで必要物資を調達するための市が開かれた可能性もあるのではないだろうか。

おわりに――駅路成立以前の道路の可能性をめぐって

駅路は畿内にある都城から各地域に最短距離で移動できる路線を設定している。また、律令制下の郡間道は国府を中心としてその建設が行われたと思われる。本論において、現段階における郡間道や河川交通に関する諸問題について問題提起を行ってきた。

これらの道は律令国家という中央集権国家が国府を中心とした国家支配の要請から造営したものである。八世紀以前、ヤマト王権下の交通路はまた違った様相をみせるのではないだろうか。本論で推測してきた交通路を参考にしながら、考えられる範囲で古墳時代の交通について推測しておきたい。（　）内の記号は図1の記号である。ヤマト王権から上毛野地域政権に至るルートに関しては、東山道の碓氷峠（a）からは古墳時代の遺物の出土がなく、入山峠（b）では古墳時代の祭祀遺物が出土し、律令制下に入り遺物がとぎれるので、古墳時代には入山峠（b）を通過し、上毛野地域に入ったものと思われる。

東山道駅路が想定される碓氷川右岸沿いのルートのうち、松井田から安中にかけての碓氷川北岸ルート（F）は中山道のルートとも重なるが、現在においても地域間の交流は少なく、公的なルートとしての利用が主流をしめるルートである。また、この間の地域に古墳時代の遺跡が集中している訳でもない。したがってこのルートは東山道駅路のために新しく造営された道だと考えられる。古墳時代の中心はむしろ鏑川流域である。鏑川流域には古くに物部氏が置かれ、後の一宮となる物部氏の神である貫前神社（d）が祀られ、推古朝以降は壬生氏が物部氏の地を蚕食している地域である。(65) それが成功したのか物部氏の神社がありながら甘楽郡の大領は壬生氏である。一宮が国府近在にないケースは伝統的な首長層がいる場合であることが推測される。したがってこうした状況においても物部氏はある程度の勢力を保っていたのだろう。その貫前神社の近くには六世紀の豪族居館と推測される本宿郷戸遺跡も存在する。鏑川が烏川と合流する地域の緑野郡には緑野ミヤケもある。郡間道と推測した人見ルート（c）は郡間道としては不便な位置にあるが、ヤマト王権から上毛野に入るルートと考えるなら利用しやすい道である。おそらく、古墳時代においては入山峠から人見ルートを通り、鏑川沿いを東進するルートが本来のルートだったのではないだろうか。だからこそ令制下に入り、東山道駅路が成立し、道の存在意義が変わったため、人見ルートは早くに廃れたのだろう。烏川沿いでは先述したように令制下の交通とは別に上毛野氏が居住する群馬郡域を中心とする複数の渡河点が存在する状況がある。この烏川を境に緑野郡の緑野ミヤケと群馬郡の佐野ミヤケが存在し、両ミヤケの間は小野郷を渡河点として交流があったものと思われる。ここから古墳時代末期の中心である総社古墳群、その被葬者と想定される上毛野氏が住む中心域へ向かったのだろう。渡来系遺物の分布からは北部地域へ向かう榛名山の東麓地域のルートも想定できる。東部地域への古墳時代のルートは佐味郷を通し、緑野郡から那波郡に抜け、牛堀・矢ノ原ルート（A）に沿うルートが利用されていたのではないだろうか。新田郡家は、その規模・内容が国府クラスであり[66]、令制以前の初期国宰が滞在していた可能性もある。また、武蔵国への武蔵路（E）も古くからの交流のルートとして存在しただろう。田中広明氏は武蔵路を七世紀後半以降の総領の道であったと推測するが[67]、古墳時代において北武蔵は上毛野氏の影響下にあり、武蔵路はその段階から利用されていたルートとして考えるべきである。

東山道駅路を中心として古代上野国の国内交通の可能性について推測し、さらに古墳時代におけるヤマト王権との主要交通路についても推測を試みた。交通路の研究は発掘の進展により変わりうるものであり、現段階の資料で論じたものが、今後変わっていく可能性もある。本論は古代の国内交通に関する一試論にすぎず、研究はまだ始まったばかりだといえる。本論が上野国の交通路研究発展の一助になれば幸いである。

註

（1）木本雅康『古代の道路事情』（吉川弘文館、二〇〇〇年）などに詳しい。

（2）馬場基「駅と伝と伝馬の構造」（『史学雑誌』一〇五―三、一九九六年）。

（3）『古代のみち―たんけん！　東山道駅路―』（群馬県立歴史博物館、二〇〇一年）、高島英之「上野国」（『日本古代道路事典』八木書店、二〇〇四年）、木下良『事典　日本古代の道と駅』（吉川弘文館、二〇〇九年）。

（4）須田茂「入山峠祭祀遺跡と東山道碓氷峠（山崎義男氏発掘資料の再検討）」（『群馬文化』一九八、一九八四年）。

（5）横倉興一「上野国府周辺における条里遺構の問題点」（『条里制研究』二、一九八六年）、『日高遺跡』C区（高崎市、一九八二年）、岡田隆夫「上野国の条里制」（『群馬県史』通史編2、一九九一年）。日高道は幅四・五㍍の直線道。横倉興一氏が日高遺跡で検出された南北の道路遺構が国府南中央に至ると考え条里境界を示す道とした。
（6）関口功一「東山道「駅路」の成立」（『交流の地域史（群馬の山・川・道）』雄山閣、二〇〇五年）。
（7）中村太一「日本古代国家形成期の都鄙間交通――駅伝制の成立を中心に」（『歴史学研究』八二〇、二〇〇六年）。
（8）高島英之「上野国内の東山道駅路」（『古代東国地域史と出土文字資料』東京堂出版、二〇〇六年）。
（9）『大道東遺跡（3）』（群馬県埋蔵文化財調査事業団、以下の報告書も同じ。二〇一〇年）。『大道西遺跡』（二〇一〇年）でも同様に竪穴住居址が見つかり、八世紀第1四半期で廃絶したことが確認されている。金山丘陵東側の東山道駅路遺構では他に『鹿島浦遺跡』（二〇一〇年）、『八ヶ入遺跡』（二〇一〇年）で検出されている。
（10）森田悌「上野国内の東山道」（『日本古代の駅伝と交通』岩田書院、二〇〇〇年。初出一九九六年）。
（11）中里正憲「群馬県砂町遺跡の古代道路遺構」（『古代交通研究』九、二〇〇〇年）、『砂町遺跡（第1～3次）　尾柄町Ⅲ遺跡　中之坊遺跡』（玉村町教育委員会、二〇〇七年）。
（12）那波郡の火雷神社は延暦十五年八月甲戌（『日本後紀』）、倭文神社は貞観元年八月庚子（『日本三代実録』）に官社に認定される。大国神社も平安時代の認定と推測される（拙稿「上野国における平安時代の神社行政」『ぐんま史料研究』一六、二〇〇一年）。
（13）『一万田遺跡』（玉村町教育委員会、二〇〇三年）。
（14）久保田順一「中世上野の東西交通路について（古代東山道駅路「牛堀・矢ノ原ルート」との関わり）」（『中世前期上野の地域社会』岩田書院、二〇〇九年）。
（15）木下良前掲註(3)書、拙稿「上野における郡家地域の景観と郡司」『国史学』一九八（二〇〇九年）。
（16）『藤塚遺跡・下新田ルート・推定東山道駅路』（新田町、二〇〇四年）。
（17）『田部井大根外戸遺跡』（群馬県埋蔵文化財調査事業団、二〇〇二年）。
（18）柿沼弘之「もう一つの東山道駅路」（『埋文群馬』四五、二〇〇六年）。
（19）以下、正税帳の記載はすべて『復原天平諸国正税帳』（現代思潮社、一九八五年）による。

(20)『万葉集』二九六、七に「田口益人大夫任上野国司時、至駿河浄見埼作歌二首」。
(21) 川尻秋生「古代東国における交通の特質（東海道・東山道利用の実態）」（『古代交通研究』一一、二〇〇一年）。
(22) 木本雅康「宝亀二年以前の東山道武蔵路について」（『古代交通研究』一、一九九二年）、『新野脇屋遺跡群発掘調査報告書』（太田市教育委員会、二〇一〇年）。新野脇屋遺跡のルートを延長すると木本氏の説よりやや南側になるがそれでは邑楽郡をほとんど経ないことになる。この点については、今後の発掘成果をまたねばならない。
(23) 柏瀬順一「上野国・下野国間における東山道の駅路の性格について―『続日本紀』宝亀二年十月二十七日条をめぐって―」（『群馬文化』一九六、一九八三年）が、簡潔に研究史をまとめている。
(24)『西吉見古代道路跡』（二〇〇二年）、『西吉見条里遺跡』（二〇〇五年）「天神前C遺跡現地説明会資料」（二〇〇六年）、いずれも埼玉県吉見町教育委員会。
(25) 木下良前掲註(3)書。
(26) 早川泉「東山道武蔵路の構造と変遷」（『多摩のあゆみ』一〇三、二〇〇一年）。
(27) 梁瀬大輔「新田荘の国境河川地域」（『群馬文化』二七七、二〇〇四年）。
(28) 柏瀬順一前掲註(23)論文。
(29) 木下良前掲註(3)書。
(30) 小宮俊久「上（毛）野国の古代交通路網と官衙」（埼玉考古学シンポジウム『坂東の古代交通網と官衙』二〇〇二年）、関本寿雄・高島英之・川原秀夫「大泉町出土の墨書土器について（邑楽郡家推定地域とその周辺）」（『おはらき』二、二〇〇六年）。
(31) 関本寿雄・高島英之・川原秀夫前掲註(30)論文。
(32) 佐々木虔一『古代東国社会と交通』（校倉書房、一九九五年）。
(33) 山路直充「房総の駅路」（『千葉県の歴史』通史編古代二、二〇〇一年）。
(34) 関口功一「初期の按察使について」（『群馬文化』二六八、二〇〇〇年）。
(35) 中村光一「律令国家東北経略と上野国」（『群馬文化』二八四、二〇〇四年）。
(36) 平川南「多胡碑の輝き」（『多胡碑は何を伝えようとしたのか』高崎市教育委員会、二〇一一年）。

(37)『万葉集』巻十七、四〇二一～四〇二九。
(38)『人見大谷津遺跡』（松井田町教育委員会、二〇〇二年）、『西横野東部地区遺跡群　人見枝谷津遺跡・人見東向原遺跡』（安中市教育委員会、二〇〇六年）、『西横野東部遺跡群発掘調査概報3　人見枝谷津遺跡』（安中市教育委員会、二〇一〇年）。
(39)『植松・地尻遺跡』（安中市教育委員会、二〇〇五年）。
(40)『上栗須寺前遺跡Ⅲ』（群馬県埋蔵文化財調査事業団、一九九六年）。上栗須寺前遺跡の道路は『古代を考える　古代道路』（吉川弘文館、一九九六年）や『日本古代道路事典』は伝路として紹介しているが報告書は溝として扱い道路としては扱っていない。
(41)『上大塚遺跡・中栗須遺跡・中大塚遺跡』（群馬県埋蔵文化財調査事業団、一九八九年）。
(42)一志茂樹・竹内丈夫「信濃諏訪地方経由西上野にいたる古代重要通路考―叡山大師伝　所見『信濃大寺』を媒介として―」（『信濃』一七―九、一九六五年）。
(43)『鎌倉街道』（歴史の道調査報告書17、群馬県教育委員会、一九九三年）、『下仁田道』（歴史の道調査報告書10、一九八一年）。
(44)『熊野堂遺跡第Ⅲ地区雨壺遺跡』（群馬県埋蔵文化財調査事業団、一九八四年）。
(45)『三国街道』（歴史の道調査報告書1、群馬県教育委員会、一九八〇年）。
(46)前掲註(43)『鎌倉街道』。
(47)『沼田街道西通り』（歴史の道調査報告書19、群馬県教育委員会、二〇〇〇年）。
(48)『吾妻の諸街道』（歴史の道調査報告書15、群馬県教育委員会、一九八三年）。
(49)『信州街道』（歴史の道調査報告書6、群馬県教育委員会、一九八〇年）。
(50)関口功一「地域支配の重層性に関する一考察（古代上野西部地域の場合）」（『群馬文化』二七七、二〇〇四年）も同様な路線を推定する。
(51)『政事要略』貞観四年四月十日に吾妻郡擬領正六位上上毛野坂本朝臣直道、『続日本紀』神護景雲元年三月乙卯条に碓氷郡人外従八位下上毛野坂本公益人がみえる。

(52)『大道西遺跡』（群馬県埋蔵文化財調査事業団、二〇一一年）。
(53)「平成二十一年度調査遺跡発表会資料」（群馬県埋蔵文化財調査事業団、二〇〇九年）。
(54)木下良「古代官道の複線的性格について（駅路と伝路の配置に関して）」（『古代交通研究』五、一九九六年）。
(55)舘野和己「道と川をめぐる国家と社会」（『日本古代の社会と交通』一九九八年）。河川の両側で異なる郡の双方に同一名の郷がある場合、そこが渡河点となっているケースについては山城国宇治郷（宇治郡と久世郡）、美濃国亘理郷（加茂郡と可児郡）、河内国（茨田郡）と摂津国（嶋下郡）の高瀬郷が知られる（『宇治市史』一九七三年）。
(56)松田猛「上野国片岡郡についての基礎的研究（古代のミヤケと郡郷をめぐって）」（『高崎市史研究』一九、二〇〇四年）など。
(57)拙稿「古代上野国の国府及び郡・郷に関する基本的考察」（『ぐんま史料研究』二三、二〇〇五年）。
(58)右島和夫「古墳時代上野地域における東と西」（『群馬県立歴史博物館紀要』二三、二〇〇二年）。
(59)拙稿「檜前部君氏と上野国」（『群馬文化』二七四、二〇〇三年）。
(60)救急稲は正税公廨稲出挙以外の雑稲の一つであり、当時は利率が三割だったため、毎年、利用できたのは三万六〇〇〇束である。
(61)『利根川の水運』（歴史の道調査報告書13、群馬県教育委員会、一九八二年）。
(62)中村光一前掲註(35)論文。
(63)前掲註(61)書。
(64)中村太一「古代東国の国府と水陸交通」（『日本古代国家と計画道路』吉川弘文館、一九九六年）は染谷川、利根川を利用した水上交通を推測する。古代の利根川は、現在の広瀬川である。古代における利根川が、現在の大河川とは別の小河川を指した可能性はあり、染谷川～現利根川～古利根川を利用した水上交通を想定することはできるのではないだろうか。
(65)拙稿「上野における氏族の分布とその動向」（『装飾付大刀と後期古墳――出雲・上野・東海地域の比較検討』二〇〇五年）。
(66)『天良七堂遺跡』（太田市教育委員会、二〇〇九年）、『天良七堂遺跡2』（太田市教育委員会、二〇一〇年）。
(67)田中広明「古代地方官衙の初源と終焉」（『坂東の古代官衙と人々の交流』埼玉考古学会、二〇〇二年）。

第二部　古代日本の周縁

カマドから検出された須恵器の壺について

中田裕香

はじめに

現在、北海道では約二二〇ヵ所の遺跡で須恵器の出土が報告されている（鈴木琢二〇一〇）。多くは遺構外から破片の状態で出土したものである（鈴木琢二〇〇六）。竪穴住居址に伴う例は八世紀ごろから認められるが、出土した須恵器の器種は時期によって偏りがある。鈴木琢也によれば、五所川原須恵器窯跡群[1]で操業が開始される以前の八世紀から九世紀の竪穴住居址では杯が六八％を占め、中甕が一九％、蓋が一〇％で、長頸瓶は三％に過ぎない。これに対して、五所川原窯跡群が操業中の十世紀の竪穴住居址では、長頸瓶が五〇％、中甕が三七％、杯が一三％で、器種ごとの比率はどれも急激に増加あるいは減少しているという（鈴木琢二〇〇六）。

竪穴住居址に伴った須恵器の壺の中には、ごくわずかだがカマドから検出されたものがある。小論ではこれらを出土状況と合わせて紹介し、カマドにかけて使用するための器ではない須恵器の壺がカマドに残されていたことの意味を考えてみたい。

一　カマドから検出された四個体の壺

須恵器の壺は四つの遺跡でカマドから検出されているが、それらの遺跡はいずれも石狩低地帯に所在している。

1　恵庭市西島松3遺跡[2]第一号竪穴（大場・石川一九六八）

小型の壺（図1—1）が焼失住居のカマド内から口縁部を上にし、やや傾いて検出された。カマドの両袖にあたる部分には割石が「数十ヶ積み重ね」（大場・石川一九六八）られた状態で遺存し、煙道は粘土で作られていたという。掛け口や天井部の状況については記載がなく、不明である。

壺（図1—1）は被熱しておらず、肩の張る器形である。口縁部の断面は三角形で、底面には回転糸切り後に×字状のヘラ描きが施されている。高台は先細りである。

カマドの付近からは頸部にごく浅い横走沈線のめぐる甕や「揚底」（大場・石川一九六八）の杯二点[3]の出土が報告されている。これらの出土した層位は不明だが、甕や無文で高台のある内黒の杯はところどころ赤ないし橙色に変色しており、住居が焼失したときに焼けた可能性が高い。

口縁部の断面が三角形で高台のある小型の須恵器の壺は、八戸市丹後平（1）遺跡で二号墳の周溝南側の堆積土中から出土している（八戸市教育委員会編一九九八）。最大径は体部の中央付近にあり、底部は回転糸切りによって切り離されている。高台は外端が接地し、内端がやや高くなる。周溝南側の堆積土中からは土師器の杯・台付杯、須恵器の双耳杯も出土しており、台付杯は器形から九世紀中葉以降から後葉のものと考えられている。また、二号墳を切って

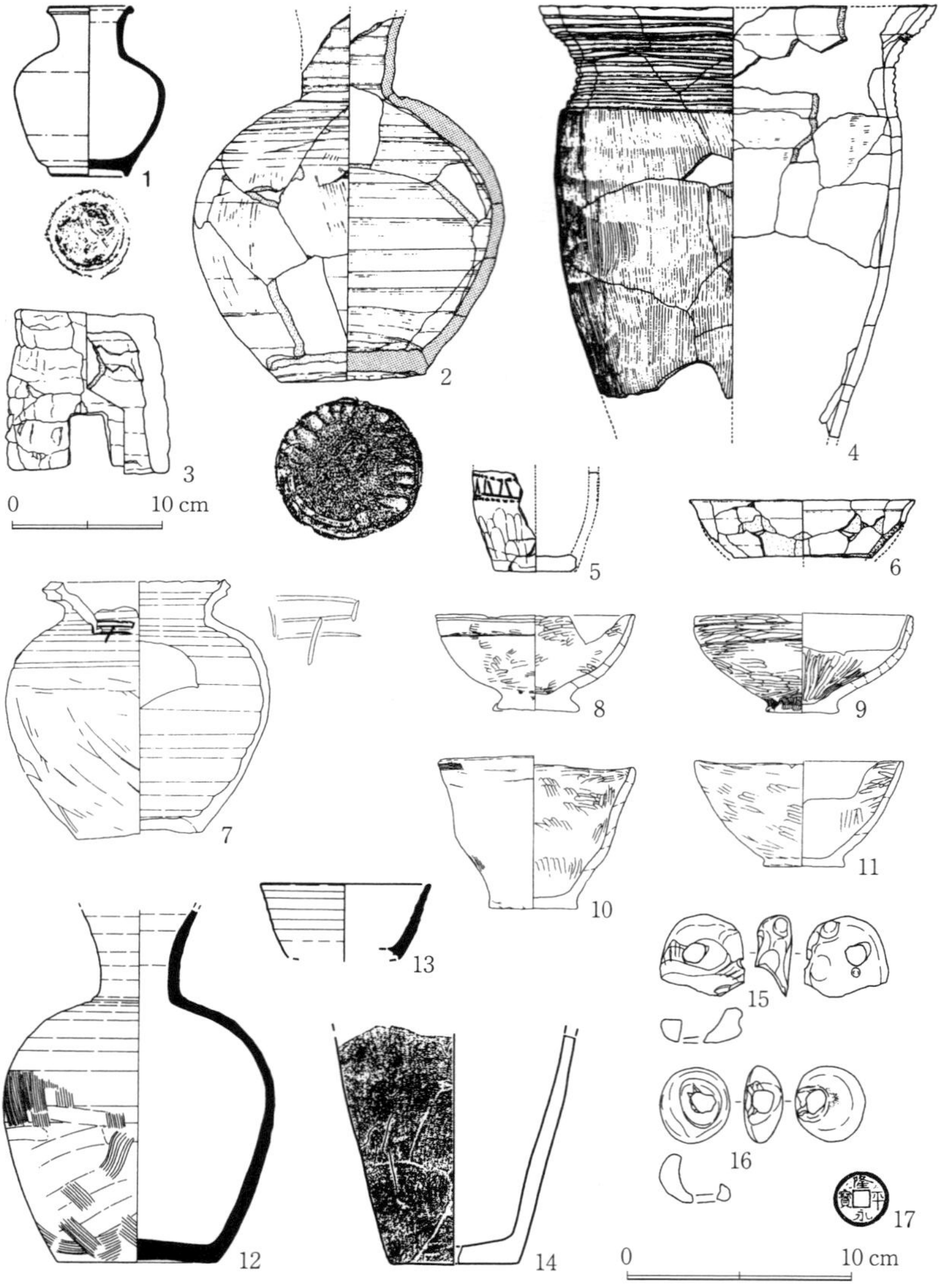

図1　須恵器の壺と伴出した遺物（1）（1　西島松3遺跡，2〜6　K446遺跡，7〜11　K39遺跡，12〜17　茂漁8遺跡）

いる一号墳の年代は、周溝の堆積土中から出土した土師器の年代からみて九世紀前葉から中葉の中に収まると報告されている（八戸市教育委員会編一九九六）。これらを合わせ考えると、丹後平（１）遺跡の壺は九世紀中葉から後葉のものとみなしてよいだろう。西島松３遺跡から検出された壺も器形の類似から、このころの製品の可能性がある。

２　札幌市Ｋ446遺跡第二号竪穴（上野編一九七九）

竪穴住居址のカマド燃焼部の覆土上部に堆積した砂質土層の中に長頸瓶（図１—２）の破片のうち半数近くが「貼付されたような状態で」入っており、また、「床面か床面直上のレベル」から「かまどの東側と西側に散発的に」出土した（上野編一九七九）。報告者はこれらの破片が「かまどの壁を補強しているのであろうか」と述べている（上野編一九七九）。しかし、出土状況からは、カマドの構築時ないし使用時というよりも廃棄するときに燃焼部や右袖付近に長頸瓶の破片が置かれたと考えてもよいのではないだろうか。

カマドの右袖にあたる部分からは被熱して全体に脆くなった支脚（図１—３）が検出された。床面や床面直上からは多条の横走沈線のめぐる甕（図１—４）、刺突列や山形の沈線文の施された小型の甕（図１—５）、被熱してボロボロになった杯の破片（図１—６）等が出土している。

復原された長頸瓶（図１—２）は体部と頸部の接合部に断面が半円形の凸帯がめぐり、なで肩である。最大径は体部中位にあり、最大径付近から下位にかけて非ロクロのヘラケズリが右下がりに施されている。高台は指頭によるナデによって粘土を移動させて作り出したもので、外底面には放射状痕跡が残る（利部一九九六・二〇〇七）。「環状凸帯をもつ東北北部型長頸瓶」（利部二〇〇一）の一例といえるが、利部修によれば、底部と体部の「閉塞法」による接合や指頭を用いた高台の製作手法は、どちらも非常に類例が少ないという（利部二〇〇七）。断面の色調は、外面側・内面側ともにえび茶色、中心部は黒褐色でサンドイッチ状になり、胎土には少量の海綿骨針が含まれている。

蛍光X線分析の結果、この長頸瓶は五所川原窯跡群の製品と推定された（三辻一九九三）。器形から判断すると持子沢窯跡支群の製品だろう。持子沢窯跡支群の操業年代は、藤原弘明によれば十世紀第1四半期と考えられている（藤原編二〇〇三、藤原・佐藤・蔦川二〇〇七）。

3　札幌市K39遺跡第四次調査地点[4]第三号竪穴住居跡（札幌市埋蔵文化財センター編一九九七）

白頭山－苫小牧火山灰[5]の降下後に構築された第三号竪穴住居跡のカマドでは、支脚に転用された椀形土器二点（図1―8・9）が底面を上にして燃焼部の左右に並んだ状態で出土し、二つ掛けだったと考えられる。肩部に「甲」字状のヘラ書きが施された須恵器の広口壺（図1―7）は、体部から底部にかけての破片が左袖側の椀形土器（図1―8）の上にのった状態で検出された。広口壺の口縁部から肩部の破片は、カマドの右袖にあたる部分や燃焼部の奥、カマドの南西側の住居址外から出土している。「甲」字状のヘラ書きの施された破片（遺物番号一一三）はカマドの燃焼部から約七・五㍍南西に位置する浅い沢の斜面部から発見された[6]。燃焼部では広口壺の手前から小型の甕（図1―10）が横倒しの状態で、また、右袖にあたる部分では前述した広口壺の口縁部片とともに椀形の土器（図1―11）が口縁部を上にして出土している。

復原された広口壺（図1―7）は短い頸部が直立し、口縁部や体部の一部は欠損している。外面全体や口縁部の内面には自然釉がかかり、体部から底部の一部は被熱した可能性がある。断面の色調は内外面とも黒灰色で、中心部はえび茶色である。蛍光X線分析では五所川原窯跡群の製品と推定された（三辻一九九八）。

平川南は報告書の中で「甲」字状のヘラ書きを「ヘラ書き文字「甲」」と認識し、筆順の誤りが字形に反映したと考えた（平川一九九七）。藤原によれば五所川原窯跡群の須恵器に施されたヘラ記号には各窯に共通してみられるものと特有なものがあり、後者の中には文字として識別することの可能な記号があるという（藤原編二〇〇三、藤原・佐藤・蔦川二〇〇七）。前田野目窯跡支群のMD三号窯から採集された中甕の頸部直下に施された「甲」字状のヘラ書きはこの窯に特有で、文字と識別することが可能な記号であり、K39遺跡第四次調査地点の広口壺もMD三号窯で生産された可能性の高いことが指摘されている（藤原編二〇〇三）。MD三号窯はB－Tmの降下後に構築された窯で、十世紀中葉から第3四半期という年代が想定されている（藤原二〇〇七）。

第三号竪穴住居跡のカマドの炭化物を試料としてβ線係数法（長時間測定）により年代測定を行った結果、一〇九〇±六〇年BPという補正^{14}C年代が得られた。歴年代の交点はAD九八〇、一σはAD八九〇TO一〇一〇である（古環境研究所一九九七）。

4　恵庭市茂漁《もいざり》8遺跡H－11（森二〇〇四）

竪穴住居址の覆土下位からカマドの焚き口上に長頸瓶（図1―12）の破片が散乱していた。カマドの左袖は破壊され、袖石は抜き取られている。床面の遺物は、カマドの右袖付近から穴のあいた泥岩の礫（図1―15）[7]や安山岩製の分割礫、須恵器の杯の口縁部破片（図1―13。この図は破片からの復原実測である）、住居の中央部から出土した擦文土器の甕の破片（図1―14）がある。北西側の床面からは延暦十五年（七九六）に鋳造された隆平永宝（図1―17）が発見された。

復原された長頸瓶は口縁部が欠損し、環状凸帯は復原実測されているが、実見したところ、凸帯の下半分がごく僅かに残存するのみだった。長頸瓶は肩部が張り、最大径は体部の中位にある。最大径付近では表面のはじけが確認でき、被熱した可能性がある。体部下半には非ロクロ回転のヘラケズリが施され、さらにハケ調整が加えられている。高台はなく、外底面には植物と考えられる圧痕や灰のかかったような跡が残る。胎土の色調は薄いえび茶色で、白い岩片を多量に含む。器形等からは前田野目窯跡支群のMD一六号窯の製品に類似していると考える。MD一六号窯の年代は、藤原らによれば、十世紀第3四半期から第4四半期に相当するとされる（藤原・佐藤・蔦川二〇〇七）。

須恵器の杯の破片や擦文土器の破片は焼けており、報告書では後者が支脚などに転用された可能性も言及されている（森二〇〇四）。報告者の森秀之は杯の器形や隆平永宝の存在から住居址の年代を九世紀前半と推定する一方で、長頸瓶がこれらに共伴する場合は「九世紀末から一〇世紀まで下降する可能性」のあることを指摘し、「平安時代の出土銭の厭勝的性格を中心として、粗製な玉・長頸瓶が関与する屋内祭祀の存在」を想定している（森二〇〇四）。憶測であるが、穴のあいた礫ややはり穴のあいた隆平永宝が共に首飾りを構成する玉とみなされた可能性も皆無ではないように思う。森が年代の根拠とした須恵器の杯は破片であり、住居が廃棄されたのは出土遺物の中で最も新しい時期のものである長頸瓶の製作されたころと考えてもよいのではないだろうか。

二　石狩低地帯の人々と稀少な須恵器の壺

第一節では擦文文化期の竪穴住居址のカマドから出土した須恵器の壺について年代順に概観した。

九世紀の事例である西島松3遺跡の小型壺（図1―1）は完形で、焼失住居の遺物ではあるが被熱しておらず、火災の鎮火した後にカマドの中に置かれた可能性がある。北海道島内の人々のもつ技術では生産することができない須恵器の「注ぎもの」（利部二〇〇一）をカマドの中に置くことによって、この家の廃棄に伴う一連の行為は完了したと廃棄に関わった人々は考えたのかもしれない。

西島松3遺跡から出土した須恵器の壺の産地は不明だが、十世紀のものは器形や胎土分析の結果等から判断すると、三例とも五所川原窯跡群の製品だろう。これらはいずれも意図的に破壊されたと考えられる状態で、焼失していない竪穴住居のカマドから出土した。(8)

K446遺跡(図1―2)やK39遺跡(図1―7)から出土した壺は、製作技法やヘラ書きの中でも文字として識別可能な記号が施されているという点で、北海道島に搬入された須恵器の中でも稀少なものである。ところが、K39遺跡の広口壺を最も特徴づける「甲」字状のヘラ書きの施された破片は、住居に隣接する沢の斜面部から発見されている。また、茂漁8遺跡の場合も、長頸瓶を特徴づけている環状凸帯の残存状況は不良である。(9)

青森県域では墨書土器や刻書土器がカマドから出土することがあり、鐘江宏之はそれらの中にカマドでの祭祀に使われたものの含まれる可能性を指摘している(鐘江二〇〇八)。カマドから出土した墨書土器や刻書土器の多くはロクロ土師器や須恵器の杯で、復原可能な長頸瓶はないようである。(10)

鈴木靖民は、須恵器を生産し、使用した青森県域の人々の間では、文字として認識可能なヘラ記号の施された須恵器を用いて神仏を招き、饗応する祭祀を行うことがあったと考えている(鈴木靖二〇〇八)。また、利部によれば、環状凸帯付の長頸瓶は、八・九世紀には奢侈品もしくは儀器用品としての意味合いが強く、城柵の設置された地域やそれよりも南の地域で限定された有力者や機関の所持する特殊な器だったが、十・十一世紀になると城柵設置地域よりも北の地域に多く分布し、「純粋に装飾のある瓶としてのみ機能した」(利部一九九八)という。

北海道島に住み、擦文土器を用いた人々は須恵器を搬入品として受容してきた。北海道島の中でも須恵器の流通量が多かった石狩低地帯の人々は、(11)「甲」字状のヘラ書きや環状凸帯付の須恵器の壺に対して青森県域以南の人々とは異なる意識を持っており、彼ら・彼女らがカマドの破壊や住居の廃棄に伴ってさまざまな祭祀を行うときにその片鱗が現れることもあったのではないだろうか。

三　ユカンボシC15遺跡の事例

千歳市ユカンボシC15遺跡では、K39遺跡における広口壺の出土状況を考える上でも興味深い事例が報告されている（㈶北海道埋蔵文化財センター編二〇〇〇）[12]。

同遺跡では、肩部に線刻ないし沈線文の施された須恵器の壺（図2―1）が焼失住居H－13の覆土やカマドの両袖・右袖付近、粘土集積やその南側、竪穴外の土器集中1、アイヌ墓の覆土、調査区から出土した。壺は被熱しておらず、口頸部や底部は欠損している。線刻ないし沈線文は回転ヨコナデの後に描かれ、短い沈線の組み合わせによるいくつかの単位から構成されているようである。線刻ないし沈線文の直下から体部中位には回転ヨコハケ、体部下位には横位や斜位のハケ目が認められる。回転ヨコハケは内面の体部中位にも施されている。

報告書によれば、粘土集積とはカマドの「右袖部の破壊された土を主とする竈構築材が置かれたもの」、土器集中1とは「袖の構築廃材の一部が集積された遺構」であり、どちらも「竈廃用祭祀」の過程で形成されたものと考えられている（㈶北海道埋蔵文化財センター編二〇〇〇）。壺の破片は「後になって」「粘土集積・竈・土器集中1にそれぞれ置かれた」という（㈶北海道埋蔵文化財センター編二〇〇〇）[13]。

注記から判断すると、線刻ないし沈線文の部分は、H－13の覆土・覆土下や土器集中1、調査区の耕作土から出土している。K39遺跡での「甲」字状のヘラ書きが施された破片の出土状況と比較して、注意したい点である。

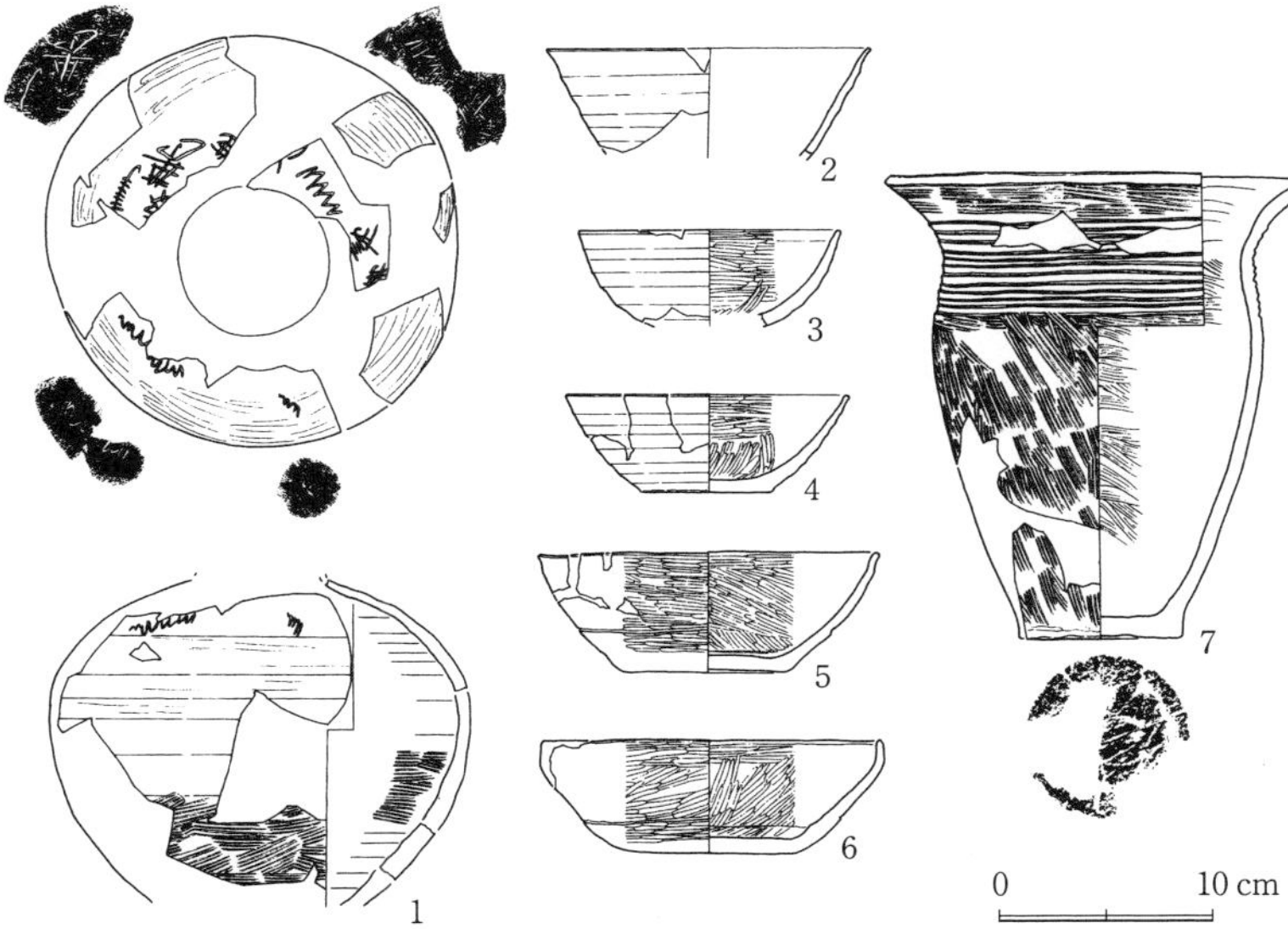

図2　須恵器の壺と伴出した遺物（2）（1〜7　ユカンボシC15遺跡）

H－13の床面・覆土下層・粘土集積等では、須恵器（図2―2）やロクロ土師器（図2―3・4）の杯、非ロクロ成形の杯（図2―5・6）・小型甕（図2―7）も検出され、土器集中1や調査区から出土した破片とも接合している。これらを恵庭市中島松6遺跡三号住居址（松谷・上屋編一九八八）や同市中島松1遺跡一号住居址（松谷編一九九二）出土の土器と比較すると、杯は平底化が進行し、甕は横走沈線の施される部位が口縁部付近まで拡大している。恵庭市域の二遺跡では底部の切り離しが回転ヘラ切りの須恵器の杯が共伴しており、年代は八世紀後半かと考えられる。ユカンボシC15遺跡H－13の土器はそれらに後続するものであり、年代は九世紀前葉としてよいだろう。[14] 須恵器の壺もこのころに製作された可能性がある。

鈴木信によれば、竈廃用祭祀に関わって住居の中で使用していた土器の破片を住居の外の土器捨て場にも捨てる行為は、千歳市域や恵庭市域では七世紀後葉以降、十世紀後葉まで確認されるという（鈴木信二〇〇〇）。H－

13に居住した人々はきわめて稀な須恵器の壺を含む搬入品と在地で製作した土器を共に住居の内外に廃棄したが、この壺を製作した人々は須恵器を割り、線刻ないし沈線文の施された部分を何ヵ所にも分けて置く行為をおそらく想定してはいなかっただろうと筆者は考える。稀少な須恵器に対する石狩低地帯の人々と青森県域以南の人々との意識の違いは、このころには生じていたのではないだろうか。

おわりに

擦文後期の竪穴住居址のカマドから須恵器の壺が出土した例は、現在まで確認されていない。これは五所川原窯跡群の操業が停止された年代とも関わる問題だが、少なくとも青森県域では十一世紀になってからもそれまでに生産された製品の保有や流通が細々と続いていたようである（藤原・佐藤・蔦川二〇〇七）。

一方、厚真町上幌内モイ遺跡の集中区1では、焼土や炭化物集中のまわりから被熱した長頸瓶（図3—1）・擦文土器五個体（図3—2〜7）・銅鋺の破片（図3—8・9）、炭化したキビ塊、黒曜石のフレイク、たたき石、棒状礫等からなる遺物集中が発見され、「儀礼的行為を行った場所」と報告されている（厚真町教育委員会編二〇〇七）。

長頸瓶（図3—1）は内面に炭化物が付着しており、中身の入った状態で熱を受けたようである。口縁部は欠損し、割れ口は摩耗している。頸部には隅丸六角形のヘラ記号が描かれ、頸部と体部の接合部には断面方形の環状凸帯がめぐる。肩部は張り、最大径は体部の上位にある。体部下半には非ロクロのヘラケズリが施されたとみられるが、摩耗のため不明瞭である。器形や胎土分析の結果等から前田野目窯跡支群の製品と考えられ、口縁部や体部下半の摩耗の状況からみると伝世品の可能性がある。ＭＤ一六号窯では類似した器形の長頸瓶が出土している。

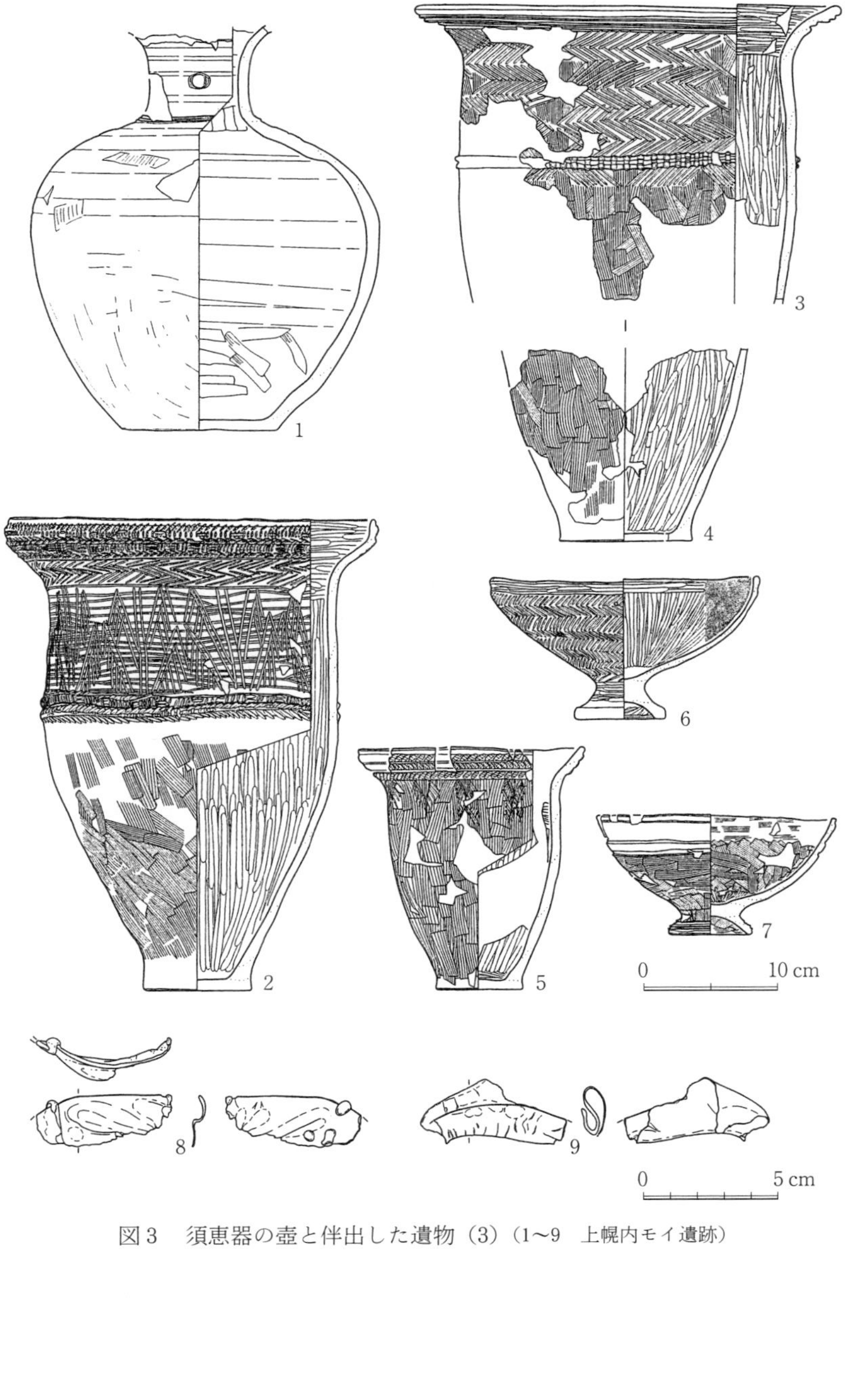

図３　須恵器の壺と伴出した遺物（3）（1〜9　上幌内モイ遺跡）

上幌内モイ遺跡を調査した乾哲也はこのような集中区に対して「送り儀礼の芽生え」を指摘している（乾二〇一〇）。カマドの破壊や住居の廃棄に際してカマドに置かれることのあった須恵器の壺は、擦文後期前葉には屋外でさまざまな搬入品や自製品とともに送られる場合もあったのだろうか。

須恵器の流通の終了した後、さらに時間が経過し、搬入された鉄鍋を用いて調理をするようになるころ、平地住居が主体となり、カマドから囲炉裏への変化も進行するころには、住居で行われる祭祀や儀礼はどのようなものに変わっていったのだろうか。また、須恵器の壺に相当するものは存在したのだろうか。今後の課題としたい。

註

（1）以下、五所川原窯跡群と記載する。
（2）報告時の遺跡名は西島松南B遺跡である（大場・石川一九六六）。
（3）杯二点のうち、体部に一条の沈線のめぐるものは現在、所在不明である。
（4）報告時の地点名は長谷工地点である（札幌市埋蔵文化財センター編一九九七・二〇〇〇）。
（5）以下、B－Tmと記載する。
（6）破片の接合状況は報告書の付図1に図示されている（札幌市埋蔵文化財センター編一九九七）。
（7）このほかに穴のあいた石質不明の礫（図1―16）も出土したが、発掘時に原位置から動いてしまったとのことで、出土状況図には位置が示されていない。この礫の出土した層位は一覧表では床だが、遺物には覆土と注記されている。穴の周囲は加工が加えられ、熱を受けた跡もある。床面から出土したもの（図1―15）とともに、自然に穴のあいた礫を利用した石製品といえよう。
（8）鈴木信は「竈廃用祭祀は管理者の喪失又は移動によって行われ、管理者喪失の場合は家屋廃用（放火）、管理者移動の場合は家屋非廃用（非放火）となる」と考えている（鈴木信二〇〇〇）。
（9）H－11の南壁や煙道は調査区外に位置しており、長頸瓶の口頸部の一部が遺存している可能性もある。
（10）青森市（旧浪岡町）山元（3）遺跡のB－Tm降下以前に構築された第四五号住居跡では床面やカマドの覆土から頸部に

「ト」字状のヘラ書きの施された長頸瓶が出土している。五所川原窯跡群の製品と推定されるが、詳しい出土状況は不明である（青森県埋蔵文化財調査センター編一九九四）。

（11）K39遺跡第四次調査地点では、広口壺以外にも環状凸帯をもつ東北北部型長頸瓶の完形品三個体が出土し、一個体には肩部に「人」字状のヘラ書きが施されている（札幌市埋蔵文化財センター編一九九七）。胎土分析の結果、これらの長頸瓶のうち二個体は五所川原窯跡群の製品、もう一個体は東北地方の日本海側に所在したと考えられる産地A群産と推定されている（三辻一九九八）。一遺跡から出土した個体数としては北海道内でも有数といえる。

（12）鈴木信は北海道出土の墨書・刻書土器を集成した際にも、この壺について「文様混じるか」と述べている（鈴木信二〇〇八）。

（13）この壺のどの部分がカマドから出土したのかは、報告書や注記からは確認できない。ただし、図2―6の杯のうち、左袖の芯材として埋め込まれていただろう部分の注記が「H－13　97　フク」（97は遺物番号）となっていることから類推すると、同様に注記された壺の破片の中にもカマドの遺物の含まれている可能性がある。

（14）H－13から出土した遺物の年代は、報告書では九世紀前葉から中葉とされた（㈶北海道埋蔵文化財センター編二〇〇〇）が、報告者の鈴木信はのちに九世紀前葉と述べている（鈴木信二〇〇八）。なお、カマドの煙道から検出されたキハダ属種子を試料として加速器質量分析による放射性炭素年代測定を行った結果、一一九〇±六〇yBPという補正^{14}C年代が得られている（地球科学研究所二〇〇〇）。

引用・参考文献

青森県埋蔵文化財調査センター編　一九九四『山元（3）遺跡発掘調査報告書』『青森県埋蔵文化財調査報告書』第一五九集

厚真町教育委員会編　二〇〇七『厚真町上幌内モイ遺跡（2）』

乾哲也　二〇一〇「シンポジウム報告1　厚真町の概況」（『環太平洋・アイヌ文化研究』第八号掲載、苫小牧駒澤大学環太平洋・アイヌ文化研究所）

上野秀一編　一九七九『K446遺跡』（『札幌市文化財調査報告書』XX）

内田祐一　二〇〇四「チセにおける「結界」のシステムについて―アイヌ文化にみる空間認識の一考察―」（『アイヌ文化の成立』宇田川洋先生華甲記念論文集所収、北海道出版企画センター）

大場利夫・石川徹　一九六六「第7章　西島松南B遺跡」（『恵庭遺跡』所収、恵庭町・恵庭町教育委員会）
利部修　一九九六「北日本の須恵器についての一考察」（『考古学の諸相』坂詰秀一先生還暦記念論文集所収、坂詰秀一先生還暦記念会）
利部修　一九九八「東北以北の双耳杯と環状凸帯付長頸瓶」（『秋田県埋蔵文化財センター研究紀要』第一三号掲載）
利部修　二〇〇一「長頸瓶の系譜と流通―北日本における特質―」（『日本考古学』第一二号掲載）
利部修　二〇〇七「長頸瓶の製作技法とロクロの性能」（『考古学の深層』瓦吹堅先生還暦記念論文集所収、平電子印刷所出版部纂修堂）
利部修　二〇〇八『出羽の古代土器』同成社
鐘江宏之　二〇〇七「出土文字資料から見た北日本の古代社会」（長谷川成一・瀧本壽史・関根達人編『北方社会史の視座　歴史・文化・生活』第一巻所収、清文堂出版）
鐘江宏之　二〇〇八「青森県出土の文字資料」（青森県史編さん古代部会編『青森県史　資料編　古代二　出土文字資料』所収）
古環境研究所　一九九七「K39遺跡長谷工地点の放射性炭素年代測定」（札幌市埋蔵文化財センター編『K39遺跡　長谷工地点』所収）
㈶北海道埋蔵文化財センター編　二〇〇〇『千歳市ユカンボシC15遺跡（3）』（『㈶北海道埋蔵文化財センター調査報告書』第一四六集）
札幌市埋蔵文化財センター編　一九九七『K39遺跡　長谷工地点』（『札幌市文化財調査報告書』五五）
札幌市埋蔵文化財センター編　二〇〇〇『K39遺跡　第8次調査』（『札幌市文化財調査報告書』六四）
鈴木琢也　二〇〇六「古代北海道における物流経済」（氏家等編『アイヌ文化と北海道の中世世界』所収、北海道出版企画センター）
鈴木琢也　二〇一〇「古代北海道と東北地方の物流」（小松正夫編『北方世界の考古学』所収、すいれん舎）
鈴木信　二〇〇〇「H－13の竈廃用祭祀について――千歳市・恵庭市内の遺跡と比較して」（㈶北海道埋蔵文化財センター編『千歳市ユカンボシC15遺跡（3）』所収）
鈴木信　二〇〇八「北海道出土の墨書・刻書土器」（青森県史編さん古代部会編『青森県史　資料編　古代二　出土文字資料』所収）

鈴木靖民　二〇〇八「古代北海道の無文字社会と文字・記号、そして信仰―擦文社会と異文化間交流―」（鈴木靖民編『古代日本の異文化交流』所収、勉誠出版）
地球科学研究所　二〇〇〇「千歳市ユカンボシC15遺跡放射性炭素年代測定結果報告書」（㈶北海道埋蔵文化財センター編『千歳市ユカンボシC15遺跡（3）』所収）
八戸市教育委員会編　一九九六『丹後平（1）遺跡、丹後平古墳』（『八戸市埋蔵文化財調査報告書』第六八集）
平川南　一九九七「札幌市K39遺跡長谷工地点ヘラ書き土器」（『K39遺跡　長谷工地点』所収）
藤原弘明編　二〇〇三『五所川原須恵器窯跡群』（『五所川原市埋蔵文化財調査報告書』第二五集）
藤原弘明　二〇〇七「五所川原産須恵器の編年と年代観」（北日本須恵器生産・流通研究会事務局編『第2回北日本須恵器生産・流通研究会資料「五所川原産須恵器の年代と流通の実態」』所収）
藤原弘明　二〇〇八「五所川原須恵器窯跡群の概要」（青森県史編さん部会古代部会編『青森県史　資料編　古代2　出土文字資料』所収）
藤原弘明・佐藤智生・蔦川貴祥　二〇〇七「須恵器の生産と消費（青森県）」（長谷川成一・瀧本壽史・関根達人編『北方社会史の視座　歴史・文化・生活』第一巻所収、清文堂出版）
松谷純一編　一九九二『北海道恵庭市　中島松1遺跡　南島松4遺跡　南島松3遺跡　南島松2遺跡　発掘調査報告書』恵庭市教育委員会
松谷純一・上屋真一編　一九八八『北海道恵庭市　中島松6・7遺跡　発掘調査報告書』恵庭市教育委員会
三辻利一　一九九三「札幌市内の遺跡出土須恵器、土師器の蛍光X線分析」（上野秀一・仙庭伸久編『K435遺跡』『札幌市文化財調査報告書』XLII所収）
三辻利一　一九九八「札幌市内出土須恵器の蛍光X線分析」（札幌市埋蔵文化財センター編『K39遺跡　緑化地点』『札幌市文化財調査報告書』五九所収）
森秀之　二〇〇四『茂漁7遺跡・茂漁8遺跡』恵庭市教育委員会
山本哲也　一九八八「擦文文化に於ける須恵器について」（『國學院大學考古学資料館紀要』第四輯掲載）
山本哲也　二〇〇一「擦文文化の祭祀」（『國學院大學考古学資料館紀要』第一七輯掲載）

古代北海道における太平洋側・内陸交流の実像

―「太平洋交易集団」の実態と意義をめぐって―

蓑島栄紀

はじめに

近年の北海道では、厚真町や平取町など、太平洋側の胆振東部・日高地方に位置する内陸部の遺跡調査が進展し、おもに擦文文化期（七〜十二世紀ごろ）からアイヌ文化期（十三世紀ごろ〜）における豊かな外来文物、対外交流の痕跡は注目を集めている。これらの成果は、従来の北海道で知られてきた沿岸部・河口部の拠点的港湾遺跡や、日本海側と太平洋側を道央（石狩）低地帯の内水面によって短距離で結ぶ、いわゆるユウフツ越え（シコツ越え）のルート上の諸遺跡と比べても遜色ないものであり、その歴史的な背景・意味が問われる。

アイヌ民族やその祖先集団が古い時代に利用した交通路を解明することは、それ自体として重要な意味をもつ。しかし、この地域の場合、交通路の探究は、さらに大きな問題に派生しうる。たとえば、①日本海沿岸の海上交流に比べて不明な点が多く、注目されることの少なかった太平洋側・内陸部の交流の実態・規模や意義を考えることに直結する。②また、この地域の交流は、道央〜道東間の交通の実態を明らかにするうえでカギとなる可能性を秘めている。すなわち、擦文文化とオホーツク文化の関係や、民族誌的な「アイヌ文化」のなりたちとその地域性・多様性を多角的にとらえるうえでも軽視しえない論点であるといえよう。

さて近年、瀬川拓郎氏は、擦文文化中期、十世紀ごろに北海道を取り巻く流通経済の著しい発展を想定し、これに適応して道内には「日本海交易集団」「太平洋交易集団」および道南の「青苗文化」（本州北部社会との間を仲介するマージナルな文化）とが形成され、相互に関連していたと主張する。このうち「太平洋交易集団」は、馬蹄状の圧痕帯をもつ擦文土器の共有状況などから、青森県陸奥湾・下北半島との結びつきを有しつつ、北海道太平洋側のエリアを中心に活動したと推定され、[1]これが十四世紀の『諏訪大明神画詞』にみえる「日ノ本」エゾというグルーピングに連続する可能性も指摘される。しかしその内実は、「日本海交易集団」や「青苗文化」に比べて不明な点が多い。

以下、本稿では、古代北海道における太平洋側・内陸部の文化、交通ルート、産物などの諸問題について具体的に考察するとともに、この道を行き来した多彩な物質文化・精神文化のありようとその意義について検討を加えることで、十世紀前後に形成されたと推測される北海道の「太平洋交易集団」の実像を考える材料としたい。

一　擦文文化期における太平洋側・内陸交通の可能性

擦文文化は、およそ七世紀後半に本州からの強い影響を受けつつ成立し、十二〜十三世紀ごろまで存続した土器文化である。擦文文化の分布と拡大について、通説的見解は、およそ以下のようなものであろう。

七世紀後半〜八世紀の主要な擦文遺跡（とくにカマド付きの竪穴式住居を有する集落）は、北海道の道南や道央（石狩）

低地帯に集中する。当時、道北や道東の沿岸部には、基本的にサハリンや大陸と強い結びつきをもつ海洋民のオホーツク文化が活動していた。ところが擦文文化は、九世紀後半に日本海沿岸を北上し、小平町・苫前町などに集落を形成する。ほぼ同時期に、道北・道東でオホーツク文化の変容がはじまるが（礼文島元地遺跡、標津町伊茶仁カリカリウス遺跡など）、これは擦文文化の拡大と無関係ではない。

十世紀に、擦文文化の全道的拡大にはさらに拍車がかかり、道東のオホーツク文化はこれに同化されていく（トビニタイ文化へ）。このころには、本州北部やサハリン方面にも擦文文化の進出がみられる。十一世紀になると、擦文集落の分布密度が変化し、当初多かった道央と進出先の道東との間で遺跡数が逆転するまでに至る。さらに十二世紀には、遺跡の分布は道東に偏るようになり、北海道西部での集落・住居址の確認例は、一部地域を除いてきわめて少なくなる。

上記のような状況の説明に関しては、①擦文社会における大規模な人口移動（道央から道東への移住）を想定するもの[2]のほかに、②道東を除く地域で、一足先に「アイヌ文化」の成立（竪穴式住居と土器の廃絶）を推定するもの[3]もあるが、いずれにせよ、擦文文化の分布の変遷について「道央から道東へ」という大きな流れを考えることに大差はない。

こうした、十世紀前後にはじまる擦文文化の本格的な拡散ルートとしては、日本海を北上し、オホーツク海沿岸を時計回りに南下するルートを想定するのが一般的である[4]。この時期における擦文文化拡大の要因は、基本的に本州を交易相手とする流通経済の発展への対応であったとみなされる。

ただし、十世紀以後の擦文集団が道東に大規模に到達する以前にも、道東には竪穴式住居を伴わず、独自の「古式擦文土器」をもつグループが存在した。たとえば、標津町伊茶仁カリカリウス遺跡（九世紀後半）などは、「古式擦文土器」のグループとオホーツク文化集団の接触・融合によって成立したとみられている[5]。大井晴男氏は、これら道東の地域的な擦文文化＝「十勝太式」の担い手を、狭義の擦文文化とは生業を異にした、続縄文文化のより直接な継承者であると推定する。(6) また大沼忠春氏も、こうした十勝太式について、擦文文化とオホーツク文化の「中間地帯」の様相を示すものとして注目する。(7) 大沼氏は、十勝太式土器にしばしばみられる文様帯下部のバンドを、オホーツク文化から入った要素である可能性が高いと指摘する。なお、道央太平洋側の胆振・日高地方の「擦文文化」においても、竪穴式住居を有する例はきわめてまれで、住居などの面で「続縄文的」な生活様式を維持した地域的個性の強いグループの存在が推定されている。(8)

いずれにせよ、擦文文化が大規模に道東へ拡散する以前に遡って、北海道太平洋側の胆振・日高から道東にかけて、竪穴式住居をもたない、地域的な「擦文文化」のグループが存在したことが明らかである。その実情については不明な点が多いが、このような前期「擦文文化」の地域的グループの存在を考えたとき、胆振・日高と道東の十勝・釧路方面とを結ぶ太平洋側の連絡・交流を想定してみるべきかもしれない。

この問題と関連して、擦文期における鉄製品の分布においても、近年、興味深い指摘が得られている。すなわち笹田朋孝氏は、擦文文化期の鉄製品の出土量を集成・分析して、擦文後期・トビニタイ期の道南と道東において鉄器の普及率が飛躍的に高まるのに対して、道西北部・道東北部においては一貫して低いことを明らかにし、擦文後期における鉄製品の普及には太平洋側ルートの役割が大きかったことを推測している。あわせて、道南〜道東の中間地帯となる胆振・日高地方における擦文集落の少なさに言及して、典型的な擦文文化とは異なる生業をもつ集団の存在や、内陸交通ルートの可能性をも示唆する。(9)

以上のように、胆振・日高〜道東間ルートの探究は、擦文文化・オホーツク文化の関係、トビニタイ文化の形成と展開、ひいては「アイヌ文化の成立」や、アイヌ文化の地域性等の問題を、より立体的に把握するために不可欠のテーマであるといえよう。両地域の間には、続縄文期以前からのネットワークが維持されていた可能性を考えてもよいかもしれない。その場合、太平洋沿岸の海上ルート（襟裳岬越えの海上交通路）の存否が問題となる一方、胆振・日高地方に多く残される十勝アイヌや北見アイヌによるトパットゥミ（夜襲）の伝承[10]などを考慮すれば、道東方面と胆振・日高との内陸ルートの実態を検討していく必要性があるといえよう。

二　胆振・日高の遺跡における外来文化の様相

先述のように、現在のところ、擦文文化期の胆振・日高地方は、カマド付きの竪穴住居を有するような典型的な擦文文化圏からは一定の距離を置いていたようにみえる。にもかかわらず、近年の胆振・日高地方では、擦文期全体を通しても傑出して豊かな対外交流の状況をみせる発掘調査例が知られている。

その顕著な例の一つが、日高地方の沙流川流域に所在する平取町二風谷のカンカン2遺跡である[11]。同遺跡では、X—1遺構（方形周溝をもつ盛土遺構）とその周囲から、鉄器・青銅製品・須恵器・ガラス玉など多数の遺物を出土した。まず、大刀・鉾・刀・小刀・刀子・釘様鉄製品（三六点）など多数の鉄製品の集中に驚かされる。また、銅鋺四点が出土しており、うち一点は正倉院宝物にも類例のある佐波理製品（朝鮮半島製）であることが判明している。須恵器は青森県五所川原産である。ガラス玉については大陸系の可能性があり、北方世界とのつながりを考えるうえで注目される。

カンカン2遺跡の遺構の実年代については、石附Ⅳ期・Ⅴ期の擦文土器の出土から、従来の年代観に従えば、十一世紀代かそれ以後に当たるであろう。ただし、白頭山‐苫小牧火山灰（B—Tm）の降下後まもなく遺構が構築されて

図１　胆振・日高地方の位置

いるとみられることから、十世紀半ばとみる見解もあり、検討の余地を残している。

遺構の性格は不明であり、報告書では「祭祀的な場所」とされている。「墓」とする説もあり、同時代の本州北部で見つかっている方形周溝墓との関わりが想定されている[12]。「鍛冶関連遺構」のような見解もある[13]。また筆者は、外来遺物が質・量ともに顕著であること、遺構の特異な性格などから、一個人や一集落の所産ではなく、沙流川筋一帯やそれ以上の範囲の人々の連盟や誓約に関わる共同的な祭祀遺構ではないかと推定した[14]。

注目すべきことに、鉄器の多くには折り曲げがみられ、銅鋺には底面がない。一般に擦文文化において、刀剣などの鉄器を破壊する例は少なく[15]、カンカン2遺跡の例は特異である。この点は、アイヌ文化の「送り」につながる精神との関わりも考えさせる。

なお松浦武四郎の『戊午東西蝦夷山川取調日誌』（以下、『戊午日誌』）「沙留日誌」弐には、現在の平取町二風谷について「ニフタニ　其名義は木太刀に金物を附けて奉りし等古跡有て号く」とあり、また「ホンカンカン　東岸に小川有。其名義は鹿の腸也。昔し此処に鹿の腸を神が童子共へ呉給ひしかば、我も我もとてもらひしとかや。よって号る也」などとあって、当地に刀剣とも関わる祭祀・儀礼の伝承がみられる点には留意される。

その後、沙流川筋の西方に位置する胆振東部の厚真町上幌内モイ遺跡の調査では、擦文期の円形周溝遺構が検出され、その近くの儀礼場では炭化したイナキビ・イナキビ団子、同じく火を受けた五点の銅鋺（いずれも佐波理）、意図的な破砕を受けた五所川原産須恵器など、カンカン2遺跡との関連・共通性も考えさせる様相が判明した。時期的にも、十〜十一世紀前後のほぼカンカンと並行する年代が考えられている(16)。当時、平取・厚真などの諸集団は、相互に密接な連絡・交流を行っていたのであろう。

乾哲也氏は、上幌内モイ遺跡の評価について、内陸交通の中継地としての位置づけを主張する。縄文土器や黒曜石の検討などからは、当地と富良野盆地や道東方面との交流も推測されており、縄文期に遡る伝統的な山越え交易ルートの存在が想定される。実際、アイヌ民族の使用した近世の交通路においても、厚真川筋・上幌内モイ遺跡の一帯と、沙流川筋のカンカン2遺跡の付近とは、それぞれ内陸交通のネットワークで結ばれていたことが確かめられる。次に、この点について詳述する。

三　厚真・平取をめぐる古交通路

安政五年（一八五八）六月二十日夜、勇払会所にあった松浦武四郎は、二十一日明け方に勇払を出立し、海岸部のアツマフトから厚真川筋に入って上流へ向かった（『戊午日誌』）。

その夜、武四郎は中流域のトンニカ（現・富里）に宿泊する。ここで武四郎は、トンニカの乙名であり、武四郎の道案内人も務めた板蔵の家の様子として、「西同所の土人等とは大に違ひ、凡行器の三十も有、耳盥の七ツ八ツ、筐の弐ツ計、蝦夷太刀の二十五六振も懸、また此余短刀の七八本も有るよし語りけるなり」と記し、その物質的な豊かさに目を見張っている。トンニカ・コタンの所在した富里地区では、最近、ニタップナイ遺跡（武四郎の記したニタッナイの地区）が発掘調査され、シャクシャインの戦いの前後に特定できるコタンなどの様相が明らかにされた。当遺跡では、Z字状の断面を呈する大陸のパクロフカ文化系鉄鏃（十〜十一世紀）が出土している。[17] また、大名脇坂家の江戸屋敷跡に類例をもつ近世の銅製銚子ほか、おびただしい金属製品、そしてシカ儀礼の生々しい痕跡などは大きな注目を集めている。

このような富里地区の状況にはさまざまな背景が考えられるが、武四郎が「冬日堅雪の頃にはトンニカよりユウハリの川すじえ凡二日半には上るによろし。またトンニカよりチトセ会所え一日半にて行よし」と記すような、交通の要衝としての性格とも無縁ではありえない。

翌二十二日にかけて厚真川筋を踏査した武四郎は、二十三日、トンニカを出発して東の鵡川筋へ向かう。鵡川越えに際しては、ニタツナイ（ニタップナイ）を経て、厚真川支流のシュルク沢川を上り、山越えして鵡川筋のニワンへの道を選んでいる。シュルク沢川二つめの沢に「ルウベシシルク」（『東西蝦夷山川取調図』では「ルウクシシュルク」）の名が記録される。武四郎は、この「ルウベシシルク」を鵡川越えに利用した可能性が高い。

一方、鵡川筋・ニワン川支流のモニワン沢には「ルベシベ」の地名が記録されている。「武加和日誌」中には、「モニワン　是ニワンの小川云儀也。余は此方より越来れり」、「ルベシベ　是モニワンの源の左の方の小川、是え余は越

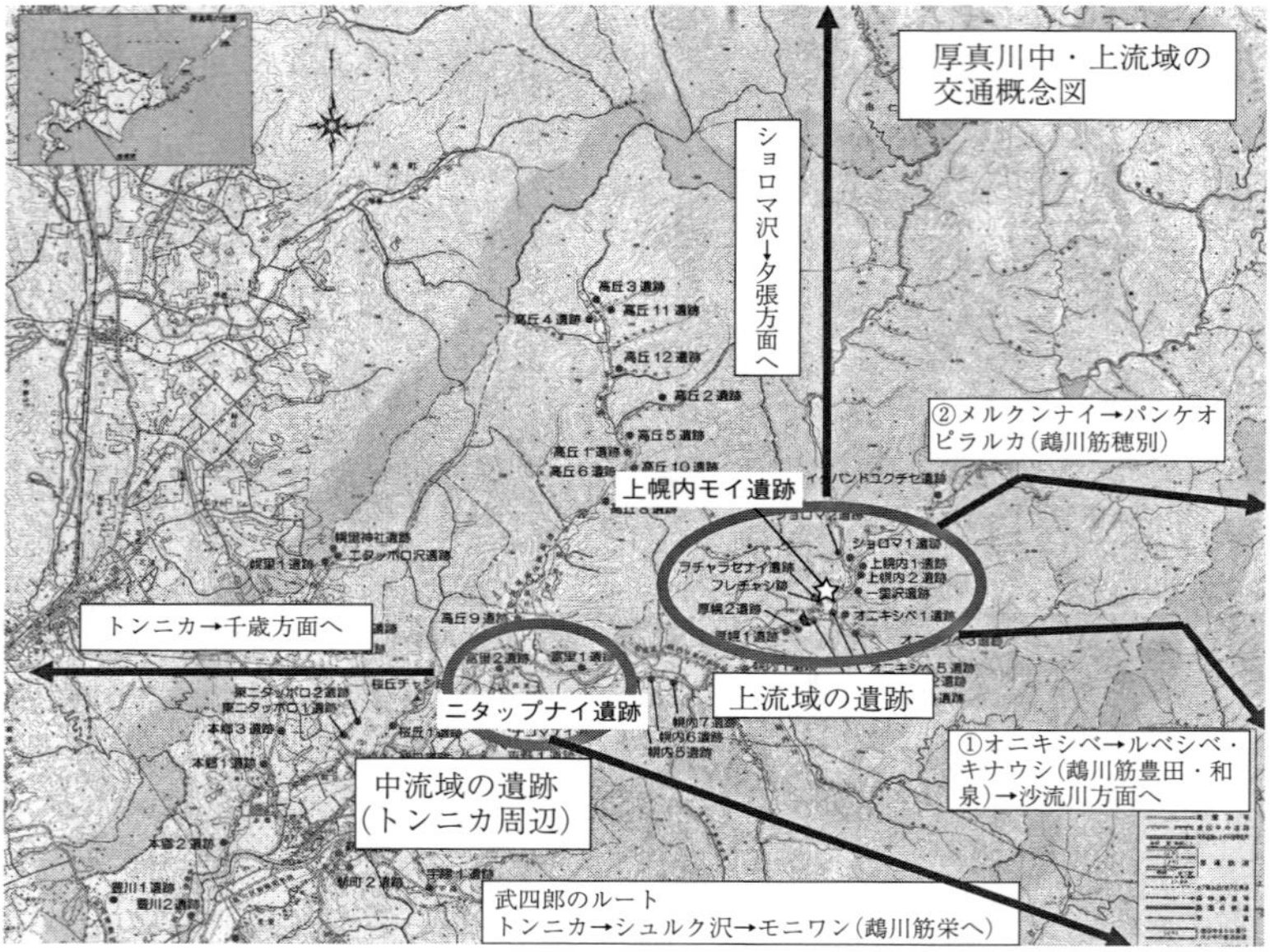

図２　厚真川筋をめぐる内陸交通概念図

えて来りし也」の記載がある。すなわち、厚真川筋から鵡川筋への移動に際して、ルウベシシュルク（厚真川筋シュルク沢支流）→ルベシベ（鵡川筋モニワン沢支流。現・むかわ町穂別栄）へ抜ける山越えルートが、武四郎が踏破した道であった[18]。

武四郎は、あたかも「ル」（道を意味するアイヌ語）に関わる地名を辿ったかのようであり、当時のアイヌ民族による内陸交通路を効率的に利用して旅したことが理解される。

このように、武四郎が厚真川筋から鵡川筋への移動に利用したのは、トンニカからニタッナイを経て、シュルク沢（厚真川支流）→モニワン沢（鵡川支流）へ至るルートであった。鵡川筋など東方との関係においてもトンニカが交通の要衝であることが理解されるが、鵡川筋越えには、その他のルートも存在した。

①厚真川筋オニキシベ川→鵡川筋ルベシベ・キナウシを結ぶルート。武四郎によると、このルートはさらに東の沙流川筋・平取付近にも連絡していた。さらに、

②厚真川筋メルクンナイ沢↓パンケオピラルカ川（現・むかわ町穂別付近に注ぐ）につながるルートもあった。(19)
厚真川上流域には、上幌内モイ遺跡、オニキシベ2遺跡、ヲチャラセナイチャシ跡などが集中する。いずれの遺跡も、擦文期や中世アイヌ文化期の重要な調査成果として知られる。上記①②のルートは、いずれもこの地区を起点とするように東の鵡川筋へ延びている。すなわち、この地区は、厚真川筋の要衝トンニカ（現・富里地区）の上流に位置して、鵡川筋へ越える複数のルートが交錯する地点であった。さらにここからは、北に伸びるショロマ沢を通して夕張方面へも交通路があった。上記のように、東の沙流川筋、平取方面に達するルートもあった。一方、トンニカは西の千歳会所や美々遺跡群にも連結する。

以上のように、厚真川筋には、各方面との間に緊密な内陸交通路が張り巡らされており、主要な遺跡の立地も、これと無縁でなかった可能性が高いのである。

最近、乾哲也氏は、北海道内の内陸交通路において、厚真川の東を流れる鵡川筋の重要性を強調している。鵡川は道内四位の流域延長をもつ一級河川であり、氏はこの上流から道東の十勝方面に通じる遠距離交通ルートが存在したと推測する。(20) すなわち、厚真川流域を取り巻く交通ルートは、近隣の千歳や平取方面に通ずるのみならず、夕張方面や、十勝を経由して道東などの遠隔地にもつながっていた可能性を秘めるのである。

現時点で、擦文期の厚真や平取の遺跡から、道東のトビニタイ文化などとの直接の交流を示す証拠は見つかっていない。しかし、道東では美幌町元町2遺跡、弟子屈町下鐺別遺跡、釧路市別保遺跡など、内陸深くの遺跡から、トビニタイ式土器がしばしば出土する。これらの内陸交通ネットワークが相互に結びついていた可能性について、一考してみる余地があろう。

四　「太平洋交易集団」の実像――交易と物質文化・精神文化

次に、擦文期の胆振東部・日高地方を取り巻く遠距離交流について、本州北部との関連をみてみたい。

先述のように、擦文期の前半において胆振・日高から道東に至る太平洋沿岸には集落遺跡がほとんど見つかっていないが、本州方面との交流を示す痕跡はけっして少なくない。

噴火湾の入り口に位置する森町鳥崎川右岸では蕨手刀が、同・御幸町遺跡では五所川原産の須恵器が出土している。須恵器は伊達市南有珠7遺跡、稀府川遺跡や、白老町アヨロ遺跡など、胆振・日高の太平洋側にもみられる。(21) アヨロでは八戸の坏Bに分類される土師器坏が出土している。(22) これらの遺跡がそれぞれ太平洋沿岸交流における中継拠点であった可能性は高い。陸奥湾、あるいは八戸を起点として下北方面へ伸びる交流ルートが北海道の太平洋側まで到達していたのである。

千歳市ウサクマイ遺跡群など石狩水系（支流の千歳川流域）で最も南の集団や、同美々8遺跡のような太平洋側と石狩水系の分水嶺に位置する拠点など、道央低地帯の擦文文化が上記のルートと無関係であったとは思われない。太平洋から道央低地帯へは、現在の苫小牧付近を入り口として、近世の「ユウフツ越え」のルートが延びる。またこれとは別のルートとして、安政四年（一八五七）七月十九日、松浦武四郎はウサクマイから太平洋岸までを一日で踏破し、白老に泊まっている（『丁巳東西蝦夷山川取調日誌』）。太平洋沿岸と石狩水系を結ぶ陸路の存在が推定される。こうした太平洋側の交通網を介して、道央低地帯の擦文社会は本州北部と連絡していたのである。

さて、上述のとおり、平取町カンカン2遺跡では四点の銅鋺が確認されている。銅鋺は、このほか道内では恵庭市カリンバ2遺跡、厚真町上幌内モイ遺跡、平取町亜別遺跡、釧路市材木町5遺跡からの出土例があり、現在のところ、道央低地帯から胆振東部・日高、道東太平洋側にかけて分布する点に特色がある。(23)「太平洋交易集団」の実在性を考えるうえで有力な手掛かりとなる資料である。

その入手先としては、同時期の青森県域において、しばしば銅鋺が出土することに注目される（青森市高屋敷館遺跡、同野木遺跡、八戸市林ノ前遺跡など）。これらの遺跡では、ほぼ例外なく五所川原産の須恵器も出土している。道内太平洋側の諸集団と、本州の青森県域の生産・流通拠点との間に強固なパイプの存在を想定できる。

さらに、厚真や平取の遺跡の性格を考えるうえで、青森市の朝日山（2）遺跡で発見された儀礼的遺構の例は参考となる。当遺跡では十世紀代の方形周溝墓が検出されており、カンカン2遺跡の方形周溝遺構や上幌内モイ遺跡の円形周溝遺構との関連も想定される。注目すべきは、朝日山（2）遺跡の方形周溝墓から、炭化した穀物と、意図的に破壊された銅鏡（伯牙弾琴鏡）が出土していることである。遺構の付近からは、後述する錫杖状鉄製品も出土した。カンカン2遺跡、上幌内モイ遺跡の例とあわせて、周溝遺構が祭祀・儀礼の場であり、これらの遺跡で火を使用した儀礼が行われていたことを示唆するのではあるまいか。

なお、道東の釧路市材木町5遺跡で銅鏡（湖州鏡）が出土している。当遺跡では銅鋺の破片も出土し、近隣の幣舞遺跡からは五所川原須恵器が出土している（ただし材木町5遺跡の年代は擦文末期と思われるので、五所川原須恵器の時代とは時期差がある）。湖州鏡の出土した一五号住居は火災住居として報告されており、カマド近くのピット内には破砕された擦文土器の一部が埋納されていた。また、湖州鏡は床面に安置された状態で出土している。ここには、なんらかの儀礼行為の存在を考えてみるべきだろう。銅鏡は、本州においては経塚や山岳信仰遺跡、神社の奉納品に多い。山岳信仰・修験道の霊山として名高い山形県羽黒山頂遺跡では、数百面に及ぶ平安～鎌倉期の銅鏡（二九面の湖州鏡を含

表　各遺跡の文化要素の比較・対照

	五所川原須恵器	銅　鋺	銅　鏡	火の祭祀	周溝遺構
青森市朝日山(2)	○	×	○伯牙弾琴鏡(破砕)	○炭化穀物	○方形周溝墓
厚真町上幌内モイ	○破壊	○破砕・被熱	×	○炭化イナキビ・銅鋺ほか	○円形周溝
平取町カンカン2	○	○破砕	×	不明	○方形周溝
釧路市材木町5	△(近傍の幣舞遺跡で出土)	○破片	○湖州鏡	△(湖州鏡は火災住居出土)	×

む）が出土している。(24)

つまり、現時点で明瞭なセット関係こそ見出されないものの、青森から胆振・日高、道東に至るまで、周溝遺構、火を使用する儀礼、銅鋺・銅鏡などの貴重財（祭祀具？）といった特徴的な文化要素が、同時代に複合的に共有されている様相が看取される。これらの遺跡は、五所川原産須恵器の分布と重なりあう点にみるように、本州北部に連続する流通圏内・ルート上にあった。今後の発掘成果の進展にもよるが、こうした状況を、青森から北海道の太平洋側にかけての広域的な祭祀・儀礼の普及・共有を示すものとして把握してみる余地があろう。つまり、ここには密教や修験道・山岳信仰などに由来する「南から」の精神文化の波及が確実に存在したと思われ、それらがアイヌ文化の基層信仰に及ぼした影響についても考えていく必要がある。また、こうした祭祀・儀礼の受容・共有が、本州北部社会との間の円滑な交流・交易の実現に資したであろうことも推定してよかろう。(25)これこそが、「太平洋交易集団」の存立を可能とした基盤の一つだったのではないか。

さて、上記のような太平洋沿岸の文化の共通性は、海路を利用したいわば「太平洋沿岸交流」の所産と呼べるものなのだろうか。瀬川拓郎氏は、十一世紀ごろの道東・千島方面におけるラッコ皮生産の進展を推測して、これを「太平洋交易集団」形成の一因とするが、(26)現時点で擦文期にラッコ皮が交易品とされていた確証はない。

むしろ注目されるのは、近世蝦夷地において、とりわけ道東産のものが矢羽の高級ブランド品として珍重されたオオワシ・オジロワシの尾羽である。先述のように、十世紀ごろから全道各地や本州北部・サハリン南部へ進出していった擦文社会は、十一世紀ごろには道東に大規模な集落を築くようになる。最近、澤井玄氏や瀬川拓郎氏は、道東への擦文文化進出の背景として、ワシ羽交易の意義に着目している(27)。実際に、北方産の矢羽であることの明らかな「粛慎羽」の出現は、十世紀成立の『西宮記』臨時四、賭弓であり、このころを境に、矢羽としてのワシ羽に関する平安貴族社会の記録は飛躍的に増大していく(28)。十〜十一世紀ごろ、武家の台頭とあいまって、本州社会によるワシ羽への需要が増し、北海道社会にとって新たな戦略的交易品となっていったと考えられる。

とすれば、大規模なワシ羽の生産活動に従事する道東の集団と、本州と直接的に交易する道南や道央低地帯の集団との中間地帯に位置する胆振東部・日高の地域集団は、このころしだいに存在感を増していったのではないか。十〜十一世紀は、ちょうど厚真や平取の擦文社会が顕著な発展をみせる時期にあたる。ワシ羽のように軽くてかさばらず、かつきわめて貴重な宝の交易において内陸交通路は適合的であり、道東圏〜道央・道南圏の間をショートカットして直結する太平洋側ルートの重要性は大きくクローズアップされたのではあるまいか(29)。

なお、後世の事例であるが、北海道太平洋側の広域的な交流圏について、十七世紀のシャクシャインの事例を参照すると、ホロベツ（白老・登別）・エトモ（室蘭）のチメンバは、静内を本拠地とするシャクシャインの親類であるとされ、スッツ（寿都）にもチメンバの母・弟がいたという。また、クスリ（釧路）のコタユルシカは、「シャクシャイン妹むこ」であった（『津軽一統志』）。つまり、日高地方を本拠とするシャクシャインは、東は釧路から西は日本海沿岸にかけてのアイヌ社会と親族関係を構築していた。こうしたネットワーク形成の背景には、ワシ羽やラッコ皮などの道東方面の富と、日本海沿岸ルートによるサンタン交易品の双方にシャクシャインが影響力を有していた可能性を推測させる。この場合、道東との交流路としては、襟裳岬を越える太平洋沿岸の海上交通ルートと、内陸交通ルートの双方がありえたと考えられる。

擦文期においても、海路の拠点を介した太平洋沿岸航路の存在自体は否定しきれない。しかし、本節に述べてきたように、海上交通ばかりでなく、内陸交通のネットワークが、太平洋側一帯における交易活動や、祭祀・儀礼を含む文化・情報の伝達に大きな役割を果たしていた可能性を改めて考えてみるべきであろう。

五　胆振・日高における「北方系文化」の痕跡——とくにコイル状鉄製品をめぐって

ところで、胆振・日高地方においては、北方系（サハリンや大陸方面）とのつながりを考えさせる遺物が出土している点にも留意される。

たとえば、平取町カンカン2遺跡ではガラス玉が検出されている。村田大氏の集成によれば、擦文期・オホーツク文化期の可能性のあるガラス玉は、道内では松前町札前、奥尻町青苗貝塚、札幌市K—39、共和町下リヤムナイ、伊達市有珠オヤコツ、旭川市錦町5（板状ガラス片?）、小平町高砂遺跡、根室市穂香竪穴群（以上、擦文）、稚内市オンコロマナイ貝塚、枝幸町目梨泊、網走市モヨロ貝塚、礼文町香深井5（以上、オホーツク）で出土している。[30] これらのガラス玉は、確証は得られていないものの、大陸系とされることが多い。穂香竪穴群では、五七点のガラス玉が集中して見つかり、日本列島全体でも稀有な例として注目を集めた。

「北方的・大陸的」とされる文化が、オホーツク海沿岸、日本海沿岸、ユウフツ越えルート上で見つかっていることに違和感はないが、胆振・日高地方や道東などの太平洋側から出土していることは興味深い。道内の太平洋側における「北方系」要素の問題について考えてみる必要性があろう。まず、どのようなルートによる伝播・流入であったのかが問題となる。これについて、日本海沿岸～石狩低地帯～胆振・日高内陸を経由するルートは可能性が高い。オホーツク文化については、近年、日本海沿岸での予想以上の南下が知られており、その痕跡は奥尻島に達している。千歳市ウサクマイN遺跡ではオホーツク文化のソーメン文土器が、恵庭市茂漁8遺跡では刻文土器が出土している。小平町阿分3遺跡でソーメン文土器が出土している例も参考となる。オホーツク文化の中心的分布圏から、日本海沿岸・石狩川流域を経て流入するルートを想定するのが自然であろう。(31) 上述のように、厚真町ニタップナイ遺跡では十～十一世紀ごろのパクロフカ文化系鉄鏃が出土しており、千歳市美々8遺跡ではパクロフカ文化系の帯飾が出土している。道央低地帯の恵庭・千歳あたりを中継地として、サハリン系・北方系文化の流れと胆振・日高地方など太平洋側・内陸集団との接点があったことを考えてもよいかもしれない。

次に、北海道から出土する「北方系遺物」として、しばしば言及されるコイル状鉄製品に触れておきたい。コイル状鉄製品は、その名の通りコイル状を呈する小型の鉄製品で、道内では北見市ライトコロ川口遺跡（擦文期もしくはアイヌ文化期初期）、新十津川村254番地（アイヌ文化期?）、余市町大川遺跡（アイヌ文化期）、千歳市美々4遺跡（アイヌ文化期）、平取町二風谷遺跡（擦文期?）、札幌市K501遺跡（擦文期）、厚真町上幌内モイ遺跡（擦文期）の七ヵ所から出土している。これらは、アムール川流域の先住民に伝わる類例などから、しばしばシャーマニズム的遺物と解釈される。(32) 派生する問題として、その用途が問題となる。繰り返すが、コイル状鉄製品はしばしば北方系シャーマニズムに関わる遺物とされる。確かに、ライトコロ川口遺跡や二風谷遺跡では、シャーマンによる使用を思わせるかのように、十数点がまとまって出土している。しかしながら、民族誌的な北海道アイヌの呪術行為である「トゥス」は、ツングース系諸民族の例を典型とする北方ユーラシア的シャーマニズムとは相違する点も多い。一方、サハリンアイヌには、カチョ（太鼓）、カニクヮ（金属製帯飾）やトンコリ（弦楽器）など、より大陸的なシャーマニズムとの親近性を想起させる道具があるが(33)、北原次郎太氏はこれらについても典型的なシャーマニズムと結びつけることに否定的である(34)。ただし、続縄文時代後半の余市町フゴッペ洞窟や小樽市手宮洞窟にみられる岩壁刻画の人物像は、よりシベリア的・ツングース的なシャーマンの姿を彷彿させる(35)。また、大陸系文化とのつながりの深いオホーツク文化の存在や、これに伴う青銅製帯飾板の実態も問題となる（枝幸町目梨泊遺跡、北見市栄浦遺跡、網走市モヨロ遺跡など）。これらの製品は、しばしばオホーツク社会におけるシャーマンの存在を示すものとみなされている(36)。つまり、古い段階には、シベリアを源郷とする典型的なシャーマニズムが、北海道社会により濃厚に影響を及ぼしていた時期があり、それが民族誌的なアイヌ宗教文化の基層の一部を構成しているという可能性は捨てきれない。

ところで、コイル状鉄製品については、大陸における類品は真鍮製であるのに対し、道内の例は鉄製である点に留意される(37)。つまり、「北方的シャーマニズムの存否」という問題設定だけでなく、北海道島において、これらの文化・信仰がどのような独自の文化的コンテクストで受容され、また新たに創出されていったのかを追究する必要がある。

これと関わって留意されるのは、近年、小嶋芳孝氏が指摘している東北北部の「錫杖状鉄製品」の問題である。従来、これらの遺物は密教法具の一種と理解されてきたが、小嶋氏は、これらは厳密には仏教用具とは異なるものであり、密教との接触・交流を背景としつつ、北東アジア系シャーマニズムとの関わりで生まれた、当時のエミシ社会に固有の祭祀具としてとらえるべきことを提唱している(38)。新田（1）遺跡に代表される青森市石江遺跡群の調査で話題となっているように、十世紀前後の北方社会には、日本の「中央」に由来する祭祀・信仰が浸透していた形跡がある(39)。

また最近、工藤清泰氏や瀬川拓郎氏は、このころの青森や北海道における修験者の活動を想定している。[40] 前節に述べた道内での密教系文化の痕跡の背景を考えるうえでも示唆に富む指摘である。

コイル状鉄製品は、その形態・機能からいって、錫杖状鉄製品とも類似した場面、用途での使用が推察されよう。[41] このことは、コイル状鉄製品がなぜ鉄製なのか、という問題を考えるうえでも示唆に富むように思われる。当時の列島北部、とくに青森県域では鉄生産の飛躍的な進展がみられた（岩木山麓の杢沢遺跡など）。その製品は北海道にも流入していたと考えられている。また北海道内でも、擦文文化期には松前町札前遺跡や厚真町上幌内モイ遺跡をはじめとして、小鍛冶の痕跡は数多くの遺跡で確認されている。大胆な憶測となるが、古代の北海道・東北北部における基層文化の一つとしての大陸的、シャーマニズム的な信仰を前提としつつ、そこに密教・山岳信仰など南からの要素が加わり、さらに当地における製鉄・鍛冶の盛行という物質的条件によって、十世紀前後に新たな祭祀具として出現・普及したのが東北北部の「錫杖状鉄製品」であり、一方、それが北海道では、「コイル状鉄製品」というまた独自の形態で創出されたと考えることはできないであろうか。産地同定の問題等を含め、今後の課題としたいが、いずれにせよ、「コイル状鉄製品」を単純にサハリン・大陸方面との交流の所産とすることには再検討の余地があり、その出現の背景を考えるには、当時の北海道・東北北部において、南北から行き交った複合的・重層的な文化の交流・混淆を解きほぐしていく必要性があるといえよう。

むすびにかえて

近年、胆振東部・日高地方の擦文期の遺跡がみせる外来文化の状況は、全道的にみても異彩を放っている。その背景として、本州北部や、さらには道東方面・オホーツク海沿岸にも接続しうる太平洋側・内陸部の交流・交易ルートと、そこに活動した「太平洋交易集団」の存在が浮かび上がる。つまり、道南（「青苗文化」）や道央低地帯（典型的な擦文文化の中心地）と、道東（トビニタイ文化圏や十勝・釧路・根室に進出した擦文社会）とをショートカットする交通路が存在し、胆振東部・日高地方の内陸にその中継地点が存在した可能性がある。道南・道央から日本海を北上し、時計回りにオホーツク海沿岸を南下して道東に至る海上交通路と比して、はるかに短距離のルートである。交易品の種類にも左右されるが、たとえばワシ羽のような軽量で高価な長距離交易品を運搬するには、すこぶる合理的な選択であるといえよう。

胆振東部・日高地方における外来製品の多様性と豊かさ、祭祀・儀礼にみられる基層文化と外来文化の共存、せめぎあいは、こうした内陸ネットワークの活発な広がりに裏付けられていたのであろう。憶測ながら、これらの道を縦横に行き交った多様なヒトと文化は、民族誌的な「アイヌ文化」を構成する諸要素の種子となっていった可能性が高い。いずれにせよ、「太平洋交易集団」の実像の再検討が、北海道史・アイヌ史のより立体的な解明に不可欠であることを確認して、むすびにかえたい。

註

（1）瀬川拓郎「擦文文化の終焉」（『物質文化』六一、一九九六年）、同『アイヌの歴史―海と宝のノマド』（講談社選書メチエ、二〇〇七年）、齋藤淳「『海峡世界』の歴史的枠組について―生業と交流の視点」（蓑島栄紀編『アイヌ史を問いなおす―生態・交流・文化継承』勉誠出版、二〇一一年）など参照。

（2）澤井玄「北海道北東部における擦文文化の拡散と終末について」（『北方の考古学』野村崇先生還暦記念論集刊行会、一九九八年）、大井晴男『アイヌ前史の研究』（吉川弘文館、二〇〇四年）など。

（3）塚本浩司「擦文土器の編年と地域差について」（『東京大学大学院人文社会系研究科・文学部考古学研究室紀要』一七、二

○○二年）など参照。
(4) 大井前掲註(2)。
(5) 澤井玄「トビニタイ土器群の分布とその意義」（『古代』九三、一九九三年など）。
(6) 大井前掲註(2)。
(7) 大沼忠春「北海道の古代社会と文化」（『古代蝦夷の世界と交流』名著出版、一九九六年）。
(8) ただし最近、厚真町オニキシベ2遺跡で、白頭山－苫小牧火山灰（B―Tm）降下直前（九世紀末ごろ）のカマドをもつ竪穴住居一軒が検出されている（厚真町教育委員会編『オニキシベ2遺跡』二〇一一年）。当時、生産・交流を発展させつつあったこの地域に、道央低地帯の典型的な擦文社会からの「偵察的介入」の動きがあったのであろうか。
(9) 笹田朋孝「北海道擦文期における鉄器の普及」（『物質文化』七三、二〇〇二年）。
(10) 扇谷昌康『穂別のアイヌ語地名（穂別町アイヌ民族文化史）』（穂別町アイヌ民族文化保存会、二〇〇三年）、中村和之「山本多助『トパットミ』の紹介」（『北の青嵐』一四一、二〇〇四年）など。
(11) 平取町教育委員会『カンカン2遺跡』（一九九六年）。
(12) 鈴木信「『北海道式古墳』の実像」（『新北海道の古代3　擦文・アイヌ文化』北海道新聞社、二〇〇七年）は、主体部を構築しない直葬的な墓として想定する。
(13) 深澤百合子「沙流川流域カンカン2遺跡の金属製品の新解釈」（『北海道考古学』三五、一九九九年）。
(14) 蓑島栄紀『古代国家と北方社会』（吉川弘文館、二〇〇一年）。
(15) 森秀之「擦文・オホーツク文化期の出土刀剣に関する覚書（2）」（『紋別市立郷土博物館報告』一〇、一九九七年）。
(16) 厚真町教育委員会編『厚真町上幌内モイ遺跡（3）』（二〇〇九年）。
(17) 厚真町教育委員会編『ニタップナイ遺跡』（二〇〇九年）、菊池俊彦「厚真町ニタップナイ遺跡出土の鉄鏃について」（『北海道考古学』四六、二〇一〇年）。
(18) 蓑島栄紀「松浦武四郎の旅程からみた胆振東部・日高西部の古交通路」（『前近代アイヌ民族における交通路の研究（胆振・日高I）』㈶アイヌ文化振興・研究推進機構研究助成報告書、二〇〇五年）、同「厚真町上野地区発見の丸木舟と松浦武四郎の厚真行」（『北方博物館交流』二一、二〇〇九年）参照。

(19) 蓑島前掲註(18)。
(20) 乾哲也「厚真の遺跡を支えたもの――交易・シカ資源」(蓑島編前掲註(1))。
(21) 鈴木琢也「擦文文化期における須恵器の拡散」(『北海道開拓記念館研究紀要』三二、二〇〇四年)。
(22) 宇部則保「古代東北地方北部の沈線文のある土師器」(『考古学ジャーナル』四六二、二〇〇〇年)。
(23) 関根達人「平泉文化と北方交易(2)――擦文期の銅鋺をめぐって」(『平泉文化研究年報』八、二〇〇八年)、瀬川拓郎『アイヌの世界』(講談社選書メチエ、二〇一一年)。なお瀬川氏は、近世に盛んとなる日高地方の産金に注目し、すでに平泉政権の時代に日高地方の金が平泉にもたらされており、銅鋺はその対価であったとする仮説を提起した。保立道久氏のいう「黄金国家」としての平安日本の対外交易について、その背景・基盤を問いなおす大胆な指摘であり、今後の議論の深化が期待される。ただし、道内出土の銅鋺の年代は、これまでのところ平泉政権の時期より古く、安倍・清原期を主体とするといえそうである。
(24) 前田洋子「羽黒鏡と羽黒山頂遺跡」(『考古学雑誌』七〇、一九八四年)。
(25) 異文化間の円滑な交流・交易に際して、祭祀・儀礼の共有が重要な役割を果たしている事例は、人類史上、枚挙にいとまない(蓑島栄紀「北海道・津軽の古代社会と交流」〈『日本海域歴史大系　古代篇Ⅱ』清文堂出版、二〇〇六年〉、同「北方社会の史的展開と王権・国家」〈『歴史学研究』八七二、二〇一〇年〉など参照)。なお、中近世のケースとなるが、上ノ国町宮の沢川右岸遺跡で「アイヌ系」祭祀具と「和系」祭祀具が伴って出土している事例は興味深い。憶測となるが、交易に従事するアイヌ社会の首長クラスが、対外的にはより「普遍的」な祭祀・儀礼の場に参与しつつ、既存の社会内では伝統的宗教の主催者であるような二面性が存在したことも考えられるのではないか。同時に、こうした機会の積み重ねが、異文化の折衷・混淆のきっかけとなりうることはいうまでもない。なお、瀬川前掲註(23)や、鈴木信「アイヌ文化形成の背景――文化複合体構造の分析」(蓑島編前掲註(1))などは、本州由来の「和系」祭祀・精神文化がアイヌ文化の基層に及ぼしたさまざまな影響について具体的な検討を加えている。
(26) 瀬川(一九九六)前掲註(1)。
(27) 澤井玄「十～十二世紀の擦文人は何をめざしたか」(『アイヌ文化の成立と変容―交易と交流を中心として―』法政大学国際日本学研究所、二〇〇七年)、瀬川(二〇〇七)前掲註(1)。なお前近代北海道のワシ羽生産・交易全般については、菊池勇夫「鷲羽と北方交易」(『キリスト教文化研究所研究年報』二七、一九九三年)や、蓑島栄紀「北海道太平洋側内陸部におけるシカ皮・ワシ羽の生産・流通と生態系」(蓑島編前掲註(1))などを参照。

(28) 蓑島(二〇一〇)前掲註(25)、同前掲註(27)など参照。

(29) ちなみに、道東だけでなく、前近代の胆振東部・日高地方が独自にワシ羽の産地としての性格を有したことにも留意する必要がある(蓑島前掲註(27)参照)。加えて、サハリンや大陸方面からのワシ羽交易の実態解明も課題となるが、この点は別に論じたい。

(30) ㈶北海道埋蔵文化財センター編『根室市穂香竪穴群』(二〇〇二年)。

(31) なお、ウサクマイN遺跡出土のソーメン文土器について、報告書では道東経由での入手が想定されている(㈶北海道埋蔵文化財センター編『ウサクマイN遺跡』二〇〇一年)。残念ながらその根拠は示されていないが、道東を経由したサハリン・大陸方面との交流についても検討の余地はある。この点も今後の課題としたい。

(32) 三浦正人「北海道で出土する『コイル状鉄製品』について」(『日本考古学の基礎研究』二〇〇一年)。三浦氏は、「形態は北方や大陸を意識しながらも、実物を鉄という材質で成立させた」と表現している。

(33) 北海道アイヌにおいて「シャーマン」に該当する呪術者(「トゥスクル」)にはこうした道具が欠落している。

(34) 北原次郎太「tonkoriとシャマニズム」(『itahcara』創刊号、二〇〇三年)。

(35) 峰山巖・掛川源一郎『謎の刻画——フゴッペ洞窟』(六興出版、一九八三年)。

(36) 大塚和義「オホーツク文化と王権的社会の形成」(『天皇と日本を起源から考える』新人物往来社、一九九三年)。

(37) 三浦前掲註(32)。

(38) 小嶋芳孝「錫杖状鉄製品と蝦夷の宗教」(『アイヌ文化の成立』北海道出版企画センター、二〇〇四年)。

(39) 最近の研究として、ヨーゼフ・クライナー/吉成直樹/小口雅史編『古代末期・日本の境界——城久遺跡群と石江遺跡群』(森話社、二〇一〇年)や、蓑島(二〇一〇)前掲註(25)など参照。石江遺跡群の実態をめぐっては、その「在地性」を強調し、中央とのつながりについては過大に評価できないとみる向きも多いが、当遺跡を典型として、当時の青森県域に仏教や陰陽道などに由来する信仰の影響が及んでいたこと自体は疑う余地がなく、その歴史的な意義づけが問われる。

(40) 工藤清泰「蝦夷人の往来」(『ものがたり日本列島に生きた人たち10　景観』岩波書店、二〇〇〇年)、瀬川前掲註(23)。

(41)　ただし、コイル状鉄製品をタマサイ（首飾り）の一部に転用したと思しい出土例もみられる（余市町大川遺跡ＧＰ―４出土）。

秋田城と城制

熊谷公男

問題の所在——秋田城の停廃問題と秋田城の特質

秋田市寺内に所在する秋田城は古代城柵中、最北の城柵で、北緯三九度四四分に位置する。ちなみに陸奥側の最北の城柵は志波城であるが、その緯度は北緯三九度四一分で、秋田城とさほど差はない。しかしながら志波城が造営されたのが延暦二十二年（八〇三）なのに対して、秋田城の起源となる出羽柵が秋田村高清水岡への移転が命じられたのは天平五年（七三三）のことである。しかもこのとき出羽柵は、出羽郡（庄内地方）からいっきに一〇〇キロも北進することになるのである。そのころ陸奥側では多賀城よりも三〇キロほど北の大崎・牡鹿地方の玉造・色麻・新田・牡鹿等の諸柵のあたりが北辺であった。緯度でいえば北緯三八度三〇分前後で、庄内地方よりもやや南にあたる。このようにみてみると、秋田村に移転した出羽柵が、出羽側の庄内地方と陸奥側の大崎地方を結ぶ天平期の律令国家の支配領域の北辺ラインからいかに大きく突出した場所に位置していたかが知られよう。

出羽柵の秋田村への北遷は、今泉隆雄氏が指摘しているように、多賀城と出羽柵を結ぶ連絡路の開削、および雄勝築城・建郡と一体の施策として計画された。[1] その意味では、秋田村の出羽柵といえども、他の城柵と同じように律令国家の領域拡大策と無縁の存在ではない。しかしながら、出羽柵の移転は間もなく実施に移され、一両年のうちには完成したとみられる[2]のに対して、天平九年に実施された奥羽連絡路の開削は途中の比羅保許山までで中止され、雄勝建郡も先送りされる。連絡路が開通し、雄勝郡が建郡されるのは二六年後の天平宝字三年（七五九）のことであり、雄勝城の完成も同年のこととみられる。同じころ秋田村の出羽柵も大幅に改修されるとともに、名称も秋田城と改められたと考えられる。

　したがってこの間、四半世紀にわたって、秋田村の出羽柵は律令国家の疆域から大きく北に突出した秋田河（のちの雄物川）河口の北岸に孤立した状態で存在し続けたことになる。駅路と雄勝城の完成によって、そのような状況は一応解消されるが、秋田城と呼ばれるようになってからも、この突出した立地が政治問題化することがあった。それが宝亀から延暦期にかけて生起する秋田城のいわゆる停廃問題である。その中で出羽国司は、「宝亀之初、国司言。秋田難レ保、河辺易レ治」（『続日本紀』宝亀十一年〈七八〇〉八月乙卯条）、あるいは「出羽国言、秋田城……孤二居北隅一、無レ隣二相救一」（『日本後紀』延暦二十三年〈八〇四〉十一月癸巳条）と、秋田城が孤立無援な場所にあるために施設の維持が困難であることをくり返し訴えている。山北地方に郡が建てられ、秋田城が駅路で陸奥国と結ばれてから半世紀も経って、なお「北隅に孤居す」と表現されていることは、秋田城がいかに隔絶した場所に建てられた城柵であったかを端的に物語っていよう。

　すでに今泉隆雄氏が指摘しているように、秋田城の停廃問題とは、具体的には施設としての秋田城を停廃するとともに、城下の百姓を南隣の河辺郡に移住させようとする施策のことである。[3] この問題の発端を示すのが『続日本紀』のつぎの記事である。

『続日本紀』宝亀十一年（七八〇）八月乙卯条

出羽国鎮狄将軍安倍朝臣家麻呂等言、「狄志良須・俘囚宇奈古等款曰、『己等拠二憑官威一、久居二城下一。今此秋田城、遂永所レ棄歟。為レ番依レ旧還保乎』」者。下レ報曰、「夫秋田城者、前代将相僉議所レ建也。禦レ敵保レ民、久経二歳序一。一旦挙而棄レ之、甚非二善計一也。宜下且遣二多少軍士一、為中之鎮守上。勿レ令レ衂二彼帰服之情一。仍即差二（鎮狄）使若（出羽）国司一人一、以為二専当一。又由理柵者、居二賊之要害一、承二秋田之道一。亦宜二遣レ兵相助防禦一。但以、宝亀之初、国司言。『秋田難レ保、河辺易レ治』者。当時之議、依レ治二河辺一。然今積以二歳月一、尚未二移徙一。以レ此言之、百姓重レ遷明矣。宜下存二此情一歴二問狄俘并百姓等一、具言中彼此利害上」。

この史料は難解な部分もあるが、[4]別稿での検討結果に基づいて内容を整理すると、宝亀初年に出羽国が「秋田難レ保、河辺易レ治」ことを理由に秋田城の全面放棄と城下の住民の河辺郡（河辺府）への移住を中央政府に要請したことから問題がはじまる。そのときは出羽国の建議を中央政府も承認したので、出羽国は秋田城の城司を廃止し、常備軍（軍団兵）の配備も解除する。ところが城下の住民が南隣の河辺郡への移住を嫌ったので、秋田城の全面放棄は実現せずに、結果的に施設は存続することになる。宝亀十一年（七八〇）に伊治呰麻呂の乱が勃発してその影響が出羽国にも及び、鎮狄使が派遣されてくると、秋田城の警備体制が問題となる。鎮狄将軍安倍家麻呂を介して城下の狄俘の憂慮を聞いた中央政府は、国司ないし鎮狄使を専当官（＝城司）として秋田城に派遣し、警備兵も配置して、暫定的に秋田城を存続させる方針に転換するのである。

こうして秋田城の停廃は、先送りされることになる。律令国家は、その後も蝦夷との戦いに苦戦を強いられたが、延暦十三年（七九四）、および同二十年（八〇一）の二度の征夷戦でようやく山道蝦夷に決定的な勝利をあげる。その三年後の延暦二十三年、出羽国は秋田城の停廃を再度要請する。それがつぎの史料である。

『日本後紀』延暦二十三年（八〇四）十一月癸巳条

出羽国言、秋田城建置以来卌余年。土地墝埆、不レ宜二五穀一。加以孤二居北隅一、無レ隣二相救一。伏望永従二停廃一、保二河辺府一者。宜乙停レ城為レ郡、不レ論二土人・浪人一、以下住二彼城一者上編附甲焉。

この史料は、原史料の節略の仕方が適切でなかったらしく、かなり意味がとりにくいが、これも別稿での検討をふまえて、概要を説明しておく。このとき出羽国は、秋田城一帯がやせ地で農耕に不適なうえに、軍事的にも北隅に孤立しているために救援しにくいという理由をあげて、秋田城を停廃して代わりに河辺府（＝河辺郡府）を維持することをもとめた。これは宝亀初年にいったんは決定された秋田城の全面放棄と城下の住民の河辺郡への移住策の再提案にほかならない。ところが中央政府は、城下の住民の河辺郡への移住策が現実的でないことをすでに察知していたことに加えて、征夷戦で優位に立った状況をふまえて出羽国の提案をしりぞけ、ちょうどこのころ陸奥・出羽両国で推進していた城柵再編策の一環として秋田城の整備と城下の支配強化策を打ち出す。それが「停レ城為レ郡、不レ論二土人・浪人一、以下住二彼城一者上編附」するという施策であった。

この施策について今泉隆雄氏は、「停レ城為レ郡」の「郡」を郡司機構、「城」をそれに対応させて城司機構の意に解し、「国司による城司から郡司への官司機構の転換」と解した。すなわち延暦二十三年の措置を、秋田城の城司機構を廃止し（＝秋田城の〝廃城〟）、常備軍による警備体制も解除したうえで、秋田郡を建置して城下の住民の支配を行わせたものと解するのである。[5] この今泉氏の見解が通説とされてきたが、現段階からみるとこの解釈にはいくつかの問題があり、再考すべきであると考える。

まず注目したいのは、「停レ城為レ郡」の直後の文には「不レ論二土人・浪人一、以下住二彼城一者上編附」とあり、明らかに「城」が一定の広がりをもつ意味で使用されていることである。そうすると直前の「城」も、かつて平川南氏が提唱したように「一種の行政単位」ととらえる方が妥当と考えられ、(6)「停レ城為レ郡」という一文を城司機構を廃止して郡司機構を置くと解する必要はなくなる。すなわち、ここの「城」は「土人」が編附されていた一定の広がりをもち、城司が治める国府直轄の行政区画であって、それをこのとき郡司機構を置いて通常の「郡」に組織替えしたとみられる。

要するに「停レ城為レ郡」とは、それまで城下の支配を行ってきた城司機構の籍帳支配部門を分離・独立させて通常の令制郡の機構としたということであって、「停レ城」を秋田城の城司機構の全面廃止とみる必要はないのである。このような解釈が成り立つとすれば、このときまで秋田城下は、「城制」ともいうべき城司による直轄支配体制がとられており、しかもそれは秋田城の前身の出羽柵が天平五年（七三三）に秋田村に移転して以来、実に七一年にもわたっていたことになる。このような例は、第一節で検討するように、ほかにみあたらない。秋田城における長期にわたる城制は、秋田城の城柵としての特質を解明するうえで重要な材料になると考えられるのである。

延暦二十三年の秋田城における「停レ城為レ郡」という機構改革は、陸奥・出羽両国で九世紀初頭に組織的に行われた北辺の諸城柵の整備・再編の一環であったと考えられる。延暦二十年（八〇一）の征夷戦でようやく山道蝦夷に決定的な勝利をあげた律令国家は、それを契機に蝦夷支配体制の再編、強化に乗りだし、翌年から陸奥・出羽両国でほぼ同時に組織的な城柵の再編に着手する。それが、陸奥側の延暦二十一年の胆沢城、翌年の志波城の造営であり、出羽側の延暦二十二年ごろの払田柵（＝第二次雄勝城）の造営と、考古学的に八世紀末～九世紀初頭とされている秋田城の大改修である。この時期、秋田城の政庁は「門や建物の構成が最も充実する時期」とされているように、(7)城柵再編期の大改修にふさわしいことが明らかである。

秋田城の停廃問題の推移を以上のように理解して大過ないとすると、ここから秋田城の城柵としての特質が何点か浮かび上がってこよう。まず第一に、秋田城の立地は、奈良末〜平安初期に停廃問題が起こったように、古代城柵のなかでもかなり特異なものであったということである。秋田城は、他から隔絶した旧雄物川（秋田河）の河口部の北岸に、直接の前身である出羽柵段階も含めると、奈良時代前半というかなり早い段階に造営されるのである。第二に、秋田城の停廃問題の経緯をたどると、いったんは出羽国・中央政府が一致して秋田城の放棄を決定し、しかも城司と常備兵を引き上げたにもかかわらず、城下の住民は移住策にしたがわず、その後も秋田城下に住み続けたことである。出羽国が強く望んだ秋田城停廃策が破綻するのは、この住民の動向によるところがきわめて大きかったのである。なぜ城下の住民は、北隅に孤居し、防備が困難であったばかりでなく、「土地墝埆、不レ宜二五穀一」とすらいわれた秋田城下に住み続けることに執着したのであろうか。そして第三に、秋田城では延暦二十三年（八〇四）に「停レ城為レ郡」まで、平川氏が「城制」と名づけた、特殊な支配体制が取られていたことである。しかもそれは、出羽柵を秋田村に移転してから実に七一年にわたって存続したとみられることがあげられる。これは東北の城柵でもまったく他に例のないことであって、これまた秋田城の特異な性格を示すものとみられる。

　そこで本稿は、以上のような別稿での考察をふまえて、秋田城ではなぜ城制が長期にわたって存続したのかという問題を取り上げ、秋田城の城柵としての特質の一端を究明したいと思う。

一　古代城柵と城制

　まず、行政区画としての「城」について、これまでの研究を簡単に整理しておきたい。

「城制」をはじめて律令的な城柵支配のなかに位置づけたのは平川南氏であろう。平川氏は、「城（柵）」には施設名のみを指す場合と、その施設を含めた一定の拡がりを意味する場合とがある」とし、後者を「城制」と名づける。氏によれば、城制とは「令制の郡への移行過程における一種の行政単位」であり、「いわば国府直営で、城制下の民に対して調庸免除や夷俘料の支給を行ない、一定の期間を経て、令制の郡へ移管することによって城制下の住民は……はじめて全面的課役対象として編附された」のであって、「城制から郡制への移行はまさに律令的収取に意義を見出すことができる」として城制の広汎な存在を想定し、〝城制から郡制へ〟というシェーマを提唱した。そのさいに重要な根拠となったのが、既出の延暦二十三年条と神護景雲元年（七六七）の「置㆓陸奥国栗原郡㆒。本是伊治城也」（『続日本紀』同年十一月己巳条）という記事である。

平川氏もいうように、城制という概念はそれ以前からある程度用いられていたが、それはおおむね郡制が通常の民政組織であるのに対して、城制を軍政組織と解するもので、律令国家の支配体制のなかでの位置づけが明確でなかったとして、氏自身は「調庸免除や夷俘料の支給」といった優遇措置を講じた郡制施行までの暫定的な「国府直営」の支配体制と位置づけたのである。

それに対して今泉隆雄氏は、「城」に「行政単位」という用法を認めようとする平川氏の見解には問題が多いとして否定し、延暦二十三年条の「停㆑城為㆑郡」についても平川氏の解釈をしりぞけて、「国司による城司から郡司への官司機構の転換[8]」と解したのである。

しかしながら別稿で詳論したように、今泉氏の「停㆑城為㆑郡」の解釈には、現段階からみればいくつかの問題があると思われる。「不㆑論㆓土人・浪人㆒、以㆘住㆓彼城㆒者㆖編附」という言い方からみても、まさしく「城」が郡域に対応する一定の領域を意味する場合があったことは否定しがたく、「停㆑城為㆑郡」はやはり城制から郡制への転換、具体的には「秋田城」から「秋田郡」への行政区画の組織替えと解するべきである。それは支配機構のうえでは、城司機構の一部を構成していた領域支配部門を通常の令制郡の支配機構として分離・独立させるとともに、それを城司の管轄下に置いたことを意味する、というのが私見である。

ただし別稿で具体的な検討を行ったのは、主として延暦二十三年条であったので、ここで他の史料の検討も行って、城制についてさらに具体的に考えてみたい。

平川氏の城制論の出発点となったのが、先にも引用した『続日本紀』神護景雲元年十一月己巳条の「置二陸奥国栗原郡一。本是伊治城也」という記事であるが、この記事はさまざまな問題のある史料で、慎重な取り扱いが必要である。まず日付の干支の問題がある。該史料の干支は、新訂増補国史大系本では「乙巳」となっているが、蓬左文庫本・兼右本・高松宮本・谷森本などの古写本ではいずれも「己巳」となっており、新日本古典文学大系本もそれらによっている。校訂の原則からすれば、当然、「己巳」とするべきである。ところが、『続日本紀』のこの辺りの記事は干支に下記のような混乱があり、従来から錯簡として議論が行われてきた。

十月壬戌条—叙位記事。十月に壬戌なし。

十一月壬寅条—四天王寺墾田の記事。十一月に壬寅なし。『日本紀略』は十月壬寅（二十六日）とする。

十一月己巳条—己巳は二十三日。『日本紀略』は十月乙巳（二十九日）とする。己巳が正しいとしても、この後に癸亥（十七日）、丙寅（二十日）と記事が続くので、日付順に配列されていない。

このうち壬寅条については、班年の問題との関わりもあって、戦後の一時期、盛んに議論が行われた。その経緯については、佐伯有清氏の論考に詳しい(9)。その議論の中で有力化するのが、この記事を錯簡とみて神護景雲三年（七六九）六月に移そうとする見解である。さらにはそれらの議論をふまえて十一月己巳条も同年六月に移すべきだという見解も提起される(10)。しかしながらそれらはいずれも新訂増補国史大系本の「乙巳」を前提としているうえに、壬寅条の四天王寺墾田の記事をめぐる錯簡問題に関連づけて考察を行っている。ところが四天王寺墾田の記事は、他の関連史料との関係を確定しがたく、神護景雲三年の記事とみなす決め手に欠けるといってよい。(11) そのようなことからこれらの記事をめぐる議論はしだいに下火となり、新日本古典文学大系本『続日本紀』では、十月壬戌条から十一月己巳条にかけて干支に混乱がみられることは指摘するが、積極的に神護景雲三年に移す立場はとっていない。問題の十一月己巳条も、十一月の記事として扱っている。

以上、十一月己巳条の錯簡をめぐる問題の経緯を概観したが、要するに十一月己巳条を神護景雲三年に移す確かな根拠はないので、本稿ではそのまま神護景雲元年十一月の記事とみておく。なお、かりに本条がかつて議論されたように神護景雲三年の記事であるとすると、行政区画としての城制の存在を認める卑見にとってはさらに有利な材料となる。

平川氏は、十一月己巳条の「置二陸奥国栗原郡一。本是伊治城也」という記事は神護景雲三年六月に移すべきであるとする立場から、そのときに行政区画としての伊治城が栗原郡に編成替えされたと理解した。しかしながら、伊治城が完成したのは神護景雲元年十月のことであるから(同年十月辛卯条)、十一月己巳条がそのまま神護景雲元年十一月の記事でよいとすると、伊治城の完成からわずか一ヵ月ほどしか経っていないということになる。その間のことをことさらに「本是伊治城也」と記したとすると、かなり不自然な印象を受けることは否定できない。

むしろ「本是伊治城也」という書き方からみて、これは『続日本紀』編者の注記とみた方がよさそうである。多賀城跡から「此治城」と記した漆紙文書が出土しているので、「伊治」はコレハリと訓み、栗原郡のクリハラはそれに由来すると考えられる。しかしながら字面だけからはそのことがわかりにくいので、『続日本紀』の編者が両者の関係がわかるように「本是伊治城也」と注記を加えたと解するのである。(12) そうすれば、わずか一ヵ月しか経ていないにもかかわらず「本是伊治城也」と記していることも、一応説明がつくと思われる。ただしその場合でも、栗原郡について「本是伊治城也」と説明しているわけであるから、明らかに「郡」と「城」が対応関係にある。このような注記が施されるためには、行政区画としての「城」が確かに存在し、それが「郡」に組織替えされることがあったということを『続日本紀』編者が知っていたと考えなければならないであろう。したがって、やや間接的な史料ではあるが、「本是伊治城也」もまた行政区画としての「城」が存在した根拠としてあげることができよう。

しかしながら、その他に城制の存在を明確に示す史料は見出しがたい。出羽柵の場合は、和銅元年（七〇八）九月に越後国に出羽郡が建郡されると、翌年蝦夷の反乱が起こり、三月に征討軍が派遣され、さらに七月には諸国から出羽柵に兵器が送られる（以上、『続日本紀』）。ここに出羽柵が初見するが、建郡との先後関係は明らかでない。ただ、建郡直後に蝦夷の反乱が起きていることからみて、出羽柵の造営が建郡を大幅に遡ることは考えにくい。

また雄勝城は、かなり経過が複雑である。天平五年（七三三）に「出羽柵遷㆓置於秋田村高清水岡㆒。又於㆓雄勝村㆒建㆑郡居㆑民焉」（『続日本紀』同年十二月己未条）と、出羽柵の秋田村への移転と同日に雄勝郡の建郡記事がみえる。ところが、天平九年の陸奥出羽連絡路開設の記事によれば、「雄勝村俘長等三人」の申し入れを受け入れて、大野東人が雄勝村に政府軍を進軍させて新道を建設することを断念したという話が出てくる。ここから天平九年においても雄勝郡はなお建郡されていなかったことが確実視されるので、天平五年の記事は建郡の計画を掲げたものと解される[13]。その後、天平宝字元年（七五七）に至って雄勝への柵戸の移配政策がはじまり、同二年には桃生城とともに雄勝城の造営が開始される。さらに同三年九月に山北地域（横手盆地）に雄勝・平鹿二郡が置かれるとともに、出羽柵（秋田城）に至る新道（駅路）が開設され、駅家も新設された。翌四年正月に雄勝・桃生両城の完成の功を賞して藤原朝獦ら関係者に授位しているが、前年九月の建郡の翌日には坂東七ヵ国から輸送した武器を両城に収納している（以上、『続日本紀』）ので、雄勝建郡に相前後して雄勝城も完成したとみてよい。

一方、雄勝城とほぼ並行して造営が進められた桃生城であるが、天平宝字四年正月の叙位記事には、「於㆓陸奥国牡鹿郡㆒、跨㆓大河㆒凌㆓峻嶺㆒、作㆓桃生柵㆒、奪㆓賊肝胆㆒」とあって、牡鹿郡に桃生柵（桃生城）を造営したとされている。桃生郡の初見は宝亀二年（七七一）なので（『続日本紀』同年十一月癸巳条）、その間に牡鹿郡から分郡されたとみられる。したがって桃生郡に関しては、建郡が桃生城の完成から数年程度遅れる可能性もあるが、その場合でも雄勝城とちがって牡鹿郡域に含まれる場所に城柵が造営されたために、分郡まで多少間があったとも解されよう。

このように実例に徴してみると、実は、城柵の造営と建郡の先後関係はさほど明確ではない。全体的にはさまざまなケースがあって、一様でないとみられるが、通常は、伊治城と栗原郡の場合も含めて、むしろ城柵の完成と建郡の時期はあまり隔たらないとみておく方がよさそうである。

さてそうすると、秋田城の場合、『日本後紀』延暦二十三年条に「停㆑城為㆑郡」とあるのを秋田郡の建郡記事とみる限り、東北の城柵のなかでは、城柵の造営と建郡の時期が大きく隔たる唯一の事例ということになる。右の『日本後紀』の記事には「秋田城建置以来卌余年」とあるが、四十余年前というのは、七六〇年前後の天平宝字年間にあたり、このころちょうど秋田城の全面的な改修が行われたことが考古学的に明らかにされている。また天平宝字四年（七六〇）には「阿支太城」すなわち秋田城と記した文書が残されているので（「丸部足人解」）[14]、七六〇年前後の大改修を契機に出羽柵から秋田城へと改称されたと考えられる。そこで「秋田城建置以来卌余年」というのは秋田城と改称されてからの年数と解するのが一般的である。出羽柵を出羽郡（庄内地方）から秋田村高清水岡に移転した天平五年（七三三）から数えると、既述のように、実に七一年の長きにわたって、郡が置かれずに「城」（天平宝字年間以前は「柵」か）という行政区画が維持されたということになる。要するに秋田城の城制は、東北地方の城柵のなかでもきわめて特殊なものなのである。

二　秋田城の城制の性格

以上の検討によって、城柵造営後も長期にわたって建郡が行われず、特殊な城制が存続し、そのもとで城司が城下の支配を行ったのは秋田城だけであることが明らかになったと思われる。それでは、秋田城がこのような特殊な支配体制をとりつづけたのはなぜであろうか。

既述のように、平川氏は城制を郡制施行の前提ととらえる。そこでは柵戸は調庸を免除され、俘囚は夷俘料の支給をうけつつ城柵の支配下におかれるとし、城制を郡制施行までの暫定的な「国府直営」の支配体制と位置づけ、それが郡制へ移行するときに柵戸も俘囚もすべて課役負担者として編附されるとする。しかしながら別稿でも指摘したように、一般に俘囚は編附されないし、柵戸の課役免除は城制段階か否かとは別の問題とみられる。すなわち秋田城では城制下においても編戸を前提とした課役賦課が実施されていたとみられるので、城制と郡制の相違はその点に求めることはできないと考える。一方、主要な城柵には国司が派遣され、城司として城下の支配を行ったから[15]、その意味で平川氏が「国府直営」の支配体制と位置づけた点には賛同したい。要するに、城制と郡制の支配体制上の相違は、国司から任命される城司が直接城下の在地支配を行うか、郡司機構をおいて郡司が在地支配を行うかという点にあると考えられるのである。

実は、城制とは形態が異なるが、長期にわたって国司が直接城下の支配を行った例が陸奥国にも存在する。多賀城の東西に置かれた多賀・階上両郡がそれである。『続日本紀』延暦四年（七八五）四月辛未条には次のようにある。

中納言従三位兼春宮大夫陸奥按察使鎮守将軍大伴宿禰家持等言、名取以南一十四郡、僻在二山海一、去レ塞懸遠。属レ有二徴発一、不レ会二機急一。由レ是、権置二多賀・階上二郡一、募二集百姓一、足二人兵於国府一、設二防禦於東西一。誠是、備二預不虞一、推二鋒万里一者也。但以、徒有二開設之名一、未レ任二統領之人一。百姓顧望、無レ所レ係レ心。望請、建為二真郡一、備二置官員一。然則、民知二統摂之帰一、賊絶二窺窬之望一。許レ之。

これよれば、それまで国府の東西に多賀・階上二郡を権《かり》に置き、そこに百姓を集住させて国府の防御の備えとしてきたが、「統領之人」すなわち郡司を任命していなかったので、このとき郡司を置いて「真郡」とすることが認められている。二郡が権置された時期は不明であるが、同書天平勝宝四年（七五二）二月丙寅条に多賀郡がみえるので、それ以前まで遡ることは確実である。最近、佐々木茂楨氏は、右の記事にみえる「名取以南一十四郡」に着目し、それが名取郡を含んだ数であることを確認したうえで、名取以南の陸奥国の郡の数が一四であるのは養老五年（七二一）十月に苅田郡が置かれる以前にまで遡り、なおかつ養老二年五月に陸奥国から石城・石背両国が分置されていることから、それが陸奥国に再併合される時期（不明であるが、早くとも養老四年十一月以降）より後ということになり、結局、「名取以南一十四郡」に当てはまるのは養老四年十一月～翌五年十月の短い期間にしぼられることを明らかにし、多賀・階上二郡が権置されたのもこの間のことであるとした(16)。筆者もこの見解にしたがいたいが、この時期は、養老四年九月に勃発した陸奥の蝦夷の大反乱の直後で、陸奥国の新しい国府として多賀城の建設がはじまる時期にあたっている。したがってちょうど多賀城の造営を開始する時期に、新国府多賀城の東西に百姓、すなわちこの場合は柵戸の受け皿として小規模な二郡(17)を暫定的に置き、それによって「人兵を国府に足らし、防禦を東西に設」けたことになる。ところが、延暦四年までは「統領之人」＝郡司を任じていなかったというのであるから、それまで二郡は国府が直接支配していたと解され、いわば国府の直轄地であったとみられるのである。多賀城の城下では、そのような国府直轄郡が養老四、五年から延暦四年まで六〇年以上にわたって存在していたのである。なお、二郡とも『延喜式』『和名類聚抄』にはみえないので、九世紀代のいずれかの時期に宮城郡に併合されたと思われる。

養老四年の蝦夷の反乱は陸奥国では空前の大反乱であったとみられ、そのため陸奥国は大混乱に陥って多数の柵戸が逃亡した。そういう状況の中で柵戸の定着を図りつつ、多賀城の造営が進められていった(18)。そのようなときに多賀・階上二郡が権置されるのである。したがってこのとき二郡を権置したのは、混乱の中で多賀城の創建を完遂するためにとられた政策であったとみてよい(19)。ただし「名取以南一十四郡、僻在㆓山海㆒、去㆑塞懸遠。属㆑有㆓徴発㆒、不㆑会㆓機急㆒」という文言からみると、名取以南の一四郡が「塞」（この場合は多賀城を指す）から遠く隔たっていて、多賀城が機急、すなわち緊急事態に陥ったときに人兵の徴発が間に合わないので二郡を権置し、それによって「備㆓預不虞㆒、推㆓鋒万里㆒者也」というのであるから、完成後の新国府多賀城の防備のためという軍事的な目的も明確にあったとみられる。要するに、養老四年の蝦夷の反乱後、新国府多賀城建設のサポートと完成後の国府防衛のための人員確保を目的に、国府の直轄地としておかれたのが多賀・階上二郡であったと考えられるのである。

秋田城における城制も、この多賀城による多賀・階上二郡の直轄支配体制に類似する面があったと考えることができると思われる。とはいっても筆者は、出羽国府は一貫して出羽郡にあったとする今泉氏の説(20)を支持するので、秋田城に国府があったと考えているわけではない。ただし秋田城には国司の一人が城司として常駐していたので(21)、その城司が城下を直接支配する体制が取られていたと考えるのである。秋田城は、前掲の『日本後紀』延暦二十三年条でも「孤㆓居北隅㆒、無㆑隣㆓相救㆒」といわれているように、出羽国北端の孤立した場所に位置していた。機急のさいの防御については、当然のことながら十全の備えが必要とされたと考えられる。そのためには、城下に「土人・浪人」を多数集住させる必要があり、また緊急時には迅速に軍兵を徴発する体制を取っておくことも必要であった。そのような方策に適していたのが、城司が直接城下を支配する城制であったと考えられよう。秋田城の特異な立地が、特殊な直轄支配体制である城制が長期にわたって存続することになった最大の要因であろう。

三　城制から郡制へ

それではなぜ延暦二十三年に、中央政府は「宜乙停レ城為レ郡、不レ論二土人・浪人一、以下住二彼城一者上編附甲焉」という決定を下して、城制を廃止して通常の郡制へ移行したのであろうか。

この問題を考えるにあたって参考になるのが、前節で取り上げた延暦四年の多賀・階上二郡の真郡への昇格記事である。同条によれば、多賀・階上二郡を権置したのは、蝦夷の大反乱直後の不安定な状況下で「足二人兵於国府一、設二防禦於東西一」ける、すなわち住民の確保と国府多賀城の防備という軍事的な目的が中心であった。ところがその後、新国府多賀城を中心とする陸奥国の新たな支配体制の構築が功を奏し、多賀城の周辺は支配体制がしだいに安定していった。とはいえ宝亀五年（七七四）に三八年戦争が勃発すると状況が変わり、さらに宝亀十一年には伊治公呰麻呂の乱が起こって多賀城も焼き討ちされるという事態に陥り、二郡もそのまま存続していた。

延暦四年というのはちょうど呰麻呂の乱からの復興期にあたっており、国府周辺の支配体制の整備が進められていた時期とみられる。そういうときに二郡が「備二置官員一」いた真郡に組織替えされるのである。その理由は、すでに郡が名ばかりの存在に堕していて（「徒有二開設之名一」）、「統領之人」（＝郡司）がいないために、百姓は（国司には）遠慮して距離を置くので（「顧望」）、頼りにする（「係レ心」）人がいない状態になっているという。すなわち国司による支配は、不安定な状況下で柵戸の定着をはかって「足二人兵於国府一」ようなことには向いているが、百姓との間に人格的なつながりを築くことがないので、そのような関係を媒介とした支配、いわば通常の郡司による在地支配はできないということになろう。ここには国司の直轄支配のメリットとデメリットがある程度具体的に語られているといってよい。

なお郡司による支配の特質については、弘仁二年（八一一）二月二十日官符に興味深い記述がみえる。そこで大納言藤原園人は、「有労之胤、奕レ世相承、郡中百姓、長幼託レ心、臨レ事成レ務、実異二他人一。而偏取二芸業一、永絶二譜第一、用二庸材之賤下一、処二門地之労上一、為レ政、則物情不レ従、聴レ訟、則決断無レ伏。於レ公難レ済、於レ私多レ愁」（『類聚三代格』巻七、新訂増補国史大系本三〇三頁）と譜第主義の長所と才用主義の短所を述べている。これは延暦十七年（七九八）に、郡領の任用基準をそれまでの譜第主義から才用主義に切り替えたのがうまく機能しなかったことをいったものである。「有労の胤、世を奕《かさ》ねて相承け」た郡領、すなわち譜第家出身の郡領であれば、「郡中の百姓、長幼心を託す」が、「偏へに芸業を取りて、永く譜第を絶ち、庸材の賤下を用て、門地の労上に処《お》かば」、すなわち才用主義によって譜第家出身でない郡領を譜第家の人物よりも上においても、「政を為《をさ》むるに、則ち物情従はず。訟を聴くに、則ち決断に伏すること無し」であるという。ここでは譜第家の郡領でなければ郡中の百姓は推服せず、判決にもしたがわないことがより具体的に語られている。

通常の令制郡では、在地の名望家である譜第家出身者が郡領に任じられ、長幼の百姓の推服を受けることによって、有効に在地支配を行っていたのである。多賀城の城下の二郡においても、呰麻呂の乱の復興期にあたる延暦四年にいたってようやく、人格的関係を基礎とする郡司支配の方が有効に機能するという判断がくだされ、「備二置官員一」いた真郡とされるのである。いわば国府主導型で軍事重視の直轄郡から人格的支配を基礎におく通常の令制郡への転換である。

以上にみた多賀・階上二郡の真郡化の事情をふまえて、つぎに延暦二十三年になぜ秋田城において城制が廃止され、郡制に移行したを考えてみたい。

「問題の所在」でもふれたように、この秋田城における「停レ城為レ郡」という施策は、平安初期における北辺の城柵の再編・整備策の一環であったと考えられる。宝亀五年（七七四）に海道蝦夷が決起して桃生城を焼き討ちした事件を端緒としていわゆる三八年戦争が勃発する。海道蝦夷は、その後間もなく拠点の遠山村の急襲によってほぼ制圧されるが、山道蝦夷との戦いは苦戦が続き、とくに延暦八年（七八九）には紀古佐美率いる征討軍が巣伏村で阿弖流為率いる蝦夷軍に完敗を喫してしまう。その後、坂上田村麻呂を副将軍に抜擢し、背水の陣を敷いた政府軍は、延暦十三年（七九四）の征夷でようやく勝利らしい勝利をあげる。さらに延暦二十年（八〇一）の征夷では、征夷大将軍に任じられた田村麻呂が胆沢地域の制圧に成功するのである。この勝利によって三八年戦争勃発以来はじめて攻守ところを変えて優位に立った律令国家は、陸奥国では翌延暦二十一年に胆沢城を、翌々二十二年には志波城を造営する。とくに志波城は多賀城を上まわる最大の規模を誇る古代城柵で、この段階にはさらに北方への領域拡大を意図していたことがうかがわれる。

一方、出羽側に関しては、『日本後紀』の闕逸もあって、直接の文献史料は残されていないが、払田柵では年輪年代法による外柵の柵木の測定の結果、その伐採年代が八〇〇〜八〇二年、外郭の創建期の柵木も八〇一年であることが判明した。したがってその造営は八〇二年（延暦二十一）に開始されたとみられる。まさに胆沢城造営と同じ年である。払田柵は、近年、第二次雄勝城説が有力化しているが[22]、筆者もこの見解を支持する。

また秋田城でも、ほぼ同じ時期に大改修が行われていることが考古学的に明らかにされている。外郭・政庁のⅢ期とされている造営期がそれで、その造営年代は外郭Ⅱ期の終末に堆積し、同Ⅲ期の構築にともなう整地で覆われたスクモ状の堆積層（泥炭層）の上層から延暦十四年（七九五）の年紀のある木簡が出土したことから、それを大きく降らない八世紀末〜九世紀初頭ごろと考えられている。筆者は、別稿においてこれに文献史学の立場から検討を加え、延暦二十三年（八〇四）に出羽国の秋田城停廃案をしりぞけて「停レ城為レ郡」ことを命じた『日本後紀』の記事こそ、秋田城の大改修の直接の契機となったものであることを指摘した。すなわち秋田城の大改修は、延暦二十三年の秋田城における城制から郡制への移行に伴うものと考えられるのである。

　以上のような考察に大過ないとすれば、秋田城における城制から郡制への移行は、平安初期の征夷によって俄然優位に立った律令国家が組織的に行った北辺の城柵の再編・整備策の一環をなす施策としてとらえられるというのが筆者の考えである。

　ただしこのような私見が成り立つためには、なお検討しておかなければならない問題が残されていると思われる。

　一つは熊田亮介氏の見解である。氏は、『日本紀略』延暦二十一年（八〇二）正月庚午条の「越後国米一万六百斛・佐渡国塩一百廿斛、毎レ年運二送出羽国雄勝城一、為二鎮兵粮一」という記事に着目し、そこにみえる一万六〇〇斛という鎮兵粮はきわめて多量であることに注意を喚起する。これは、鎮兵粮を人別一日当たり二升とすれば一四七二人分の年間支給額に相当する量で、のちの雄勝城の鎮兵数二〇〇人はおろか、出羽国全体の鎮兵の定数六五〇名をもはるかにしのぐ数である。そこで熊田氏は、このころ「第三次胆沢侵攻戦の結果を踏まえて新たな第四次侵攻戦が計画され、陸奥国では胆沢・志波城の造営が行われるなど、侵攻戦に備えた準備が進められた。それにともない出羽国でもそれを支援し、あるいは侵攻戦の波及に備える拠点として払田柵跡の造営が行われた」とし、鎮兵粮の送り先をその払田柵＝第二次雄勝城とみて、ここに出羽国のすべての鎮兵が集中配備されたと推定する。熊田氏はさらに論を進めて、秋田城防備のための兵力のすべてをも第二次雄勝城に集中配置した結果、秋田城の停廃という事態が必要とされたと

し、「出羽国の鎮兵の雄勝城への集中という事態が秋田城の停廃と関係するのではないかという仮説」を提起する。(23)

熊田氏がこの鎮兵粮の雄勝城への運送の重要性を指摘したことはまことに慧眼というべきであるが、それを秋田城の「停レ城為レ郡」と結びつけることにはにわかに賛同しがたい。というのは、まず熊田氏は「停レ城為レ郡」を、基本的に今泉氏の見解にしたがって城司機構の廃止、すなわち秋田城の停廃と解していることである。そう解すべきでないことは別稿で縷々述べたとおりである。つぎに熊田氏は、雄勝城への鎮兵の集中をもっぱら来たるべき侵攻戦に備えるためという軍事的意義から説明しているが、この点もほかの解釈が可能と思われる。雄勝城への鎮兵粮の輸送命令がでた延暦二十一＝八〇二年というのは、すでに鈴木拓也氏が述べているように、払田柵の柵木の伐採年代に合致しており、また城柵の造営時にはしばしば鎮兵の増員が行われるので、雄勝城への鎮兵の集中配備はその造営の労働力とするためとみた方がよいと思われる。(24)すなわち該記事は第二次雄勝城の造営開始を示すものと解されるのである。そうするとこの鎮兵の増員は、「毎レ年運二送出羽国雄勝城一」とあるので、数年間にわたることは想定されてはいるが、臨時的なものであり、第四次征討と結びつける必要は必ずしもないということになろう。別稿で指摘したように、考古学的に明らかにされた秋田城外郭・政庁Ⅲ期の造営が延暦二十三年における秋田城の「停レ城為レ郡」にともなうものだとすれば、おそらく払田柵＝第二次雄勝城の完成後、今度は雄勝城に集中していた鎮兵が秋田城に移され、その造営に従事するようになったことが想定されるのである。そして秋田城の大改修の終了後は、後述の徳政相論による征夷の中止決定もあって、出羽国の鎮兵は大幅に減員されることになったと思われる。このような想定ができるとすれば、熊田氏のごとく雄勝城への鎮兵の集結を秋田城の「停レ城為レ郡」に結びつけて考える必要はないであろう。

もう一つ、検討しておく必要があると思われるのは、秋田城における城制から郡制への移行と徳政相論との関係である。徳政相論とは、いうまでもなく延暦二十四年（八〇五）十二月に殿上で参議の藤原緒嗣と菅野真道が「天下の徳政」を相論じ、桓武天皇が緒嗣の意見を受け入れて、征夷と造都を停止したという著名な出来事である（『日本後紀』同年十二月壬寅条）。かつて論じたように、徳政相論にともなう征夷中止の決定は、ただちに中央政府の東北政策に多方面にわたって重大な変更をもたらし、桓武朝の武力討伐策は全面的に改められて、服属した蝦夷を積極的に登用しながら新たな支配体制の構築が模索されることになる。(25)秋田城における城制から郡制への移行は、そのわずか一年ほど前のことである。そこで、秋田城における城制から郡制への移行、および政庁・外郭Ⅲ期の造営と徳政相論との関係如何を検討しておく必要があろう。

最近、鈴木拓也氏は徳政相論について詳細に検討を加え、徳政相論の結論は桓武天皇によって最初から用意されていたこと、言い換えれば、二人の討論と桓武の決断は、征夷と造都に幕をおろそうとする桓武自身による政治的演出であったことを明らかにした。さらに鈴木氏は、桓武がいつごろから政策の転換を考えるようになったかについても検討を加え、それは延暦二十三年の十二月ごろに大病を患った（『日本後紀』同年十二月丙寅条に「聖体不予」とある）ことが一つの契機となって征夷と造都の中止に傾いていったのではないかとしている。(26)おそらくその通りであろう。とすれば、これが政策転換の上限を示すことになる。

そうすると、秋田城における城制から郡制への移行と大改修を命じたのが同年十一月癸巳（二十二日）のことであるから、桓武が両事業の中止を考えるようになる直前のこととみてさしつかえないことになる。その点を若干内容に踏み込んで検討してみると、まずこのときは出羽国が「伏望永従二停廃一、保二河辺府一」と秋田城の停廃を再要請しているわけであるから、かりにこの時点で中央政府において征夷中止の方針が明確になっていれば、出羽国の要請を受け入れて、秋田城を停廃し、南隣の河辺郡へ住民を移住させて河辺郡府を維持することを認めてしかるべきであろう。ところが中央政府は出羽国の要請を却下し、秋田城の存続を前提にしたうえで、城制から郡制への移行と土人・浪人の別なく編附することを命じるのである。これは明らかに支配の強化策であり、一連の城柵再編策に連なる施策とみてよいと思われる。また大改修をへたⅢ期の秋田城の遺構をみても、政庁では東門が棟門から八脚門になるなど、「門や建物の構成が最も充実する時期」とされている。(27)この点からもⅢ期の秋田城を征夷の中止決定後の造営とみることは困難であり、やはり延暦二十一年以来、陸奥・出羽両国で組織的に実施された城柵再編策の一環として秋田城の大改修も行われたとみるべきであろう。

以上の検討によって、延暦二十三年の秋田城における城制から郡制への移行が平安初期の一連の城柵再編策の一環とみてよいことが確かめられたと思われる。桓武天皇が征夷の中止を決断するのは、自身の病気の悪化ばかりでなく、征討軍兵士の供給元である東国の疲弊、国家財政の逼迫など征夷継続を困難にする状況が顕在化していることを認識し、さらに征夷勝利後の一連の城柵再編策が一段落するのをまったうえのことではなかったかと想像される。そうであれば、それは徳政相論が行われた翌二十四年十二月にかなり近い時期とみてよいのではなかろうか。

延暦二十三年の秋田城における城制から郡制への移行が征夷戦勝利後の支配強化策の一環であったとみてよければ、その意義も多賀城の東西におかれた多賀・階上二郡の真郡化と、基本的には同様に考えてよいと思われる。すなわち城司を中心とする軍事重視の直轄支配体制である城制から人格的支配を基礎におく通常の郡制への転換である。出羽国の二度目の秋田城停廃の要請にもかかわらず、中央政府は二度にわたる征夷戦の勝利によって胆沢地域を制圧し、さらにはそれを前提として陸奥・出羽両国において城柵の再編・整備策が急速に進捗しつつあった状況を的確に把握し、秋田城下においても城司のもとで通常の郡制支配に切り替えた方がより有効に支配ができるという判断をくだして、城制から郡制への移行を打ち出すとともに、秋田城を郡司機構を併置した施設として全面改修することを命じるのである。結果からみると、このときの中央政府の状況判断は正しかったと思われる。というのは、このあと出羽国では、元慶二年（八七八）に元慶の乱が勃発するまでめだった蝦夷の反乱は起こらず、秋田城も存続するからである。

おわりに

以上、秋田城の停廃問題の検討を通してみえてきた秋田城の特質のうち、本稿では秋田城において七一年にわたって存続した城制の歴史的意義について考察してみた。東北の古代城柵のなかで、唯一秋田城においてのみ城制が長期にわたって存続したのは、結局は「孤㆓居北隅㆒、無㆑隣㆓相救㆒」といわれた秋田城の特異な立地に起因するものと考えられる。そのような立地が通常の郡司による支配体制の構築を困難とし、軍事優先の城司による直轄支配体制を取らせたのである。出羽国が「秋田難㆑保、河辺易㆑治」として秋田城の停廃を中央政府に要請したのもそのような軍事的な困難さのためであった。

ところが秋田城は、結果的に存続した。それには、本稿では検討することができなかったが、秋田城下の百姓の動向が深く関わっていたとみられる。「土地墝埆、不㆑宜㆓五穀㆒」ともいわれた地にもかかわらず、彼らが南隣の河辺郡に移住することを忌避して秋田城下にとどまったために秋田城は存続することになったのである。なぜ彼らは秋田城下に住み続けることに執着したのかということの解明も、秋田城の城柵としての特質を明らかにするために重要な問題であると思われる。この点は今後に期することにするが、すでに蓑島栄紀氏が「交易港」という概念を援用して考察しているように(28)、交易の視点からの考察が不可欠となろう。

註

（1）今泉隆雄「天平九年の奥羽連絡路開通計画について」（『国史談話会雑誌』四三、二〇〇二年）。

(2) 秋田城跡で「天平六年月」と釘書された木簡が出土しているし、天平九年の連絡路開削記事に連絡路の終着地として「出羽柵」が出てくる。
(3) 今泉隆雄「秋田城の初歩的考察」(『律令国家の地方支配』吉川弘文館、一九九五年)。
(4) 拙稿「秋田城の停廃問題と九世紀初頭の城柵再編」(『アジア文化史研究』一一、二〇一一年)。以下、「別稿」というのはすべて本論文を指す。
(5) 今泉氏、前掲註(3)「秋田城の初歩的考察」。
(6) 平川南「古代における東北の城柵について」(『日本史研究』二三六号、一九八二年)。以下、平川氏の論考はすべて本論文である。
(7) 伊藤武士『秋田城跡―最北の古代城柵―』(〈日本の遺跡12〉同成社、二〇〇六年)。
(8) 今泉隆雄「古代東北城柵の城司制」(羽下徳彦編『北日本中世史の研究』吉川弘文館、一九九〇年)。
(9) 佐伯有清「続日本紀」(『古代の日本』九、角川書店、一九七一年)。
(10) 板橋源・佐々木博康「陸奥国栗原郡成立年代に関する私疑」(『岩手大学学芸学部研究年報』一八―一、一九六一年)、佐伯氏、前掲註(9)「続日本紀」。
(11) 宮本救「班田制施行年次について」(『律令田制と班田図』吉川弘文館、一九九八年。初出、一九五六年)参照。
(12) 鈴木拓也氏のご教示による。
(13) 今泉氏、前掲註(1)「天平九年の奥羽連絡路開通計画について」。
(14) 『大日本古文書』二五。
(15) 今泉氏、前掲註(8)「古代東北城柵の城司制」、拙稿「城柵と城司―最近の「玉造等五柵」に関する研究を手がかりとして―」(『東北学院大学東北文化研究所紀要』三九、二〇〇七年)。
(16) 佐々木茂楨「古代陸奥国の「名取以南一十四郡」と多賀・階上二郡の権置」(『国史談話会雑誌』五〇、二〇一〇年)。
(17) 『和名類聚抄』によれば、赤瀬・磐城・科上・丸子・大村・白川・宮城・余戸・多賀・柄〔栖カ〕屋の一〇郷から構成され、そのなかに多賀・科上(階上)がいずれも郷名としてみえている。おそらく両郡とも一、二郷からなる微小な郡であったとみられる。

(18) 拙稿「養老四年の蝦夷の反乱と多賀城の創建」(『国立歴史民俗博物館研究報告』八四、二〇〇〇年)。
(19) 佐々木氏、前掲註(16)「古代陸奥国の「名取以南一十四郡」と多賀・階上二郡の権置」。
(20) 今泉氏、前掲註(3)「秋田城の初歩的考察」。
(21) 今泉氏、前掲註(8)「古代東北城柵の城司制」、拙稿、前掲註(15)「城柵と城司」。
(22) 熊田亮介「雄勝城と払田柵跡」(『古代国家と東北』吉川弘文館、二〇〇三年。初出は一九九七年)、鈴木拓也「払田柵と雄勝城に関する試論」(『古代東北の支配構造』吉川弘文館、一九九八年)。
(23) 熊田氏、前掲註(22)「雄勝城と払田柵跡」。
(24) 鈴木氏、前掲註(22)「払田柵と雄勝城に関する試論」。
(25) 拙稿「平安初期における征夷の終焉と蝦夷支配の変質」(『東北学院大学東北文化研究所紀要』二四、一九九二年)。
(26) 鈴木拓也「徳政相論と桓武天皇」(『国史談話会雑誌』五〇、二〇一〇年)。
(27) 伊藤氏、前掲註(7)『秋田城跡』。
(28) 蓑島栄紀「古代出羽地方の対北方交流―秋田城と渡嶋津軽津司の史的特質をめぐって―」、同氏「古代の陸奥・出羽における交易と交易者」(『古代国家と北方社会』吉川弘文館、二〇〇一年。前者は初出一九九五年)。

奥羽における古代城柵の終焉と「館」の形成

樋口知志

はじめに

これまで古代城柵が廃絶した時期は一般に十世紀なかばから後期にかけてのこととされてきたが、そうした見方を支える根拠はほぼ考古学方面より提出された諸知見のみであり、他方、文献史料中には城柵の廃絶そのものを明示する徴証はなんら見出されていなかった。文献史学側では、考古学側より提示されたところの〝十世紀代における城柵の廃絶〟という一定の物的証拠に裏づけられた「事実」を前提に、その前後の時代における史的経脈との関わりを見据えつつ、十〜十一世紀における奥羽の政治・社会の史的展開をめぐって論じてきたのであった。

ところが最近、多賀城跡では政庁が十一世紀前半ごろまでしばらく存続した可能性が指摘されるとともに、五万崎・大畑両地区などで十一世紀代の国衙機構が展開していたことが推察されており(1)、古代城柵の終末をめぐる問題についても再検討が必要な段階に至っているように窺える。

小論では、古代城柵の終末とそれ以後の安倍・清原氏の「館」「柵」をめぐる問題について、これまでの議論の整理をもとに考察し、若干の問題提起をおこなってみたい。

一　これまでの城柵終末論

古代城柵が全面的に機能停止した年代を直接示す文献史料はない。奥羽両国府や鎮守府、秋田城は十一世紀なかばの前九年合戦期までは明確に文献上に現われている。ただし雄勝城の所見が九世紀末の仁和三年（八八七）を最後に途絶える点が城柵の衰退過程となんらか関連するように考えられなくもないが、いわゆる第二次雄勝城と目される払田柵遺跡は遺構としては十世紀代にも存続している。考古学研究の側からは、これまで多賀城（陸奥国府）・城輪柵（出羽国府）・胆沢城（鎮守府）・秋田城・払田柵（第二次雄勝城）の五城柵はいずれも十世紀なかばより後期にかけて廃絶したものとされ、文献史学の側もそうした指摘に依拠するかたちで、十世紀代における城柵廃止を画期に蝦夷支配・北方支配が大きく変質していったものと捉え、同時期の文献史料をも駆使してさまざまな歴史像を描いてきたのであった。

文献史学の側ではここ二〇年ほど今泉隆雄氏の城司制論が定説の座にあり(2)、八・九世紀の城柵には奥羽両国司や鎮官が城司として常駐し、その下で在地支配や朝貢・饗給儀礼を介した蝦夷支配がおこなわれてきたものと考えられてきた(3)。そして九世紀末ごろより律令制的な国司制より受領制への転換が生じ、十世紀代には奥羽両国府には受領たる陸奥守・出羽守、鎮守府には「受領官」鎮守府将軍、秋田城には「受領官」出羽城介がそれぞれ常駐するかたちへと変遷したものと理解されてきた(4)。こうした文献史学で一般的な見解を前提にすれば、九世紀代と十世紀代とでは城柵の施設の基本構造はあまり変化していないにもかかわらず、城柵を拠点とした現地支配のありようはきわめて大きな変貌を遂げていたことになる。また十世紀なかば以降に城柵が機能を停止したとされる点については、〝受領〟（正式の受領ではない「受領官」をも含む）による在地支配や蝦夷支配・北方支配がなお一層顕著に展開していき、その結果朝貢・饗給儀礼の場としての城柵政庁が不要になったことに起因するものと説明づけられてきた。(5)

また、従来城柵の廃絶期とされてきた十世紀なかば〜後期ごろを画期に、奥羽両国とりわけ陸奥国内で大きな動きがあったことにも注意が向けられてきた。陸奥守や鎮守府将軍による北奥・北方支配に深く関わった施設の遺構と推察される青森市新田(1)遺跡や八戸市林ノ前遺跡はともに十世紀なかば〜後半ごろに成立、十一世紀前半ごろまで機能しており、青森県域を中心に分布するいわゆる防御性集落もほぼ同時期に展開している。(6)大石直正氏によれば、陸奥国交易馬の制度も十世紀後半か末ごろより恒例化し、それは鎮守府将軍に軍事貴族が登用され奥六郡の在地豪族安倍氏が貢馬の現地責任者として台頭してくる現象とも軌を一にするものであったとされている。(7)また小口雅史氏は、陸奥国交易馬以外にも陸奥・出羽臨時交易絹、砂金など、文献史料に所見する都へ貢納された北方産物の多くが、十世紀なかばから十一世紀にかけての時期に出揃ってくると指摘している。(8)さらに北上盆地中部の和賀（我）郡では、山林寺院の形態をもつ国見山廃寺がやはり十世紀後半を画期に急速に発展し、十一世紀なかばまでの期間に最盛期を迎えている。(9)

従来古代城柵の廃絶期と目されてきた十世紀なかば〜後期には、以上のようなさまざまな変化が窺われるのである。それゆえこの時期を奥羽北部の一大変革期とみ、安倍・清原氏の政治権力の奥六郡・出羽山北三郡における本格的台頭や、エミシよりエゾへの史的展開もその時期を大きな画期としていたと捉える見解も、これまで少なからずみられた。今から一五年近く前に草した拙稿もその一つであり、私はそこで、十世紀後期ごろに国家政府が奥羽北部で推進した政策として、①それまで城柵による支配を受けていた奥羽北半地域を郡制施行地域と施行地外とで〝分断〟し、郡制施行地域においては民・夷融和政策を推進するとともに現地豪族を鎮守府在庁・秋田城在庁に登用して内国化をはかった、②郡制施行地外に対しては、奥羽両国の守や鎮守府将軍・出羽城介による現地支配の権限をさらに強化するとともに、北方社会との交易で富を蓄積してきた王臣家など権門勢力の実力をも利用しつつ北方交易ルートをより強力に掌握しようとした、の二点を指摘した。またその結果、郡制施行地域より切り離された北辺地域の現地住人は、新たな化外の民としてエゾと称されるようになったと考えた。そして新たな奥羽・北方支配体制への方向転換によって、朝貢・饗給儀礼の舞台であった城柵の必要性が著しく減少し、十世紀後期以降についに廃絶するに至ったとの見通しを示したのである。(10)

以上のように、十世紀なかば～後期を画期に奥羽両国の城柵が漸次廃絶していったとしてきたこれまでの城柵終末論は、考古学・文献史学の双方より少なからぬ支持を得てきたのであり、またそうした見通しのうえにそれなりに論理整合的な歴史像・時代像が描かれてきたとも評することができよう。

二 「庁」と「館」

陸奥国府多賀城の政庁施設が十一世紀にもしばらく存続したのではないかとする新説に接して想起されるのは、平安中期以降の「庁」と「館」をめぐる問題である。こうした問題については従来、国司の受領化や、受領化した国守(親王任国では介)の下で国政の実務的運営を担当した在庁機構の史的展開とも関わるものと位置づけられ研究がおこなわれてきたが、なかでも「庁」と「館」との関係を的確に整理し斬新な歴史像を提示した鐘江宏之氏の研究に注目したい。(11)

鐘江氏によれば、十世紀以降の国政においては、その頂点に位置する受領国司が数年おきに交替するのに対し、在庁官人らは国衙を拠点に活動する在地者として世襲的にその地位を守っていくようになり、受領の権威の下にその居館=「館」を拠点に結集する〝「館」の者〟と、在庁官人らの活動拠点である国衙（そのシンボルが「庁」）に結集して在地勢力の権益を確保しようとする〝「国」の者〟とがそれぞれ形成されていったとされる。従来ともすれば受領国司麾下の現地執行機関として受領との一体性が強調されがちだった在庁機構について、自分たちの意志を国政に反映させ在地勢力の利害を守ろうとする側面を有していたことを氏が明確に指摘している点はきわめて重要であり、私も基本的な認識において賛意を表したい。

多賀城において政庁が十一世紀前半ごろまで存続したとされる点については、あるいは陸奥国内における〝「国」の者〟（在庁官人や国の兵《つわもの》ら）の国政面での積極的活動と深く関連するものである可能性はないだろうか。また吉田歓氏も指摘するように、十世紀末の尾張国では郡司・百姓らが国守藤原元命に対して定められた日に国庁で庁務を執るべきことを強く求めており、(12)国庁は儀式化された政務の場とはいえ、在地者にとっては自らの利害を国政に反映させるために重要な意味をもった施設であったと考えることもできよう。政庁=「庁」が在庁官人らの結集の拠り所となるのにふさわしいシンボリックな建造物であったと解することも十分に可能なように推察されるのであり、多賀城政庁の存続期間の問題については今後そうした可能性をも念頭に置いて考察を深める必要があるように思われる。

陸奥国府の周辺地域に、十一世紀の後半ごろより在地領主の開発を契機に成立した私領である保が多くみられることにも、このさい注目される。大石直正氏によれば、陸奥国府周辺には高城・苦谷・大谷・長世・深谷・小田・柳戸の七保が相隣接して存在し、いずれも開発領主は不明であるが、おそらく在庁官人ら国衙に拠った勢力によって開発・形成されたのであろうと推測されている。また大石氏は、国衙在庁官人の開発にかかる高用名と称された在庁別名や、八幡荘・南宮荘・山村といった国衙在庁官人の開発・寄進によって成立したらしい小規模な単位所領が、国府の所在した宮城郡内にあったことをも指摘している。(13)以上の所領はいずれも十一世紀後半以降に成立したとみられるものであるが、そのころ陸奥国府の周辺にそれらの所領形成が進行していたのならば、(14)十世紀代よりすでに国衙在庁官人らの顕著な勢力的台頭があったことを推察しても大きな無理はないように思われる。多賀城の政庁施設が従来考えられていたよりも長く存続した可能性を推すのであれば、そうした点との関連についても今後検討を試みねばなるまい。

なお、多賀城以外の城柵の周辺で、在庁官人らによる同様の所領形成の動きがあったところがあるかといえば、あまりみられないようである。出羽国府周辺の飽海・田川両郡では郡より荘園が分立する様相はみられるけれども、国府所在郡である飽海郡の内部がどのように編成されていたかは不明で、陸奥国府周辺のように小規模な単位所領が展開していたかどうかはわからない。(15)また鎮守府の周辺にはいわゆる奥六郡（胆沢・江刺・和賀・稗抜・斯波・岩手）、秋田城の周辺には秋田・河辺の二郡、払田柵（第二次雄勝城）の周辺にはいわゆる出羽山北三郡（雄勝・平鹿・山本）が存続しており、内部構造の変質はさておきいずれも律令制に淵源する古い郡を単位として成り立っているのである。ただし奥六郡との境界近くの陸奥国衙領内に遠野・平泉・奥玉・興田・黄海の五保が集中してみられるが、それらは前九年・後三年合戦後の奥州藤原氏の時代に立てられたものであった可能性が高く、古代城柵を拠点とした地域支配との間に直接の因果関係はないものと思われる。以上のように考えられるとすれば、政庁施設が十一世紀前半ごろまで比較的長く存続したのは、あるいはひとり多賀城のみの現象であったようにみられなくもない。

三　安倍・清原氏の「館」と「柵」

次に、奥羽における古代城柵から「館」への展開について考えてみたい。中世における在地領主や武士の館の源流が国司の館にあることは現在広く認められているが、佐藤信氏が指摘するように、国司の館より平泉・鎌倉の館に至る中間の時期における史的様相が未だ不明瞭であり、国司の館が在庁官人の居館に与えた影響や、国司の館と在地に土着化した貴族らの居館との関係などについて、今後さらなる解明が進められねばならないであろう(16)。そうした問題関心のもとに、以下では鎮守府・秋田城の在庁官人に出自をもつとみられる安倍・清原氏の居館について少し具体的にみてみたい。

鐘江氏によれば、「館」とは「在地者の恒常的な人的結合の外に対置される勢力の象徴」で、「在地の「国」の秩序から独立した勢力を形成していた点が重要である」とされる。そして平安中期以降には、在庁官人の組織＝国衙とは独立した別な立場で権力を形成していた有力地方豪族の居館もまた、国衙の組織に対比される存在として位置づけられる政治拠点として「館」と称されたと考えられるという。

そのように把握されうる「館」の実例としては、『奥州後三年記』（以下『後三年記』と略す）に所見する清原真衡の居館をまず挙げることができる。

①「こゝに清衡・家衡よろこひをなして、せいをおこして真衡かたちへをそひゆくみちにて、伊沢の郡白鳥の村の在家四百余家をかつかつ焼はらふ」。

②「真衡（中略）なを本意をとけんために秀武をせめんとす。いくさをわかつてわか館をかためて、我身はさきの

ことく出羽の国へ行むかひぬ。真衡出羽へ越ぬるよしを聞て、清衡・家衡又さきのことくをそひきたりて、真衡か舘をせむ。其時国司の郎等に参河の国の住人兵藤太夫正経・伴の次郎傔仗助兼といふ者あり。（中略）此郡の検問をして真衡かたちちかくありけるを、真衡か妻つかいをやりていふやう（中略）、きたり給ひて大将軍として、かつはたゝかひのありさまをも国司に申さるへきよしをいひやれり。正経・助兼等これを聞て事とはす真衡かたちへきたりぬ」。

真衡はこのとき国家政府より奥六郡の現地支配権を委任された奥六郡主の座にあり、鎮守府将軍武則の嫡孫でもあった真衡の「館」が、おそらく受領の館にも匹敵するような権威を誇っていたであろうことは想像にかたくない。真衡が永保三年（一〇八三）の秋に新司源義家のために陸奥国府に赴き三日厨の饗応儀礼を主催したのも、彼が奥六郡主として鎮守府在庁機構を代表する存在であったためであった(17)。

ところが、同じ『後三年記』の中でも、寛治元年（一〇八七）の激戦の舞台となった出羽国山本郡の金沢柵のことは真衡の居館とは違い、「館」＝「たち」ではなく、「柵」＝「たて」と記されていて、両者は同書中では明らかに区別されているとみられる。

③「国司、武衡あひくははりぬとききて、いよいよいかる事かきりなし。国のまつりことをとゝめてひとへに兵をとゝのふ。春夏他事なく出立して、秋九月に数万騎の勢を引ゐて、金沢のたてへおもむき、すてに出立日、大三大夫光任、年八十にしてあひくせすして国府にとゝまる。（中略）将軍のいくさすてに金沢の柵にいたりつきぬ」。

④「たてのうち食つきて、男女みなけきかなしむ。武衡、義光に付て降をこふ。義光、このよしを将軍にかたる。将軍あへてゆるさす」。

東京国立博物館蔵『後三年合戦絵詞』詞書（『後三年記』の本来の本文）の上記③・④の二ヵ所にみえる「たて」を

『群書類従』（巻第三百六十九）所収の『後三年記』はいずれも「館」に書き換えているが、『後三年記』の物語原本[18]では〝真衡の「たち」〟と〝金沢の「たて」〟とが意識的に書き分けられていた可能性がきわめて高い[19]。なおここで想起されるのは、『陸奥話記』（以下『話記』と略す）にみえる鳥海・小松・石坂・藤原業近・厨川・黒沢尻・鶴脛・比与鳥・嫗戸の九柵が『今昔物語集』巻第二十五の説話（「源頼義朝臣、罰安陪貞任等語第十三」）ではすべて「〜楯」の名称で記され（ただし藤原業近柵は藤原業道楯とされている）、『朝野群載』巻第十一所収康平七年（一〇六四）三月二十九日太政官符でも「鳥海楯」「嫗戸楯」「小松楯」の表記が所見する点であろう。すでに八木光則氏がそれらに注目し、「柵」は「たて」と読まれていたのではないかと指摘しているが[20]、同感である。『後三年記』が「金沢の柵」とも「金沢のたて」とも記している点も、その一証左となると思われる[21]。

すなわち、『後三年記』においては、奥六郡主真衡の居館は「館《たち》」、軍事的要塞として武装化されていた金沢柵は「柵《たて》」と、両者が対照的に捉えられていた可能性が浮上してくるのである[22]。同書の記述によれば、金沢柵中には主人が客人を応対できる「家」や、財物保管庫、食糧保管庫、兵士やその家族が居住する「宅」、さらには園池もあったとみられ、同柵は単なる軍事施設というよりも本来的には居館としての実態をもっていたようにも窺えるが、合戦の最中で武装化された状態であったためにここでは「柵」と表現されたのではなかろうか。「柵」は「楯」とも通用する点から明らかなように、本来軍事施設を指して用いるものであったと考えられる。また『話記』で安倍氏方の拠点施設が、頼時の子息らが居住する鳥海・厨川・黒沢尻の三柵を含めてすべて「柵」と記されているのも、『後三年記』における金沢柵の場合と同じくそれらがすべて戦闘に備え武装化されていたことが影響している可能性があろう[23]。

ただし、後三年合戦緒戦の永保三年の合戦では、奥六郡主真衡の「館」もまた柵などの防御施設で囲繞され武装化されていたに相違なく、なぜ彼の居館だけが「館」と称され、他方金沢柵が物語中で「柵」と表記されていたのかが

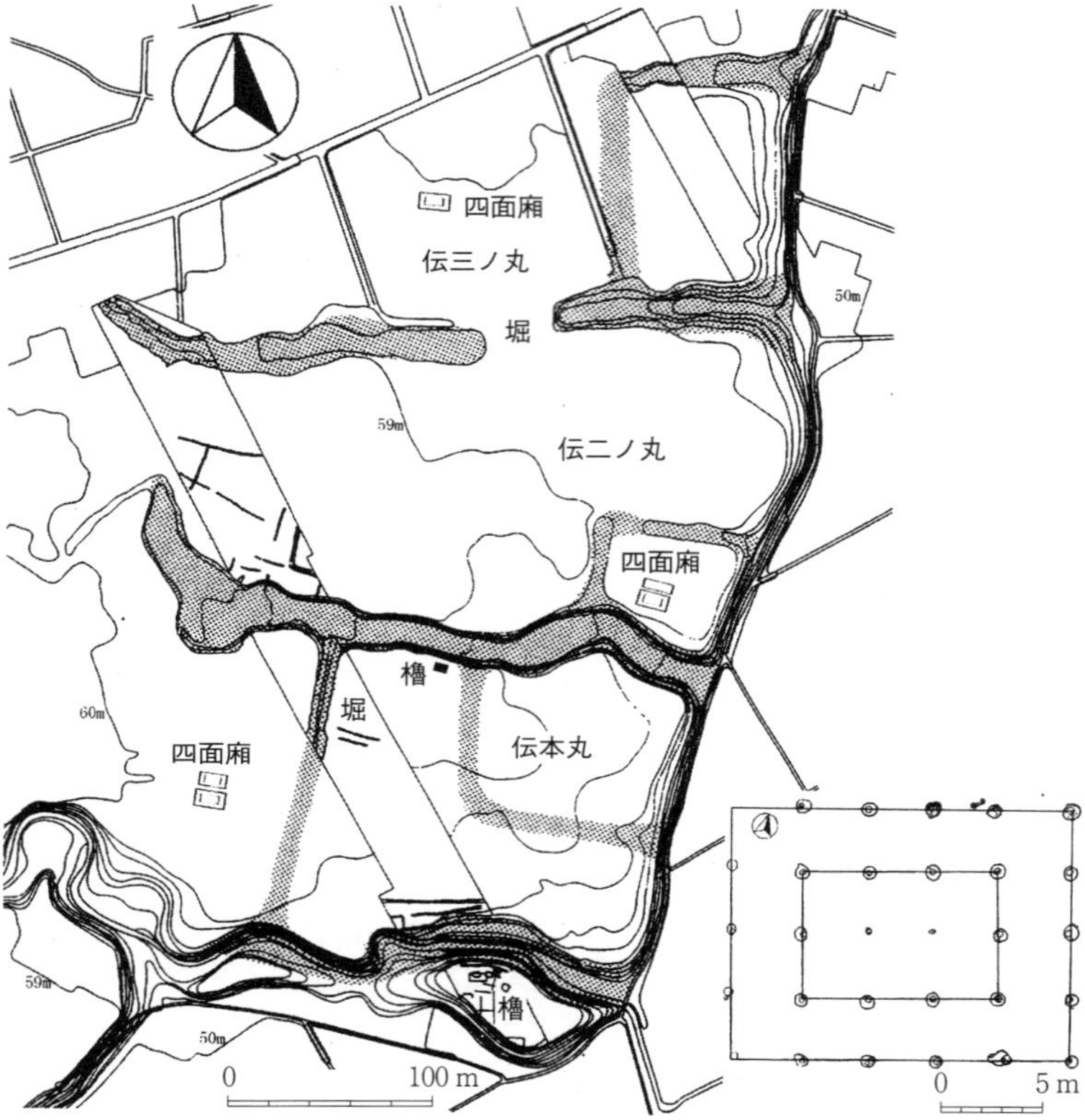

図1　鳥海柵

説明されねばならない。その点はやはり、真衡の「館」と金沢柵とでは居館としての性格は共通していても、それらに付随した政治的ステイタスにおいて大きな差があったためと解さざるをえないのではなかろうか。「館」とは国衙に対比されるところの地方政治における中心的拠点としての機能をもつものであり、その資格を十全に備えていた奥六郡主真衡の居館は、『後三年記』の文中では武装化された状態でもなお「館」「たち」と表記されたのであろう。

なお他方の金沢柵や沼柵、『話記』の文中に登場する安倍氏の諸柵（鳥海柵を除く）などは、『後三年記』や『話記』のような戦記物語においては、あくまで戦闘下で武装化されていたために「柵」と表記されていたと推察される。とすれば、「館」以外の諸「柵」が当時本来的・一般的に「柵」と称されていた可能性は低いように思われ、それらは通常平時には別の呼称・表記によって指示されていたのではないかと考えられてくる。『吾妻鏡』文治五年（一一八九）九月二十七日甲申条に、「頼時掠二領国郡一之昔、点二此所一構二家屋一。（中略）已上八人男女宅並レ簷、郎従等囲レ門」とみえることなどを参考にすれば、それらはあるいは「宅」や「家」などと称されていたのではなかろうか。

それでは、前九年合戦前の安倍氏の時代には「館」は存在しなかったのであろうか。私見では、奥六郡主安倍忠良・頼良（のちに頼時と改名）父子の居館であった鳥海柵も本来的には真衡の館と同じく「館」であり、実際に「鳥海館」と呼称されることがあったのではないかと推測している。十一世紀初頭〜前期ごろに北方諸産物の争奪を契機として陸奥守と鎮守府将軍との対立・抗争が激化し、長元元年（一〇二八）に国家政府は陸奥国内に安定的な政治的秩序を実現すべく、鎮守府将軍の廃止を断行した。[24]そして同九年（一〇三六）の末には、同国内の政治改革に在地社会側からの協力者として多大な功績を挙げた安倍忠良（好）が陸奥権守に任じられたのであった（『範国記』同年十二月二十二日条）。鳥海柵の出現は考古学的知見に照らしても、鎮守府将軍廃止の前後に奥六郡安倍氏が急速に勢力を伸張させていったとみられる十一世紀前期ごろのことであったとみてとくに大きな矛盾はないようであり、前九年合戦時の奥六郡主安倍頼良（時）の父忠良の代に、鎮守府将軍に代わり鎮守府の政務を領導する役割を担った奥六郡主が居住する「館」として、同柵が造営されたと考えることができる。もちろん長元九年以降には奥六郡主を兼ねた陸奥権守忠良の館でもあった。

また最近伊藤博幸氏が、『話記』中の記述から、鳥海柵が陣営の構築には不向きで「日常生活臭のする」施設であったと指摘している点にも注目される。[25]実際に鳥海柵跡からは大量のかわらけ（土師質土器）が出土しており、宴会儀礼の場としても機能していたことが明確に窺える。(26) 鳥海柵以外の厨川・黒沢尻・小松・河崎といった居住主（それぞれ頼時次男貞任・同五男正任・頼時弟良昭・貞任舅金為行）のいる諸柵の中に「館」と称されるものがなかったとも断言しがたいが、やはり奥六郡主の座を占める安倍氏の当主が居住した鳥海柵が、当時の北奥羽在地社会における「館」の典型というべきものであった可能性はかなり高いのではなかろうか（ただし以下では慣用に従い便宜上「鳥海柵」の語を用いる）。

そして、奥六郡安倍氏における鳥海柵と対称の位置を占めるのが、出羽山北清原氏における大鳥井山遺跡の居館跡（当時の名称は「大鳥山館」か）であったと考えられる。同遺跡の居館跡は、前九年合戦後の延久年間（一〇六九～七四）ごろまで出羽山北主の地位にあった清原氏の当主家（光頼流）の居館であったとみられ、後三年合戦期に同氏の

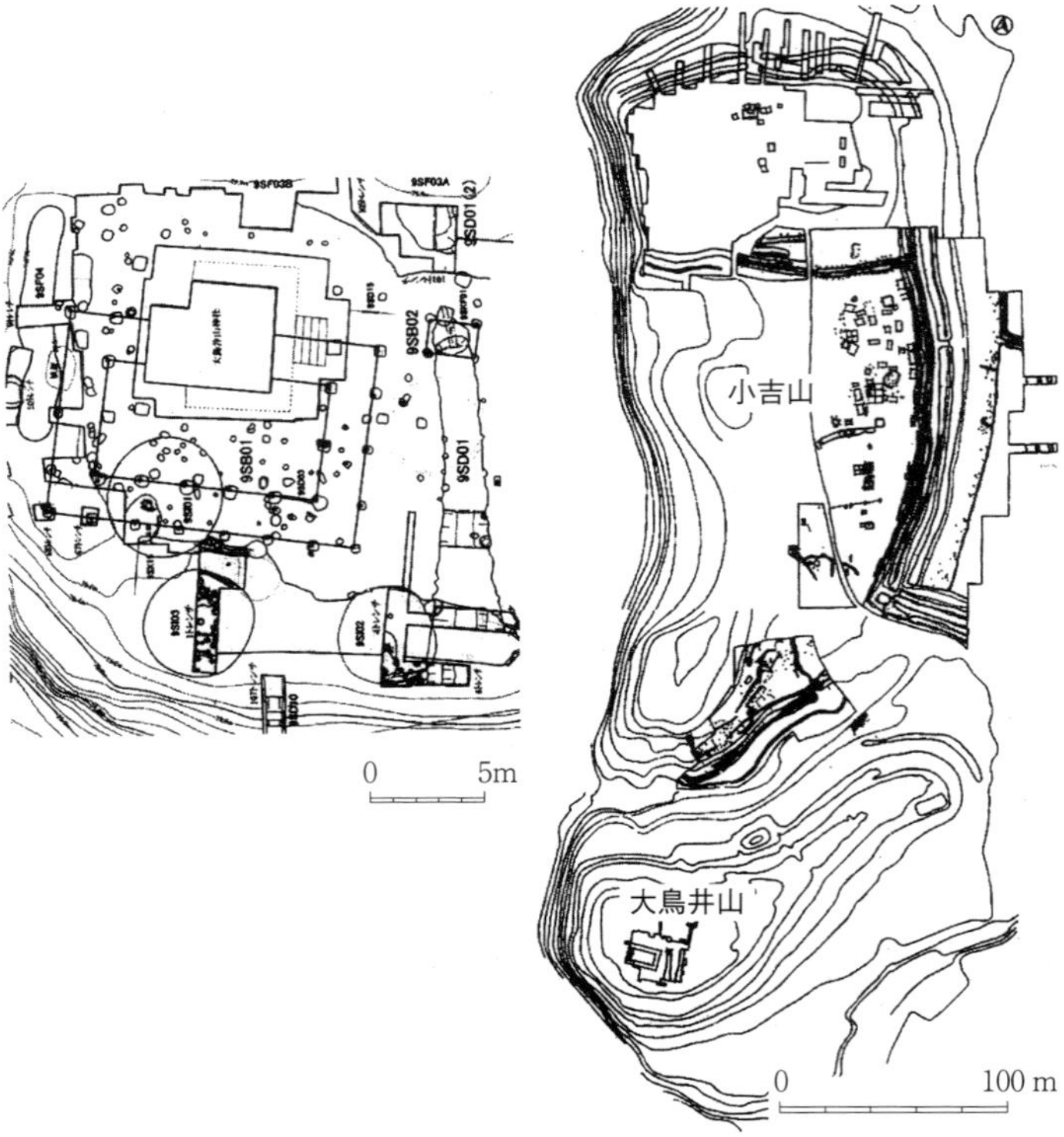

図2　大鳥井山遺跡

当主の地位にあった真衡（光頼の弟武則の嫡孫）の居館と同様に「館」と呼ばれうるものであった可能性が強く想定される。鳥海柵跡・大鳥井山遺跡はともに近年の発掘調査で大きな成果が得られており、古代から中世への移行期における奥羽の「館」の具体的なありようを研究するうえできわめて貴重な遺跡ということができよう。

四　古代城柵から「館」へ

近年の考古学的調査・研究の進展を背景に、払田柵（第二次雄勝城）と大鳥井山遺跡の居館とが直接的な継承関係によって結ばれている可能性のあることが指摘されるに至っている。すなわち島田祐悦氏によれば、払田柵の終末期（Ｖ期）と大鳥井山遺跡のＩ期とは併行関係にあり、十世紀後半に大鳥井山遺跡の小吉山北部地区に在庁官人清原氏の政庁などの中心施設が築かれ、その後払田柵廃絶後の十一世紀前葉に至って、小吉山から大鳥井山にかけての遺跡面全体に清原氏宗家の居館施設が拡大し、全盛期を迎えたとされている。(27)

しかしながら他方では、大鳥井山遺跡のＩ期の遺物出土量が少なく、出土地点もかなり限定的であることから、同遺跡の居館が払田柵の機能をそのまま引き継いだとか、そのプランが払田柵の基本構造をモデルにして作られたとまで考えるのにはいささか論理の飛躍があるのではないかと指摘する向きもある。

私は考古学には門外漢であるので軽率な発言は慎むべきなのであるが、大鳥井山遺跡のＩ期が払田柵の終末期（Ｖ期）と併行して成立し、しかもその段階での施設の範囲が小吉山丘陵北部のやや狭い領域に止まっていたとみられる点に注目するならば、払田柵と大鳥井山遺跡との間に系譜的つながりがまったくなかったとするのもやや困難なように思われる。つまり、大鳥井山遺跡のＩ期の施設（清原氏の居宅か?）はその段階ではまだ払田柵（とくに政庁）の機能と相互補完的な関係をもっていたと考えることもできるのであり、その後払田柵が廃絶し、出羽山北支配の中心拠点として同柵が有していた機能の大部分がこの地に移されるに至った段階で、大鳥井山遺跡の施設が大規模に拡大・整備されて、出羽山北主清原氏の権勢を誇るにふさわしい「館」の威容を備えたものとなったと推察することも、それなりに可能なのではないだろうか。

それでは、陸奥国側の鎮守府胆沢城と奥六郡主安倍氏の「館」であったとみられる鳥海柵との関係はどうであろうか。現時点では、胆沢城の廃絶はおよそ十世紀なかば〜後期ごろのことと考えられており、一方鳥海柵は十一世紀前期ごろに出現したとみられていて、その間に半世紀ほどの空白がある。だが大鳥井山遺跡の「館」が小吉山・大鳥井山の丘陵地帯全域に展開し完成の域に達した時期と、鳥海柵が成立した時期とが比較的近いとみられる点には少し注意を要するのではなかろうか。

前述のように、長元元年（一〇二八）ごろ国家政府は陸奥国内に安定的な政治的秩序を実現すべく鎮守府将軍の廃止を断行、そして同九年（一〇三六）の末には、安倍忠良が陸奥権守に任じられた。鳥海柵はそうした陸奥国内における政治的動向との密接な関連の下に、十一世紀前期ごろに奥六郡主安倍氏の「館」として成立したのであった。

他方出羽国の場合は陸奥国とは異なり、出羽城介が廃止されることはなかったとはいえ、やはり出羽守と出羽城介との勢力関係の再編・棲み分けや、二人の〝受領〟と在地勢力との政治的関係の再構築がほぼ同じ時期に推進されたのではなかろうか。そしてその結果、十一世紀前葉ごろにはじまる大鳥井山遺跡Ⅱ期（前九年合戦時の清原氏当主光頼の父の代くらいからか）において、以前に比して格段に大きな規模をもち土塁や堀・大溝をともなう出羽山北主清原氏の「館」が完成したのであろう。

ただし、大鳥井山遺跡と鳥海柵とでは大きく異なっていることが一点ある。それは、前者が払田柵の終末期以来同じ場所に継続的に地域支配の拠点を設けていたとみられるのに対し、後者では胆沢城廃絶後の様相がきわめて不明瞭な点である。すなわち、大鳥井山遺跡と同様に鳥海の地にも胆沢城の終末期以降継続的に地域支配のための拠点施設が置かれていたのか、それとも同城廃絶後における奥六郡支配の中心拠点はひとたび他所へ遷っていて、十一世紀前期ごろに奥六郡主安倍氏の「館」が造営されるまではこの地に拠点施設は置かれていなかったのかが、まだよくわかっていないのである。(28)

鳥海柵跡では二〇一〇年度の発掘調査で、遺跡南西部のいわゆる伝本丸区域の竪穴住居跡より九世紀後半ごろの緑釉陶器や「五保」と書かれた墨書土器が出土し、(29)その近隣からはかつての調査で十世紀後半ごろの四面庇掘立柱建物跡が二棟並んで検出されていて、胆沢城衰退期以降この地に重要な地域支配の拠点が置かれていた可能性も、現時点ではけっして否定できない。そうした想定に立てば、大鳥井山遺跡における小吉山北部地区と同様なかたちで、鳥海柵跡の伝本丸区域南西部に前身的な地域支配の拠点が置かれていたとの考え方になるのであるが、ただしその場合は、拠点施設を掌握していたのが当初から安倍氏であったとはやや考えがたくなる。安倍氏が奥六郡の地に在地豪族として台頭した時期については、十世紀後・末期ごろ、(30)十一世紀前半ごろとかなり時代を下げて考える見解が近年多く出されており、(31)九世紀末〜十世紀初期ごろに安倍氏の祖が土着化し在地豪族として歩みはじめたとする私見ですら、(32)「古すぎる」との批判を受けている。(33)また現時点において鳥海柵跡で出土している土器などの遺物は十一世紀代のものがほとんどであるといっても過言ではなく、鳥海柵の前身的施設がすでに十世紀段階より存在したと論断するのはかなり困難であるように思われる。

一方で、鳥海柵以前の安倍氏の中心拠点が北上盆地中部の和賀郡地域にあった可能性も、以下に述べるように少なくとも現時点においては一顧に値するのではなかろうか。すなわち十・十一世紀に和賀郡の北上川東岸地域に次々と仏教寺院が造営され、とりわけ十世紀後期より国見山廃寺が急激に発展していることなどに注目するならば、鳥海柵造営以前の安倍氏の本拠が和賀郡内に存在した可能性も一応考えられてもよいように思われる。[34]同郡は、九世紀末〜十世紀前期ごろの胆沢城跡出土木簡に「和我連□□進白五斗」と所見する蝦夷系豪族の和我連氏が大きな勢力を張っていた地域であり、また前九年合戦期には安倍頼時の五男で清原氏出身の嫡妻の所生子であったとみられる正任[35]が居住する黒沢尻柵が所在した。同柵の遺跡は未発見であるが、地理的にみれば、奥羽山脈横断が最も容易な国道一〇七号線・JR北上線のルートを介して出羽山北清原氏の拠点である大鳥井山遺跡と相対する位置にあったとみられる点にもいささか注意を要しよう。あるいは、鳥海柵以前の安倍氏の政治的支配拠点は黒沢尻柵であり、国見山廃寺は同氏による奥六郡支配の精神的支柱をなす寺院であって、黒沢尻柵と国見山廃寺とは安倍氏による最初期の奥六郡支配における本拠地内の二大拠点として両者一対のものであったのではないかなどとも臆測されるところである。

おわりに

小論では、考古学分野において最近古代城柵の終末をめぐって再検討が進められていることを踏まえ、文献史学の立場からあらためて城柵の廃絶という史的現象がもつ意味について考え直すとともに、奥羽北部における古代城柵から「館」への展開に関してもきわめて未熟な私見を申し陳べた。大方のご批判、ご叱正を切にお願い申し上げる次第である。

註

（1）古川一明「陸奥国城柵の終末」(『第37回古代城柵官衙遺跡検討会資料集』同検討会、二〇一一年)。

（2）今泉隆雄「古代東北城柵の城司制」（羽下徳彦編『北日本中世史の研究』吉川弘文館、一九九〇年）、同「律令と東北の城柵」（『秋田地方史の展開』新野直吉・諸戸立雄両教授退官記念会、一九九一年）。

（3）今泉氏によって提起された城司論に立脚し、古代城柵の基本的性格について総合的見地より論じたものに熊谷公男「古代城柵の基本的性格をめぐって」（『国史談話会雑誌』三八、一九九七年）がある。だが近年になって熊谷氏は今泉氏の城司論への疑念を示し、新たな城柵論に向けて模索すべきことを提唱している（熊谷公男「城柵と城司―最近の「玉造等五柵」に関する研究を手がかりとして―」〈『東北学院大学東北文化研究所紀要』三九、二〇〇七年〉）。

（4）熊谷公男「「受領官」鎮守府将軍の成立」（羽下徳彦編『中世の地域社会と交流』吉川弘文館、一九九四年）、遠藤巌「秋田城介の復活」（高橋富雄編『東北古代史の研究』吉川弘文館、一九八六年）。

（5）熊田亮介「秋田城と北方地域の変容」（『秋田市史　第一巻　先史・古代通史編』秋田市、二〇〇四年）、小口雅史「防御性集落の時代背景―文献史学の立場から―」（三浦圭介・小口雅史・斉藤利男編『北の防御性集落と激動の時代』同成社、二〇〇六年）。

（6）林ノ前遺跡と青森県域の防御性集落がともに十一世紀末期ごろまで存続したとする見方も存在するが（三浦圭介「付章　防御性集落と林ノ前遺跡」〈『青森県埋蔵文化財調査報告書第四一五集　林ノ前遺跡Ⅱ（遺物・自然科学分析編）』二〇〇六年〉）、ここでは浅田智晴・八木光則両氏の見解に従い、いずれの存続期間も十一世紀前半までであるとみておきたい（浅田「第五章　総括」〈同右書所収〉、八木「安倍・清原期の出羽と陸奥」〈小林昌二・小嶋芳孝編『日本海域歴史大系　第一巻　古代篇Ⅰ』清文堂出版、二〇〇五年〉、同「北上盆地からみた東北北部の古代社会」〈『北の防御性集落と激動の時代』前掲註（5）〉）。

（7）大石直正「奥州藤原氏の貢馬」（同氏著『奥州藤原氏の時代』吉川弘文館、二〇〇一年所収、初出は一九八八年）、千葉美知「古代東国の牧と貢馬」（『岩手史学研究』八七、二〇〇四年）。

（8）小口「防御性集落の時代背景」（前掲註（5））。

（9）杉本良「霊場としての国見山廃寺」（東北中世考古学会編『中世の聖地・霊場』高志書院、二〇〇六年）、同「北上市国見山廃寺跡（岩手県）」（『佛教藝術』三一五、二〇一一年）。

（10）樋口知志「安倍氏の時代」（拙著『前九年・後三年合戦と奥州藤原氏』高志書院、二〇一一年所収、初出は一九九七年）。

(11)　鐘江宏之「平安時代の「国」と「館」—地方における権威をめぐって—」(佐藤信・五味文彦編『城と館を掘る・読む—古代から中世へ—』山川出版社、一九九四年)。

(12)　吉田歓「国庁と国司館」(『今泉隆雄先生還暦記念論文集　杜都古代史論叢』今野印刷、二〇〇八年)。吉田氏は、「尾張国郡司百姓等解」(『日本思想大系8　古代政治社会思想』岩波書店、一九七九年)中の「一、請レ被二裁定一、守元命朝臣依レ無二庁務一難レ通二郡司百姓愁一事／(中略)而守元命朝臣、専営二京洛之世途一、无レ優二黎元之愁苦一。忝有二国宰之階一、猶不レ異二夷狄讎敵一、為レ政之日庁頭不レ挺レ首。致レ愁之朝館後猶レ秘レ身。参集之人、暗聞レ音罷還。」とある部分に依拠してそうした見解を述べている。

(13)　大石直正「中世の黎明」(小林清治・大石直正編『中世奥羽の世界』東京大学出版会、一九七八年)。

(14)　在庁官人らによる所領形成を軸とした陸奥国府周辺地域における荘園公領制の展開に関する近年の研究成果には、『仙台市史　通史編2　古代中世』(仙台市、二〇〇〇年)「第四章第一節　荘園と公領」(白根靖大氏執筆)がある。

(15)　齋藤仁「中世成立期の出羽国」(伊藤清郎・山口博之編『中世出羽の領主と城館』高志書院、二〇〇二年)は、出羽国沿岸部の飽海郡から秋田郡にかけての地域について、国衙と秋田城に拠った在庁官人の開発による所領の形成が活発であり、公領として形成された単位所領が多いと指摘しているが、若干論証不足の観を否めない。

(16)　佐藤信「古代・中世の城と館」(『城と館を掘る・読む』前掲註(11)、一九九四年)。

(17)　奥六郡主は本来鎮守府将軍の下僚であったが、長元元年(一〇二八)ごろに鎮守府将軍が廃された後に陸奥守直属の下僚へと編成替えされた(樋口知志「「奥六郡主」安倍氏について」、前掲註(10)拙著所収、初出は二〇〇一年)。鎮守府将軍は前九年合戦期の天喜元年(一〇五三)に時の陸奥守源頼義が兼任するかたちで復活させられたが、同合戦後には出羽国の現地住人である清原武則が鎮守府将軍の座に就いた。武則はその後間もなく奥六郡主をも兼ねたが、それにともない奥六郡主は制度上陸奥守の指揮下に復したものと推測される。

(18)　野中哲照氏は、『後三年記』の物語原本が十二世紀前期に合戦の当事者であった藤原清衡の影響下で書かれたと推察しており(野中「『奥州後三年記』の成立年代」〈『鹿児島短期大学研究紀要』五六、一九九五年〉)、現在きわめて有力な見解として評価されている。

(19)　群書類従本が金沢柵のことを「館」と記している③・④の二ヵ所は、寛文二年(一六六二)刊本(『奥羽軍志』所収本)

の本文でも同様になっており、寛文二年刊本の板刻が不正確であったことに起因するとみられる。他方、本文で掲出した①・②の部分は東北大学附属図書館狩野文庫蔵本によったもので、同本は寛文二年刊本より古態の本文を存しているものと評価されるので、そこにみえる真衡の「館」の方は現在失われている東博本絵巻の第一巻相当部分の詞書の文字遣いを踏襲したものである可能性が高い（樋口知志「『奥州後三年記』について」〈前掲註(10)拙著所収、初出は二〇〇九年〉、同「『奥州後三年記』と後三年合戦」〈『軍記と語り物』四七、二〇一一年〉）。

(20) 八木「北上盆地からみた東北北部の古代社会」（前掲註(6)）。

(21) 佐倉由泰氏は、『色葉字類抄』（黒川本）が「柵」について「サク　タテ　城也」と説明していることを根拠に、「「柵」は「サク」とも「タテ」とも読んだことになり、「柵」と「城」は同義ということになる」と指摘している（佐倉「伊藤博幸氏の発表についてのコメント」〈『蝦夷から平泉藤原氏へ―蝦夷、安倍・清原・藤原氏―』蝦夷研究会、二〇一〇年〉、三五頁）。

(22) 『康富記』文安元年（一四四四）閏六月二十三日条中の物語要約文には「清衡館」と所見し、彼の居館が「館」と称されていた可能性もあるかもしれない。

(23) 大平聡「堀の系譜」（『城と館を掘る・読む』前掲註(11)）は、『陸奥話記』の作者は、都では見られない「柵」という構築物に強い関心を抱いたように推察される。「楯」という名称より、その機能と形状をもって端的に表現する用字として「柵」を選択し、これに統一したのではないだろうか」と述べている（七七頁）。

(24) 樋口「「奥六郡主」安倍氏について」（前掲註(17)）。なお最近、当該時期における奥六郡地域と郡制施行外の北方社会の政治・社会情勢について、考古学方面の新知見をも踏まえてあらためて論考する機会を得た（樋口知志「前九年合戦と北方社会」〈榎森進・熊谷公男監修『古代中世の蝦夷世界』高志書院、二〇一一年〉）。併せて参照していただければ幸いである。

(25) 伊藤博幸「古典考古学から見た『陸奥話記』と『奥州後三年記』」（『蝦夷から平泉藤原氏へ』前掲註(21)）。

(26) 羽柴直人「平泉の宴―安倍氏から奥州藤原氏へ―」（小野正敏・五味文彦・萩原三雄編『宴の中世―場・かわらけ・権力―』高志書院、二〇〇八年）。

(27) 島田祐悦「清原氏城館・大鳥井山遺跡の構造」（『平成二十二年度後三年合戦シンポジウム―古代の城から館へ、そして中世の館から城へ―』横手市教育委員会、二〇一〇年）、同「古代出羽国の柵・館―後三年合戦関連遺跡群を中心に―」（『第37回古代城柵官衙遺跡検討会資料集』前掲註(1)）。

(28) なおいずれの可能性を採るにしても、胆沢城廃絶以降に鎮守府の施設そのものが鳥海の地に移転することが一切なかったことは、天喜四年（一〇五六）に鎮守府に入って府務を執った経験をもつ源頼義が、「頃年聞二鳥海柵名一、不レ能レ見二其体一。今日因二卿忠節一、初得レ入レ之」と清原武則に語ったことが『話記』にみえている点より明らかであろう。鳥海の地に奥六郡主の「館」が営まれていた時期にあっても、鎮守府の施設そのものはおそらく胆沢城跡の周辺で存続していたのであろう。

(29) 浅利英克「鳥海柵遺跡―第一八次調査の概要―」（『第37回古代城柵官衙遺跡検討会資料集』前掲註(1)）。

(30) 菅野成寛「「鎮守府押領使」安倍氏権力論―北奥における中世的政治権力の創出―」（『六軒丁中世史研究』八、二〇〇一年）。

(31) 戸川点「前九年合戦と安倍氏」（十世紀研究会編『中世成立期の政治文化』東京堂出版、一九九九年）、大石直正「藤原経清考」（『奥州藤原氏の時代』前掲註(7)）、井出将人「安倍氏の出自に関する一考察」（『湘南史学』一五、二〇〇四年）。

(32) 樋口「「奥六郡主」安倍氏について」（前掲註(17)）。

(33) 入間田宣夫「亘理権大夫経清から平泉御館清衡へ」（同氏編『兵たちの時代Ⅰ　兵たちの登場』高志書院、二〇一〇年）。

(34) 国見山廃寺は、杉本良・菅野成寛両氏によって、鎮守府の権威の下に奥六郡安倍氏の当主が大壇越として管理・運営していた大規模な山林寺院であったとの見解が示されている（杉本「霊場としての国見山廃寺」、同「北上市国見山廃寺跡」、ともに前掲註(9)、菅野「鎮守府付属寺院の成立―令制六郡・奥六郡仏教と平泉仏教との接点―」（入間田宣夫編『東北中世史の研究　上巻』高志書院、二〇〇五年）。

(35) 樋口知志「前九年合戦の一断面―清原氏の参戦理由をめぐって―」（前掲註(10)拙著所収、初出は二〇〇八年）。

琉球国以前

――琉球・沖縄史研究におけるグスク社会の評価をめぐって――

池田榮史

はじめに

琉球列島とは日本の九州島から中華民国台湾島までの間、約一二〇〇㌔の海洋中に点在する島嶼の総称である。大小約二〇〇の島々からなり、現在、九州島に近い与論島までの約四〇島は鹿児島県、残りの約一六〇島が沖縄県に属する。琉球列島については、気候や動植物の分布相、あるいは歴史的文化的相違から北・中・南に三分する考え方と、南北に二分する考え方が提示されている(1)。この中の三分案では大隅諸島を北部圏、奄美諸島から沖縄諸島までを中部圏、宮古諸島から八重山諸島までを南部圏とする。また、二分案では大隅諸島から沖縄諸島までを北琉球、宮古諸島から八重山諸島までを南琉球とする。三分案と二分案の違いは、二分案で北琉球とした範囲について、三分案ではさらに二分する点にある。二分案は日本列島の縄文文化の影響が及ぶ北琉球と、及ばない南琉球の文化内容を説明するさいに有効である。これに対し、三分案では弥生文化以降、基本的には九州島の影響下に含まれる大隅諸島と、九州島を通して日本文化との関係を持ちながらも独自の展開を遂げ、ついには琉球国の成立を見る奄美諸島から沖縄諸島までの島々の文化内容を説明するのに有効である。

このような複数の地域区分案が提起され、またその有効性をめぐる議論が活発に行なわれる背景には、琉球列島の島々の大半が日本の中世段階において沖縄島に王都を置いた琉球国の版図に含まれていた歴史がある。琉球国は十四世紀に成立した中国明王朝およびその後を封じた清王朝からの冊封を受けた朝貢国の一つであった。一六〇九年徳川幕府の認可の下に武力侵攻した島津氏によって征服されたが、その後も名目上は琉球国としての体裁を維持し、一八七九年に明治政府が行なった沖縄県の設置によって、強制的に日本へ組み込まれた。

このことに加え、太平洋戦争末期には日本本土決戦の前哨戦として、沖縄島を中心とした地上戦が起こり、多大な住民の被害者を出した。さらに沖縄戦後の沖縄県は日本の行政下から離れ、二七年間にわたる米軍支配を経験した。これは地元の人々の意向を問うこともなく、国際関係上の要求から否応無しに進められたものであった。これらの経験は、沖縄の人々にとって国家としての日本、あるいは琉球の存在を問うことに繫がった。その結果、日本とは異なった国家であった琉球国への憧憬を含む強い関心が喚起され、研究が進められる状況を生み出した。

その動きの中で、琉球国の形成過程に関する理解論が構築されていったが、そこで導き出された内容は基本的に琉球列島での内的発展による琉球国の成立を説くものであった。この考え方は明治政府による沖縄県の設置以降、琉球と日本の親近的な関係を説明してきた基本的な考え方である「日琉同祖論」とはいささか異なり、琉球と日本の歴史的文化的相違を重視する歴史観に立脚する。そこには住民の意思とは関係ないところで定められてきた琉球列島の処遇に対して、自らの存在の拠り所を求める人々の切実な心情の反映が見られるのである。

しかしながら、近年、琉球国が東アジア史に登場する十四世紀およびこれに先立つ十三世紀、さらに十一・十二世紀を対象とする考古学的研究の場では、琉球列島内での資料の蓄積が飛躍的に進んだ。また、これと並行して、琉球列島を取り巻く東アジア世界の歴史研究では、文献史学、考古学研究双方の分野において国家の枠組みを超えた研究が大きく拡大しつつある。これらの動きは当然ながら、内的発展に基づいた琉球国成立過程の理解論に見直しを求めざるをえない状況を作り出している。

そこで本論では琉球国成立までの考古学研究史を振り返るとともに、近年の動きを踏まえた新たな理解の枠組みを提示してみたいと思う。なお、琉球列島から出土する土器を題材とした同様の主旨の研究がすでに高梨修によって発表されている（高梨二〇〇九）。本稿はこれに続くものであるが、ここでは筆者が扱ってきた沖縄島の土器や貿易陶磁器、滑石製石鍋片などの様相を踏まえている。

一　琉球国成立前の琉球列島に関する時代区分論研究の歩み

戦前の段階で、のちに「沖縄学」と呼称される琉球および沖縄研究の必要性を訴え、自らもその実践に努めた伊波普猷は、一九〇七年「琉球史の趨勢」(2)と題する演説を行なった。その中で、近世琉球王府の摂政となった羽地朝秀（一六一七～七五）の『仕置』の中から、「窃惟者此国人之生初者、日本より為渡儀無御座候。然者末世之今に天地、山川、五形、五倫、鳥獣、草木之名に至る迄皆通達せり。雖然言葉の余相違者、遠国之上久敷く通融為絶故也。五穀も人同時日本より為渡物なれば、云々」（伊波二〇〇〇、七六頁）という文章を引用し、羽地を日琉人種同系論（現在では一般に日琉同祖論と呼ばれることから、以下ではこれを用いる）を唱え始めた人物と評価した。これを含め、伊波をはじめとする戦前の沖縄学研究者は基本的に日琉同祖論に基づいた研究を指向した。このような戦前の沖縄学について、豊見山和行は「沖縄人による沖縄（琉球）認識＝自己認識の学としての性格を色濃く帯びていた」（豊見山二〇〇三、八頁）と評している。

これに対し、戦前の琉球列島に関する考古学的研究は、基本的に日本本土の研究者によって進められた。そこでは琉球列島の先史文化の成り立ちを究明することよりも、日本本土と琉球列島の先史文化との関係を明らかにすることに目的が置かれた。その研究の方向性は「本邦的の遺跡は実に沖縄本島附近にて跡を絶てりと云う可し」（鳥居一九〇五、後に沖縄県教育委員会一九九六、一三〇頁下段）とした鳥居龍蔵による沖縄調査報告に見ることができる。

戦後、琉球列島の考古学は米軍統治下の琉球政府において外局に位置付けられた文化財保護委員会に集まった人々によって進められた。なかでも、多和田真淳は奄美諸島から八重山諸島までをくまなく踏査した。そして、その成果を基に琉球列島の先史文化を貝塚時代文化と呼んで、前期、中期、後期（上半・下半）、晩期に区分する編年案を一九五六年に提示した（多和田一九五六）。多和田の編年案は自ら採集した土器の型式学的分類を基礎とし、これに遺跡の立地と土器に伴って採集される陶磁器などの遺物の組み合わせを踏まえたものであった。その後、多和田編年案の貝塚時代前期と中期はそれぞれ日本の縄文後期と晩期に並行することが明らかとなり、これに先行する縄文中期以前の先史文化の探求が進められることとなった。また、貝塚時代後期は日本の弥生～平安時代、晩期は日本の平安末～鎌倉時代に並行することが明らかとなり、これを含めて多和田の編年序列はほぼ正しかったことがしだいに証明される（3）。

ただし、多和田の貝塚時代晩期については、貝塚ではなく城（グスク）跡が特徴的な遺跡であることを論拠として、城（グスク）時代と呼び改めることが高宮廣衞によって一九六六年に提唱され（高宮一九六六）、今日に至っている。このことからすれば、本論で取り扱う琉球国成立前の段階とは、多和田による貝塚時代後期下半から晩期となり、日本史でいう古代末から中世前期に相当する。

なお、貝塚時代晩期を城（グスク）時代とすることを提唱した高宮廣衞は、「貝塚時代に出現した首長がしだいに成長していく過程において城の体裁がととのい、ついには現在みるような石の城郭をもった城の出現ということになるのではあるまいか」（高宮、前出五三三頁）とし、出土する遺物の組み合わせをもとに、前期（城跡土器＋須恵器）、中期（前期の遺物に陶磁器＋鉄器が加わる）、後期（中期の遺物に古瓦が加わる）に区分することを提唱した。その上で、暫定的な推定として、前期を嘉手納町野国貝塚で検出された中国銭「開元通宝」の年代かそれ以後、中期を北宋青磁の年代、後期開始年代を浦添城から出土した「癸酉年高麗瓦匠造」銘文の推定年代から一二七〇年代に比定した。

多和田や高宮が考古学的資料に基づいた編年の確立を進めていたころ、文献史学研究者の間では琉球・沖縄史の時代区分を構築する作業が進められていた。一九五二年中学生用社会科副読本としての『琉球の歴史』を執筆した仲原善忠は、日本の歴史研究の動向を踏まえながら、原始社会（狩猟時代）、古代社会（部落時代）、封建社会前期（按司時代・三山時代）、封建社会後期（王国時代前期・後期）、近代社会（沖縄県時代）とする時代区分を採用した（仲原一九五二）(4)。その後、琉球・沖縄の時代区分については、日本の歴史学研究の趨勢とかかわりながらいくつかの時代区分案が発表されたが、今日では一九八〇年に高良倉吉が提示した先史沖縄、古琉球（グスク時代・三山時代・第一尚氏王朝・第二尚氏王朝前期）、近世琉球（第二尚氏王朝後期）、近代沖縄、戦後沖縄が一般に用いられている（高良一九八〇）。高良の時代区分案は考古学研究の成果を取り入れ、これを先史沖縄および古琉球段階のグスク時代として位置付けており、考古学研究成果と文献史学研究成果を統合した点に特徴が見られる。

高良の時代区分に対して、考古学の分野からグスク時代の細分を提唱したのは安里進である。一九八四年安里は土器型式の分析を手掛かりとして、グスク時代の開始期を十世紀に位置付けた。そして、グスクの中でも人工的な構築物としての城塞的施設を伴うグスクをとくに城塞的グスクと呼び、これが十三世紀から十四世紀に成立するとした。

それまでの研究では、グスク時代の象徴的構造物であるグスクの出現とグスク時代の開始期を漫然と同一視していたことに対して、グスク時代の開始期にくらべると、構造物としてのグスクはかなり遅れて出現することを指摘したのである。その上で、グスク時代の開始期から城塞的グスクが成立するまでの間を「生産経済の時代」（のちに原グスク時代）、城塞的グスクの成立から第一尚氏王統の成立までを「政治的時代」（狭義のグスク時代）として分離することを提唱した（安里一九八七・一九八八）。

この結果、今日の琉球・沖縄史に関する時代区分は、高良の時代区分を基本としながら、安里のグスク時代を二分する考え方を採用し、両者を折衷したものが一般的に用いられることとなった。また、この中の古琉球については文献史学による研究成果だけではなく、考古学研究による調査資料とこれを踏まえた研究が大きな影響を持つこととなり、グスクの構造やグスクから出土する大量の貿易陶磁器に関する分析成果と文献記録に見える三山との関係の検討などに基づく琉球国成立論が提示されることとなった。それは当然のこととして、琉球列島の歴史的独自性を強く意識した内的発展論に沿うものとなっている。

二　考古学によるグスク時代研究の現況

さて、琉球・沖縄史研究の一端を担う考古学的時代区分では、貝塚時代からグスク時代への転換について琉球列島における農耕社会への転換と捉えている。このさいの考古学的標識遺物となるのは土器である。これまでの調査・研究によって、貝塚時代後期後半の土器型式はフェンサ下層式土器、グスク時代の土器型式はフェンサ上層式土器であるとされてきた。両型式は一九六七年に友寄英一郎、嵩元政秀によって実施された糸満市字名城のフェンサ城貝塚発掘調査成果に基づいて設定された（友寄・嵩元一九六九）。同貝塚の調査では、フェンサ下層式土器がA、B両調査区の第三層でのみ出土するのに対して、第二層ではフェンサ下層式土器と上層式土器が混在して出土した。また、第三層からはカムィヤキ片一片のみが出土したのに対し、第二層ではカムィヤキ片と青磁片が出土しており、これらの遺物との組み合わせと前述した層位的重層関係からフェンサ下層式土器とフェンサ上層式土器の前後関係が示されている。

なお、両土器型式を考古学研究の基本である型式学的視点から見れば、フェンサ下層式土器は平底で胴部から口縁部にかけて逆円錐形状に開く甕形土器を主とし、壺形土器がわずかに伴う。これに対して、フェンサ上層式土器はやや大きめの平底から口縁部が内湾あるいは直行気味に立ち上がり、口縁端部はそのままか、一部「く」の字形に外反する器高の低い甕形土器を中心とし、これにやや広口の壺形土器が伴う。したがって、両土器型式は器形がまったく異なる甕形土器を主体とする土器型式であり、一系統の土器変化の中に位置付けられるものではない。すなわちフェンサ下層式土器は貝塚時代後期の土器様式である「くびれ平底土器」の系譜に連なり、フェンサ上層式土器はグスク時代になって初めて登場する「グスク土器」（高宮による城址土器）と呼ばれる土器様式に含まれる。このグスク土器については、琉球列島の外から持ち込まれた滑石製石鍋やカムィヤキ製品などを模倣することによって成立したと考えられている(5)。なお、グスク土器についてこの時期の土器編年を試みた安里は、はじめ「闊底土器」とし、のちに「広底土器」と呼び改めた（安里一九八七・一九九一）。

安里は「グスク土器は、沖縄貝塚時代後期のくびれ平底土器と基本形態を異にするのみならず、甕・鉢形土器とともに壺形土器が主要な器種となっており、他の農耕を実証する遺物の伴出とともに農耕社会の土器として完成した姿を取っている。つまり、グスク土器の成立は農耕生産の発達上での大きな画期を表現していると考えるからであり、また、沖縄貝塚時代後期的な文化からグスク時代的な文化への転換点をも示しているからである。また、先島の外耳土器もこのグスク土器の地域型と考えてよく、沖縄と先島の文化的統合をしめす遺物の一つでもある」（安里一九八七、七一頁下段）と評価する。そして、このグスク土器と農耕社会の成立は「九州の影響とみてよい」（同、八三頁下段）とし、「（律令国家による）南島経営後引き続き九州と南島の交通が行なわれ、その影響下で文化的、経済的変革が行なわれたものと思う」（同、八四頁上段）と述べている。

また、ここで成立したグスク時代の農耕については、「麦＋稲＋牛という遺物の組合わせと、集落が畑作に適した石灰岩台地を中心に展開していることで特徴づけられる。この考古資料的特徴は、十五、六世紀の文献資料によって明らかにできる琉球独特の農耕体系―すなわち麦・粟畑作と稲作の作期が冬作システムという形で組合わされた経営形態に牛の飼育を加えた複合農耕という、琉球の風土に適合した独特の農耕体系を反映したものと見られる。この複合農耕は、近世に至るまで一貫した琉球農業の特色となっており、その意味で十〜十三世紀の農耕は琉球独特の農耕体系の直接の始点だといえる」（安里一九八八、六〇頁上段）と評価している。

安里の所論をみると、グスク時代の文化的社会的変化は九州からの影響としつつも、その変化の主体者となったのは琉球列島の先人であるという認識が存在するように思われる。その後一九九六年の論考では、「十〜十一世紀に奄美・沖縄諸島から先島まで、これまでの伝統文化を変革しながら波及していくグスク文化の背景には、少なくとも、商人集団、亀焼窯（カムィヤキ窯跡）の陶工集団など北からの集団渡来がある。そして、グスク時代を通して農業集落が急激に増加していく。つまり人口が激増する」（安里一九九六、二二頁）とする。その上で、二〇〇四年には「カムィヤキの分布からは琉球一円を市場とする商人が登場していたことが浮かびあがってくる。彼らがカムィヤキや石鍋を琉球一円に流通させていたと考えてよいだろう。琉球の商人は、石鍋・カムィヤキ・中国陶磁器などをたずさえて琉球の島々をめぐり、ヤコウガイ・硫黄・赤木などと交換し、琉球の産物を日本商人の石鍋・中国陶磁器などと交換したと考えられる」（安里二〇〇四、四四頁）とし、琉球の商人という概念を用いてこれを顕在化させている。このような琉球列島の人々を主体者とする交易の存在について、安里は貝塚時代後期段階のヤコウガイ交易までに遡及させており、吉成直樹は「安里は沖縄諸島をヤコウガイ交易の中核地域に位置づけ、交易社会が発展することによって琉球国への成立へと向かう内的発展論を展開させるのである」（吉成二〇一〇、一八頁）と評している。

安里の考え方の基本にある内的発展論は、琉球・沖縄の考古学研究者の多くに共通する。それは前述したように琉球国の存在が現在の琉球・沖縄アイデンティティの拠り所であることが大きい。このことは琉球・沖縄史研究者の間だけではなく、これらの研究成果を受け止める現在の沖縄県民の間にも広く共有化されているのである。

しかし、筆者は従前よりこれに疑念を抱き、やや異なった考え方を提示している。一九九五年にはカムィヤキや滑石製石鍋、中国産陶磁器の琉球列島への流入に関して、「類須恵器（カムィヤキ）の在り方と、滑石製石鍋や中国産陶磁器の分布状況を考え合わせると、これは琉球列島の人々の自発的な活動の結果ではなく、琉球列島を交易圏と捉え、そこにこれらの製品を供給しようとした商業集団の存在を想起せざるを得ない」（池田一九九五、二八九頁）とし、琉球列島の社会変化をもたらす要因が外部からの働きかけに負うところが多いことを述べた。この背景には、琉球列島の考古学的資料論からすれば、琉球列島の貝塚時代後期からグスク時代への変化は自発的な発展によるものでなく、むしろ外的影響がしだいに在地化していく過程と捉えた方がよいと考えたことがある。

この考え方は奄美大島奄美市小湊フワガネク遺跡群や喜界島城久遺跡群など、奄美諸島での考古学的発見や調査が進む中でさらに形をなしていった。この奄美諸島での考古学的調査とその成果に基づく奄美諸島史の見直しは、高梨修(6)や永山修一（永山二〇〇八など）らによって意欲的に進められていた。これを受け、筆者は二〇〇六年に「六・七世紀代の奄美諸島において兼久式土器が成立すると、沖縄諸島でもその影響を受けたくびれ平底土器様式が成立し、土器文化の上で奄美諸島の影響が沖縄諸島に及ぶこととなる。この背景には日本の古代国家による南島への働きかけと、これを契機とした奄美大島北部や喜界島を中心とする奄美諸島での社会の階層化や貢納組織の編成が進んだ結果、沖縄諸島へもその影響が及んだものと考えられる」（池田二〇〇六a、一二六頁）と述べて、沖縄諸島に先立ってまず奄美諸島での社会変動が起こっていた可能性を指摘した。(7)

その上で、「奄美諸島北部や喜界島の政治勢力と日本の古代国家との関係は九・十世紀代まで継続される。この時期のトカラ列島から奄美大島北部および喜界島は日本国家にとっての西の境界領域と認識され、キカイガシマ、イオウガシマと総称される。また、日本の古代国家ではキカイガシマと呼ばれる行政的機関をこの地域に設置していた。十一世紀代にいると新たに始まった日宋貿易の影響もあり、ヤコウガイやホラガイ、硫黄などの南島産物がここを経由して調達された。この南島産物の調達は、大宰府などの公的機関による場合と、八郎真人のような商人の商業活動による場合があった。また、この時期から奄美大島北部や喜界島を拠点として行なわれる南島産物の調達は奄美諸島だけではなく、沖縄諸島、さらには宮古・八重山諸島までに拡大され、これによって琉球列島全域において文化的社会的変容が引き起こされた」（池田、前掲一二六頁）と論じた。

十一世紀代の沖縄諸島、さらには宮古・八重山諸島で起こる社会的文化的変化は、南島産物の調達を目的とした日本古代国家や商人たちの働きかけで引き起こされたものであり、沖縄諸島における貝塚時代からグスク時代への転換、さらには宮古・八重山諸島を含めた琉球国成立への胎動は、このような外部すなわち日本からの働きかけによって引き起こされたことを主張したのである。

三　グスク時代への推移に関する理解論

筆者が述べた沖縄貝塚時代からグスク時代への推移についての理解論は、言うまでもなく内的発展論に基づいて構築されてきた琉球・沖縄史の枠組みとは大きく異なっている。むしろ内的発展よりも外的な影響力に琉球列島の歴史的文化的展開の主因を求めようとするものである。ただし、これまで筆者は外的影響力の重要性を指摘してきたものの、これについて考古学的な資料論に基づいた総合的理解論を提示してはいなかった。ここでは筆者が構築しつつある理解論の内容を明らかにしておきたいと思う。

筆者の理解論の根底を支えているのは、沖縄諸島における土器や滑石製石鍋片、貿易陶磁器などに関する様相の観察である。筆者はこれまで沖縄諸島における当該時期の土器編年について、作業上の問題点とこれを踏まえた見通しについての所論をいくつか述べてきた。その一つに前述した沖縄貝塚時代後期後半の土器であるくびれ平底土器と奄美諸島兼久式土器の関係がある。筆者の論考発表以前にも、両者の器形や文様の類似が指摘されていたが、両者の関係については時間軸上の同時性を認識するに止まっていた。そこで、筆者は一九九九年に沖縄諸島のくびれ平底土器について、器種、器形、分類、文様構成と有文土器の比率などを検討するとともに、これを奄美諸島の兼久式土器と比較することを試みた。その結果、兼久式土器が奄美諸島で成立し、これが沖縄諸島の土器に影響を与えてくびれ平底土器が成立した可能性を指摘した（池田一九九九、四九頁）。

その後、兼久式土器については高梨修による土器編年が行なわれた。高梨は兼久式土器のもっとも古く位置付けられる一群に土師器長胴甕が伴うことなどの知見を踏まえ、「兼久式土器の先行段階には「スセン當式土器」と称される古墳時代並行期の特徴的土器群が存在する。兼久式土器は、スセン當式土器の文様を継承しながら土師器の影響を受けて底部形態は脚台から平底に変化して成立したと考えられ、土器型式の推移には連続的変化が認められる。また兼久式土器の後続段階には、類須恵器（カムィヤキ）と称される陶器生産が開始されていて、その生産直後に兼久式土器は消失する」（高梨、前出二〇〇五ａ、一三〇頁）ことを明らかにした。高梨は兼久式土器の年代を七〜十一世紀代に置いているが、これらのことからすれば古代日本の土師器が奄美諸島の兼久式土器の成立に影響を与え、さらに兼久式土器が影響して沖縄諸島のくびれ平底土器の成立をみることとなる。(8)

沖縄諸島のくびれ平底土器にはアカジャンガー貝塚出土土器を標識とするアカジャンガー式土器と先述したフェンサ下層式土器の二型式が知られている。ともに平底の甕形土器を主体とするが、アカジャンガー式土器に比較してフェンサ下層式土器では甕の胴部がやや長胴化するとともに、有文土器の比率が低下して無文化する傾向が認められる。このくびれ平底土器に次いで出現するのがグスク土器である。グスク土器はフェンサ城貝塚での発掘調査報告を紹介したさいにも触れたように、くびれ平底土器と同じ包含層から検出される例が認められる。グスク土器は外部から持ち込まれた食器を模倣することによって成立した土器であることを前述したが、グスク土器はくびれ平底土器を使用していた地域に混じり込むように出土しはじめ、しだいにくびれ平底土器を淘汰していくと考えられる。

このくびれ平底土器とグスク土器の併存関係について、筆者はうるま市喜屋武グスク遺跡Ⅱ地区Ｒ—68グリッドの発掘調査成果を基に、十一世紀から十二世紀にかけて併存していた可能性を指摘した（池田二〇〇四ｂ）。(9)これについては北谷町後兼久原遺跡の調査事例を踏まえた宮城弘樹・具志堅亮による否定的見解がある（宮城・具志堅二〇〇七）。しかし、筆者はフェンサ城貝塚、喜屋武グスク、後兼久原遺跡それぞれに考古学的調査によって確認された遺跡の実態であり、どちらかの事例に片寄った解釈をするのではなく、双方の調査実態を踏まえた理論を構築することが必要であると考える。

この点については、喜界島城久遺跡群の本土系遺物群の持つ意義について、日本古代における九州地方支配の拠点として築かれた大宰府とその周辺域における土器の分析を行なった中島恒次郎の所論が参考になると思われる。中島は大宰府とその周辺で出土する皿形土器と甕形土器を対象として、大宰府施工時期から出土する回転台成形土師器皿および頸部を「く」字に屈曲させ、体部内面をヘラ削りする土師器甕Ⅱ類と、手持ち成形土師器皿および在地伝統を継承する土師器甕Ⅰ類に大別した。そして、前者を「国家」的土器、後者を「集落」的土器と捉え、これを「大宰府―筑後国府・肥前国府―(郡家)―集落」での出現頻度に基づいて図表化している。これによると、大宰府では「国家」的土器が圧倒的な頻度で出土するのに対して、集落では「国家」的土器の頻度は低く、在地土器の伝統を引く「集落」的土器が圧倒する。このことは古代段階の北部九州において同時期に位置付けられる遺跡であっても、国家的施設と一般集落では出土土器の様相が異なることを示している（中島二〇〇八、一七六頁第2図、一七七頁第3図）。

中島によって提示された土器様相は、外部から持ち込まれた食器の模倣土器であるグスク土器の生産および使用のあり方と在地土器であるくびれ平底土器の生産および使用のあり方の関係にきわめて類似すると思われる。

すなわち、くびれ平底土器が中島のいう在地要素であるとすれば、グスク土器は搬入要素であり、両者は土器型式間の融合・折衷を生じることがない。この点は土器の製作技法からも明らかで、くびれ平底土器は粘土紐もしくは粘土帯を輪積み成形し、指ナデやヘラナデ、指押えなどによって整形する。これに対してグスク土器は粘土紐もしくは粘土帯を輪積み成形した後、器外面を指ナデやヘラナデ、器内面をヘラケズリによって整形する。グスク土器に見られるヘラケズリには金属製ヘラ状工具の存在が必要であり、両者は器形、器種の違いに加えて、使用工具、製作技法も異なると考えられる。このことからすれば、くびれ平底土器とグスク土器は同じ土器製作者によって作り分けることは難しい。両土器型式は異なった土器製作技術を保有する製作者によって作られ、供給された可能性が高いのである。

両土器の製作者が異なる可能性が高いとすれば、在地土器であるくびれ平底土器に対して、搬入土器であるグスク土器の製作者はグスク時代に入って外部から移動してきた集団に属していたとすることが理解しやすい。両土器の様相からは、グスク土器の製作者を含む移動集団がくびれ平底土器を製作、使用する在地集団の間に嵌入的に入り込み、その後しだいに在地集団を取り込んでいった状況が推測される。前掲した後兼久原遺跡のように在地土器であるくびれ平底土器を持たないグスク土器のみの遺跡はこのような外部からの移動集団が形成した遺跡、もしくはいち早くグスク土器の製作者を含む移動集団に取り込まれた在地集団であり、喜屋武グスク遺跡のように両者が併存する遺跡は外部からの移動集団と在地集団との接触の過程を示す遺跡であろう。

くびれ平底土器とグスク土器の関係がこのような外部からの人間集団の移動と移動集団が保持していた文化の伝播、さらにはこれを受容した在地文化の変容を示すとすれば、くびれ平底土器が消滅し、グスク土器に取って代わる状況は、外部から移動した集団の文化が在地集団の文化と融合、あるいはこれを併呑した過程を表わす。また、グスク土器の出現は農耕社会への移行の指標でもあったが、くびれ平底土器とグスク土器の併存期間の存在は、沖縄諸島での農耕技術の導入と定着に一定の時間の経過が必要であったことを示す。すなわちもともと農耕を営んでいた外部からの移動集団と異なって、狩猟・漁労・採集などの生業を営んでいた在地集団が農耕へ移行するのはそれほど簡単ではなかったと推測される。日本の弥生文化の成立について、藤尾慎一郎が「水田稲作の拡散とは文化複合体の拡散であり、単に水田稲作が広がったという次元の話ではない。在来人（縄文系の人びと）も文化複合体を受け入れるために労働組織を再編して、もはや後戻りできないような体制で開始する」（藤尾二〇〇九、七頁）と述べているように、農耕社会への移行にはそれまでの狩猟・漁労・採集に適応した組織から農耕生産活動を行なう集団への再編成が行なわれなければならないのである。(10)

では、沖縄諸島における農耕社会への移行、すなわちグスク社会の形成はどのようにして進行したのだろうか。これについては、まずグスク土器の製作者を含む移動集団の実態を説き明かしておかねばならない。グスク土器は外部から持ち込まれた滑石製石鍋やカムィヤキなどを模倣することによって成立していた。これまでの調査、研究で模倣のモデルとなった滑石製石鍋やカムィヤキは奄美諸島の喜界島および奄美大島北部地域で多く出土することが知られている。(11)このことを受け、筆者は大量の滑石製石鍋片を保有した奄美大島フワガネク遺跡群について、ここが滑石混入土器や滑石製石鍋模倣土器を製作した遺跡の一つであり、製作された滑石混入土器や滑石製石鍋模倣土器は沖縄諸島や宮古・八重山諸島へ持ち運ばれ、さらに搬入先の地域でグスク土器に代表される模倣土器を生じさせた可能性を指摘していた（池田二〇〇三）。このことからすれば、グスク土器の主要な器種を構成する滑石製石鍋模倣土器は、フワガネク遺跡を含む奄美諸島の遺跡で製作された滑石製石鍋模倣土器や滑石混入土器をモデルとして、これを模倣することによって成立したことになる。なお、この点について高梨は沖縄諸島・先島諸島では滑石製石鍋やカムィヤキをはじめとする「外来容器類が十分に入手できないので、その代替措置としてそれらの模倣土器群が製作された」とする仮説を提示している（高梨二〇〇九、一一四頁）。

このような滑石製石鍋模倣土器や滑石混入土器、およびカムィヤキに関する考え方を前提としてグスク時代へ移行する段階の社会状況を整理してみれば、これらが多く出土する喜界島城久遺跡群には十一世紀代までに日本から移動した集団による南島産物の調達のための拠点が設けられ、奄美諸島北部域を中心とした勢力圏（高梨のいう「喜界島・奄美大島勢力圏」に相当）が形成されていたと考えられる。十一世紀代以降、日本から移動した集団は増大する南島産物の需要に応えるため、自らの勢力圏である奄美諸島北部よりもさらに南の島々に直轄的な産物調達拠点を設置しはじめ、これを拡充させていった。このさい、新たに設けられる拠点に出向く人々は、喜界島城久遺跡群で出土するような古代末期の物質文化をそれぞれの島々に持ち込むとともに、自給のための農耕生産を開始した。(12) この拠点作りとそれぞれの拠点での農耕生産に従事する人材の中には、永山修一が取り上げた『小右記』に記載された「奄美島人」によって九州管内から掠取された人々が含まれる可能性もある（永山二〇〇七・二〇〇八）。また、拠点が設けられた島の人々は南島産物を供給する役割だけではなく、しだいに拠点の運営に徴用されるようになったと考えられる。

このように考えると、十一世紀代以降の奄美諸島北部域を中心とした勢力圏が南下して拠点を構築した琉球列島の島々には、奄美諸島北部勢力圏から移動した日本からの集団の系譜に連なる人々、その支配の下に拠点の運営のためいずれかの地から移動させられた人々、拠点が置かれた島々で拠点の運営のために徴用された人々、拠点が置かれた島々あるいは置かれなかった島々で移動してきた人々と関係を持つこともなく従前からの生業を維持した人々など、多様な人々がいたことになる。新たに設けられた拠点には奄美諸島北部域を中心とした勢力から、南島産物の対価として物資の供給が行なわれたと考えられるが、貿易陶磁器やカムィヤキ、奄美諸島北部勢力圏で製作された滑石製石鍋模倣土器などは、日本からの集団の系譜に連なる階層を中心とした一部の人々に供給されるのみで、拠点の運営に従事する大半の人々の間ではこれらの模倣土器を製作し、使用したことが考えられる。場合によっては、階層差を示すことを目的として、意識的に供給が限られた可能性もある。このように考えると、グスク土器は南島産物調達拠点の運営のために移動した、またはさせられた人々、さらに拠点が置かれた島々で拠点の運営のために徴用された人々が、貿易陶磁器やカムィヤキ、滑石製石鍋模倣土器の代替品を製作したことから成立することとなる。

この城久遺跡群と城久遺跡群以外のグスク時代遺跡における出土遺物の内容の乖離状況については、すでに中島が

「城久遺跡群で確認された諸遺構の造営主体者が、喜界島在地の人々でなく、律令国家に統括された人々であった可能性が極めて高いこと」（中島、前掲一七七頁）を前提として、城久遺跡群を通してみたグスク社会について、「自立素材（高麗産陶器・白磁椀・石鍋、池田補記）の伝達によって土器様相に大きな変化が生じていない点は注意しておく必要がある。いわば搬入要素と在地要素は融合せず、むしろ模倣品が盛行し、器物階層として、在地との融合・折衷は生じず、相互排他的であるように見える。その背景にある人の動きを想定すると、自立素材提供者の定住が想定できず、単に素材のみが供与されたかのような印象すら受ける」（同、一八〇頁）と論じていた。

中島はこれを踏まえて、これまでの沖縄島を中心とする現在のグスク時代研究について言及し、「これまでの議論は、いわば財獲得による階層化、ならびに階層間の収奪関係の形成、換言すると、階級関係の形成過程を描き、結果として現象面として表現されるグスク形成を解釈することに終始してきた。他方、諸関係形成過程における集団内での動き、関係性把握については、さほど議論がなされていないように感じる。具体的には階層化後の序列化、ならびに序列正当化システムの過程が描かれず、単に財獲得者が集団掌握者となり、琉球王国形成者へと展開していく過程として描かれてきた」（同、一八〇頁）と批判し、自らは威信財モデルを用いて、不備を指摘したグスク社会における階層化と階層化後の序列化、および序列化正当化システムの過程についての理解モデルを提示している。

中島は琉球国成立過程の研究において、内的発展論、外的影響論の双方とも、厳密な考古学的資料操作に立脚することなく、社会の階層化と琉球国の成立を説いてきたことに対する批判を明示したのである。貿易陶磁器やカムィヤキ、滑石製石鍋など外部から持ち込まれた製品の存在は出土地名表と数量的統計を作成することによって琉球列島内でのあり方を把握することが可能である。しかし、これが遺跡にもたらされるシステムや、各遺跡において具備していた意味についての検討を行なわなければ、中島が指摘するように「単に財獲得者が集団掌握者となり、琉球王国形成者として展開していく過程」を描くことに終始することになるのである。

四　琉球国成立への動きに関する理解論

十一世紀代までに喜界島城久遺跡群を中心とする奄美諸島北部に勢力圏を構築した日本からの移動集団は、十一世紀代から沖縄諸島および宮古・八重山諸島に南島産物を調達するための拠点を設けていった。前述したように、拠点には奄美諸島北部圏から移動した日本からの集団の系譜に連なる人々、その支配の下に拠点の運営のためにいずれかの地から移動させられた人々、拠点が置かれた島々で拠点の運営のために徴用された人々がいた。これらの拠点の人々は世代を重ねるに連れて、しだいに土着的要素を強めていったと考えられる。また、並行して沖縄諸島および宮古・八重山諸島では従前から居住していた狩猟・漁労・採集を生業とする人々の取り込みを進め、十三世紀に入るころにはそのほとんどを取り込んだと考えられる。このことは沖縄諸島において、グスク土器と併存していたくびれ平底土器が十三世紀にはほとんど姿を消すことからも首肯される。在地の人々の取り込みは南島産物の量的増加と安定的供給、さらには農耕による食糧生産の拡大とこれによる人口の増大を生じさせるとともに、沖縄諸島や宮古・八重山諸島へ移動した人々と従前から住んでいた人々の融合と階層化を進めたと考えられる。ただし、この場合、外部から移動した人々の中に存在した階層性を基本としたことが推測される。

なお、この間の沖縄諸島や宮古・八重山諸島には、奄美諸島北部に勢力圏を形成した集団を介した日本からの人々だけではなく、中国宋からの商人を含む人々の渡来もあったと考えられる。しかし、これらの人々の影響力はさほど大きくならず、日本とのかかわりを主とした南島産物の調達と交易システムが維持されていた可能性が高い。それは南島産物の調達がもともと日本からの働きかけによって始められ、交易システムもこのために構築されたものであったことによる。このことは十一〜十三世紀段階に琉球列島に流入する貿易陶磁器について、「九州本土と南西諸島を直接ないし中継して結ぶ交易船が往来する」ことによってもたらされたもので、「薩摩に相当量が見られるこの時期の貿易陶磁器が、押し出される力と南西諸島からの吸引力によって、南に下がり、奄美そして相対的に引力の強い沖縄諸島へともたらされたと考える」とした亀井明徳の所論によっても首肯される（亀井一九九三、二九・三〇頁）。

しかしながら、十三世紀後半段階以降、沖縄諸島の遺跡からは日本本土には見られない中国福建産粗製白磁の出土が見られる（森本朝子・田中克子二〇〇四）。筆者はこれを福建地域の海商の活動によるものとした（池田二〇〇六b、七四頁）が、このような活動が起こる背景には一二七九年に元によって南宋が滅ぼされたことが影響したと考えている。また、時間的には少し遡るが、一一八八年に源頼朝によって行なわれた「貴賀井島」征討の存在を示す文献記録の存在（前掲、永山二〇〇八）からは、これによって奄美諸島北部に形成されていた勢力圏に変化が起こったことが推測される。このことは喜界島城久遺跡群の盛期が十二世紀代までであることとも関連すると思われ、この影響で沖縄諸島や宮古・八重山諸島に形成されつつあった新たな社会組織と奄美諸島北部域に形成されていた勢力圏を結ぶ交易システムに、少なからず動揺が生じたと考えられる。そして、このような十二世紀末から十三世紀にかけての東アジア世界の変動の中で、奄美諸島から沖縄諸島、宮古・八重山諸島の島々では、日本との関係だけではなく、福建・広東省をはじめとする中国南部沿岸地域との関係を強める動きが生じた可能性がある。先述した十三世紀後半段階以降に見られる沖縄諸島出土の中国福建産粗製白磁の存在はこれを示すものであろう。

この動きは十四世紀に入ると加速し、日本における鎌倉幕府の滅亡とその後の南北朝騒乱を経て、事態はさらに大きく変化する。とくに、元末における中国での内乱状態が加わった十四世紀中ごろには、朝鮮半島沿岸部から中国山東半島にかけて前期倭冦が跳梁するとともに、中国浙江の舟山列島周辺にも対元反乱勢力が跋扈する状況となり、東シナ海西北岸を占める朝鮮半島から山東半島、中国浙江周辺の海域は安定的な通交が難しい状況となった。このため、朝鮮半島と日本、中国を結ぶ海上交易路は、比較的安定していた琉球列島を経由して福建へ通じるルートが重要視されるようになったことを橋本雄が指摘している。橋本は「これは琉球列島の〝文明化〟を招く過程であったといえるかもしれない」（橋本雄二〇〇五、一二五頁）と論じている。日本からの南島産物を調達するための対象地域であった琉球列島の島々は、倭冦の活動範囲から離れた東シナ海の東南側に連なるという地理的な位置から着目され、朝鮮半島と日本、中国を結ぶ新たな海上交通路としての活用がはじまるのである。

海上交通路の役割を担った琉球列島の島々には、従来からの関係を持つ日本だけでなく、中国や朝鮮半島の人々が出入りするとともに、情報や物質文化の流入も増大したと考えられる。その結果、従前は日本への南島産物の調達地であった琉球列島の島々は、中国や朝鮮半島を結ぶ交易地域へと変貌を遂げ、社会構造も対東アジア社会に向けて変化したと考えられる。この中から、中国における明朝の建国を契機として、明朝に冊封を受ける沖縄島の諸勢力が生じることとなる。明朝から冊封を受けた沖縄島の勢力は明朝との朝貢貿易の恩恵を受け、これによる利益を蓄積する過程で、しだいに明朝への依存度を高めるとともに、政治的経済的制度を取り入れながら、国家としての体裁を整えていく。この点において、長く日本との間の交易システムに大きな役割を果した奄美諸島北部の勢力の場合には、むしろ日本との関係の深さが沖縄島の勢力に見られるような新たな展開を妨げる要因になったのかもしれない。

沖縄島の勢力は、かつて奄美諸島北部勢力圏から移動し、拠点の形成を進めた日本からの集団の系譜に連なる人々、その支配の下で拠点の運営のためにいずれかの地から移動させられた人々、そして沖縄島に作られた拠点の運営のために沖縄島で徴用された人々を基本とし、これに中国福建、広東沿岸地域から移動した人々、さらにはこれらの人々によって新たに移動させられた人々などが加わり、多様な様相を示したと考えられる。これらの多様な人々によって、琉球国の形成が進められるのである。

まとめ

琉球国成立以前の琉球列島の歩みについて、考古学的知見をもとに考察を加えてきた。最後に本稿で明確にしたかったことを再確認しておきたい。

一つには、沖縄諸島や宮古・八重山諸島を対象地域として、日本史でいえば、古代末から中世前期について、土器を素材とした考古学的な社会的階層化のモデル化作業を試みた点である。このさい、沖縄諸島を中心とする地域での土器組成の変化を前提としたが、本論ではこれを外来土器が在地土器を淘汰する過程であり、社会的動態としては外来の人々が在地の人々を併呑していく過程と捉えた。また、外来土器を持ち込んだ人々にはすでに階層的な構造があり、この構造の下に在地の人々が再編されていくことを想定した。

二つには、十三世紀代までの琉球列島は日本からの南島産物の調達に応えるための交易システムを支える社会組織が機能した地域であった点である。しかし、十四世紀代における日本の鎌倉幕府の滅亡と南北朝の騒乱、さらには中国元末の社会的混乱を契機として、朝鮮半島や日本と中国福建地域を結ぶ海上交通路として琉球列島が注目される。そして、このことが沖縄島の諸勢力と中国南部地域との関係を深めさせる原因となり、明朝の建国とともに国家としての冊封を受ける政治組織が登場することを提示した。なお、この政治組織は明朝側の要求に応える形でにわかに歴史の舞台へ登場しており、内定発展によって国家組織を形成するまでに成長していた訳ではないと考える。

結論するならば、日本史でいう中世前期段階までの琉球列島は基本的に日本からの社会的文化的影響力の下にあった。しかし、十四世紀以降、東アジア地域の秩序崩壊の中で、沖縄島を中心として中国明朝との関係を持ついくつかの政治勢力が台頭し、中国明朝によってそれぞれに国家と認定された。この政治勢力は十五世紀前半段階での沖縄島内での淘汰を経て沖縄諸島における支配権を確立し、さらに十六世紀初頭までの間に奄美諸島や宮古・八重山諸島を支配下に治めるとともに、明朝の政治的経済的制度に倣った国家としての体裁を整えた。したがって、今日に繋がる琉球社会あるいは琉球文化の形成は、明朝による琉球国の外的認定が起点となると考えられる。

註

（1）　琉球列島の地理区分について、三分する考え方は国分直一（国分一九五九）らによって提示されている。また、二分する考え方は鳥居龍蔵（鳥居一九〇五）を嚆矢とし、安里嗣淳（安里二〇一一）らによって用いられている。鳥居龍蔵の論考については沖縄県教育委員会が一九九六年に編集・刊行した『沖縄県史料』前近代9（考古関係資料1）を参照した。

（2）　伊波の講演内容は一九一一年に刊行された著書である『古琉球』に採録されている。なお、『古琉球』について、本稿では外間守善校訂による岩波文庫版を参照した。

（3）　多和田の編年が発表された後、一九六九年に浦添市浦添貝塚の試掘調査が行なわれ、南九州縄文時代後期の土器である市来式土器が出土した。浦添貝塚で出土した在地土器は多和田編年による貝塚時代前期下半から中期初葉に位置付けられた（新田重清一九七〇）ことから、多和田編年と縄文土器編年との並行関係の一端が知れることとなった。その後、一九七四年に読谷村渡具知東原貝塚が発見され、一九七六年に行なわれた発掘調査で曽畑式土器、轟式土器、さらに爪形文土器が層位的重層関係の下に出土した。これにより、それまで沖縄諸島では最古と考えられていた縄文時代後期よりも先行し、縄文時代前期あるいは早期、草創期に遡る可能性を持つ土器の存在が明らかとなった（知念・高宮ほか一九七七）。

（4）　仲原の文献については、豊見山の論文（豊見山二〇〇三）を参照した。

（5）　グスク土器が新たに琉球列島外から持ち込まれた食器を模倣することによって成立したことを提起したのは金城亀信（金城亀一九九〇）である。また、金城匠子はグスク土器についてモデルとなった食器の器種を手掛かりとした分類を行ない、その変遷過程をたどっている（金城匠一九九九）。なお、筆者はくびれ平底土器とグスク土器はそれぞれにいくつかの細分型式を含むことから、縄文土器様式論（小林達雄一九九四ほか）に倣って、それぞれくびれ平底土器様式、グスク系土器様式と捉えることを提唱した（池田二〇〇四ａ）。

（6）高梨は一九九一年に奄美大島笠利町土盛マツノト遺跡において大量のヤコウガイ貝殻が出土した状況を目にした後、一九九七年から名瀬市小湊フワガネク遺跡の調査に従事した。その過程で、奄美諸島にはヤコウガイ大量出土遺跡と名付けた遺跡が存在することを指摘し、これが古代日本との間のヤコウガイ交易を裏付ける遺跡であることを論証した。また、これを実証するためには当該時期の奄美諸島における土器編年の必要性を実感し、兼久式土器を含む土器編年研究を進めた。さらに、喜界島城久遺跡群の調査の進行を踏まえながら、日本史でいう古代後半の段階から喜界島・奄美大島北部に政治的勢力が形成されはじめ、これが琉球列島の歴史的文化的展開に大きな影響を与えた可能性を指摘している（高梨一九九九・二〇〇三・二〇〇四・二〇〇五ａ・二〇〇五ｂ・二〇〇六・二〇〇七・二〇〇九ほか）。

（7）沖縄諸島のくびれ平底土器様式は奄美諸島の兼久式土器の影響によって成立した可能性が高いことについては、一九九九年に行なわれた名瀬市立奄美博物館でのシンポジウムのさいに指摘（池田一九九九）した。

（8）兼久式土器については、その後木下尚子（木下二〇〇六）による編年案が発表された。しかし、用いた資料が同じであるにもかかわらず、資料操作の方法と出土した遺跡の年代的位置付けが高梨と大きく異なっている。これについては、高梨による批判論文（高梨二〇〇八）があり、筆者も高梨の考え方に賛同するところから、本稿でも高梨の編年を採用する。

（9）筆者の考え方に対して、宮城弘樹・具志堅亮は北谷町後兼久原遺跡の調査事例を踏まえ、「貝塚時代以来の伝統的な器形であるくびれ平底の甕形土器の漸次的出土状況は、後兼久原遺跡の調査成果を照らし合わせると肯定的とは言い難い」（宮城・具志堅二〇〇七、四頁）と述べている。

（10）奄美諸島から沖縄諸島までの農耕について、盛本勲（盛本二〇〇八、二七四頁）は「限られた資料からする限り、沖縄本島中・南部は雑穀農耕で、本島北部・奄美諸島は稲作農耕という二つのシステムが琉球列島にはあったのであろう」と述べている。これを参考にすれば、農耕の対象となる作物は生産環境に応じた選択が行なわれており、このような生産環境と作物の選択、さらには栽培システムの確立にもかなりの時間を要したことが推測される。

（11）筆者は奄美市フワガネク遺跡群の調査報告書において、滑石製石鍋片が多く出土したことを受け、これらが滑石混入滑石製石鍋模倣土器および滑石混入土器のために用意され、ここで滑石製石鍋模倣土器や滑石混入土器が製作された可能性を指摘した（池田二〇〇三）。その後、喜界島城久遺跡群の発掘調査で大量の滑石製石鍋片が出土し、ここでも同様の可能性が考慮されている（喜界町教育委員会二〇〇六・二〇〇八・二〇〇九・二〇一一）。また、カムィヤキについては南島産物を調達するさいの交換物であった可能性が指摘されてきたが、近年、高梨は城久遺跡群に供給する目的で生産された可能性を述べている（前出、高梨二〇〇九、一一四頁）。そして、これらのことを含め、「十一世紀代の直前段階には、すでに喜界島に倭人の拠点的遺跡（防御性集落）が出現していたと考えられるのであり、喜界島・奄美大島北部に形成されはじめた政治勢力圏が当該地域の経済的権益を掌握していた可能性はきわめて高い」（高梨二〇〇五、一〇九頁）と考えている。

（12）　前川要は十二世紀代以降の沖縄諸島で見られる掘立柱建物である主屋・副屋・倉庫と屋敷墓の組み合わせをもつ集落遺跡について、「畿内型中世集落」と呼び、畿内あるいはヤマト列島西部からの在地領主の渡来の可能性を提起した。その上で、「畿内型中世集落」成立は南方の物産を入手するために、権門体制下で、畿内から博多を経由して派遣された名主クラスの在地領主の動向、消滅はグスクへ継続する柵囲みの集落の成立と連動する可能性に言及している（前川二〇〇三）。

参考文献

安里嗣淳　二〇一一　『先史時代の沖縄』（南島文化叢書25）第一書房
安里進　一九八七　「琉球—沖縄の考古学的時代区分をめぐる諸問題（上）」『考古学研究』第三四巻第三号（通巻一三五号）考古学研究会
安里進　一九八八　「琉球—沖縄の考古学的時代区分をめぐる諸問題（下）」『考古学研究』第三四巻第四号（通巻一三六号）考古学研究会
安里進　一九九一　「沖縄の広底土器・亀焼系土器の編年について」『肥後考古』第八号（三島格会長古稀記念　交流の考古学）
安里進　一九九六　「大型グスク出現前夜＝石鍋流通期の琉球列島」『新しい琉球史像』（安良城盛昭先生追悼論集）榕樹社
安里進　二〇〇四　「大型グスクの時代」『県史』47（沖縄県の歴史）山川出版社
池田榮史　一九九五　「南島と古代の日本」『古代王権と交流』8（西海と南島の生活・文化）名著出版
池田榮史　一九九九　「沖縄貝塚時代後期土器の編年とその年代的位置付け—奄美兼久式土器との関わりをめぐって—」『サンゴ

礁の島嶼地域と古代国家の交流』(奄美博物館シンポジウム資料集)
池田榮史　二〇〇三「穿孔を有する滑石製石鍋破片について」『名瀬市文化財叢書』4(奄美大島名瀬市小湊フワガネク遺跡群遺跡範囲確認発掘調査報告書)
池田榮史　二〇〇四a「グスク時代開始期の土器編年をめぐって」『琉球大学考古学研究集録』第五号
池田榮史　二〇〇四b「類須恵器と貝塚時代後期」『考古資料大観』第一二巻(貝塚後期文化)、小学館
池田榮史　二〇〇六a「琉球王国成立以前―奄美諸島の位置付けをめぐって―」『前近代の東アジア海域における唐物と南蛮物の交易とその意義』(平成十四年度〜平成十七年度科学研究費補助金基盤研究(A)(2)研究成果報告書　研究代表者　小野正敏　国立歴史民俗博物館研究部教授)
池田榮史　二〇〇六b「琉球における中世貿易陶磁の様相」『九州史学』第一四四号
伊波普猷　二〇〇〇『古琉球』(外間守善校訂)(岩波文庫版)
沖縄県教育委員会　一九九六『沖縄県史料』前近代9(考古関係資料1)
亀井明徳　一九九三「南西諸島における貿易陶磁器の流通経路」『上智アジア学』第一一号
喜界町教育委員会　二〇〇六「―喜界島通信所整備事業に伴う埋蔵文化財調査報告書―城久遺跡群　山田中西遺跡Ⅰ」『喜界町埋蔵文化財調査報告書』(8)
喜界町教育委員会　二〇〇八「―畑地帯総合整備(担い手育成型)事業城久地区に伴う埋蔵文化財調査報告書―城久遺跡群　山田中西遺跡Ⅱ」『喜界町埋蔵文化財調査報告書』(9)
喜界町教育委員会　二〇〇九「―畑地帯総合整備(担い手育成型)事業城久地区に伴う埋蔵文化財調査報告書―城久遺跡群　山田半田遺跡(山田半田A遺跡・山田半田B遺跡)」『喜界町埋蔵文化財調査報告書』(10)
喜界町教育委員会　二〇一一「―畑地帯総合整備(担い手育成型)事業城久地区に伴う埋蔵文化財調査報告書―城久遺跡群　前畑遺跡・小ハネ遺跡」『喜界町埋蔵文化財調査報告書』(11)
木下尚子　二〇〇六「マツノト遺跡第Ⅰ文化層、用見崎遺跡3層、安良川遺跡の先後関係―ヤコウガイデータ分析のための基礎作業として―」『先史琉球の生業と交易2―奄美・沖縄の発掘調査から―』(平成十四年度〜平成十七年度科学研究費補助金基盤研究(A)(2)研究成果報告書)

金城亀信　一九九〇「グスク土器の出現」『考古学ジャーナル』第三二〇号、ニューサイエンス社
金城匠子　一九九九「グスク（系）土器の研究」『琉球大学考古学研究集録』創刊号
国分直一　一九五九「史前時代の沖縄」『日本の民族・文化―日本の人類学的研究―』講談社
高梨修　一九九九「奄美大島名瀬市小湊・フワガネク（外金久）遺跡―学校法人日章学園「奄美看護福祉専門学校」拡張事業に伴う緊急発掘調査概報―」『名瀬市文化財叢書』2
高梨修　二〇〇三「奄美大島名瀬市小湊フワガネク遺跡群遺跡範囲確認発掘調査報告書」『名瀬市文化財叢書』4
高梨修　二〇〇四「奄美諸島の土器」『考古資料大観』第一二巻（貝塚後期文化）小学館
高梨修　二〇〇五ａ「奄美大島名瀬市小湊フワガネク遺跡群Ⅰ―学校法人日章学園「奄美看護福祉専門学校」拡張事業に伴う緊急発掘調査報告書―」『名瀬市文化財叢書』7
高梨修　二〇〇五ｂ『ヤコウガイの考古学』（ものが語る歴史10）同成社
高梨修　二〇〇六「古代～中世におけるヤコウガイの流通」『鎌倉時代の考古学』高志書院
高梨修　二〇〇七「奄美大島奄美市小湊フワガネク遺跡群Ⅰ―学校法人日章学園「奄美看護福祉専門学校」拡張事業に伴う緊急発掘調査報告書―」『奄美市文化財調査報告書』1
高梨修　二〇〇八「古代並行期における奄美諸島の在地土器編年」『古代中世の境界領域―キカイガシマの世界』高志書院
高梨修　二〇〇九「土器動態から考える「日本文化の南漸」」『沖縄文化はどこから来たか』森話社
高宮廣衞　一九六六「沖縄」『日本の考古学』Ⅳ（古墳時代　上）河出書房新社
高良倉吉　一九八〇『琉球の時代―大いなる歴史像を求めて―』（ちくまぶっくす28）筑摩書房
多和田真淳　一九五六「琉球列島の貝塚分布と編年の概念」『琉球政府文化財要覧』一九五六年度版
知念勇・高宮廣衞ほか　一九七七「渡具知東原―第1～2次発掘調査報告―」『読谷村文化財調査報告書』第三集
友寄英一郎・嵩元政秀　一九六九「フェンサ城貝塚調査概報」『琉球大学法文学部紀要　社会篇』第一三号
鳥居龍蔵　一九〇五「八重山の石器時代の住民に就て」『太陽』第一一巻第五号
豊見山和行　二〇〇三「琉球・沖縄史の世界」『日本の時代史』18（琉球・沖縄史の世界）吉川弘文館
仲原善忠　一九五二・五三『琉球の歴史』上・下

中島恒次郎　二〇〇八「大宰府と南島社会—グスク社会形成起点—」『古代中世の境界領域—キカイガシマの世界』高志書院
永山修一　二〇〇七「文献からみるキカイガシマと城久遺跡群」『東アジアの古代文化』第一三〇号、大和書房
永山修一　二〇〇八「文献からみたキカイガシマ」『古代中世の境界領域—キカイガシマの世界』高志書院
新田重清　一九七〇「浦添貝塚調査概報」『南島考古』第二号、沖縄考古学会
藤尾慎一郎　二〇〇九「総論　弥生文化の輪郭—時間・地域・年代論—」『弥生時代の考古学』1（弥生文化の輪郭）同成社
前川要　二〇〇三「南西諸島における畿内型中世集落成立の歴史的意義」『南島考古』第二二号、沖縄考古学会
宮城弘樹・具志堅亮　二〇〇七「中世並行期における南西諸島の在地土器の様相」『廣友会誌』第三号
森本朝子・田中克子「沖縄出土の貿易陶磁の問題点—中国粗製白磁とベトナム初期貿易陶磁—」『グスク文化を考える』沖縄県
　今帰仁村教育委員会
盛本勲　二〇〇八「グスク時代の幕明け—文物と農耕をめぐって—」『日琉交易の黎明』森話社

天平十五年の隼人の朝貢をめぐって

永山修一

はじめに

『日本書紀』天武十一年七月甲午（三日）条の、

　隼人多来貢㆓方物㆒。是日、大隅隼人与㆓阿多隼人㆒相㆓撲於朝廷㆒。大隅隼人勝之。

の記事は、隼人の朝貢開始を伝えている。隼人の呼称自体も、天武朝に始まったとされるから、[1]これは、実態を伴う隼人の記事としては最初のものと考えられる。また、『日本後紀』延暦二十四年正月乙酉（十五日）条の、

　永停㆓大替隼人風俗歌舞㆒。

の記事は、隼人の朝貢終了を伝える記事とされており、これ以降、南九州に居住する人々を隼人と呼称することはなくなる。[2]

一方、大同三年（八〇八）正月、衛門府管下にあった隼人司は廃止され、同年八月兵部省管下に再置されることになったが、朝貢終了時に帰郷を認められず畿内に抑留された隼人たちを今来隼人として、かつて朝貢隼人たちが滞京

中に参加していた諸々の儀礼に参加させることになった。(3)

さて『日本書紀』『続日本紀』『日本後紀』から、隼人の朝貢は一六回行われたとされているが、(4)このうち天平十五年（七四三）の朝貢は行われなかったとする見解がある。

早川庄八は、「天平七年の六年後は天平十三年であるが、天平十二年におこった藤原広嗣の乱のため朝貢も交替も中断したらしく、それらが行われた記事は残されていない。これが復活するのは天平勝宝元年」としており、(5)また松本政春は、天平十五年の隼人の朝貢記事とされるものは、賜饗・叙位記事であり、隼人の朝貢や交替に伴うものであったか不明とし、隼人への危惧や、朝貢と交替業務に深く関わっていた大宰府が廃止されていることもあって、藤原広嗣の乱のため一回分の朝貢・交替が取り止めになり、次の朝貢は天平勝宝元年になるとした。(6)こうした問題については、拙著で若干触れた部分があるが、(7)本稿では、改めてこうした見解の当否について検討するとともに、記録されていない朝貢の存在も想定できると考えるので、これについても愚考を述べ、隼人の朝貢について概観してみたいと思う。

一　朝貢記事の全般的検討

各回の朝貢がどのように行われたのか、入朝・貢調・賜饗・相撲・風俗歌舞の奏上・賜禄・叙位・帰郷の日付および儀式の場をまとめたものが、表（三〇八～三〇九頁）である。これを見ると、八世紀以降、賜饗・叙位が同日の例（F・N）、風俗歌舞と叙位が同日の例（E・F・L・N）、叙位が風俗歌舞の翌日の例（G・H・J）、翌々日の例（M）があり、一連の行事は比較的短期間に行われていたことがわかる。また、風俗歌舞の奏上に関して、天皇が大極殿閤門・南門に御す例が知られることから、奏上は朝堂院で行われるのが基本であったと考えられる（E・G・H・L・M・N）。

問題の天平十五年の記事（後掲）によれば、風俗歌舞の奏上記事がなく、賜饗・叙位は石原宮で行われているため、確かにこの年の朝貢の存在を疑う事情はある。

A～Pの朝貢年とその間隔を図示すると次のようになる。

朝貢	間隔
A（682）	
	7
B（689）	
	6
C（695）	
	14
X	
D（709）	
	8
E（717）	
	6
F（723）	
	6
G（729）	
	6
H（735）	H～J 14
	8
I（743）	
	6
J（749）	
	15
Y	
K（764）	
	5
L（769）	
	7
M（776）	
	7
N（783）	
	10
O（793）	
	12
Z	
P（805）	

多くは、五～八年となるが、ⅰC（持統九年）～D（和銅二年）の間が一四年、ⅱJ（天平勝宝元年）～K（天平宝字八年）の間が一五年、ⅲN（延暦二年）～O（延暦十二年）の間が一〇年、ⅳO（延暦十二年）～P（延暦二十四年）の間が一二年、そして松本らが言うように天平十五年に朝貢が行われなかったとしたら、ⅴH（天平七年）～J（天平宝字元年）の間が一四年となる。また、六年相替の原則からすると、ⅵK（天平宝字八年）～L（神護景雲三年）が五年となって短い。以下、まずこうした点に関する検討から始めていく。

ⅰ　C～Dの一四年

ここで問題にしたいのは、E養老元年の朝貢に関する記事である。『続日本紀』霊亀二年（七一六）五月辛卯（十六

日）条には、

大宰府言。（中略）又薩摩大隅二国貢隼人、已経二八歳一。道路遥隔、去来不レ便。或父母老疾、或妻子単貧。請下限二六年一相替上。並許レ之。

とあって、「已経二八歳一」ことが問題にされている。「道路遥隔、去来不レ便。或父母老疾、或妻子単貧」により、六年相替の原則を立てて欲しいという隼人側の要求を容れることになったが、この隼人側の要求の背景には、今までの朝貢が最長でも八年以内の間隔で行われてきたという実態を背景にしていると考えることができる。そのように考えなければ、この要求は説得性に欠けるものになる。とすれば、C〜Dの間には、記録されていない朝貢が一回あったとしなければならない。仮にその朝貢をXとすると、朝貢Xは、大宝二年（七〇二）の対隼人戦争に重なる時期に行われたと考えられる。

大宝二年の対隼人戦争の原因については、大宝二年三月に大宰府に郡司詮擬権が与えられ、これに基づく郡司候補者への大宰府出頭命令等を拒否したことが「隔レ化逆レ命」とされ、最終的に「校レ戸置レ吏」ことになったことから、戸籍作成や国郡制の施行を狙う政府に対する抵抗であったと考えられる[8]。後述するように和銅六年（七一三）や養老四年（七二〇）の対隼人戦争に際しては、政府側に付いた隼人が少なからずいることから、大宝二年時、隼人が一致して政府に抵抗したとは考えられず、一部には朝貢を行った隼人もいた可能性は否定できない。

ii　J〜Kの一五年

I天平十五年（七四三）の朝貢がないとすれば、H〜Jは一四年間隔となり、J〜Kの一五年間隔も可能性としてはありうる。これについては、H〜Jの検討の後に改めて取り上げることにする。

賜禄	叙位	帰郷	備　　考
○7.27			
			筑紫大宰の献上
	(○)		翌年1.16叙位
○4.25	○4.25		
○5.20	○5.20	○6.7	
○6.25	○6.25		
○7.22	○7.22		
○8.9	○8.9		方楽を奏す
	○7.3		
	○8.22		土風歌舞の奏上
	○1.18		1.18に相替
○11.26	○11.26		俗伎を奏す
	○2.10		俗伎を奏す
○1.28	○1.28		其儀は常の如し
	○2.10		
		(○)	

iii　N〜Oの一〇年

『類聚国史』巻一九〇 隼人 延暦十一年（七九二）八月壬寅（二十日）条には、

制。頃年隼人之調、或輸或不レ輸。於二政事一、甚渉二不平一。自今以後、宜レ令二偏輸一。

とあって、隼人之調を輸納することが命じられている。そして、同延暦十二年二月己未（十日）条には、

大隅国曽於郡大領外正六位上曽乃君牛養、授二外従五位外一。以下率二隼人一入朝上也。

とあって、大隅隼人が朝貢を行ったことを伝えている。N延暦二年（七八三）の朝貢とO延暦十二年（七九三）の朝貢が一〇年の間隔を持った理由としては、本来の朝貢が行われるはずであった延暦八年（七八九）前後の時期に、大隅

表　各年次の朝貢の内容

	入朝	貢調	賜饗	相撲	風俗歌舞	奏上の場所
A 天武11年(682)	○7．3	○7．3	○7．27	○7．3		飛鳥寺の西
B 持統３年(689)	(○)	(○)				
C 持統９年(695)			○5．12	○5．21		飛鳥寺西槻下
X						
D 和銅２年(709)	○10．26					
E 養老元年(717)					○4．25	西朝
F 養老７年(723)	○5．17		○5．20		○5．20	
G 天平元年(729) 薩摩		○6．21			○6．24	朝堂院
大隅		○7．20				
H 天平７年(735)	○7．26	○			○8．8	朝堂院
I 天平15年(743)			○7．3			(石原宮)
J 天平勝宝元年(749)		○8．21			○8．21	
Y						
K 天平宝字８年(764)	(○)					
L 神護景雲３年(769)					○11．26	朝堂院
M 宝亀７年(776)					○2．8	朝堂院
N 延暦２年(783)			○1．28		(○)	朝堂院(賜饗)
O 延暦12年(793)	(○)					
Z						
P 延暦24年(805)					(○)	

(○)は存在が推定されるもの。

国曽於郡曽乃峯の噴火（延暦七年七月己酉条）、八万八〇〇〇人余りに賑恤を行った大宰府管内での飢饉（延暦九年八月乙未条）、賑給を行った豊後・日向・大隅での飢饉（延暦十年五月辛未条）などのように、自然災害や飢饉により、南九州に居住する隼人たちの生活が圧迫され、なかなか朝貢を行うことのできるような状況ではなかったことをあげることができる。(9)

しかし、天平七年に天然痘が流行する中でも隼人の朝貢が実施されていたことからわかるように（『続日本紀』天平七年七月己卯条）、朝貢は隼人側の事情で中止できるものではなかった。よって、天災や飢饉が原因とは言え、政府は隼人の朝貢が行われていないことを問題にして朝貢の実施を求め、隼人たちはそれに応える形で朝貢を行ったのである。

iv　O〜Pの一二年

O延暦十二年（七九三）からP延暦二十四年の間、朝貢の実施を伝える記事は見あたらない。ただし、この時期を載せる『日本後紀』は、一部散逸しており、朝貢が実施されなかったと即断することはできない。一方で、iiiでは、その前の回の朝貢から一〇年目にして朝貢を促す政府の命令が出されたが、このような命令が出された形跡もない。

P延暦二十四年の朝貢が、O延暦十二年（七九三）の朝貢からちょうど一二年後で、六年相替の原則からいうと二巡目の年に当たっていること、延暦十九年の薩摩・大隅両国における班田制の導入を受けて、翌延暦二十年に大宰府に対して朝貢停止指令が出されていることからすると、延暦十九年の直前の延暦十八年頃に朝貢が行われた可能性が高いと考える。

なお、Pについては、「はじめに」で述べたように、『日本後紀』延暦二十四年正月乙酉（十五日）条に、永停二大替隼人風俗歌舞一。

とあって、滞京していた隼人が帰郷し、四年前の大宰府に対する朝貢停止指令によって、南九州から上京してくる隼人はいなかったから、ここに隼人の朝貢は最終的に終了したと言える。ただし、延暦二十四年の帰郷に際し、一部の隼人は抑留されたようで、これが「今来隼人」として、都での種々の儀礼等に参加し続けていくことになる(10)。

vi　K～Lの五年

朝貢の間隔で見ると、K天平宝字八年（七六四）の朝貢とL神護景雲三年（七六九）の朝貢の間が五年となり、最も短い。この朝貢は、政治史的に見ても重要な意味を持っていると考えられる。

『続日本紀』神護景雲三年十一月庚寅（二十六日）条には、

天皇臨軒。大隅薩摩隼人奏二俗伎一。外従五位下薩摩公鷹白・加志公嶋麻呂並授二外従五位上一。正六位上**甑隼人麻比古**・外正六位上薩摩公久奈都・曽公足麻呂・大住直倭・上正六位上**大住忌寸三行**、並外従五位下。自余隼人等、賜レ物有レ差。

とある。傍線部は薩摩隼人、波線部は大隅隼人である。太字の二人は、内位を持っているから、畿内隼人である。また、上正六位上という位階は、『続日本紀』神護景雲元年（七六七）九月己未（十二日）条の、

隼人司隼人百十六人、不レ論二有位无位一賜二爵一級一。其正六位上者、叙二上正六位上一。

という記載によって、隼人司の隼人に与えられたものであり、さらに『続日本紀』宝亀六年（七七五）四月庚午条に「外従五位下大隅忌寸三行為二隼人正一」とあるように、大隅忌寸三行は隼人正になっているから、この太字の二人は、隼人司の官人であったとすることができる。神護景雲三年（七六九）の朝貢は、隼人司の関与が初めて史料上確認で

きるものであった。

朝貢への隼人司の関与が史料上初めて確認できる背景には、隼人司を統括する衛門府の長官が道鏡の弟弓削浄人であり、宇佐八幡宮神託事件以後、由義宮を西宮にするなど「称徳天皇のまきかえし」の中で、(11)この隼人の俗伎奏には、潜在的軍事力であった隼人を自らの権力を支える暴力装置として顕在化させることによって、自らの権威を再構築するというねらいがあったのではないかと考える。(12)すなわち、K〜Lの間が、六年相替の原則から見て短いのは、こうした特殊な政治情勢の然らしむるものであったとすることができる。

二　天平十五年の朝貢の存否について

天平十五年に朝貢の存否についての検討に入る。井上辰雄・中村明蔵・岡田隆雄らは天平十五年の朝貢は行われたとし、(13)一方、「はじめに」で述べたように早川庄八・松本政春は朝貢はなかったとしている。

1　藤原広嗣の乱と隼人

天平十五年の朝貢を否定する説では、藤原広嗣の乱後の混乱をその根拠としている。そこでまず、広嗣の乱への隼人の関与のあり方について見てみる。藤原広嗣の乱に参加した隼人については、『続日本紀』天平十二年（七四〇）九月戊子（四日）条に、

召㆓隼人廿四人於御在所㆒。右大臣橘宿禰諸兄宣㆑勅授㆑位各有㆑差。幷賜㆓当色服㆒発遣。

とあり、また『続日本紀』同年九月戊申（二十四日）条には、

大将軍東人等言、殺二獲賊徒豊前国京都郡鎮長大宰史生従八位上小長谷常人・企救郡板櫃鎮小長凡河内田道一。但大長三田塩籠者、着二箭二隻一逃二竄野裏一、生二虜登美・板櫃・京都三処営兵一千七百六十七人・器仗十七事一。仍差二長門国豊浦郡少領外正八位上額田部広麻呂一、将二精兵卌人一、以二今月廿一日一発渡。又差二勅使従五位上佐伯宿禰常人・従五位下安倍朝臣虫麻呂等一、将二隼人廿四人幷軍士四千人一、以二今月廿二日一発渡。令レ鎮二板櫃営一。東人等将二後到兵一。尋応二発渡一。又間諜申云、広嗣於二遠珂郡家一、造二軍営一儲二兵弩一。而挙二烽火一徴二発国内兵一矣。

とあって、政府側の動員した隼人が二四人であったことが確認できる。一方、『続日本紀』同年十月壬戌（九日）条には、

大将軍東人等言、逆賊藤原広嗣率二衆一万許騎一、到二板櫃河一。広嗣親自率二隼人軍一為二前鋒一。即編レ木為レ船、将レ渡レ河。于レ時佐伯宿禰常人・安倍朝臣虫麻呂、発レ弩射レ之。広嗣衆却到二於河西一。常人等率二軍士六千余人一陳二于河東一。即令二隼人等呼一云、随二逆人広嗣一拒二捍官軍一者、非三直滅二其身一、罪及二妻子親族一者。則広嗣所レ率隼人幷兵等、不二敢発一レ箭。于レ時常人等呼二広嗣一十度、而猶不レ答。良久広嗣乗レ馬出来云、承二勅使到来一。其勅使者為レ誰。常人等答云、勅使衛門督佐伯大夫・式部少輔安倍大夫、今在二此間一者。広嗣云、而今知二勅使一。即下レ馬、両段再拝申云、広嗣不三敢捍二朝命一。但請二朝廷乱人二人一耳。広嗣敢捍二朝廷一者、天神地祇罰殺。常人等云、為レ賜二勅符一喚二大宰典已上一。何故発レ兵押来。広嗣不レ能二弁答一。乗レ馬却還。時隼人三人直従二河中一泳来降服。則朝廷所レ遣隼人等、扶救遂得二着岸一。仍降服隼人二十人、広嗣之衆十許騎来二帰官軍一。獲虜器械如レ別。又降服隼人贈唹君多理志佐申云、逆賊広嗣謀云、従二三道一往。即広嗣自率二大隅・薩摩・筑前・豊後等国軍合五千人許一。従二鞍手道一往。綱手率二筑後・肥前等国軍合五千人許人一、従二豊後国一往。多胡古麻呂不レ知二所レ率軍数一。従二田河道一往。但広嗣之衆到二来鎮所一、綱手・多胡古麻呂未レ到。

とあって、広嗣の率いた隼人が二〇人であったことがわかるが、この二〇人は朝貢のために大宰府にやって来た隼人の一部を動員したものと考えられ、政府軍側が動員した隼人二四人は、移配隼人あるいは滞京中の朝貢隼人の一部を動員したものであろう。双方ともに、隼人の直接的武力ではなく、いわば呪的武力に期待しているといえる。(14)

さて、政府側に降伏した隼人の中に贈唹君多理志佐が含まれていることから、広嗣が大隅隼人を動員していたことは確実である。天平元年の朝貢では、薩摩・大隅隼人の朝貢に一ヵ月ほどの差があるので、広嗣が動員したのが、大隅隼人だけであったのか、大隅・薩摩両国隼人が動員され、大隅隼人だけが史料上記録されているのかは、不明とせざるを得ない。

2　曽乃君多理志佐の上京と藤原広嗣の乱の論功行賞

『続日本紀』によれば、天平十二年（七四〇）十月に広嗣が捕らえられ、十一月一日に広嗣らは肥前国松浦郡で切られた。そして、翌年正月二十三日には、広嗣の与党に対する処分が発表され、死罪二六人・没官五人・流罪四七人・徒罪三二人・杖罪一七七人を数えることになった。

『続日本紀』天平十三年（七四一）閏三月乙卯（五日）条には、次のようにある。

天皇臨朝。授従四位上大野朝臣東人従三位。従五位上大井王正五位下。従四位下巨勢朝臣奈弖麻呂従四位上。正五位上藤原朝臣仲麻呂・従五位上紀朝臣飯麻呂並従四位下。正五位下佐伯宿禰常人正五位上。従五位下大伴宿禰兄麻呂・従五位上阿倍朝臣虫麻呂並正五位下。正六位上多治比真人犢養・阿倍朝臣子島並従五位下。正六位上馬史比奈麻呂・外正六位上曽乃君多理志佐・従七位上楉田勝麻呂・外正八位上額田部直広麻呂並外従五位下。

大野東人は大将軍、大井王は伊勢神宮奉幣使、紀飯麻呂は副将軍、佐伯常人・阿倍虫麻呂は勅使、大伴兄麻呂・多治

比犢養・阿倍子島・馬比奈麻呂は軍監であった可能性が高く、曽乃多理志佐は降伏隼人、楉田勝麻呂は豊前国京都郡大領、額田部広麻呂は長門国豊浦郡少領であり、いずれも広嗣の乱鎮圧に大きな役割を果たした者たちであって、このとき広嗣征討軍の中心メンバーに対する論功行賞が行われたとすることができる。そして、この中に曽乃君多理志佐が含まれていることは、曽乃君多理志佐が征討軍の帰還とともに上京したことを示していると考えられ、また多理志佐昇叙以前の外正六位上の位階は朝貢を引率する郡領にふさわしい位階であるから、曽乃君多理志佐は、朝貢隼人を引率して上京してきた可能性があるのではないかと考える。

3　薩摩隼人の上京

『続日本紀』天平十五年七月庚子（三日）条には、

天皇御㆓石原宮㆒。賜㆓饗於隼人等㆒。授㆓正五位上佐伯宿禰清麻呂従四位下㆒。外従五位下葛井連広成従五位下。外従五位下曽乃君多利志佐外正五位上。外正六位上前君乎佐外従五位下。外従五位上佐須岐君夜麻等久久売外正五位下。

という記事があり、曽乃君多利志佐・前君乎佐・佐須岐君夜麻等久久売という三人の隼人が昇叙された。佐須岐君夜麻等久久売は、天平元年の朝貢に際しても昇叙されたことのある大隅隼人である（『続日本紀』天平元年七月辛亥〈二十二日〉条）。

前君乎佐は、薩摩国薩摩郡の郡領であった。「天平八年薩麻国正税帳」には、薩摩郡の郡司の位署の部分に「少領外正七位下勲八等前君乎佐」と見え、聖武天皇即位に伴う神亀元年（七二四）二月の一斉叙勲以前に勲九等であったはずであり、彼がこの段階までに勲九等を得る機会は、養老四年の隼人と政府との衝突であって、これは、政府側に付いたことに対する褒賞の可能性が高い。前君乎佐は、「天平八年薩麻国正税帳」に署名しているから、天平八年（七三六）の段階では在国していたはずであり、天平十五年（七四三）の石原宮における叙位までに、上京したと考えられる。

以上によって、薩摩隼人・大隅隼人の朝貢に重要な役割を果たすべき郡領クラスの隼人が、天平十五年までに上京していたことが明らかになった。その規模は不明であるものの、朝貢隼人たちが南九州から上京していた可能性は高いということができる。六年相替の原則からいって、隼人の朝貢は天平十三年に行われることになっていたから、前君乎佐らの上京も、こうした予定に合わせたものとすることができるのではないだろうか。

4　恭仁京・紫香楽宮への遷都

広嗣の乱終結から天平十五年の隼人の叙位までの流れについて、簡単に見ておきたい。『続日本紀』によれば、天平十二年（七四〇）十二月十五日に、聖武天皇は恭仁宮に行幸し、都造りに着手させた。翌天平十三年の正月元旦、天皇は天皇は恭仁宮で朝を受けたが、宮垣は未完成であり帷帳をもって囲繞させた。恭仁京の造営は進み、十三年七月には太上天皇が新宮に移り、八月には平城京の東西市を恭仁京に移し、九月には新京に百姓の宅地を班給した。しかし、天平十四年正月元日の百官朝賀は、大極殿が未完成のため、権に四阿殿を造って行い、二月の新羅使一八七人来朝に際しては、「新京草創宮室未ㇾ成」という理由で、新羅使を大宰府で饗することが命じられた(15)。

すでに見ておいたように、隼人の風俗歌舞の奏上は、大極殿院あるいは朝堂院で実施されていたから、広嗣の乱鎮定後、隼人たちが朝貢のために上京してきていても、朝貢儀礼を行う条件は整っていなかったと考えられる。

同年八月五日に、大宮垣を築いた褒賞として秦下嶋麻呂に従四位下と太秦公の姓が与えられているので、このころまでに恭仁宮は完成に近づいたと考えられるが、八月十一日に、聖武天皇は近江国甲賀郡紫香楽村への行幸を行い、以後たびたび紫香楽宮への行幸が行われていった。この間、九月十二日には、大風雨で宮中屋墻などが壊れた。聖武天皇は、天平十五年の正月元日を紫香楽宮で過ごし、三日に恭仁京の大極殿で百官の朝賀を受けた。

　このようにして、隼人の朝貢儀礼を行う機会が巡ってこないまま、天平十五年に入った。これは、前回の朝貢からすると八年目に入ったことになる。霊亀二年（七一六）に六年相替の原則が導入されるに当たっては、「薩摩大隅二国貢隼人、已経二八歳一」たことが大きな理由とされていた。天平七年に入朝した隼人の滞京は限界に近づいていたと考えてよい。

　こうした状況の中に、天平十五年に行われた三人の隼人への叙位を位置付けて考える必要がある。石原宮で、隼人の朝貢儀礼が行われたか否かについては、確たる証拠はない。しかし、この宮については、『続日本紀』天平十五年（七四三）正月壬子（十二日）条に「御二石原宮楼一。在二城東北一。賜二饗於百官及有位人等一。（下略）」とあって、楼があり、百官および有位人らに饗を賜うだけの規模を備えていたことがわかる。

　一方、このとき同時に昇叙された佐伯清麻呂は山背守であり、行幸に従ったことへの褒賞である可能性も否定できない。[16] 周知のように『延喜式』兵部省隼人司には、

　凡遠従駕行者、官人二人・史生二人、率二大衣二人・番上隼人四人・及今来隼人十人一供奉。番上已上並帯二横刀一騎馬。但大衣已下著二木綿鬘一。今来着二緋肩巾・木綿鬘・帯横刀一、執レ槍歩行。其駕経二国界及山川道路之曲一、今来隼人為レ吠。

とあって、隼人は行幸に供奉することになっていた。しかし、いずれにしても、隼人の奉仕を受けてその首長に位を与えているのであるから、入朝から帰郷までの一連の流れの中で、叙位に相当するものとしての位置付けを与えられ

た措置であったとすることはできよう。

おわりに

曽乃君多利志佐は、天平十二年（七四〇）の藤原広嗣の乱終息後間もなく上京し、薩摩郡少領前君乎佐も、天平十五年（七四三）までには上京していた。これからすると、広嗣の乱後の混乱で、隼人の朝貢が一回飛ばされたと考える必要はなく、恭仁宮や紫香楽宮の整備状況等で六年相替制の通りにはいかなかったものの、天平十五年に隼人の相替が行われたと考える。また、風俗歌舞の奏上が行われたか否かは、確証がないものの、表よりすれば、可能性は大きいと考える。

このように考えると、J天平勝宝元年（七四九）の朝貢〜K天平宝字八年（七六四）の朝貢の一五年の空白をどう理解するかが大きな問題として残る。縷々述べてきたように、八世紀を通じて霊亀二年（七一六）に導入された六年相替制は、重要な意味を持っており、一五年もの間、相替がなかったと考えるのは不自然に思われるのである。最長で八年の間に相替が行われたと仮定すると、J〜Kの間では、天平勝宝八年（七五六）〜天平宝字元年（七五七）に朝貢が行われたと考えなくてはならない。

さて、天平勝宝八年〜天平宝字元年は、『続日本紀』では巻一九、巻二〇に当たる。周知のように、『続日本紀』の編纂については複雑な過程があるが、全四〇巻中の前半二〇巻については、藤原仲麻呂政権期に文武元年（六九七）〜天平宝字元年（七五七）が曹案三〇巻にまとめられ、光仁朝では、曹案の徹底的改訂が行われたが、天平宝字元年の紀は稿本を失い、二九巻が進上された。そして延暦十六年（七九七）までに天平宝字元年の紀を補ったうえで曹案三〇巻を二〇巻に圧縮し、これが『続日本紀』の前半二〇巻となった。笹山晴生はこれについて、「光仁朝の三十巻の史書を二十巻に圧縮したのであるから、新補された天平宝字元年紀のほかは、すでにある記述の削減にその主力が向けられたのであろう。続日本紀の前半二十巻における、聖武天皇の即位が巻九の中間に位置することの不自然さ、巻十八・十九、孝謙朝の天平勝宝年間の記事・分量の少なさなどは、この桓武朝の、最後の修訂によって生じたものである可能性が高い」と述べており[17]、また細井浩志も、天平十年～天平勝宝八歳は、『続日本紀』の原史料となった記録の保存体制から見ると不充分であったとしている[18]。

以上のように考えれば、天平勝宝八年～天平宝字元年の朝貢は、このような史料の残存状況の制約によって、記録に残らなかったとすることができると思う。

このように考えることができるとすれば、隼人の朝貢は、天武十一年の開始以来、基本的に最長でも八年の間隔で八世紀を通じて実施され、九世紀初頭に朝貢は停止される。これ以降、南九州居住者を隼人と呼ぶことはなくなる。隼人は、朝貢の開始とともに登場し、朝貢の終了とともに姿を消す、まさに朝貢と密着した存在なのであり、朝貢するものが隼人と呼ばれたとすることができるのである。

註

（1）中村明蔵「隼人の名義をめぐる諸問題」（『隼人と律令国家』名著出版、一九九三年）。
（2）永山修一「隼人の「消滅」」（『隼人と古代日本』第五章、同成社、二〇〇九年）。
（3）鈴木拓也「律令国家転換期の王権と隼人政策」（『国立歴史民俗博物館研究報告』第一三四集、二〇〇七年）。
（4）中村明蔵「隼人の朝貢をめぐる諸問題」（『隼人の研究』学生社、一九七七年）。
（5）『続日本紀　一』（岩波新日本古典文学大系、岩波書店、一九八九年）の巻四の補注五〇、四〇四頁。
（6）松本政春「広嗣の乱と隼人」（『律令兵制史の研究』清文堂出版、二〇〇二年）。

（7）永山修一註（2）書。
（8）永山修一「隼人の戦いと国郡制」（註（2）書、第三章）。
（9）永山修一註（2）論文。
（10）鈴木拓也註（3）論文。
（11）北山茂夫「終末の一年」（『女帝と道鏡』中公新書、中央公論社、一九六九年）一三四頁。
（12）永山修一註（2）論文。
（13）井上辰雄「薩摩国正税帳をめぐる諸問題」（『正税帳の研究』塙書房、一九六七年）、岡田隆夫による『続日本紀　二』巻十五の脚注一四（岩波新日本古典文学大系、岩波書店、一九九〇年、四二八頁）、中村明蔵註（4）論文。
（14）松本政春註（6）論文。
（15）小笠原好彦「聖武と宮都の造営」（第二五回条里制・古代都市研究会大会『聖武の造営した宮都』二〇〇九年）。
（16）岡田隆夫による天平十五年七月庚子条の脚注一五（註（13）『続日本紀　二』四二八頁）。
（17）笹山晴生「続日本紀と古代の史書」（註（5）書）。
（18）細井浩志「八世紀の記録保存と『続日本紀』」（『古代の天文異変と史書』吉川弘文館、二〇〇七年）。

平安時代中期の南蛮人襲撃事件をめぐって

山里純一

一　『日本紀略』と『百錬抄』の記事の齟齬

『日本紀略』および『百錬抄』の長徳三年（九九七）十月一日条には、大宰府管内の諸国が襲撃され、多くの人々が虜掠されたことが記されている。

・『日本紀略』長徳三年（九九七）十月一日条

旬、天皇出二御南殿一、于レ時庭立奏之間、大宰飛駅使参入云、南蛮乱二入管内諸国一、奪二取人物一、奏楽之後、諸卿定二申件事一。

・『百錬抄』長徳三年（九九七）十月一日条

旬、出二御南殿一之間、大宰府飛駅到来、申下高麗国人虜二掠鎮西一之由上。仍止二音楽庭立奏一、事了令三諸卿定二申之一。

襲撃したのは『日本紀略』は南蛮人とし、『百錬抄』は高麗人とする。『日本紀略』と『百錬抄』のどちらが正しいのか。このことについてはすでに江戸時代から問題になっていたようで、塙保己一編『蛍蠅抄』（一八一一年刊）は、高麗国人と南蛮賊について「未レ知二孰是一」としている。水戸藩の『大日本史』は、一条帝紀では『百錬抄』の「高麗国人」を、外国列伝（琉球）では『日本紀略』の「南蛮人」を採るなど一貫していない。『国史眼』（明治二十三年刊）等、明治期の著作はおおむね「高麗人」としている。大正期になると新村出氏によって初めて本格的な検討が加えられるようになる。氏は、無礼な高麗国牒の問題や刀伊の入寇もあり、南蛮を高麗と誤る可能性はあるとしながらも、この時期に南方の蛮夷の来寇は不可能で、かつ前後にも例がないことからこうした考えを否定する。その上で、偶然にも漂着した南蛮人のいわば居直り強盗か、さもなくば漂着海商の強奪が誇張されて伝わったものではなかったかとの見解を述べた。(1) これに刺激を受けた藤田豊八氏は、日本に襲来した南蛮人は『諸蕃志』に彭湖や泉州海岸を寇したことが見える毗舎耶人ではなかろうかとの見解を述べている。(2)

これら第二次世界大戦前の論文では、『小右記』や『権記』等の古記録はほとんど参照されていない。森克己氏が「欧船来航以前の所謂『南蛮』」(3)という論文の中で、『小右記』の記事に拠り、このときの南蛮人が奄美大島の人たちであったことを初めて指摘したのは一九六一年のことである。近年の研究では、森氏のこうした解釈を基に、南蛮人の襲撃事件を東アジア交易と絡めて検討されるようになっている。

二　『小右記』および『権記』長徳三年十月一日条の検討

南蛮人が大宰府管内諸国を襲撃したことは、藤原実資の日記『小右記』や藤原行成の日記『権記』双方の長徳三年十月一日条に記されている。その日は「孟冬の旬」で、当時中納言であった藤原実資と、左中弁であった藤原行成はともに事件が伝えられた場に居合わせていたため、当日の様子を具体的に日記に書き留めているのである。したがって両日記は、『日本紀略』や『百錬抄』では知りえない事件の真相を知る上で不可欠な史料である。

まずは『小右記』の記事から見ていこう。

『小右記』長徳三年（九九七）十月一日条

可レ御二南殿一云々。（中略）一献之間、左近陣官高声之曰、大宰飛駅到来云、[a]高麗国人虜二掠対馬・壱岐嶋一、又着二肥前国一欲二虜領一云々。上下驚駭、三丞相失レ度、降レ自二東階一問二案内一、兼披二読大弐書状一。上達部進二向丞相所一、太以周章。雖レ云二非常事一、於二階下一披二読都督書一、不レ足レ言。下官不レ起レ座、丞相復レ座云、[b]奄美嶋者焼二亡海夫等宅一、奪二取財物一。又執二載男女於舟一将去、尚浮二海上一成レ犯之由云々。飛駅言上者、音楽庭立奏等俄以停止。（中略）左大臣以下着陣座、右大臣云、今日朔日、奏二凶事一無二便宜一歟者。余云、飛駅言上是至急大事也。不レ可レ隔レ時者、何矧選二吉日一乎、諸卿応レ之。仍左大臣召二大外記致時一、召二飛駅解文一、々匣二一合盛二覧筥一、奉二上卿一、一匣注レ奏、一匣者注二解文一、督令レ披レ筥。但至二于飛駅解文一不レ披レ封、至二例解文一披レ封見也。左大臣参上令レ奏。良久之後復レ座、下二給大宰府言上解文等一、令二諸卿定申一。[c]奄美嶋者乗レ船帯二兵具一、掠二奪国嶋海夫等一、筑前・筑後・薩摩・壱岐・対馬、或殺害、或放火、奪二取人物一、多浮二海上一。又為下当国人於二処々一合戦上之間、奄美人中矢又有二其数一。但当国人多被二奪取一、已及二三百人一。府解文云、[d]先年奄美嶋人来、奪二取大隅国人民四百人一、同以将去。其時不二言上一。今慣二彼例一、自致二斯犯一歟。仍徴二発人兵一、警二固要害一、令二追捕一也。若有二其勤一者、可レ被レ加二勧賞一者。[e]又高麗国同艤兵船五百艘向二日本国一、欲レ致レ許〔奸カ〕者、誠雖二浮言一。依二云々一所二言上一也者。有二先日言上類文書等一。件飛駅、去月十四日出レ府云々。太懈怠。諸卿定申云、[f]奄〔美〕嶋者等事、大宰府定行了。亦重警二固要害一、弥加二追討一、兼又可レ祈二禱仏神一。若追討使々殊有二勤節一、随二其状一追可二褒賞一之由、可レ被レ載二報符一。大宰以二飛駅一雖二言上一、事頗似レ軽、不レ可レ給二勅符一、只可レ賜二官符一。[g]又高麗国浮言、不レ可レ不レ信。可レ被レ〔行〕二種々祈禱一。定詞甚多、只是大概了〔耳カ〕。丑剋諸卿退出。此間雨不レ止。諸卿申云、為二敵国一、可レ被レ行二種々御祈禱一。

ここに記された内容を整理すると以下のようになる。

①この日、大宰府から飛駅使が到来し、それを取り次いだ左近陣官が酒宴の最中に、大声で「高麗国の人が対馬嶋・壱岐嶋を虜掠し、また肥前国に着き、同国の人を虜にしようとしている」（a）との飛駅使の言葉を伝えた。

②居る人皆、驚愕した。正気を失った三大臣は、座を起って東階より降り、大宰大弐藤原有国の書状を読み、座に復して「奄美嶋の者が海夫等の家を焼いて財物を奪い、男女を船に乗せて立ち去り、なお海上に留まっている由」云々と述べた（b）。飛駅による言上ということもあり、音楽と庭立奏は俄に停止されたが、旬儀はそのまま続けられた。

③旬儀が終了し、諸卿陣座に着す。右大臣藤原顕光が朔日に凶事を奏することへの異議を唱えたが、緊急の大事は時を隔てるべきではないとの実資の意見が容れられた。そこで左大臣藤原道長は大外記中原致時を呼び、飛駅による大宰府解文を持って来させ、御前に参上し天皇に奏上した。その後、座に復し、公卿に披見せしめ諸卿に定め申さしめた（大宰府解文の内容は次のようなものであった）。

(イ)奄美嶋の者は、船に乗り兵具を携えて、国や嶋の海夫等を掠奪した。筑前・筑後・薩摩・壱岐・対馬で殺害、放火、掠奪を行い、多くは海上に留まっている。筑前以下の国の人々との間で戦闘があり、矢にあたって死傷した奄美人は多かったが、当国の人々もおよそ三〇〇人が奪い取られた（c）。

(ロ)先年、奄美嶋の人が大隅国の人四〇〇人を奪い取る事件があったが、そのときは言上しなかったため、これに味を占め、奄美嶋人は再びこのような犯行に及んだのではないか。そこで当国嶋では人兵を徴発して要害を警固し、犯人を追捕せしめているので、もし勲功があったならば勧賞を加えるべきである（d）。

(ハ)浮言であるとはいえ、高麗国の艤兵船五〇〇艘が日本国に向かい、奸計を企てているという話があるので言上する（e）。

④諸卿が定め申したことは次の通りである。

(α)奄美島人等のことについては大宰府がすでに対処しているが、重ねて要害の箇所を警備し、ますます追討を加え、また仏神にも祈禱すべきである。もし追討使に勲功があったときには、程度に応じて褒賞を加え、そのことを報符に掲載すべきである。ただ大宰府は飛駅により言上したが、事案としては軽いので、勅符ではなく官符で対応する（f）。

(β)高麗国の噂は信じないことはないので、種々の祈禱を行うべきである（g）。

⑤陣定の後も、諸卿は敵国のために種々の祈禱が行われるべきと申している。

ここでは飛駅使を取り次いだ左近陣官の報告、大宰大弐の書状、大宰府解文の内容が微妙に異なっている。大宰府解文が陣座で公卿たちに披見され、定め申すことにつながることから、大宰府解文の内容を第一に考えるべきであろう。大宰大弐も府解の作成に関与したであろうから、大宰大弐の書状も基本的に同じであったと思われるが、藤原実資は大宰大弐の言として解文の(イ)の要旨のみを伝えていることになる。また飛駅使はおそらく解文や大弐の書状を直接見る立場にはなく、正確に解文の内容を知っていたかは疑問で、おそらく南蛮人の襲撃と高麗国が攻めてくる噂を混同したまま推測で左近陣官に伝え、左近陣官はさらに早合点して高麗国による掠奪行為として報じたのであろう。

大宰府解文を受けて陣定では、まず奄美嶋人の賊徒の追討と勲功者に対する褒賞および仏神への祈禱を認め、高麗国が攻めてくる噂に対しては種々の祈禱によって対応することを定めているが、陣座を退出した後も、公卿はさらに種々の祈禱を求めていることから、高麗国が攻めて来るかも知れないという噂にかなり神経質になっていたことがわかる。

次に『権記』の記事を見てみよう。

『権記』長徳三年（九九七）十月一日条

御南殿。（中略）一献之後、左大臣於東階令予奏云、自大宰府言上飛駅使在建春門外、以解文付所司云々。大弐藤原朝臣同付此使所送書状云、[a]南蛮賊徒到肥前・肥後・薩摩等国、劫人物奪侵犯之由、逐日申来、仍言上解文者。事是非常也。停奏楽幷庭立奏等、事了之後、定申解文内雑事等者、仰云、依請。事了還御、于時丑一剋也。頃之左大臣参上殿上、被奏大宰府解文四通。入筥。件文大臣於陣座披見。令大外記致時朝臣参上殿上、令予奏之。于時上御朝餉、依仰持参、候昼御座、待出御奏聞。又依仰一々開解文読之。仰云、事已急速、須早定申令給報符。即以勅旨伝之大臣、々々還陣。同三剋、被奏[b]大宰府言上南蛮蜂起事。諸卿定申云、[c]如府解者、追討使々若有其功、随状可被賞歟。又可能成祈禱、重固要害之趣也。[d]又申高麗国案内事、定申云、先日言上府解、不注到鶏林府成犯者夾名、今日解文已注其名、仍須追討彼成犯〔射〕矢等類之由注載報符、又可給官符長門国。但得其賊者可賞賜之由、可加載状中。[e]抑件南蛮・高麗之事、雖云浮説、安不忘危、非常之恐、莫如成慎、能可被致種々御祈、可被立奉幣諸社使。行仁王会修大元法等歟者、依御殿籠不能奏聞、依宿物不持来、申案内於左府、白地罷出。此夜左府宿給。

記された内容を整理すると以下のようになる。

①飛駅使が建春門から入って大宰府の解文をもたらした。

②大宰大弐が飛駅使に付した書状には、「南蛮賊徒が肥前・肥後・薩摩等の国に到り、人々をおびやかし、物を奪うなど侵犯行為を働いている」と言って来た（a）ので解文を言上することにしたとあった。左大臣藤原道長は、

陣座でこれを披見。事は非常であるとして、奏楽と庭立奏を取りやめ、旬儀の後に解文内の雑事等を定め申すことを、大外記致時朝臣を通じてあらかじめ天皇に奏上し、了承を得た。

③旬儀を終え、左大臣藤原道長は殿上に参上し、仰せにより解文を開いてこれを読みあげた。迅速に報符を給うようにとの勅旨を得て陣座に戻り、「大宰府が解文で言上してきた南蛮蜂起の事」（b）を諸卿に公表する。そして諸卿が定め申したことは以下の通りである。

(イ)大宰府解のごとく、追討使に勲功があったときにはその程度に応じて褒賞する。また、しっかり祈禱をなし、重ねて要害を警固する（c）。

(ロ)高麗国のことについて、先日言上の大宰府解文では、鶏林府において犯をなす者の名前は記されていなかったが、今回の解文ではその名前が記されている。そこで矢を射る罪を犯した者を追討することを大宰府への符に掲載すべきである。また官符を長門国にも給うべきである。ただしその賊を捕らえたら褒賞すべきことを官符の中に付け加える（d）。

(ハ)そもそも南蛮と高麗のことが浮説であるとしても、安心しきって危惧の念を忘れないこと、また非常の恐れは慎みをなすに及ぶものはないから、諸社に奉幣するための使を定めたり、仁王会を行い大元法等を修するといった、念入りにさまざまな祈禱を行うべきである（e）。

ここでは飛駅使を取り次いだ左近陣官が「高声」に述べたことは記されておらず、大宰大弐の書状の中身も『小右記』に比べて少ない。また『小右記』との違いも見られる。たとえば大宰大弐の書状には「奄美嶋」ではなく「南蛮」の語が用いられているし、被害に遭った国名も共通するのは薩摩国のみで、『小右記』に見える対馬・壱岐嶋が消え、筑前・筑後国に代わって肥前・肥後国が挙げられている。ただ「肥前・肥後・薩摩等国」とあるので、「等」

の中に対馬・壱岐嶋、筑前・筑後国が含まれる可能性はある。また『権記』には「海夫」の語は見えない。『権記』長保元年（九九九）十月二十六日条には、大宰大弐藤原在国が左大臣藤原道長に「松浦海夫」が採取した「九穴蚫」を献上したという記事があるので、藤原行成も「海夫」という名称を知っていたはずであるが、襲撃されたのが「海夫」であったとは述べていない。さらに、「先年」の奄美嶋人が大隅国の人四〇〇人を奪い取った犯行についてもまったく触れていないし、そのとき何の沙汰もなかったことが今回の犯行につながったとの大宰府の認識も示されていない。

逆に、『小右記』には見えない記事がある。すなわち「先日」の大宰府解文によれば、日本人が鶏林府（ここでは高麗国を指す）で矢を射て高麗人を殺傷する事件を起こしたというのである。この事件が、『小右記』のe傍線の、高麗国の艤兵船五〇〇艘が日本に向かい、奸計を企てているという浮言の直接的な背景ではなかったかと思われる。ただ『権記』では、南蛮蜂起も高麗国の事件もデマである可能性を否定していない。

以上、『小右記』と『権記』の記述内容を見てきたが、藤原実資も藤原行成もそれぞれの立場において、旬政の場に居合わせており、飛駅によってもたらされた大宰府解文を見ているので、事実関係において大きいな食い違いはないはずであるが、日記という性格上、個人的な認識の度合いや関心の度合いによって記述の仕方が異なるのは、ある意味やむをえないことかもしれない。

冒頭に紹介した『日本紀略』は、大宰大弐の書状に沿って南蛮人の襲撃と伝えている。『日本紀略』の六国史以後の記事は、分注から『宇多天皇御記』『外記日記』『兼明記』『水心記』『或記』などを参照していることがわかるが、『小右記』は確認できない。しかし『百錬抄』は、たとえば長徳三年十一月十一日条に「小右記云」と見えるように、『小右記』が出典の一つであったことは確かである。もし十月一日条の記事も『小右記』を参照したとすれば、飛駅使の言葉を誤報と認識せずに採用し、高麗国人による襲撃として伝えたことになる。[4]

三　南蛮人襲撃事件の実態

1　事件の要因

この事件に関しては、とくに『小右記』の長徳三年の記事に、奄美嶋人が海夫等の家を焼き、財物を奪い、男女三〇〇人を拉致したとある点に注目すべきであろう。海夫は「白水郎《あま》」の流れをくむ人々で、船を所有し海を生活の場として暮らす海民のことである。史料には『肥前国風土記』松浦郡値嘉郷条に「此嶋白水郎、容貌似㆓隼人㆒、恒好㆓騎射㆒、其言語異俗人也」とあり、『万葉集』一六には「筑前国滓屋郡志賀村白水郎荒雄」のことが出てくる。九州の海夫は肥前・筑前以外の薩摩・大隅、肥後、筑後、壱岐、対馬にも存在したと見てよい。奄美嶋人がこれらの海夫をターゲットにしたのはなぜか。[5]海夫が「ヤコウガイ採集などの要因」[6]であったとする考えもあるが、私は、南蛮人の襲撃事件が南島と九州との間で行われた交易に関わるトラブルが原因であったとする永山修一氏の指摘[7]を受けて、九州と南島との交易に海夫が積極的に関わっていたためではなかったかと考えている。

九州と南島との交易品で想定されるのは南島産の貝である。具体的に言えばヤコウガイとホラガイである。

ヤコウガイが日本に運ばれて消費されたことを示す初見史料は、貞観十四年（八七二）以降の貞観期に編纂された『貞観儀式』で、その巻第三の践祚大嘗祭儀に、内膳司が供する初日料として「夜久貝壺坏」の記載が見える。すなわちヤコウガイがナマスを盛る坏に用いられている。また『政事要略』に引用された「蔵人式」（八九〇年）には賀茂神社の臨時祭に「螺杯」が使用されたことが知られる。螺杯とはヤコウガイ製の酒を飲む杯《さかずき》のことである。

『宋史』日本伝には、九八八年（永延二）に入宋して帰国した東大寺の僧奝然が弟子嘉因を遣わし、宋の皇帝太宗への贈与品として日本の特産物を献上しているが、その中に「螺鈿花形平函、螺鈿梳函一対、螺鈿書几、螺鈿鞍轡一副」が見え、こうした日本の螺鈿細工に南島産のヤコウガイが用いられた可能性は高い。

宋の皇帝太宗への贈与品にはこの他、「螺杯二口」と「法螺二口」が見える。螺杯は上述の通り、酒を飲むヤコウガイ製の杯のことであるが、法螺は仏教の楽器の一つで、素材はホラガイである。円仁の『入唐求法巡礼行記』によれば、これより五〇年前の八三八年に入唐した円仁も「螺子」を持参し、揚州の役人に贈与している。

このように襲撃事件が発生する時期に南島のヤコウガイ・ホラガイが交易の対象となっていたことは確かである。

ところで、ホラガイについては今のところ琉球列島でその集積遺構は見つかっていないが、ヤコウガイについては、奄美大島の用見崎遺跡、土盛マツノト遺跡、万屋泉川遺跡、和野長浜金久遺跡、小湊フワガネク遺跡群、また沖縄諸島の久米島の清水貝塚や北原貝塚などで大量に出土している。貝殻だけでなく、その周辺には貝殻の破片も集中しており、貝匙と呼ばれるスプーン状の製品も出土する。奄美大島の場合、これらの遺跡からは共通して奄美諸島特有の在地土器の兼久式土器が出土することから、高梨修氏はこれら兼久式土器の編年研究にもとづき、ヤコウガイ大量出土遺跡の帰属年代は七世紀前半〜十一世紀前半であるとする。そのうち土盛マツノト遺跡と和野長浜金久遺跡は九世紀後半〜十世紀前半と推定され、少なくともこの二遺跡については日本側の需要に対応するために営まれたものと考えることができる。(8)

木下尚子氏は、古代・中世における南島と大和間の貝交易は「消費者側からの要望によって成立し、消費者側がみずから南島に赴くという一方的な構造をもっていた」(9)と言う。これに従えば、長徳三年の事件は、九州に赴いた奄美嶋人が交易上のトラブルから結果的に武力に訴えたものではなく、奄美嶋人が初めから襲撃を目的に九州に出かけて犯行に及んだと見るべきであろう。襲撃のターゲットが海夫になっているのは、南島のヤコウガイやホラガイの交易に海夫が関与していたからであり、九州にわざわざ出かけて行って海夫の家屋を焼き、人々を殺害または数百人を虜掠していることからすると、奄美嶋人の鬱積は相当なものであったに違いない(10)。

交易上のトラブルの内容については不明だが、たとえば交易対価物や転売などの問題で著しい不公平があり、そうした不満の矛先が海夫に向けられたということも考えられよう。あるいは海夫の中には自ら潜水してヤコウガイやホラガイを捕獲する者がいて、奄美嶋人の利権が損なわれるような事態が生じていたことなども推測されよう。

2 同調者の可能性

『小右記』によれば、長徳三年（九九七）の「先年」に奄美嶋人がやって来て大隅国の人民四〇〇人を捕虜として連れ去った。この事件は大隅国司から大宰府にもたらされたが、大宰府では中央政府へ報告しなかったという。所管の国が襲われ、四〇〇人もの民が奪い取られながら報告を怠っていたということ自体、本来はありえないことだが、当時の大宰府では、唐や高麗国ならいざしらず、南島の奄美嶋であるからいつでも大宰府の軍事力で簡単に征討できると思い、深刻に考えなかったのであろうか。それにしても、その事実が判明した後でも中央政府が大宰府に対して処分を下すことなく不問に付している。

長徳三年に再び襲撃事件が発生し、大宰府では「先年」事件が起きたときに、中央に報告もせず、断固たる措置を取らなかったことが、今回の事件を引き起こしたことを認めるとともに、当国嶋の人兵を徴発して要害を警固し、賊徒を追捕せしめ、もし勲功があったならば勧賞を加えてほしいと要請している。中央政府も陣定において、この要請を承認しているが、奄美嶋人襲撃の件は軽事と見なしており、勅符ではなく官符で対応することにしている。新羅賊に対しては必ず勅符を賜わっていることと比べると、奄美嶋の賊に対する中央政府の危機意識がきわめて低かったことは明らかである。

こうした対応を見る限り、大宰府や中央政府が大宰府管内諸国を襲撃したのは奄美嶋人単独の犯行と考えていたことは間違いない。しかし実態は為政者の認識とは異なっていたようである。

中村明蔵氏は「奄美諸島では、これより数世紀以前に鉄器などが移入されていたが、大宰府管下の広域にわたる国・島で合戦し、三百人あるいは四百人を奪取して連れ去るほどの交戦力や船隻を備えていたとは、前後の歴史の推移からみて到底考えられない」とした上で、『左経記』に寛仁四年（一〇二〇）にも南蛮賊徒が薩摩国を襲撃していることを取りあげ、大隅・薩摩両国が侵犯を受けていることから南蛮は南から侵入する蛮賊であり、「中国大陸沿海部を主にした一応は交易を目的とする海賊集団」が奄美諸島の住民の一部を従えて南九州の国々を襲撃したと考えた。(11)

これに対して田中史生氏は、数百人の拉致した人々を乗せる組織力と武器・船を所有していること、また薩摩から有明沿岸沿いに肥後・筑前・筑後を襲い、玄界灘を越えて壱岐・対馬に達することのできる正確な地理認識と交通知識などから、「高麗系交易者たちとの連携」(12)、ないしは協力者として「奄美嶋人と接触がある南九州に活動の場を持ち、対馬までの海上交通と船を熟知する交易者たち」の存在を想定している。(13)

襲撃した奄美嶋人に加えて数百人の捕虜を乗せるとなれば、どのくらいの船団が想定できるか。ちなみに『日本紀略』弘仁四年（八一三）三月辛未条には、一一〇人の新羅人が五隻の船で小近島（小値賀）に到着し、土民（現地の人）九人を殺害し一〇一人を虜掠したことが見える。一一〇人の新羅人と捕虜一〇一人が五隻の船に乗ったとすると、一隻あたりの乗船者は四十二、三人となる。これを参考にすると、虜掠した人々とほぼ同数の奄美嶋人が乗船していたとして、四、五十人乗りの船が少なくとも十余隻は存在したと見なければならない。奄美嶋人が単独でこれだけの船船を所有し大宰府管内諸国に襲撃をしかけることができたかは確かに疑問である。また『小右記』の記事によれば、大宰府管内の国・嶋の人々は矢を使用しているので、矢に対抗できるほどの鉄製の武器が備わっていなければならない。在地の兼久式土器編年をもとに六世紀後半~七世紀前半に位置づけられている奄美大島の小湊フワガネク遺跡で鉄が出土しているとはいえ、十世紀ごろに戦闘用の武器が大量に製作されていたとは思えない。

襲撃の範囲が筑前・筑後（および肥前・肥後）さらには壱岐・対馬まで及んでいることも奄美嶋人の単独犯行と見た場合、理解に苦しむ点である。とくに壱岐・対馬は朝鮮半島に最も近く、しばしば新羅賊に掠奪された地域であった。また新羅人や刀伊（女真族）などが奴隷として売買するため人々を拉致することはあったが、そうした伝統や慣習は奄美嶋人のものではない。

このような諸々のことを考え合わせると、奄美嶋人の襲撃事件に朝鮮半島の人々が荷担していた可能性は十分ある。しかし大宰府では高麗国来襲の噂はあっても実際には来なかったと認識されている。おそらく国家的な組織ではない民間の交易集団で、しかも奄美嶋人に混じって襲撃事件に関わったため表面に出なかったのではなかろうか。

韓国慶尚道高霊池山洞古墳群の五世紀後半から六世紀初頭と見られる墓から、奄美・沖縄の貝匙と製作技法が似たヤコウガイ製の容器が見つかっているが、木下尚子氏によれば、これは韓半島で製作されたもので、素材となった琉球列島産貝は韓半島南部の海人と九州海人（肥後海人・薩摩海人）との連携によって入手した可能性もあるという(14)。韓半島すなわち朝鮮半島で製作され、しかも製作技法が類似するということは、これ以前に、琉球列島で製作された貝匙の完形品が渡っていたか、あるいは朝鮮半島の海人が実際に生産地の琉球列島まで来て、製作工房を見た可能性が考えられる。

朝鮮半島におけるヤコウガイ製の容器の出土は、五世紀後半から六世紀初頭ごろに朝鮮半島と琉球列島との交流があったことを示している。その後、初期高麗青磁や高麗陶器が喜界島に搬入され、また徳之島で高麗陶器に似たカムィヤキの生産が開始される十一世紀後半までの間、琉球列島と高麗国の関係を示す史料や考古遺物は今のところ見あたらないが、十世紀末ごろには高麗国との間に琉球列島産の貝をめぐる交易ネットワークが形成されていたと思われる。そういう関係から高麗国の民間の交易集団が奄美嶋人の義憤に同情し、大宰府管内諸国の襲撃に同調・荷担することになったのであろう。

なお『日本紀略』長徳三年（九九七）十月十三日条によれば、

奉レ遣二幣帛使於諸社一。依二筑紫之騒動一也。

とあり、早速、諸国の神社に使を遣わし幣帛を奉っているが、同年十一月二日条には、

大宰府飛駅使来。申下伐二獲南蛮四十余人一之由上。

とあり、大宰府が飛駅使を遣わし、襲撃に加わったと思われる南蛮人四四人を伐獲したと報告している。同年十一月五日条には「賜二官符於大宰府一」とあり、大宰府に太政官符が下されているので、勲功があった者に褒賞が与えられたものと思われる。

『百錬抄』長徳四年（九九八）二月条には「大宰府追二伐高麗国人一」とある。大宰府管内諸国の襲撃者を高麗国とする『百錬抄』の編者の立場からすれば、追伐したのは高麗国人であるとするのは当然であるが、事件から四ヵ月経っても依然として高麗国人（南蛮人）が北九州西海岸周辺に出没していたことを推測せしめる。

しかし襲撃事件を決行した奄美嶋人の多くは、その後は古巣の奄美大島へ引き上げたと思われる。大宰府も中央政府も、そのことを察しており、追捕の目は奄美大島に向けられることになる。

四　貴駕嶋への下知と城久遺跡群

喜界島中央部の城久《ぐすく》集落を中心に分布する山田中西《やまだなかにし》・山田半田《やまだはんた》・半田口《はんたぐち》・小《こ》ハネ・前畑《まえはた》・大《おお》ウフ・半田《はんた》・赤連《あがれん》遺跡の八つの関連する遺跡からなる城久遺跡群は、標高九〇～一六〇㍍の海岸段丘上に立地している。城久遺跡群からは、中国陶磁器（越州窯系青磁・白磁）や朝鮮半島産陶磁器（初期高麗青磁・朝鮮産無釉陶器）などの舶来品の他、長崎県西彼《にしその》杵《ぎ》半島で産出される滑石を刳り抜いて製作した煮炊容器の滑石製石鍋（方形の耳をもつタイプのみ）や日本本土産の容器類（土器）が大量に出土している。また同じ奄美諸島内の徳之島伊仙町の「カムィヤキ古窯跡群」で生産された須恵器に類似する硬質な焼き物であるカムィヤキも大量に出土している。これに対して在地の兼久式土器はほとんど出土しないという。(15)出土遺物の内容から確認される限りでは、城久遺跡群は九世紀～十五世紀まで営まれており、三時期にピークがあるという。(16)その第一期（九世紀～十一世紀前半）にあたる遺跡は、律令制国家のなんらかの行政的施設であった可能性が高いと見られている。

城久遺跡群の発見によって俄然注目を集めるようになったのが、『日本紀略』長徳四年（九九八）九月十四日条の次の記事である。

大宰府言下上下二知貴駕嶋一捕二進南蛮一由上。

すなわち貴駕嶋に南蛮人を捕え進上するよう下知したことを大宰府が中央政府に言上したというのである。「下知」とは、言うまでもなく上級の者が下級の者に指示・命令を下すときに用いられる用語で、史料には天皇もしくは太政官が「国司」「所司」「大宰府」「諸国」ないしは特定国に対して下知した例は多く見られる。なかには主計寮が国に下知したり（『類聚三代格』承和十年三月十五日付太政官符）、郡司が郷邑に下知することもある（『類聚三代格』大同元年八月二十五日付太政官符）。大宰府が管内九国二嶋（あるいは三嶋）に下知した史料は見えないが、あっても不思議ではない。しかし律令制が施行されていない南島に下知するというのは本来ならば考えられない。奈良時代には、大宰府に勅して律令制の及ばない南島の牌を修復せしめたこともあったが（『続日本紀』天平勝宝六年二月丙戌条）、それを受けて大宰府が南島の各島にそのことで下知することはなかったはずである。

大宰府が貴駕嶋に南蛮人の捕進を下知したのは、城久遺跡群がその場所であったかは断定できないが、喜界島に大宰府の一種の出先機関が置かれていたか、あるいは大宰府の下知を受けるべき人々が居住していたからであろう。[17] そこには一定の軍事組織も存在していたものと思われる。

下知の翌年、『日本紀略』長保元年（九九九）八月十九日条には、

大宰府言下上追二討南蛮賊一由上。

とある。これは大宰府が引き続き南蛮人の追討を中央政府に言上したもので、下知を受けた喜界島が南蛮賊を捕捉したという報告ではない。あくまで参考資料だが、『鎮西要略』には同年月にかかる次のような記事がある。

勅二大宰府一討二南蛮海賊一。府将軍大蔵春実撃二得賊船一、賞封二対馬邦及筑前岩門県一、以相二城於岩門一。

府将軍の征討と褒賞記事は信を置きがたいが、大宰府からの言上を受けて再び南蛮海賊捕進が命ぜられたことは推知されよう。大宰府は再び追討を貴駕嶋に下知した可能性もあるが、仮に『鎮西要略』にあるように大宰府から追討の使いが派遣されたとしても、一行は貴駕嶋を拠点に行動したと推測してよいであろう。

しかしそれでも騒動が沈静化することはなく、『左経記』によれば、寛仁四年（一〇二〇）にまたしても「南蛮賊徒」が薩摩国を襲い人々を虜掠する事件が発生している。翌年、官符を大宰府に賜って、これを追討すべしとの天皇

の仰せを得ているが（寛仁四年閏十二月二十九日条）、完全に押さえ込むことはできなかったようで、永山修一氏によれば、天喜二年（一〇五四）にも大宰府管内で南蛮襲来事件が起こっていた可能性があるという[18]。このように、長徳三年の「先年」以来、半世紀が経っても散発的に南蛮人が九州諸国を襲撃する事件が起きている。

喜界島の軍事的機能の低下もさることながら、大宰府が奄美嶋をほとんど統制できない状態にあったことを意味する。このことは城久遺跡群第一期を九世紀から十一世紀前半までとする時期区分と重ね合わせると、その終焉期に襲撃事件が起きていることになり、南島支配の拠点的機能が失われつつあったことを想定せしめるものである。

註

（1）新村出「足利時代に於る日本と南国との関係」（『芸文』六ノ一、一九一五年）。
（2）藤田豊八「南蛮襲来につきて」（『芸文』八ノ六、一九一七年）。
（3）森克己「欧船来航以前の所謂『南蛮』」（『中央大学文学部紀要』二四、一九六一年）。
（4）奄美嶋人襲撃が高麗来襲と誤報された事情については石井正敏氏の「日本・高麗関係に関する一考察」（『アジア史における法と国家』中央大学出版部、二〇〇〇年）に詳しい。
（5）網野善彦氏は「とくにその掠奪の対象が『海夫』であったことは注目しなくてはならないが」と述べながらも、その解釈については保留している（網野善彦著作集第十巻『海民の社会』岩波書店、二〇〇七年、二六六頁）。
（6）吉成直樹・福寛美『琉球王国の誕生』（森話社、二〇〇七年）一一一頁。
（7）永山修一「キカガシマの古代・中世」（『東北学』六、二〇〇二年）。
（8）高梨修『ヤコウガイの考古学』（同成社、二〇〇五年）第五章「ヤコウガイ交易」一五〇頁。
（9）木下尚子「サンゴ礁と遠距離交易」（『沖縄県史』各論編3古琉球、沖縄県教育委員会、二〇一〇年、八三頁）。
（10）亀井明徳氏は、『権記』がこの事件を南蛮人の「蜂起」だと記していることを重視し、南海特産品が朝貢品として強制され、過酷な税の負担となっていたことによる奄美人民の武力蜂起と解する（「南島における喜界島の歴史的位置」『東アジアの古代文化』一二九、二〇〇六年）。しかし律令制の及ばない奄美地域に対して重税が課されていたというのは理解できないし、襲撃の対象が大宰府の南島支配の中核があったとされる喜界島ではなく、大隅・薩摩から壱岐・対馬に及ぶ諸国であることも説明がつかない。

(11) 中村明蔵「古代東アジアと奄美・沖縄諸島」(『鹿児島国際大学国際文化学論集』三ノ四、二〇〇三年)。
(12) 田中史生「七～十一世紀の奄美・沖縄諸島と国際社会」(関東学院大学経済学部総合学術論叢『自然・人間・社会』三八、二〇〇五年)。
(13) 田中史生「九～十一世紀東アジアの交易世界と奄美諸島」(『東アジアの古代文化』一三〇、二〇〇七年)。
(14) 木下尚子「韓半島の琉球列島産貝製品」(西谷正編『韓半島考古学論叢』すずさわ書店、二〇〇二年)。
(15) 現在までに発行された報告書として、喜界町埋蔵文化財発掘調査報告書(8)『城久遺跡群　山田中西遺跡Ⅰ』(二〇〇六年)、喜界町埋蔵文化財発掘調査報告書(10)『城久遺跡群　山田半田遺跡』(二〇〇九年)、喜界町埋蔵文化財発掘調査報告書(11)『前畑遺跡・小ハネ遺跡』(二〇一一年)がある。
(16) 澄田直敏「喜界島城久遺跡群の発掘調査」(『古代末期の境界世界』法政大学国際日本学研究所、二〇一〇年)。
(17) 永山修一「文献から見たキカイガシマ」(池田榮史編『古代中世の境界領域』高志書院、二〇〇八年)。
(18) 永山修一「文献から見るキカイガシマと城久遺跡群」(『東アジアの古代文化』一三〇、二〇〇七年)。

キカイガシマ海域と日宋貿易

──「古代〜中世におけるヤコウガイの流通」再論──

高梨　修

はじめに──二〇〇六年拙論を省みて

列島南縁の南海島嶼を舞台とした古代・中世の南方物産交易は、一九九〇年代以降に重ねられた奄美群島における考古学的成果を受け、とくに城久遺跡群の発掘調査以後、従来想定されていた以上の規模の経済活動が南海島嶼海域で営まれていたのではないかと考えられはじめている。

筆者も、一九九二年以降、奄美大島で複数のヤコウガイ大量出土遺跡の発掘調査に従事しながら、南海島嶼海域における古代・中世の南方物産交易について考察を進めてきた。

その当初、在地土器編年はほとんど未整備で、ヤコウガイ大量出土遺跡の帰属年代も十分確認できない状態に置かれていたので、在地土器編年の基礎的検討から開始した（高梨一九九五）。その結果、細分編年まで十分整備できたわけではないが、現段階で四〜六世紀にスセン当式土器（高梨二〇〇五b・二〇〇六b）、七〜十一世紀に兼久式土器（高梨二〇〇五a）を配列、後続する十一～十四世紀の類須恵器と合わせて、四～十四世紀に至る在地土器の連続的段階を措定したのである。ただし、各段階における発掘調査資料の絶対数は、依然として不足している状態に置かれているので、在地土器の細分編年を進め、考古資料の変遷を把握する基礎的作業が喫緊の課題であることには変わりない。

以上の年代理解に従いながらヤコウガイ大量出土遺跡の分析を進め、交易物としてのヤコウガイについて考察したものが、二〇〇六年の拙論「古代～中世におけるヤコウガイの流通」である。発表から五年が経過したが、琉球弧における南方物産交易の理解には、とくに中世の段階で、あらためて整理しなければならない課題が生じている。

そこで、本論では、二〇〇六年拙論で論じていない薩南諸島産硫黄の問題を加え、キカイガシマ海域の主たる舞台と考えられる薩南諸島の島嶼海域を対象として、当該地域における考古学の研究成果を再検討、交易活動の様子をあらためて検討してみようとするものである。

キカイガシマ海域に分布する古代・中世の考古学的概観までは済ませているので（高梨二〇一一b）、本論では、九世紀から十四世紀ごろまでを便宜的に三時期に区別して、キカイガシマ海域における歴史的展開を確認する。二〇〇六年拙論と内容が重複する箇所は、できるだけ説明を省略しながら進めていく。

一　九世紀～十世紀の薩南諸島

1　遺跡からみる様子

鹿児島県内における年間発掘調査件数は、最近一五〇～二〇〇件程度で推移しているが（文化庁二〇一一）、薩南諸島で実施されてきた発掘調査総数は非常に少ない。とくに薩南諸島の古代は、発掘調査事例が著しく不足していることからめ、ほとんど考古学的様相が確認できない状態にある。

そうした状態をふまえた上で、あえて当該段階の特徴を指摘するならば、土師器・須恵器出土遺跡が薩南諸島に拡大する時期といえそうである。

大隅諸島では、種子島の松原遺跡（南種子町）から九世紀〜十世紀ごろと考えられる土師器・須恵器等が確認され、越州窯青磁碗も確認されている（南種子町教委一九九三）。さらに採集資料であるが、種子島の西之表市現和西俣の畑地から、耕作中に灰釉陶器広口瓶（十世紀〜十一世紀）、越州窯青磁高台付碗（九世紀後半〜十世紀中葉）、越州窯青磁輪花茶托等が発見されている事例も知られていて（亀井一九九三）、「多褹島」が設置されていた事実を思量するならば、看過できないものである。

また奄美群島では、喜界島の城久遺跡群（喜界町）で外来容器群が主体を占める特異な考古学的様相が確認されていて、Ⅰ期（八世紀後半〜十一世紀前半）・Ⅱ期（十一世紀後半〜十二世紀）・Ⅲ期（十三世紀後半〜十五世紀）の三時期に区分されている（喜界町教委二〇〇九・二〇一一等）。城久遺跡群の説明は省略するが、当該段階は城久遺跡群の出現期に当たり、大宰府等の国家機関で用いられる土器群と同一の土師器が確認されている（中島二〇〇七）。在地土器の兼久式土器は、若干の出土数は確認されているが、ほとんど認められない（池畑一九九八、高梨二〇〇四）。

そして喜界島の対岸に当たる奄美大島北半の東海岸でも、和野長浜金久遺跡（鹿児島県教委一九八五）、万屋泉川遺跡（鹿児島県教委一九八六）、土盛マツノト遺跡上層（笠利町教委一九九二・二〇〇六）等の砂丘遺跡から、在地土器の兼久式土器（甕・壺）に共伴して若干の土師器・須恵器の出土が確認されている。これらの土師器・須恵器は、池田榮史による分析で九世紀〜十世紀に位置づけられていて（池田二〇〇五b）、城久遺跡群Ⅰ期と同時期に当たると考えられる。筆者は、当該時期の喜界島・奄美大島における土師器・須恵器分布を政治的社会の反映と理解、「喜界島勢力圏」と指摘したことがある（高梨二〇〇四・二〇〇七・二〇〇八）。

これらの砂丘遺跡は、いずれもヤコウガイ大量出土遺跡でもある。ヤコウガイ大量出土遺跡における貝匙製作は、小湊フワガネク遺跡の出土貝匙（完形）のような螺頭部分を含む大型で深さがある貝匙はほとんど確認できなくなり、古墳時代から盛行していた事象と理解するならば（高梨二〇一一a）、当該段階には小型化、粗雑化する傾向を指摘できると考えている。あわせて土盛マツノト遺跡・小湊フワガネク遺跡で確認されたようなヤコウガイ貝殻の集積遺構も確認できなくなるのである。

奄美群島の奄美大島・喜界島以南の島嶼から、当該段階の土師器・須恵器は、これまで確認されていない。土師器・須恵器の分布範囲が、当該段階に奄美群島北半の奄美大島・喜界島まで拡大する事実は重要である。兼久式土器段階の在地社会と本土地域の政治的社会における交流の痕跡として、奄美大島・喜界島における土師器・須恵器出土遺跡が注目されてくるのである。

2　史料からみる様子

当該段階は、七世紀から八世紀における『日本書紀』『続日本紀』の南島人来朝記事から一転して、琉球弧の様子を示す史料が希薄になる時期に当たる。当該段階における少ない史料から、薩南諸島海域に関わる特徴的事象を指摘するならば、第一に「多褹嶋」の廃止、第二に「ヤコウガイ」の珍重、第三に「キカイガシマ」の初出等を挙げておきたい。

第一の多褹嶋の廃止であるが、その理由について、多褹嶋に課せられていた①遣唐使航路の維持、②対隼人政策の円滑化、③南島人朝貢の中継地確保等の目的が無意味化したためではないかと考えられている（永山一九八五）。当該地域の関係史料が希薄になる事実に加え、多褹嶋廃止の事実から、律令体制崩壊の中で中央政府の南海島嶼に対する関心が薄くなると理解されてきた。

しかし、九世紀前半には城久遺跡群が出現している事実をふまえるならば、多褹嶋廃止時期にすでに城久遺跡群は存在していたのであり、当該時期における城久遺跡群の評価にもよるのであるが、多褹嶋廃止理由についてはなお検討の余地があると考えられる。すなわち①南海島嶼海域で多褹嶋よりも南方に位置する拠点的施設を確保したので多褹嶋は廃止してもよい、②南海島嶼海域で多褹嶋廃止直後にさらに南方に位置する拠点的施設を確保した等の理解論も（高梨二〇〇六a）、今後のヤコウガイ大量出土遺跡、城久遺跡群の調査研究成果に即しながら思量する必要がある。

第二にヤコウガイの珍重であるが、過去の拙論で何度も述べているので詳細は繰り返さないが、唐物以外でも、南海島嶼からもたらされる南方物産は非常に珍重されていて、とくに大型厚手で美しい真珠層の貝殻のヤコウガイは、宮廷貴族には希求の品として認識されていた。さらに、ヤコウガイ貝殻は、平安時代以降における国産螺鈿の発達に伴い、螺鈿材料としても需要が増加の一途を辿るわけである。奄美大島北半の東海岸に集中分布している土盛マツノト遺跡上層・万屋泉川遺跡・和野長浜金久遺跡等のヤコウガイ大量出土遺跡は、そうした本土地域におけるヤコウガイ需要に対応したものと考えられそうである。ヤコウガイ需要の増大は、貝殻そのものの大量獲得に展開していたはずで、伝統的に製作されてきた貝匙の減少にも影響を及ぼしたと考えられる。

第三にキカイガシマの初出であるが、長徳三年（九九七）の南蛮（奄美嶋人）襲来事件への対応として、長徳四年（九九八）に南蛮追討の「下知」がキカイガシマに発令され、ここにキカイガシマの名称が初見されるわけである。翌年の長保元年（九九九）には、大宰府から南蛮追討の成功が報告されている。永山修一は、「下知」の用語使用からキカイガシマになんらかの行政機関が存在していた可能性を指摘する（永山一九九三・二〇〇八等）。

二　十一世紀〜十二世紀の薩南諸島

1　遺跡からみる様子

当該段階の薩南諸島海域では、考古学的様相の劇的展開が認められる。十一世紀に入ると、土師器・須恵器・滑石製石鍋等の外来容器群が、キカイガシマの名称を有する大隅諸島の硫黄島、奄美群島の喜界島の二ヵ所で大量出土するようになる。また徳之島でも、十一世紀代に「カムィヤキ古窯跡群」が出現、窯業生産が開始され、その生産陶器は奄美群島を中心に沖縄諸島・先島諸島までもたらされるようになる。

まず北側のキカイガシマ・硫黄島では、発掘調査による考古学的確認はされていないが、隣接する黒島・竹島を含めて、土師器・須恵器・滑石製石鍋等が多数採集されている報告があり（上村一九九〇、松永一九九〇）、城久遺跡群と酷似する考古学的様相がとくに注意される（高梨二〇〇九・二〇一一b）。さらに、黒島から古代瓦が採集されていて（上村一九九〇）、最近も硫黄島で古代瓦が採集されている報告があり（伊藤二〇〇九）、寺院や行政機関等の公的施設が存在していた可能性もあり、今後十分に注意していく必要がある。

次に南側のキカイガシマ・喜界島では、当該段階に城久遺跡群の最盛期を迎えることになる。広大な面積を誇る城久遺跡群の中心となる時期であり、搬入されたと思われる土師器(1)・焼塩土器（布目圧痕文土器）・須恵器・滑石製石鍋・灰釉陶器等の国産容器群、白磁・越州窯青磁・高麗青磁・高麗無釉陶器等の舶載容器群等が、前段階よりも種類・数量ともはるかに凌駕した状態で認められる。そのほか在地容器の類須恵器（カムィヤキ）・滑石混入土器が加わる。とくに大量出土する搬入遺物は、ⓐ土師器甕の大量出土、ⓑ滑石製石鍋の大量出土、ⓒ高級舶載容器類である

（高梨二〇〇八・二〇〇九等）。

それから徳之島におけるカムィヤキ古窯跡群の出現であるが、ヒラスク山（伊仙町）一帯の約一二〇㌔の山林に、一〇〇基以上と推測される七支群の窯跡が確認されている（伊仙町教育委員会二〇〇五）。当該窯跡群では、甕・壺・鉢・碗・擂鉢等の陶器生産が行われ、類須恵器・カムィヤキ等と称されている。生産年代は、十一世紀代から十四世紀前半までと考えられている。製作技術は、朝鮮半島の高麗無釉陶器に由来する説が有力である（赤司一九九九・二〇〇二、吉岡二〇〇二）。徳之島で類須恵器生産が開始されると、奄美群島では在地土器の兼久式土器が十一世紀前半までには用いられなくなる。池田榮史の最新の集成によれば、出土遺跡の分布範囲は、鹿児島県薩摩半島から沖縄県与那国島まで、南九州から琉球弧全域に至る約三五〇遺跡に及んでいる（池田二〇〇三）。この類須恵器出土遺跡の分布について、その分布範囲をそのまま類須恵器の流通圏に置換する理解論がしばしば述べられるのであるが、奄美群島と沖縄諸島・先島諸島では出土数量が著しく異なり、均質に商品流通したものとは考えられない（高梨二〇〇九・二〇一一b等）。

さらに最近、徳之島の中里遺跡（天城町）でも、類須恵器・滑石混入土器のほか、土師器・焼塩土器（布目圧痕文土器）・滑石製石鍋等の国産容器群、白磁・越州窯青磁・高麗青磁・高麗無釉陶器等の舶載容器群等が確認されている（天城町教委二〇一〇）。出土遺物の様相からみるならば、城久遺跡群と共通する外来容器群が認められるのであるが、土師器・須恵器の出土数が城久遺跡群とは著しく異なり、当該部分に両遺跡の相違を見出せると思われる。特定遺物に限れば、伊藤慎二が指摘するように面的理解も可能であるが（伊藤二〇〇九）、城久遺跡群が際立つ「点」の存在である事実は変わらない。

また奄美大島の倉木崎海底遺跡（宇検村）では、十二世紀後半から十三世紀前半の陶磁器が海底に大量散乱する状態が確認されていて、日宋貿易に関係する交易船の座礁・沈没が推測されている（宇検村教委一九九九）。

十一世紀代の薩南諸島海域におけるこの動態は、ほとんど時差のない状態で琉球諸島海域（沖縄諸島・先島諸島）にも波及していく。城久遺跡群で認められる滑石製石鍋・石鍋模倣土器・焼塩土器（布目圧痕文土器）の国産容器類三種類、白磁の舶載容器類一種類、類須恵器の在地容器類一種類の五種類の容器群は、沖縄諸島・先島諸島からも出土するようになり、その過程で、沖縄諸島における平底土器群も終焉に向かい、いわゆるグスク土器と称される土器群が成立するのである。グスク土器は、類須恵器壺、滑石製石鍋、白磁碗等の模倣形態を含み（金城亀信一九九〇、金城匠子一九九九）、当該段階に薩南諸島海域に大量波及している外来容器群の影響を受けて成立した模倣土器群であると理解できる。琉球諸島海域でも、搬入される五種類の外来容器群とその模倣土器群の土器文化が成立して、城久遺跡群と共通する器種構成を持つ広域土器文化圏が形成され、いわゆる「グスク時代」に移行する一大画期を迎えるのである。

しかし、この広域土器文化圏の形成は、おそらく均質に波及展開したものではない。池田榮史は、すでに在地土器である平底土器群が並行して存続する事実を指摘している（池田二〇〇四）。

筆者も、琉球弧の大隅諸島・奄美群島・沖縄諸島・先島諸島の四島嶼で、縄文時代晩期後半からグスク時代に至る在地土器の様相を別個に確認した結果から、沖縄諸島・先島諸島における広域土器文化圏の形成は外来集団の移住を抜きには考えらないと結論づけたが、その波及展開は、外来集団による少数の拠点遺跡を中心に在地社会へ浸透していくものであると考えている（高梨二〇〇九）。

最近、久米島におけるグスク時代開始期の遺跡は洞窟遺跡が多く、石灰岩台地上に波及展開していく様相が認められない事実を確認した。(2) これらの遺跡でも、平底土器群が共伴して認められ、池田榮史のグスク時代平底土器群存続説を沖縄諸島の普遍的事象として再検討する必要性を痛感している。

2　史料からみる様子

当該段階は、日宋貿易が盛行していた時期であり、薩南諸島海域で産出されたヤコウガイ・硫黄等の南方物産交易の活発化が史料からうかがわれるようになる。また源頼朝によるキカイガシマ征討事件が発生する事実も注意される。当該段階における国際交易の活発化に関して看過できないのは、前段階に遡るが、長徳三年（九九七）の南蛮（奄美嶋人）来襲事件である。この事件については、近衛官人が南蛮（奄美嶋人）来襲を高麗人来襲と誤認、報告する事件が発生していて、石井正敏により高麗と緊張関係にあり、警戒態勢に置かれていた情勢が考察されている（石井二〇〇〇）。これに対して、田中史生は、①大宰府では南蛮（奄美嶋人）来襲と高麗兵船来襲を別個の、しかし連動する事件と認識していた、②薩南諸島海域から九州西海岸の多島海域を往来できる地理認識・交通知識は、奄美嶋人だけのものではない、③それは、硫黄交易の交易路と関係がある、④奄美嶋人と接触できる越境的交易者たちの協力がなければ不可能である等と指摘したのである（田中二〇〇七）。

その南蛮（奄美嶋人）来襲事件の発生時期と同時期となる『宋史』巻四九一（日本伝）の端拱元年（九八八）の記事には、東大寺僧・奝然から宋朝廷に対する献上品が記載されていて、その中に多数の螺鈿製品や日本産硫黄が含まれている。

山内晋次は、当該記事が日本産硫黄に関する初出記事であり、十世紀末には日本産硫黄の輸出が開始されていたと考えられ、日宋貿易の開始時期とも一致すると指摘している（山内二〇〇三・二〇〇九）。また中里寿克は、献上品に螺鈿製品が多数含まれている事実から、当時日本の特産品として認識されていた実態が確認でき、さらに北宋の方勺による『泊宅編』で「螺塡器はもとより倭国から出ている。物象百態にして、頗る工巧を極める」と記載され、螺鈿が中国起源であることを忘れるほどの日本産螺鈿に対する高い評価を宋で獲得していた様子が解ると指摘している（中里一九九五）。

国内の史料でも、十一世紀中ごろの成立と考えられる『新猿楽記』に、日宋貿易に関係していたと考えられる交易商人・八郎真人の物語があり、唐物・本朝物に区別して取り扱う交易品一覧が記載されている。唐物として檳榔子・紫檀・赤木・蘇芳等、本朝物として夜久貝・硫黄等の奄美大島以南で入手可能な南方物産が含まれている事実も、『宋史』巻四九一（日本伝）と同様に注意しなければならない。

さらに十世紀終末から十一世紀初頭の成立と考えられる『小右記』には、右大臣・藤原実資に対する進物として、薩摩国・大隅国の有力者たちから蘇芳・赤木・檳榔・夜久貝等の南方物産がたびたび届けられた様子が記載されている。これらの進物記事は、「島津荘」成立直後の時期に重なるのであるが、薩南諸島海域—南九州（薩摩国・大隅国）—中央政府に交易路が存在する実態がうかがわれる。薩南諸島海域を舞台とした南方物産交易は、日宋貿易と緊密に連動していたと考えられるのである。

ヤコウガイ交易については、二〇〇六年拙論の大筋に変わりないので省略する。再考しなければならないのは、日宋貿易、日明貿易における硫黄交易が、きわめて重要な位置を占めていた事実である。とくに日宋貿易の硫黄交易で中心的役割を果たしたのが、硫黄島であると考えられている。

硫黄島の硫黄交易について、永山修一によれば、硫黄は中世日本の対中国貿易の重要輸出品であり、十一世紀中ごろに成立した『新猿楽記』に「本朝物」として硫黄が含まれているほか、『平家物語』『源平盛衰記』等には俊寛が配流されたキカイガシマに硫黄商人が往来する記載もあるので、硫黄島における硫黄交易は日宋貿易段階まで遡る可能性があると指摘している（永山一九九三）。さらに太田弘毅、山内晋次により、軍事交易としての硫黄交易の性格が明確に示され、日宋貿易における硫黄島の中心的役割が示されたのである（太田二〇〇二、山内二〇〇三・二〇〇九）。

以上の可能性をふまえるならば、硫黄島および黒島・竹島には、採掘〜集積〜積込〜輸出等の工程を常時管理する体制が整えられていたと考えられるわけである。上村俊雄による黒島・硫黄島・竹島の考古学的調査によれば、土師器・須恵器・滑石製石鍋の出土に特徴づけられる特異な考古学的様相が確認され（上村一九九〇）、城久遺跡群に非常に類似する印象が強い。

九州西海岸沿いには、宇治群島、草垣群島、甑列島、天草諸島、西彼杵諸島、五島列島、平戸諸島等が連なり、帯状の多島海域を形成しているが、西彼杵諸島にもイオウガシマの名称を有する「伊王島」が存在する。すなわち九州西海岸には、大隅諸島の硫黄島＝イオウガシマ、西彼杵諸島の伊王島＝イオウガシマが所在しており、イオウガシマの名称に対応する場所が二ヵ所に実在する。薩南諸島海域における硫黄島＝キカイガシマ、喜界島＝キカイガシマの「キカイガシマ」に対応する二島に特異な考古学的様相が認められるところから、薩南諸島海域を「キカイガシマ海域」と措定したことからすれば、大隅諸島の硫黄島から西彼杵諸島の伊王島に至る海域を「イオウガシマ海域」と理解することもできるのかもしれない。硫黄島・喜界島・伊王島の三島には、いずれもキカイガシマ・イオウガシマに配流された俊寛の墓所まで存在している。西彼杵諸島の伊王島に隣接する西彼杵半島は、当該時期に琉球弧に大量に搬入される滑石性石鍋の生産地域でもあり、「イオウガシマ海域」の海岸地域にはいわゆる「唐房」地名も分布しているので（柳原二〇一〇・二〇一一、服部二〇〇五）、硫黄交易を中心とする日宋貿易の交易路を意味する可能性も考えられる。(3)

南のキカイガシマ（喜界島）の南方物産交易は、以前からの南海産貝類交易の長い歴史をふまえながら、本土側の政治的社会における「威信財」の獲得に収斂されていたと考えられる。「唐物」に代表される威信財の所持嗜好の増大に伴い、ヤコウガイに代表される南方物産も珍重され、宮廷貴族層に対する威信財交易（国内交易）が営まれてきた。それに対して、北側のキカイガシマ（硫黄島）の南方物産交易は、火薬兵器の開発に成功した宋を中心に、東アジア諸国の火薬原料としての「硫黄」の獲得に収斂されていたと考えられる。日宋貿易における硫黄の需要増大に伴い、硫黄島の開発が進められ、宋に対する軍事交易（対外交易）が営まれてきたのである。キカイガシマ海域における南方物産交易は、南のキカイガシマ（喜界島）と北のキカイガシマ（硫黄島）の二極化した構造を持ち、日宋貿易に組み込まれていたと考えられるのではないか。

次に源頼朝によるキカイガシマ征討事件であるが、十世紀終末に史料に現れたキカイガシマがふたたび史料にみえるのは、『吾妻鏡』である。源頼朝は、文治三年（一一八七）から文治四年（一一八八）にかけて、「貴海島」が義経与党の隠れ場所ではないかと疑い、一時は摂関家からも反対されたにもかかわらず征討計画を強行、天野遠景が渡海して征討に成功したと記載されている。ここで注意されるのは、源頼朝による奥州征討が実施された文治五年（一一八九）の前年に、キカイガシマ征討が実行されている事実である。

二〇〇六年拙論と同様の指摘を繰り返すが、当該事実に対して、入間田宣夫は「軍事権門としての鎌倉殿の立場」から、「日本全国の在地領主が鎌倉殿の指揮統制にしたがうべしという原則を、文字通り日本のすみずみにまで貫徹するため、「西海のはて鬼界島と東方のはて奥羽二国の征服は不可避」とみる（入間田一九七八）。同様に上杉和彦も「義経追討を口実として、みずからの武威を日本国の南端まで及ぼそうとする頼朝の強い意志の表われ」とみて、東西に展開した軍事行動を「全国の軍事統率者の地位にふさわしい立場を求める頼朝の政治的野心の問題」として、さらに「藤原氏を排除して奥州の富を直接に支配することを頼朝が願ったとしても不思議ではない」と指摘する（上杉二〇〇三)。

源頼朝が列島東西に軍事行動を展開した事実から、国家西縁として認識されているキカイガシマは観念的抽象世界なのではなく、征討対象として実体ある場所であることは明らかである。すでに確認してきた十一世紀から十二世紀におけるキカイガシマ海域の考古学的様相と交易実態をふまえるならば、キカイガシマ海域が生み出す南方物産交易の経済的権益は莫大なものがあり、平氏政権の重要財源とされていたことは想像にかたくない。ここに、源頼朝が征討対象としたキカイガシマの姿がみえてくる。源頼朝のキカイガシマ征討計画に摂関家が反対の意を唱えたのも、キカイガシマの実態を理解していたからではないかとも考えられる。

入間田宣夫が指摘するように、「鬼界島「征伐」の延長線上に、奥州「征伐」は位置づけられなければならない」(入間田一九七八)と理解するならば、列島東西に展開された源頼朝の軍事行動には、列島東西における経済的権益の掌握・再編という側面も考慮する必要があるのではないか。

三　十三世紀〜十四世紀の南海島嶼

1　遺跡からみる様子

当該段階は、奄美群島における遺跡動態に特徴的傾向が認められる。

奄美群島では、十三世紀代に入ると、城久遺跡群の最も高所(標高約一六〇メートル)に位置する山田中西遺跡や山田半田遺跡で活動が著しく縮小、さらにカムィヤキ古窯跡群も十四世紀前半には操業停止するのである。前段階の十一世紀から十二世紀に、城久遺跡群が最盛期を迎え、カムィヤキ古窯跡群が出現する等の躍動的様相から一転、退潮的様相に転じてしまう。

そうした遺跡動態について、二〇〇六年拙論段階では、過去の拙論（高梨二〇〇〇）を引用しながら、カムィヤキ古窯跡群の窯業生産を螺鈿盛行に対応する材料（ヤコウガイ貝殻）獲得に伴う交換財の大量生産と理解して、十三世紀代に螺鈿材料にアワビ貝殻を用いる新技法が確立した結果、ヤコウガイ貝殻の需要が減少、その交易対価物の類須恵器生産の必要性が薄れたと考えていたのである。

城久遺跡群の発見後、類須恵器出土遺跡について、池田榮史により①薩南諸島・琉球諸島における類須恵器完形品の分布は喜界島・奄美大島に集中分布する、②類須恵器完形品は埋葬に関係する用途が考えられる等の点が指摘されている（池田二〇〇四）。この池田榮史の研究成果をふまえながら、あらためて薩南諸島・琉球諸島の類須恵器出土遺跡における出土量の相違にも注意してみるならば、消費地遺跡で類須恵器を大量出土する事例は、まず琉球諸島側では皆無に近く、ほとんど奄美群島の喜界島と徳之島に限定されると考えられそうなので、カムィヤキ古窯跡群の窯業生産とは、交易対価物の生産なのではなく、喜界島を拠点とする外来勢力に日常什器を供給するためのものではないかと再考、交易対価説を訂正した（高梨二〇〇九）。

当該段階に、奄美群島では城久遺跡群の縮小、カムィヤキ古窯跡群の操業停止等の退潮的様相が認められるのに対し、逆に躍動的様相を示す地域が出現する。薩南諸島の南側に位置する沖縄諸島の島嶼である。

すでに沖縄諸島では、十一世紀代から十二世紀代に在地土器に大きな変化が生じているのであるが、十三世紀後半、突然、沖縄本島の各地に「大型城塞グスク」が出現、「按司が群雄割拠」する時代が到来する。

そうした遺跡動態について、沖縄本島に高麗瓦出土遺跡が認められる事実をふまえ、一二七一年の元の建国と一二七九年の南宋の滅亡、一二七〇年から一二七三年における高麗三別抄の反乱・征圧、さらには一三六八年の明の建国と元の滅亡等の東アジアの政治的動態に注意、高麗時代の韓国済州島を射程に入れた池田榮史の先行研究がある（池田一九九八）。

カムィヤキ古窯跡群のその後の分布調査、さらに城久遺跡群が発見され、高麗青磁・高麗無釉陶器の出土が確認される等の調査研究成果をふまえて、池田榮史は「従来、琉球史研究では琉球国成立について、琉球列島社会の内的発展に求めることが一般的であった。しかし、このような十三・十四世紀における東アジアの変動とその影響についても積極的に検討すべきであり、むしろこれが琉球国成立の主因であった可能性さえ考えられるのである」（池田二〇〇七）と指摘、東アジア情勢をふまえた薩南諸島・琉球諸島の考古資料の分析について注意を喚起する。

沖縄本島を中心に久米島・宮古島等の「グスク及び関連遺跡」から、高麗系瓦の出土遺跡が四〇ヵ所以上確認されている（上原二〇〇九）。さらに大和系瓦・明朝系瓦の出土遺跡も確認されている。「大型城塞グスク」が沖縄諸島の各地に出現、国家形成に向かう過程で、系譜の異なる舶載瓦群が受容されている実態も、琉球王国形成過程を解明する上で避けられない課題である。

2　史料からみる様子

十三世紀代になると、薩南諸島海域には、「キカイガシマ」に加えて「十二島」の呼称も新たに登場する。十二島の詳細について、二〇〇六年拙論等で何度もふれているので詳細は省略するが、キカイガシマと十二島の地理的認識範囲はおおよそ重なるものと理解できる。十二島は、薩摩国河辺郡に所属する地域であるが、十三世紀後半ごろから十二島地頭職を島津氏が務め、十二島を含む河辺郡司は千竈氏が務めるという二重の支配形態が存在したと考えられている（永山一九九三）。そして十四世紀になるとさらに十二島の南側に位置する五島、すなわち奄美群島まで支配地域が拡大するのである。十四世紀前葉に描かれたと考えられる「金沢文庫所蔵日本図」や十六世紀後半に描かれた「妙本寺本日本図」も鎌倉時代末期の内容が描写された写本と考えられていて、千竈氏による奄美諸島統治の情報が得宗家周辺で共有されていた事実を示す史料と考えられている（永山二〇〇一・二〇〇七・二〇〇八、黒田二〇〇三）。

「キカイガシマ」の用字表記についても、十二世紀と十三世紀の間を画期として「キ」の音の表記が「貴」から「鬼」へ変化する事実が確認されている（永山一九九三）。また『平家物語』諸本や『曽我物語』に収録されている左足を奥州外浜に右足を西国鬼界島に置く源頼朝の姿が家臣の夢に現れ、鎌倉幕府が全国平定する未来の吉兆とする説話について、貴賀嶋征討、奥州征討の史実をふまえて「中世日本の領域の画定」を読み込んだものと考えられている（関二〇〇一）。

以上から、当該段階には、薩南諸島全域が鎌倉幕府の広義の支配体制の中に含みこまれている実態が確認されてくる。薩南諸島側におけるこの実態の理解なくして、琉球諸島における国家形成過程は論じられない。

二〇〇六年拙論で、中世段階におけるヤコウガイ貝殻出土遺跡の集成を行い、万屋城遺跡（奄美市）、白糸原遺跡（南さつま市金峰町）、松之尾遺跡（枕崎市）、鎌倉市千葉地遺跡（鎌倉市）、若宮大路周辺遺跡群（鎌倉市）の五遺跡を確認した。これら遺跡の所在地域は、鎌倉・薩摩半島・奄美大島であり、「鎌倉幕府」「薩摩国」「河辺郡十二島外五島」と置き換えて理解することが可能である。これら三地域からヤコウガイ貝殻出土遺跡が確認された事実は、当該段階における鎌倉幕府の支配形態によく合致するのであり、河辺郡十二島外五島→薩摩国→鎌倉幕府の交易経路の存在を裏づけるものである。

キカイガシマの「キ」音の用字表記が十三世紀を境に「貴」から「鬼」へ変化する事実について、二〇〇六年拙論では、交易活動の変化によるものではなく、源頼朝の鎌倉幕府成立に伴う国家領域画定に伴う地理認識の反映結果であると説明をしたが、キカイガシマの地域呼称が十一世紀から十三世紀に限られる事実（永山二〇〇八）をあわせて思量するならば、政治的境界領域が明確に支配領域に加えられ、地理認識が変化したと同時に、薩南諸島海域における硫黄・ヤコウガイ等の南方物産の交易体制も、鎌倉幕府成立以前における日宋貿易の当時の体制から変化したと考えなければならず、訂正しておきたい。

おわりに——キカイガシマ交易の提唱

以上、九世紀から十四世紀に至る六〇〇年間を三期に区分して、薩南諸島＝キカイガシマ海域をめぐる考古学・文献史学双方の研究成果を確認しながら、あらためてこの海域における交易活動の様子を整理してきた。最後に、その特徴的様相を抽出しながら歴史的考察を加えてみる。

まず考古学側で確認できる最も注意しなければならない変化として、奄美群島北三島（喜界島・奄美大島・徳之島）における動態を指摘したい。

すなわち十一・十二世紀には、喜界島で城久遺跡群における営為が活発化、遺跡規模が拡大して大量の外来容器群が使用されるようになり、同時に徳之島でカムィヤキ古窯跡群が出現、高麗に技術的系譜が求められる陶器の大量生産が開始される等の非在地要素を多数含みながら活況を呈するわけである。ところが、十三・十四世紀には、城久遺跡群で最高所に位置して防御的性格が強いと考えられる山田中西遺跡・山田半田遺跡の営為が十三世紀代で急速に縮小、カムィヤキ古窯跡群も十三世紀代まで操業しているが、十四世紀前半には操業停止となり、一転して退潮的傾向が著しくなるのである。この段階で、薩南諸島海域南半の島嶼から拠点的性格がうかがわれる遺跡が認められなくなる。

これに連動するかのように、沖縄本島では、十三世紀後半から各地に大型城塞グスクが出現、十四世紀後半から貿易陶磁器が大量出土するようになり、十三・十四世紀から琉球諸島北半の島嶼では、いわゆる按司の台頭を想起させる政治的社会が活発化しはじめるのである。

次に文献史学側で確認できる薩南諸島に関係する事象・事件等について、おおよそ年代順に列記してみる。

① 大宝二年（七〇二）に、大隅諸島の種子島・屋久島に「多褹嶋」と称される行政区画が設定されるが、天長元年（八二四）に廃止、大隅国に併合される。

② 十世紀末に薩南諸島海域に所在すると考えられる「キカイガシマ」の名称が史料に現れる。この「キカイガシマ」は、九州西海岸で発生する南蛮（奄美島人）来襲事件について、南蛮追討の命令が「下知」されているので、大宰府の出先機関が設置されていたと考えられる。

③ 十世紀末ごろから日宋貿易がしだいに活発化、薩南諸島海域から産出される硫黄・ヤコウガイ等の南方物産が国内・国外に運び出されている。

④ ヤコウガイを材料とする螺鈿生産は、十一世紀から十二世紀に最も盛行する。十三世紀からアワビを材料とする螺鈿生産がしだいに盛んになる。

⑤ 十二世紀末、源頼朝は、摂関家に反対されたにもかかわらずキカイガシマ征討を実行、その翌年に奥州征討を行い、藤原氏の奥州政権を撃破、鎌倉幕府を成立させる。

⑥ 「キカイガシマ」の名称は、史料に十三世紀代まで確認されるが、その後はほとんど認められなくなる。

⑦ 十三世紀代に入り、「キカイガシマ」とは別に、薩南諸島には「十二島」の呼称も認められるようになり、十

四世紀代には奄美群島まで含む薩南諸島海域が、中央政府の政治的支配の対象地となる。奄美群島は、鎌倉幕府の御家人・千竈氏の支配下に置かれていた。

この展開過程で特に注意しなければならないのは、薩南諸島海域の島嶼に対する政治的影響の変化である。古代後半、律令体制の崩壊期に「多褹嶋」は廃止され、薩南諸島海域に対する中央政府の直接的影響が弱まる時期に城久遺跡群が出現する。その背景には、まず大宰府と南九州在地勢力による関与が想定できそうである。古代末期、平氏による日宋貿易の管理が強化され、平氏政権が成立するに伴い、薩南諸島海域における硫黄島・喜界島を中心とする南方物産交易は、平氏政権の実質的な管理下に置かれていたと考えられる。

中世初期、平氏滅亡、源頼朝によるキカイガシマ征討により、平氏政権の大宰府によるキカイガシマ管理体制は崩壊、鎌倉幕府の成立とともに新しい管理体制に刷新されたと考えられる。中世前期、薩南諸島海域における島嶼は、鎌倉幕府の支配下に置かれる。さらに中世後期には、沖縄本島に琉球王国が成立、十五世紀中ごろに奄美群島も琉球王国の支配下に置かれる。

平氏政権時代にキカイガシマ交易に従事していた複数の商業集団が存在していたはずであるが、キカイガシマ交易が鎌倉幕府の管理下に置かれたとするならば、南方物産交易の交易形態にどのような変化が生じたのであろうか。

キカイガシマ海域は、十三世紀代に大隅諸島・トカラ列島を対象に「十二島」、十四世紀代には奄美群島も加わり「十二島外五島」と薩南諸島海域の大半が鎌倉幕府の御家人の管理下に置かれる。当該時期に並行して、沖縄本島の政治的社会は加速的に展開を遂げていく。明の建国（一三六八年）後、一三七六年に琉球の中山王から二・四トンの硫黄が貢納されたのを契機に、硫黄は琉球王国における中心的朝貢品となる（太田二〇〇二、豊見山二〇〇二）。後の『御当国御高並諸上納里積記』の「鳥嶋上納之事」によれば、硫黄鳥島の年貢は、硫黄一二トン、摺貝（ヤコウガイ加工品）八〇〇枚であり（豊見山二〇〇二）、キカイガシマ交易の中心的交易品二種類が硫黄島の年貢に定められている事実が確認できる。すなわちキカイガシマ海域における支配形態の展開に伴い、その管理体制の外側領域に同様の交易構造が生成されている事実に注意しなければならない。

琉球王国の建国（一四二九年）に遡る十四世紀後半の硫黄交易は、徳之島沖六〇キロに位置する琉球弧最南端の火山島「硫黄鳥島」産出のものによるとしか考えられない。硫黄鳥島における硫黄交易の起源は不明であるが、高麗の陶工が直接的に関与したと考えられる窯業生産（カムィヤキ古窯跡群）が営まれていた島から明瞭に目視できる硫黄産出の島について、キカイガシマ交易に従事していた商業集団が認識できていない事態は想定しにくい。日宋貿易における硫黄交易の展開に伴い、硫黄島だけではなく、トカラ列島の口之島・中之島・諏訪之瀬島・悪石島・横当島、さらには奄美群島の真横に位置する硫黄鳥島が開発対象とされた可能性は否定できない。今後の考古学的調査の進展を待ちたいと思う。

以前、琉球王国について、「中世国家の境界領域に誕生した巨大交易機構」（高梨二〇〇一）と指摘したことがある。吉成直樹も、グスク時代における政治的社会の興隆について、「「日本」の南の境界域の内と外を結ぶ交易拠点が拡散しながら面的に南下し、結果的に沖縄諸島以南を覆い尽くしたのである。沖縄諸島以南の「境界域化」と言い換えてもよい」（吉成二〇一一）と述べる。結局、本論で中心的対象とした十一・十二世紀、十三・十四世紀のキカイガシマ海域（薩南諸島）を理解するためには、その南側に連なる琉球諸島も含めて、政治的社会の展開過程を相対的に確認、境界領域を形成する政治的社会をきちんと押さえる作業が必須である。その作業の実践に際しては、考古学・文献史学の双方の分野で、基礎的事実の相互理解を十分図らなければならない。

従来「琉球文化地域」に含めて理解されてきた奄美群島の考古資料について、沖縄県側から「貝塚時代後期後半」

「グスク時代」として接近を試みるさい、古代・中世における薩南諸島海域、さらには琉球諸島海域における政治的影響を斟酌した「御都合主義」の理解論を見かける。今後、薩南諸島海域、琉球諸島海域に波及してくる政治的影響の歴史的理解を抜きにして、古代・中世の薩南諸島海域における考古学的成果の歴史的評価は難しいと言わざるをえない。琉球文化地域は教科書的日本史と異なる独自の歴史を所有するから、琉球考古学で日本歴史の理解は疎かでもよい理由はないし、日本歴史はもちろんアジア史の理解ぬきには琉球弧の歴史的理解は難しい研究段階にすでに置かれている現実を琉球考古学は自覚するべきである。

註

（1）土師器甕形土器は、胎土の特徴から二群に大別できる。砂粒を多量に含み兼久式土器の胎土とよく類似する一群と、泥質のきめ細かい胎土の一群である。出土する数量は、前者が圧倒的多数を占めていて、喜界島で焼成された可能性も考えておかなければならない。

（2）平成二十二年九月、吉成直樹（法政大学沖縄文化研究所教授）、阿部美菜子（法政大学大学院博士課程）と久米島でグスク時代関係資料の調査を実施したさい、確認したものである。

（3）伊王島の名称の来歴が古く遡るものなのか確認できていないので、十分な根拠があるわけではない。

引用参考文献

赤司善彦　一九九九「徳之島カムィヤキ古窯跡採集の南島陶質土器について」『九州歴史資料館研究論集』第二四集、九州歴史資料館
赤司善彦　二〇〇二「カムィヤキと高麗陶器」平成十四年度奄美群島交流推進事業『カムィヤキ古窯跡群シンポジウム』
天城町教育委員会　二〇一〇　天城町埋蔵文化財発掘調査報告書４『中里遺跡——公営住宅建設事業（前里新団地）に伴う発掘調査報告書』
池田榮史　一九九八「物質文化研究からみた韓国済州島と琉球列島—高麗時代を中心として—」『琉大アジア研究』第二号、琉

球大学法文学部附属アジア研究施設
池田榮史　二〇〇三「増補・類須恵器出土地名表」『琉球大学法文学部紀要　人間科学』第一一号、琉球大学法文学部
池田榮史　二〇〇四「類須恵器と貝塚時代後期」高宮広衛・知念勇編『考古資料大観12　貝塚後期文化』小学館
池田榮史　二〇〇五「兼久式土器に伴出する外来土器の系譜と年代」『奄美大島名瀬市小湊フワガネク遺跡群Ⅰ――学校法人日章学園「奄美看護福祉専門学校」拡張事業に伴う緊急発掘調査報告書』名瀬市教育委員会
池田榮史　二〇〇七「古代・中世の日本と琉球列島」『東アジアの古代文化』第一三〇号、大和書房
池田榮史編　二〇〇九『古代・中世の境界領域』高志書院
池畑耕一　一九九八「考古資料から見た古代の奄美諸島と南九州」渡辺誠先生還暦記念論集『列島の考古学』渡辺誠先生還暦記念論集刊行会
石井正敏　二〇〇〇「日本・高麗関係に関する一考察――長徳三年（九九七）の高麗来襲説をめぐって」中央大学人文科学研究所編『東アジア史における法と国家』中央大学出版部
伊仙町教育委員会　二〇〇五『カムィヤキ古窯跡群Ⅳ』
伊藤慎二　二〇〇九「十～十三世紀前後の琉球列島：対外交流と文化的主体」『考古学ジャーナル』第五九一号、ニュー・サイエンス社
入間田宣夫　一九七八「鎌倉幕府と奥羽両国」小林清治・大石直正編『中世奥羽の世界』東京大学出版会
上杉和彦　二〇〇三『源頼朝と鎌倉幕府』新日本出版社
上原静　二〇〇九「沖縄と済州島の高麗瓦」『韓国・済州島と沖縄』沖縄国際大学南島文化研究所
宇検村教育委員会　一九九九　宇検村文化財調査報告書第二集『倉木崎海底遺跡発掘調査報告書』
太田弘毅　二〇〇二『倭寇――商業・軍事史的研究』春風社
鹿児島県教育委員会　一九八五　鹿児島県埋蔵文化財発掘調査報告書(32)新奄美空港建設に伴う埋蔵文化財報告書『長浜金久遺跡』
鹿児島県教育委員会　一九八六　鹿児島県埋蔵文化財発掘調査報告書(39)新奄美空港建設に伴う埋蔵文化財報告書『泉川遺跡』
笠利町教育委員会　一九八四『アヤマル第二貝塚』

笠利町教育委員会　一九九二『マツノト遺跡発掘調査概報』
笠利町教育委員会　二〇〇六『マツノト遺跡』
上村俊雄　一九九〇「三島村の考古資料について」『三島村誌』三島村
亀井明徳　一九九三「南西諸島における貿易陶磁器の流通経路」『上智アジア学』第一一号、上智大学アジア文化研究所
喜界町教育委員会　二〇〇九　喜界町埋蔵文化財発掘調査報告書⑽『城久遺跡群　山田半田遺跡（山田半田A遺跡・山田半田B遺跡）─畑地帯総合整備（担い手育成型）事業城久地区に伴う埋蔵文化財発掘調査報告書─』
喜界町教育委員会　二〇一一　喜界町埋蔵文化財発掘調査報告書⑾『城久遺跡群、前畑遺跡・小ハネ遺跡─畑地帯総合整備事業（担い手育成型）城久地区に伴う埋蔵文化財発掘調査報告書─』
金城亀信　一九九〇「グスク土器の出現」『考古学ジャーナル』第三二〇号、ニュー・サイエンス社
金城匠子　一九九九「グスク（系）土器の研究」『琉球大学考古学研究集録』創刊号、琉球大学法文学部考古学研究室
黒田日出男　二〇〇三『龍の棲む日本』岩波新書
鈴木靖民　一九八七「南島人の来朝をめぐる基礎的考察」田村圓澄先生古稀記念会編『東アジアと日本』歴史編、吉川弘文館
関幸彦　二〇〇一『源頼朝──鎌倉殿誕生』PHP新書
高梨修　一九九五「マツノト遺跡出土の土器と編年」『シンポジウムよみがえる古代の奄美』シンポジウムよみがえる古代の奄美実行委員会編
高梨修　二〇〇〇「ヤコウガイ交易の考古学─奈良～平安時代並行期の奄美諸島・沖縄諸島における島嶼社会─」小川英文編『交流の考古学』朝倉書店
高梨修　二〇〇一「知られざる奄美諸島史のダイナミズム─奄美諸島の考古資料をめぐる新しい解読作業の試み─」『沖縄文化研究』第二七号、法政大学沖縄文化研究所
高梨修　二〇〇四「琉球弧における土師器・須恵器出土遺跡の分布（予察）」喜界島研究シンポジウム『古代・中世のキカイガシマ』資料集、九州国立博物館誘致推進本部・喜界島郷土研究会
高梨修　二〇〇五a「小湊フワガネク遺跡群第一次調査・第二次調査出土土器の分類と編年」『奄美大島名瀬市小湊フワガネク遺跡群Ⅰ──学校法人日章学園「奄美看護福祉専門学校」拡張事業に伴う緊急発掘調査報告書』名瀬市教育委員会

高梨修　二〇〇五ｂ『ヤコウガイの考古学』同成社
高梨修　二〇〇六ａ「古代〜中世におけるヤコウガイの流通」萩原三雄・小野正敏編『鎌倉時代の考古学』高志書院
高梨修　二〇〇六ｂ「琉球弧におけるいわゆるスセン當式土器の検討—古墳時代並行期の奄美諸島における土器編年—」吉岡康暢先生古希記念論集『陶磁の社会史』桂書房
高梨修　二〇〇七「「南島」の歴史的段階——兼久式土器の再検討」『東アジアの古代文化』第一三〇号、大和書房
高梨修　二〇〇八「城久遺跡群とキカイガシマ　琉球弧と喜界島勢力圏」谷川健一編『日琉交易の黎明　ヤマトからの衝撃』森話社
高梨修　二〇〇九「土器動態から考える「日本文化の南漸」」『沖縄文化はどこから来たか　グスク時代という画期』森話社
高梨修　二〇一一ａ「南方世界への広がり—律令国家と琉球弧—」荒野泰典・石井正敏・村井章介編『律令国家と東アジア』吉川弘文館
高梨修　二〇一一ｂ「「キカイガシマ」海域の考古学」村井章介・三谷博編『琉球からみた世界史』山川出版社
田中史生　二〇〇七「九〜十一世紀東アジアの交易世界と奄美諸島」『東アジアの古代文化』第一三〇号、大和書房
豊見山和行　二〇〇二「琉球王国時代における硫黄鳥島史の諸相」沖縄県史資料編13『硫黄鳥島』沖縄県教育委員会
中里壽克　一九九五「古代螺鈿の研究㊤」『国華』第一一九九号、国華社
中里壽克　一九九六「古代螺鈿の研究㊦」『国華』第一二〇三号、国華社
中島恒次郎　二〇〇七「大宰府から見た「喜界島」」『東アジアの古代文化』第一三〇号、大和書房
永山修一　一九八五「天長元年の多褹嶋停廃をめぐって」『史学論叢』第一一号、東京大学
永山修一　一九九三「キカイガシマ・イオウガシマ考」笹山晴生先生還暦記念会編『日本律令制論集』下巻、吉川弘文館
永山修一　一九九五「『小右記』に見える大隅・薩摩からの進物記事の周辺」『鹿児島中世史研究会報』五〇、鹿児島中世史研究会
永山修一　二〇〇二「キカイガシマの古代・中世——〈南〉の境界領域へのまなざし」『東北学』第六号、東北芸術工科大学東北文化研究センター
永山修一　二〇〇七「文献から見るキカイガシマと城久遺跡群」『東アジアの古代文化』第一三〇号、大和書房

永山修一　二〇〇八「文献から見たキカイガシマ」池田榮史編『古代中世の境界領域　キカイガシマの世界』高志書院
服部英雄　二〇〇五「日宋貿易の実態――諸国来着の「蕃客」たちとチャイナタウン唐房」『東アジアと日本――変容と交流』第二号、九州大学二十一世紀COEプログラム
文化庁文化財部記念物課　二〇一一『埋蔵文化財関係統計資料』
松永守道　一九九〇「三島の夜明け」『三島村誌』三島村
柳原敏昭　二〇一〇「唐房と唐人町」荒野泰典・石井正敏・村井章介編『倭寇と「日本国王」』日本の対外関係4、吉川弘文館
柳原敏昭　二〇一一『中世日本の周縁と東アジア』吉川弘文館
山内晋次　二〇〇三『奈良平安期の日本と東アジア』吉川弘文館
山内晋次　二〇〇九　日本史リブレット七五『日宋貿易と「硫黄の道」』山川出版社
吉岡康暢　二〇〇二「南島の中世須恵器―中世初期環東アジア海域の陶芸交流―」『国立歴史民俗博物館研究報告』第九四集　国立歴史民俗博物館
吉成直樹　二〇一一『琉球の成立　移住と交易の歴史』南方新社

あとがき

國學院大學文学部教授鈴木靖民先生は、二〇一一年七月三〇日、めでたく古稀を迎えられた。

先生は一九四一年、北海道中川郡美深町にお生まれになった。一九六四年に國學院大學文学部史学科を卒業されると、引き続き同大學大学院文学研究科修士課程および博士課程に進まれ、一九七三年からは母校の専任講師を務められ、助教授、教授と昇進されて今日に至っている。この間、一九八七年には國學院大學から文学博士を授与されるとともに、学内にとどまらず、歴史学研究会日本古代史部会や朝鮮史研究会・唐代史研究会など、さまざまな学会や研究会を通して広く人材の育成にあたられ、また講演や新聞のコメントなどを通して古代史の啓蒙に尽くされたことは、世間がよく知るところであろう。

先生の研究分野は多岐にわたるが、まず卒業論文や修士論文以来、古代の日本と新羅・唐との関係に着目され、日本の国家形成や文化統合が朝鮮と不可分であることを明らかにされた点をあげるべきだろう。新羅史・対新羅関係史の研究がほとんどなく、いまだ日本の従属史観から十分に脱却し切れていなかった当時の朝鮮史研究の状況を考えると、まさに史学史上の転機を画されたといっても過言ではない。かかる日朝関係史に加え、八～一〇世紀に中国東北部に興った渤海についての論考などをあわせて一書に編んだのが『古代対外関係史の研究』（吉川弘文館、一九八五年）である。

大学での先生は、主として奈良時代以前の比較的古い時期を受け持っておられた。このことから、当該期の研究史的整理と日本古代国家の形成過程の分析を試みられたのが『古代国家史研究の歩み』（新人物往来社、一九八〇年）であった。この分野において、先生は石母田正の在地首長論を批判的に継承され、そこに文化人類学での社会進化モデルをあてはめることで、日本古代国家の形成プロセスを明らかにしようとする首長制社会論を提唱されたことは周知の事実であろう。近年ややもすれば、日本古代の国家形成過程についての発言が考古学から積極的になされる一方、文献史学はこれに沈黙しがちであるが、先生の「歴史学と民族学（文化人類学）―日本古代における首長制社会論の試み―」や「日本古代国家形成史の諸段階」、「日本古代の首長制社会と対外関係―国家形成の諸段階の再検討―」（いずれも後掲の『倭国史の展開と東アジア』に収録）など一連の労作は、そのような閉塞状況のなかにあって、孤高の地位を占めている。

先生は早くから、お住まいの神奈川県をはじめとする東国の地域史にも関心を示され、発掘された遺跡の意義や木簡などの出土文字資料を題材にした論考を公にされていたが、八〇年代後半からは奄美・沖縄などの南島史研究にも先鞭を付けられた。さらに九〇年代には東北・北海道の北方史においても、考古学の成果と文献をすりあわせる研究をなされている。また最近では、大学院での授業を淵源とする入唐求法巡礼行記研究会を二〇〇一年から組織され、科学研究費補助金や國學院大學の助成金をもとに、毎年中国に渡って円仁の足跡をたどる調査を継続しており、その成果は先生の編集によって『円仁とその時代』（高志書院、二〇〇九年）、『円仁と石刻の史料学』（高志書院、二〇一一年）としてまとめられている。

このほかにも先生の手による編著は多数にのぼるが、ともあれ先生の問題関心は広く、そして歴史に対する熱情はいまでも冷めることはない。失礼ながら、古稀を迎えられた方で、先生ほど新たな課題に取り組んでおられる方もそうはいないのではなかろうか。現に最近上梓された『日本の古代国家形成と東アジア』（吉川弘文館、二〇一一年）や

『倭国史の展開と東アジア』（岩波書店、二〇一二年）の収録論文をみても、その半数近くは二一世紀以降に書かれたものである。先生の学問に対する真摯な姿勢やあくなき探究心は、常にわれわれの目標とするところであり、規範であり続けた。

このたび、先生が古稀を迎えられるにあたり、親しく謦咳に接してきた者たちが集い、長年にわたる学恩に感謝申し上げるべく、先生への献呈論集を企画した。執筆依頼にあたっては、上記のような先生の幅広い研究分野に鑑み、国家と王権、東アジアと交流、地域社会論、周縁史の四本柱を立て、國學院大學その他で先生から薫陶を受けた者のほか、各分野で先生と関係の深い方々にもお声をおかけした。その結果、三三名の方々に執筆いただけることになり、先生を編者として『日本古代の王権と東アジア』『日本古代の地域社会と周縁』の二冊を刊行することとなった次第である。

なお、厳しい出版状況のなか、本書の刊行をお引き受けいただいた吉川弘文館の一寸木紀夫氏、並木隆氏、および編集の実務をご担当いただいた歴史の森の関昌弘氏には厚くお礼を申し上げる。

末筆ながら、先生のご健勝と今後のご活躍を心からお祈り申し上げます。

二〇一二年二月

鈴木靖民先生古稀記念論文集発起人

酒寄雅志

佐藤長門

田中史生

執筆者紹介（生年／現職）―執筆順

今津勝紀（いまづ　かつのり）一九六三年／岡山大学大学院社会文化科学研究科准教授

平石　充（ひらいし　みつる）一九六八年／島根県立古代出雲歴史博物館専門学芸員

関　和彦（せき　かずひこ）一九四六年／共立女子第二中学高等学校校長

荒井秀規（あらい　ひでき）一九六〇年／藤沢市教育委員会生涯学習課学芸員

平川　南（ひらかわ　みなみ）一九四三年／国立歴史民俗博物館館長

平野卓治（ひらの　たくじ）一九五九年／横浜市歴史博物館副館長

川原秀夫（かわはら　ひでお）一九五五年／明和学園短期大学教授

中田裕香（なかだ　ゆか）一九六一年／北海道教育庁文化・スポーツ課主任

蓑島栄紀（みのしま　ひでき）一九七二年／苫小牧駒澤大学国際文化学部准教授

熊谷公男（くまがい　きみお）一九四九年／東北学院大学文学部教授

樋口知志（ひぐち　ともじ）一九五九年／岩手大学人文社会科学部教授

池田榮史（いけだ　よしふみ）一九五五年／琉球大学法文学部教授

永山修一（ながやま　しゅういち）一九五七年／ラ・サール学園教諭

山里純一（やまざと　じゅんいち）一九五一年／琉球大学法文学部教授

高梨　修（たかなし　おさむ）一九六〇年／奄美市立奄美博物館学芸員

編者略歴

一九四一年　北海道に生まれる

一九六九年　国学院大学大学院文学研究科博士課程単位取得退学

現在　国学院大学文学部教授・横浜市歴史博物館館長、文学博士

〔主要著書・編著〕

『古代対外関係史の研究』（吉川弘文館、一九八五年）

『倭国と東アジア』〈編〉（日本の時代史2、吉川弘文館、二〇〇二年）

『古代東アジアの仏教と王権』〈編〉（勉誠出版、二〇一〇年）

『古代東アジアの道路と交通』〈共編〉（勉誠出版、二〇一一年）

『日本の古代国家形成と東アジア』（吉川弘文館、二〇一一年）

日本古代の地域社会と周縁

二〇一二年（平成二十四）三月十日　第一刷発行

編　者　鈴《すず》木《き》靖《やす》民《たみ》

発行者　前田求恭

発行所　株式会社　吉川弘文館

郵便番号一一三―〇〇三三

東京都文京区本郷七丁目二番八号

電話〇三―三八一三―九一五一〈代〉

振込口座〇〇一〇〇―五―二四四番

http://www.yoshikawa-k.co.jp/

印刷＝株式会社　理想社

製本＝株式会社　ブックアート

装幀＝山崎　登

ISBN978-4-642-02491-4

鈴木靖民編

日本古代の王権と東アジア

A5判／一二六〇〇円（5％税込）

吉川弘文館